イタリア・ルネサンス建築史ノート〈2〉

アルベルティ

Leon Battista Alberti

1404-1472

福田 晴虔 著

中央公論美術出版

a Y. F.

Leon Battista Alberti

Commentari alla Storia dell'Architettura
Rinascimentale in Italia (II)

Seiken Fukuda

Published 2012 in Japan by Chuokoron Bijutsu Shuppan Co., Ltd.
ISBN 978-4-8055-0668-4

はしがき

　《イタリア・ルネサンス建築史ノート》の第二編としてアルベルティをお届けすることとなったが、さきのブルネッレスキ小論の場合と同様、アルベルティに関する私の知識は20世紀までの段階で停止しており、近年の最新の研究成果を把握し得ていない。これまで私が拾い上げてみたアルベルティ研究文献目録では、2000年以後のアルベルティ研究だけでも相当な数に上り、私が披見し得たのはそのごく一部にすぎない。そのような状態のまま殊新しくアルベルティを論じようとすることは無謀と言われても仕方がないが、しかしこの間に重要なアルベルティ関係史料が新しく発掘されたということは寡聞にして知らないし、近年の研究の多くは建築作品自体よりは、*De re aedificatoria* をはじめとするアルベルティの著作の再解釈に関わるもののようで、建築作品の再解釈を主たる目標とする私のアルベルティ認識には、さしたる影響はないだろうと乱暴に割り切って取りかかることにした。

　と言いつつも、専門外の身であることを顧みず、アルベルティの建築以外の事績について、かなりの紙数を割くこととなった。主としてこれは、浩瀚なアルベルティの活動の広がりについて私自身の理解を得るためであるが、これまでの我が国におけるアルベルティ研究は、それぞれの専門分野ごとになされていて、必ずしもそれら相互の関連を通観できるような参考文献が少ないように思われるので、建築の面からアルベルティにアプローチしようとする若い人々に向けて、彼の建築論と作品をその活動全体の中に位置づけるための一助にと考えたものである。

　それらについては、できるだけアルベルティの原典に当たった上で、私の確認できたかぎりを記したつもりである。しかし架蔵の書籍の限界もあり、かなりの部分は他書からの孫引きとならざるを得なかったことは白状しておかなければならず、お目こぼしを願うしかない。現在、多くの図書

館などが所蔵書籍の電子化を進めており、私もそれらの恩恵を被っている一人だが、目下のところこうした基本的な原典をインターネット上で自由に閲覧できるのは一部にかぎられ、またそれらをそのまま典拠として挙げるのははばかられるような形式のものが多く、隔靴掻痒の感は免れない。こうした問題を克服して、既存専門分野の枠を超えたよりトータルな視点からのアルベルティ研究は、今後に待つしかないだろう。

　建築分野でのこれまでのアルベルティ研究は、ブルネッレスキの場合以上に、「古典主義」という視点からのものが多く、とりわけその主著である *De re aedificatoria* における理論との照合作業に的を絞ったものが大半を占める。そうした考察がアルベルティ研究においては不可欠な前提であることは否定しないが、結果として数値比例の検証と古典意匠の出処の詮索に終始している憾みがある。更に我が国の場合は、建築作品に全く言及することなしに *De re aedificatoria* の解釈のみに集中してしまう傾向が見られるのは、ある面では致し方のない部分があるにしても、研究としてはややバランスを欠くように思う。

　このアルベルティ小論はそうした反省をこめて、可能な限りアルベルティを取り巻く歴史的状況を踏まえつつ、その建築がどのようなメッセージを発しようとしていたのかについて私なりの解釈を試みたものである。このためときには臆断のそしりを覚悟の上で、*De re aedificatoria* の記述を根拠とする通説とは異なる見方をあえて提起することとなった部分も多いが、それらについては問題提起の仮説として今後論議の俎上に載せて頂くことを願って、そこでの裁断を待ちたい。

2012年3月11日記

目　次

はしがき

I. 「建築」を語ること ……………………………………………… 3
文学的主題としての建築／*De re aedificatoria* の文体 ──「神話」と「理論」の間／《家族論》から導かれるもの／夢想の中の建築／「有翼の目」と"Quid Tum"／《モムス》／アルベルティと「ネオプラトニズモ」

II. ジェノヴァからローマまで …………………………………… 33
フィレンツェとアルベルティ家の追放／ジェノヴァからパドヴァへ──「自伝」／バルツィッツァの学校／ヴェネト方言とラテン語／ボローニャでのアルベルティ／孤児の悲哀と文学──*Philodoxeos*／アルベルティの恋愛観／ローマへ

III. ローマとフィレンツェ ………………………………………… 63
「廃墟」ローマ／ポッジョ・ブラッチョリーニとフラヴィオ・ビオンド／*Descriptio Urbis Romae*／尺度と比例──*De statua*／「計測魔」としてのアルベルティ／フィレンツェ──*Certame coronario*／アルベルティとドナテッロ、ミケロッツォ──建築の彫刻化／《絵画論》と*camera ottica*／マザッチョ、カスターニョ──絵画の建築化と建築の絵画化

IV. フェッラーラとリミニ ………………………………………… 97
フェッラーラとレオネッロ・デステ／*De equo animante* とニッコロ三世騎馬像／大聖堂鐘楼／リミニとシジスモンド・マラテスタ／サン・フ

ランチェスコ聖堂＝テムピオ・マラテスティアーノ／マッテオ・デ・パスティとアゴスティーノ・ディ・ドゥッチオ／凱旋門モティーフ／「装置」としての壁／「音楽」と建築／ピウス二世による評価／テムピオ・マラテスティアーノ完成予想図

V. *De re aedificatoria* ……… 135

執筆の背景／《モムス》と *De re aedificatoria* ── 「仮装」のテーマ／ウィトルウィウスとアルベルティ／「大きな住宅としての都市と小さな都市としての住居」／*Lineamentum* と *concinnitas*／比例論 ── 「理想的自然」／円柱と《オーダー》

VI. グラフィズムと建築 ……… 165

ジョヴァンニ・ルチェッライ／パラッツォ・ルチェッライのファサードとロッジア ── ベルナルド・ロッセッリーノ／サンタ・マリーア・ノヴェッラ聖堂ファサード ──「異化」による統合／サン・パンクラツィオ聖堂ルチェッライ家礼拝堂「聖墳墓」── 建築的要素としてのオールド・ローマン書体

VII. 建築と政治 ……… 211

教皇ニコラス五世／《ポルカリの謀叛》／サン・ピエトロ聖堂と「ボルゴ」再開発／トレヴィの泉／サント・ステファノ・ロトンド聖堂修復／ナポリのカステッロ・ヌオヴォ／アルベルティとウルビーノ ── フェデリーコ・ダ・モンテフェルトロ、ルチアーノ・ラウラーナ、ピエロ・デッラ・フランチェスカ、フランチェスコ・ディ・ジョルジォ／「理想都市の図」

VIII. アルベルティとヴィッラ ……… 271

《家族論》と *De re aedificatoria* におけるヴィッラ／ポッジョ・ア・カイアーノのヴィッラ・メディチ／ジュリアーノ・ダ・サンガッロ／自然と神話／*Hypnerotomachia Poliphili*

IX. マントヴァとフィレンツェ ·· *299*
　　ルドヴィーコ・ゴンザーガとマントヴァの再開発計画／サン・セバスティアーノ聖堂／ルカ・ファンチェッリ／サンタンドレア聖堂／*Etruscum Sacrum*——「装置的建築」の完成／フィレンツェ、サンティッシマ・アンヌンツィアータ聖堂の「ロトンダ」／サン・マルティノ・ア・ガンガランディ聖堂／アルベルティの遺言

X. 建築家像を求めて ·· *341*
　　建築家の職能とその悲劇的宿命／「建築学」とウィトルウィウス研究・「古典主義」の行方

資 料
　　アルベルティ年譜 ·· *353*
　　アルベルティ参考文献目録 ··· *364*
　　索 引 ··· *387*

あとがき ·· *413*

図版一覧

表 1　ウィトルウィウス *De architectura* とアルベルティ *De re aedificatoria*

fig. 1　*De re aedificatoria* 写本 Modena Biblioteca Estense, *ms. α.O.3.8 = Lat. 419*. 256

fig. 2　フィラレーテ「建築書」ラテン語版写本（Venezia, Biblioteca Nazionale Marciana）

fig. 3　アルベルティ自画像（Roma, Biblioteca Nazionale Centrale, *V. E. 738*）

fig. 4　「有翼の目」のメダル（マッテオ・デ・パスティ作、マントヴァ個人蔵）

fig. 5　アルベルティ肖像メダル（fig. 4 の表）

fig. 6　アルベルティ肖像メダル（マッテオ・デ・パスティ作 London, Victoria & Albert Museum）

fig. 7　古代エジプトの陶器製「目の護符」"wedjat"（British Museum, EA 26500）

fig. 8　アルベルティ肖像ペンダント（Washington, National Gallery of Art, Samuel H. Kress Collection, 56）

fig. 9　アルベルティ《家族論》自筆原稿断簡紙背（Firenze, Biblioteca Nazionale Centrale, *cod. II. IV. 38*）

fig. 10　パドヴァ、パラッツォ・デッラ・ラジォーネ階上大ホール壁画（S. Fukuda 1988）

fig. 11　アルベルティ家紋章（Firenze, Galleria di Palazzo Mozzi Bardini）

fig. 12　フィレンツェの "Torre degli Alberti"（Sailko 2008）

fig. 13　"Torre degli Alberti" ポルティコ（Sailko 2008）

fig. 14　フィレンツェ、サン・ミニアート・アル・モンテ聖堂　聖器室　スピネッロによる壁画（Sailko 2009）

fig. 15　ボローニャ、サン・ペトローニオ聖堂身廊（S. Fukuda 1989）

fig. 16　ボローニャ、パラッツォ・コムナーレ（S. Fukuda 1989）

fig. 17　サン・マルティノ・ア・ガンガランディ聖堂（http://www.piccoligrandimusei.it/GangalandiOpere.phtml）

fig. 18　ヘームスケルクによるラテラン広場の風景（Berlin, Staatliche Museen Preussischer Kulturbesitz）

fig. 19　ピエトロ・デル・マッサイオによるローマ市街図（1472）in *Geografia di Tolomeo*, Biblioteca Apostolica Vaticana, *Urb. Lat. 277*

fig. 20　ヘームスケルクによるフォロ・ロマーノ風景（Berlin, Staatliche Museen Preussischer Kulturbesitz）

fig. 21　《都市ローマ記》写本（Biblioteca Apostolica Vaticana, *Chig. M. VII. 149*）

fig. 22　《都市ローマ記》の「ホリゾン」

fig. 23　《都市ローマ記》の「ラディウス」

fig. 24　《数学遊戯》の位置測定法の一例（C. Grayson, *Opere volgare*, III, p. 165, fig. 25）

fig. 25　《都市ローマ記》の実測値に基づくローマ地図（from L. Vagnetti）

fig. 26	《彫刻論》による人体寸法（Oxford, Bodleian Library, *Canon Misc. 172*. fol. 232v）	
fig. 27	18世紀の camera ottica（J. A. Nollet, *Lezioni di fisica sperimentale*, Venezia 1756, tav. 7）	
fig. 28	ドナテッロ、キリスト像　フィレンツェ、サンタ・クローチェ聖堂（Web Gallery of Art）	
fig. 29	ドナテッロ、「受胎告知」　フィレンツェ、サンタ・クローチェ聖堂（Web Gallery of Art）	
fig. 30	ドナテッロ、説教壇側面の装飾　フィレンツェ、サン・ロレンツォ聖堂（Web Gallery of Art）	
fig. 31	アンドレア・デル・カスターニョ、「最後の晩餐」、フィレンツェ、サンタポローニア修道院食堂（Web Gallery of Art）	
fig. 32	アンドレア・デル・カスターニョ、「最後の晩餐」下半部（Web Gallery of Art）	
fig. 33	リミニのテムピオ・マラテスティアーノ着工記念メダル（Musei Civici di Rimini）	
fig. 34	ピサネッロ作レオネッロ・デステ肖像（Accademia Carrara, Bergamo）	
fig. 35	フェッラーラ、ニッコロ三世騎馬像（S. Fukuda 1988）	
fig. 36	フェッラーラ、ボルソ・デステ記念柱（Riccardo Speziari 2009）	
fig. 37	ニッコロ三世騎馬像　実測図（from F. Borsi）	
fig. 38	フェッラーラ大聖堂　鐘楼（from F. Borsi）	
fig. 39	フェッラーラ大聖堂　鐘楼基部実測図（from F. Borsi）	
fig. 40	ピエロ・デッラ・フランチェスカ作シジスモンド・マラテスタ肖像（Louvre, Département des Peintures R.F. 1978-1）	
fig. 41	アルベルティのマッテオ・デ・パスティ宛書簡（部分、New York, Pierpont Morgan Library）	
fig. 42	イゾッタ・デリ・アッティ肖像メダル（マッテオ・デ・パスティ作、Firenze, Museo Nazionale del Bargello）	
fig. 43	シジスモンド・マラテスタ肖像メダル（fig. 33 の表）	
fig. 44	テムピオ・マラテスティアーノ平面図（S. Fukuda, after F. Borsi）	
fig. 45	リミニのテムピオ・マラテスティアーノ正面（A. Kato 1990）	
fig. 46	リミニの「アウグストゥスの凱旋門」（A. Kato 1990）	
fig. 47	テムピオ・マラテスティアーノ　入口アーチ（A. Kato 1990）	
fig. 48	テムピオ・マラテスティアーノの柱頭（A. Kato 1990）	
fig. 49	ニーム、メゾン・カレ博物館蔵の柱頭（from H. Burns）	
fig. 50	テムピオ・マラテスティアーノ西側面（S. Fukuda 1974）	
fig. 51	側面アーケード詳細（from F. Borsi）	
fig. 52	内部チャペルから見た側面窓（A. Kato 1990）	
fig. 53	テムピオ・マラテスティアーノ　長手方向断面図（Seroux d'Agincourt, *Histoire de l'art*, Paris, 1825, Tav. LI）	
fig. 54	テムピオ・マラテスティアーノ正面実測図（from F. Borsi）	
fig. 55	テムピオ・マラテスティアーノ側面実測図（from R. Tavernor）	
fig. 56	テムピオ・マラテスティアーノ内部（A. Kato 1990）	
fig. 57	「十二宮のチャペル」内の浮彫りパネル（from L. Orsini）	
fig. 58	「イゾッタのチャペル」内浮彫り（from L. Orsini）	
fig. 59	シジスモンドの柩を収めるカノピィ装飾（from L. Orsini）	

図版一覧

fig. 60	「聖シジスモンドのチャペル」壁柱台座（from L. Orsini）
fig. 61	イゾッタ・デリ・アッティの柩（from L. Orsini）
fig. 62	ジョヴァンニ・ダ・ファノによる *Hesperis* 挿絵（Paris, Bibliothèque Nationale, *ms. 630*, fol. 126）
fig. 63	テムピオ・マラテスティアーノ背面（A. Kato 1990）
fig. 64	テムピオ・マラテスティアーノ完成予想図（from F. Borsi）
fig. 65	Cosimo Bartoli によるイタリア語版（Venezia 1565版）*De re aedificatoria* 表紙
fig. 66	イートン・カレッジ蔵 *De re aedificatoria* 写本（Eaton College Library, *ms. 137*）
fig. 67	*De re aedificatoria* 初版（Firenze, 1485）、序章の冒頭部分
fig. 68	ネミ湖から引き揚げられたローマ時代の船　推定復原図（from Wikipedia）
fig. 69	アルベルティ自筆「浴場計画案」平面図（Firenze, Biblioteca Laurenziana, *cod. Ashburnham, 1828 App.* ff. 56v-57r）
fig. 70	コージモ・バルトリ版 *De re aedificatoria* 所収の「イオニア式柱頭」の図
fig. 71	コージモ・バルトリ版 *De re aedificatoria* 所収の「イタリア式柱頭」の図
fig. 72	サンタ・マリーア・ノヴェッラ聖堂ファサード（S. Fukuda 1974）
fig. 73	パラッツォ・ルチェッライ、ファサード（S. Fukuda 1989）
fig. 74	パラッツォ・ルチェッライ、ファサード東端部（S. Fukuda 1989）
fig. 75	パラッツォ・ルチェッライ、ファサード実測図（from F. Borsi）
fig. 76	パラッツォ・ルチェッライ、ファサード上層窓（S. Fukuda 1989）
fig. 77	ピエンツァのパラッツォ・ピッコローミニ（S. Fukuda 1989）
fig. 78	パラッツォ・ルチェッライ中庭（Sailko 2008）
fig. 79	パラッツォ・ルチェッライ　当初のファサード推定図（from F. Borsi）
fig. 80	パラッツォ・ルチェッライ　ファサード基部（S. Fukuda 1974）
fig. 81	パラッツォ・ルチェッライ西角部（S. Fukuda 1989）
fig. 82	パラッツォ・ルチェッライとパラッツォ・ピッコローミニ　立面比例の比較（from F. Borsi & P. von Naredi-Rainer）
fig. 83	パラッツォ・ルチェッライ初層柱頭（from H. Burns）
fig. 84	同、2層目柱頭（from H. Burns）
fig. 85	同、3層目柱頭（from H. Burns）
fig. 86	パラッツォ・ルチェッライとその周辺（from F. Borsi）
fig. 87	ロッジア・ルチェッライ（S. Fukuda 1974）
fig. 88	ロッジア・ルチェッライ、アクソメ（from F. Borsi）
fig. 89	サンタ・マリーア・ノヴェッラ聖堂 ファサードの "avelli"（S. Fukuda 1974）
fig. 90	同、中央入口（S. Fukuda 1974）
fig. 91	サンタ・マリーア・ノヴェッラ聖堂ファサード実測図（from F. Borsi）
fig. 92	サンタ・マリーア・ノヴェッラ聖堂ファサード東端部（S. Fukuda 1974）
fig. 93	同、ペディメント詳細（S. Fukuda 1974）
fig. 94	ウィットコウアーによるファサード比例構成
fig. 95	サンタ・マリーア・ノヴェッラ聖堂のファサード各部の比例（from F. Borsi）
fig. 96	サンタ・マリーア・ノヴェッラ聖堂、大聖堂クーポラ上部からの遠望（S. Fukuda 1974）

fig. 97　フィレンツェ、サン・ミニアート・アル・モンテ聖堂（S. Fukuda 1968）
fig. 98　ジュリアーノ・ダ・サンガッロ、「バジリカ・アエミリア」スケッチ（Biblioteca Apostolica Vaticana, *Cod. Barberiniano, 4424*）
fig. 99　サンタ・マリーア・ノヴェッラ聖堂ファサードのスクロール（S. Fukuda 1974）
fig. 100　ルチェッライ家礼拝堂と「聖墳墓」（from H. Burns 1998）
fig. 101　旧サン・パンクラツィオ聖堂とルチェッライ家礼拝堂平面図（from F. Borsi）
fig. 102　ダジャンクールによる礼拝堂平面図（Seroux d'Agincourt, *Histoire de l'art*, 1825, II, tav. II）
fig. 103　旧サン・パンクラツィオ聖堂正面立面図（from F. Borsi）
fig. 104　ルチェッライ家礼拝堂断面図（from F. Borsi）
fig. 105　「聖墳墓」西側面（Sailko 2009）
fig. 106　ルチェッライ家礼拝堂　復原平面図（from F. Borsi）
fig. 107　15世紀のイェルサレム聖墳墓聖堂のスケッチ（Biblioteca Apostolica Vaticana, *cod. Vat. Urb. 1362*）
fig. 108　「聖墳墓」各側面のパネル象嵌パターン配置（after Sailko 2010）
fig. 109　「聖墳墓」の銘文配置（from R. Tavernor）
fig. 110　ルカ・パチョリのアルファベット from *De divina propoortione*, Venezia 1509
fig. 111　アルベルティの碑文文字の構造（from R. Tavernor）
fig. 112　聖アウグスティヌスの「神の国」写本の挿絵 Paris, Bibliothèque Sainte-Geneviève, *Ms. Lat. 218*, f. 2r
fig. 113　教皇ニコラス五世肖像（from Ciaconius, *Vitae et gesta summorum Pontificum...*, 1601）
fig. 114　1530年ころのヴァティカン風景　ヘームスケルクによるスケッチ（Wien, Albertina）
fig. 115　レオナルド・ブルーニの墓碑　フィレンツェ、サンタ・クローチェ聖堂（Web Gallery of Art）
fig. 116　15世紀のサン・ピエトロ聖堂（Domenico Tasselli 画、Basilica di S. Pietro, Sagrestia）
fig. 117　ロッセッリーノによるサン・ピエトロ聖堂計画案推定図（from Frommel）
fig. 118　マネッティの記述による「ボルゴ」計画案推定図（from Magnusson）
fig. 119　ニコラス五世のトレヴィの泉（from Franzini, *Descriptione di Roma antica e moderna...*, Roma 1643）
fig. 120　トレヴィの広場と泉の変遷図（from J. Pinto）
fig. 121　サント・ステファノ・ロトンド聖堂（http://penelope.uchicago.edu/Thayer/）
fig. 122　ナポリのカステル・ヌォヴォ（IlSistemone）
fig. 123　カステル・ヌォヴォのアーチ上部浮彫（Wikipedia）
fig. 124　リミニのテムピオ・マラテスティアーノ内"Trionfo di S. Sigismondo"（from L. Orsini）
fig. 125　ポーラの「ポルタ・アウレア」（Grifter72）
fig. 126　ピエロ・デッラ・フランチェスカ作フェデリーコ・ダ・モンテフェルトロ肖像（Galleria degli Uffizi）
fig. 127　ウルビーノのサン・ドメニコ聖堂正面（S. Fukuda 1989）
fig. 128　ウルビーノのパラッツォ・ドゥカーレの計画（from Heydenreich）
fig. 129　パラッツォ・ドゥカーレ「イオレの間」の窓（S. Fukuda 1989）

図版一覧

fig. 130	パラッツォ・ドゥカーレ2階平面（after Heydenreich）	
fig. 131	「トッリチーニ」（Massimo Macconi 2006）	
fig. 132	Piazza del Duca Federico 側ファサード（yannik_anne_sailko）	
fig. 133	パラッツォ・ドゥカーレ中庭（S. Fukuda 1989）	
fig. 134	パラッツォ・ドゥカーレ中庭隅の柱の収まり（S. Fukuda 1989）	
fig. 135	パラッツォ・ドゥカーレ中庭回廊内側角（S. Fukuda 1989）	
fig. 136	フランチェスコ・ディ・ジョルジォによる都市の模式図（Torino, Biblioteca Reale, Cod. Torinese Saluzziano 148, f. 3）	
fig. 137	パラッツォ・ドゥカーレ Cappella del Perdono（S. Fukuda 1989）	
fig. 138	フランチェスコ・ディ・ジョルジォのスケッチ（Cod. Torinese Saluzziano 148, f. 79r）	
fig. 139	フランチェスコ・ディ・ジョルジォのスケッチ（Cod. Torinese Saluzziano 148, f. 93r）	
fig. 140	ピエロ・デッラ・フランチェスカ作「聖なる語らい」 Sacra Conversazione, Milano, Pinacoteca di Brera	
fig. 141	ウルビーノ、サン・ベルナルディーノ聖堂（Sailko 2011）	
fig. 142	フランチェスコ・ディ・ジョルジォによるサン・ベルナルディーノ修道院計画案 Firenze, Biblioteca Laurenziana, Cod. Ashburnham 1828, App. ff. 63v-64r	
fig. 143	同上　聖堂内陣部分スケッチ Cod. Ashburnham 1828, App. f. 87	
fig. 144	サン・ベルナルディーノ聖堂実測図（from Dalai Emiliani, 1992）	
fig. 145	サン・ベルナルディーノ聖堂内陣隅壁に添えられた円柱（S. Fukuda 1989）	
fig. 146	サン・ベルナルディーノ聖堂内陣クーポラ見上げ（S. Fukuda 1989）	
fig. 147	ウルビーノ、国立マルケ美術館蔵「理想都市の図」	
fig. 148	ボルティモア、ウォルターズ美術館蔵「都市広場の図」	
fig. 149	ベルリン国立絵画館蔵「空想建築風景」	
fig. 150	セルリオによる「悲劇用背景」 Regole Generali, II, 46v	
fig. 151	セルリオによる「喜劇用背景」 Regole Generali, II, 47v	
fig. 152	ジュスト・ウテンスによるポッジォ・ア・カィアーノ俯瞰 Museo di Firenze come era	
fig. 153	アムブロジォ・ロレンゼッティ作「善き政治」（部分）シエナ、パラッツォ・プッブリコ　Sala dei Nove の壁画	
fig. 154	ロレンツォ・イル・マニフィーコの「カシーナ」 Firenze, Uffizi, Gabinetto Disegni e Stampe	
fig. 155	ポッジォ・ア・カィアーノのヴィラ・メディチ主屋（S. Fukuda 1989）	
fig. 156	ポッジォ・ア・カィアーノのヴィラ配置復原図（from A. Carnemolla, Il giardino analogo, Roma 1989）	
fig. 157	ジュリアーノ・ダ・サンガッロ　ポッジォ・ア・カィアーノのヴィラ初層平面図 Siena, Biblioteca Comunale, Taccuino senese, c. 19v	
fig. 158	ポッジォ・ア・カィアーノ　2層平面図（from Geymüller）	
fig. 159	ポッジォ・ア・カィアーノ　南側 Giardino segreto から見上げた主屋側面（S. Fukuda 1989）	
fig. 160	ポッジォ・ア・カィアーノ　ポルティコのフリーズ詳細（S. Fukuda 1989）	
fig. 161	ポッジォ・ア・カィアーノ　ポルティコ内部（S. Fukuda 1989）	
fig. 162	ポッジォ・ア・カィアーノ　中央広間天井（S. Fukuda 1989）	

v

fig. 163　ジュリアーノ・ダ・サンガッロ　ナポリ王の王宮計画案 Biblioteca Apostolica Vaticana, *cod. Barberiniano, lat. 4424*, fol. 39v
fig. 164　プラトのサンタ・マリーア・デッレ・カルチェリ聖堂（S. Fukuda 1989）
fig. 165　カステッロのヴィッラ・メディチ、「グロッタ」天井（S. Fukuda 1989）
fig. 166　*Hypnerotomachia Poliphili* の頁から。ウェヌスの神殿におけるポリフィリウスとポリア（p. 223）
fig. 167　同上。庭園でニンフたちに囲まれるポリフィリウス（p. 378）
fig. 168　同上。バッカスの巫女やサテュロスたちの行進（pp. 176-177）
fig. 169　同上。ウェヌスの神殿（p. 206）
fig. 170　マントヴァ鳥瞰図（Franz Hogenberg, 1575）
fig. 171　ルドヴィーコ・ゴンザーガ肖像メダル London, British Museum
fig. 172　マントヴァ市街略図（after Rykwert）
fig. 173　マントヴァ、サン・セバスティアーノ聖堂（from H. Burns）
fig. 174　アントーニオ・ラバッコによるサン・セバスティアーノ聖堂図面（Uffizi, GDS., 1779A）
fig. 175　修復以前のサン・セバスティアーノ聖堂（from F. Borsi）
fig. 176　パッラーディオによるクリトゥムノの神殿の図（Vicenza, Museo Civico, D. 22r）
fig. 177　ジュリアーノ・ダ・サンガッロによるオランジュの凱旋門スケッチ Biblioteca Apostolica Vaticana, *cod. Barberiniano lat. 4424*, fol. 25r
fig. 178　サン・セバスティアーノ聖堂平面図（from H. Burns）
fig. 179　サン・セバスティアーノ聖堂立面図（from F. Borsi）
fig. 180　サン・セバスティアーノ聖堂断面図（from F. Borsi）
fig. 181　ウィットコウアーによるサン・セバスティアーノ聖堂ポルティコ立面復原案
fig. 182　サン・セバスティアーノ聖堂ポルティコの彩色装飾復原案（from Soggia & Zuccoli）
fig. 183　サンタンドレア聖堂俯瞰（from E. Marani）
fig. 184　サンタンドレア聖堂平面図（from Ritscher）
fig. 185　サンタンドレア聖堂ポルティコ（S. Fukuda 1974）
fig. 186　サンタンドレア聖堂ポルティコ復原図（from Saalman & Ghirardini, Law）
fig. 187　サンタンドレア聖堂アクソメ（from F. Borsi）
fig. 188　サンタンドレア聖堂内部（Tango7174）
fig. 189　サンタンドレア聖堂採光システム（from F. Borsi）
fig. 190　フィレンツェ、サンティッシマ・アンヌンツィアータ聖堂のロトンダ平面図（from F. Borsi）
fig. 191　フィレンツェ、サン・マルティノ・ア・ガンガランディ聖堂アプス（from F. Borsi）
fig. 192　フィリベール・ド・ロルムによる「思慮深い建築家のアレゴリィ」*Le premier tome de l'architecture*, Paris 1567, Liv. III, p. 51v
fig. 193　チェザリアーノ版ウィトルウィウス挿図（Lib. IV, p. LXIII）

アルベルティ

Leon Battista Alberti 1404-1472

I.「建築」を語ること

fig. 1   *De re aedificatoria* 写本 c. 1486
Modena Biblioteca Estense, *ms. α.O.3.8 = Lat. 419.* membranaceo, cc. 256.

I.「建築」を語ること

　古典研究はもとより、文学・絵画・彫刻・音楽・建築・スポーツ、あらゆる面に人並み優れる才能を発揮した「万能の天才」とされるアルベルティであるが[1]、建築の領域におけるその最大の業績は、後世への影響という点から見るなら、幾つかの実作品もさることながら、建築を主題とした著作 *De re aedificatoria*[2] の執筆にあったと言えよう。その内容が実際の建築にどのような影響を与えたかはひとまず擱くとしても、その後の西欧における大量の「建築書」の出現という現象は、アルベルティのこの著作なくしてはあり得なかったと言える。建築について語ることの文学的意義ないし「楽しさ」を西欧人に示したのは、アルベルティであった。

　建築を語るということでは、具体的な建築物に対する頌辞や賞嘆のかたちならば、古来多くの例がある。旧約聖書における「ソロモンの神殿」の記述[3]や、ビザンティン期のプロコピウスによる「ペリ・クティスマトーン」[4]、修道士ラウール・グラベールによる西欧ロマネスクの始まりを画するディジョンのサン・ベニーニュ修道院聖堂への賛辞[5]、「ゴシック様式」の創始者とされるシュジェールのサン・ドニ修道院聖堂の「献堂記」[6]などは、それなりに的確に対象の特質を捉えており、そこからは彼らの建築観の一端を読み取ることも不可能ではない。しかしそれらはいずれも、建築の外からのある種の超越的な力の働きかけによって成就したものとして建築を位置づけているのであって、建築技術の内側から発する力を掴みだしたものではなかった。建築を人間的な営みの一局面として捉えるという態度は中世の西欧世界には絶えて見ることのできなかったものであり、アルベルティはブルネッレスキのなし遂げた偉業に触発され[7]、当時人文主義者たちのあいだで話題となり始めていたウィトルウィウスの意義を再検討し、そこから新たな人文主義の課題を提起したのである。

　De re aedificatoria はラテン語で記され、建築には素人の知識人・人文主義者たちの間で広く読まれたのであって、必ずしも技術者のための実用的指針となることを目論んだものではなかった。そこには挿図は全くなく、技術者がただちに手本に出来るような具体的な記述はほとんど見当たらない。むしろこれは建築技術を総合的に体系づけるべく、抽象的な学問的基

礎を構築しようとしたものであり、「様式」の如何を問わず建築が歴史の中に定位するための要件を整理しようとしたものであった。そこで話題として取り上げられているのはほとんどすべて古代の建築に関わる事柄であり、同時代の建築については、彼が惜しみない賞賛を贈っていたブルネッレスキについてさえも、全く触れられていないのである[8]。そのため人々はこれをウィトルウィウスの「建築論」De architectura とともに「古典主義様式」を称揚する指南書の如くに見なし、また今なおそのように位置づける学説[9]がある種の権威として流布している。たしかにアルベルティという存在が、その後の西欧建築における「古典主義」的

fig. 2　フィラレーテ「建築書」ラテン語版写本 c. 1486. ハンガリィ王マッテア・コルヴィーノが造らせたもの（Venezia, Biblioteca Nazionale Marciana）

様式の普及に大きな意味を持ったことは否定できない。しかしもしこの著作をその後の建築の動向から切り離して考えることが許されるなら、もう少し違った見方も可能であるように思われる。

　流麗なラテン語の文体は、その文学的なアウラのゆえにキケロやセネカに比すべき「新たな古典」と見なされ、中世の絵入り福音書のごとく金文字で書写されて、王侯たちの蔵書とされた。モデナのエステ家図書館蔵の豪華な De re aedificatoria 写本 (fig. 1)[10] は、この著作の受け取られ方の一端を示すものといえる。実際、アルベルティに続いてものされたフィラレーテの建築書[11]で語られる架空の都市建設物語では、アルベルティの述べる建築理論と同様なものが、昔の王の墓から発見された「黄金の書」"Codex

I.「建築」を語ること

Aureum"に書き留められていたとされる[12]。同時代の人々からですらそれはすでに「古典」と同等のものとして読まれていたのみか、「建築」を語ることにまつわるある種の恍惚感のようなものまでがそこに期待されていたように見える。

　ここで言われている「建築」とは、中世における建築と同じものではない。それはこれから発見されなければならない何ものかであり、言葉の力によって紡ぎ出されるべき理念的（あるいは仮象の）対象であった。いまだ実現されていない空間について語ることは、プラトーンの「イデア」を語ることに等しいものとして意識されていたのであろう。すでに1420年代ころから、ギベルティやマザッチョ、ドナテッロらによる透視図法を駆使した建築空間の描写がトレンドとなり始めており、それはやがて現実の建築の動向を追い越して、通俗化された「古典主義」的建築空間のイメージを大衆に提供するまでとなる。アルベルティの文字だけによる建築論議[13]はそうした通俗化現象に対するアンチテーゼであったと見ることもできるが、職人の本能的な手業からなかば偶発的に造り出されていた在来の建築空間に対して、周到なロゴスに裏付けられたイマジナルな空間（=*disegno*, アルベルティの用語によれば"lineamentum"）の優位を主張しようとしたものとも言えるかもしれない[14]。

　ただし当時の人々がそうしたアルベルティの意図に気づいていたかどうかは、一考を要する。たとえばアルベルティに心酔していた年若い友人クリストフォロ・ランディーノによるこの著作を含むアルベルティへの評価[15]は、内容よりはその文体についての賞賛であったし、同様に *De re aedificatoria* 初版に付されたアンジェロ・ポリツィアーノによる跋文[16]でも、その最大級の賛辞は至って一般的な文学的評価に留まっており、建築の世界における意義については、それが古代の建築手法に通暁したものであることを述べるだけである。

　たしかに、ここでのアルベルティの文体は通常の「理論書」のそれではない。少なくとも同じく彼が執筆した《絵画論》や《彫刻論》[17]に見られるストレートな論理展開ではなく、ときおり古代の文献から拾ってきた奇妙

な怪異譚[18]が挿入されたり、古代の習俗を現在形で語るような意識的なアナクロニズムの表現があったりするというやや不思議なものである。それはあたかも遠い過去からのメッセージのごとく、およそ現実感を消し去った形で示される。このことについてはかつて筆者が初めてアルベルティに取り組んだ小論の中でも触れたことがあり、四半世紀も前の文章だが、いまなおそのときと考えはあまり変わっていないので、以下にその一部[19]を再録することをお許し願いたい。

「このように見るなら、……〔De re aedificatoria の〕ラテン語は、単に古典建築の知識を当時の知識階級のために、格式の高い言語で書いたというだけにはとどまらない、アルベルティの深く考えられた文学的作為と考えなければならない。このようなスタイルを採用すれば、当然のことながら、アクチュアルな建築的課題に対し直接的な解答を与えることはほとんど不可能であり、アルベルティ自身も初めからそれは断念していたに違いない。アルベルティの野心はそのような目先の成果よりは、もっと大きなところに向けられていた。つまり、古典建築の知識を、単に即物的な技法の体系として建築家の占有に任せるのではなく、それを人文主義的教養のあらゆる局面にまで浸透させ、一つの文化的表象に高める中で、新たな建築思潮の発生を促そうとしたのであり、建築の中にキケロやタキトゥスにも匹敵する古典的権威をつくりだすことだったのである。そのためには、古典建築の規範や技法を、無前提に服従すべき唯一の体系として直接提示するよりは、いったんアナクロニックな虚構のイメージの中にとり込み、古典としての醸成をはかることによって、より大いなる展開を期待する、というのがアルベルティの基本的戦略であったとみられる。……」[20]

アルベルティが修辞の達人であったことは衆目の認めるところであり、上に見てきた如くこの時代のアルベルティに対する評価のほとんどは、その文章の端倪すべからざる巧みさ、雄弁さということであった。ランディーノはアルベルティの文体について、「絶えずその色を変える新種の

カメレオン」と評していた[21]ほどである。しかし De re aedificatoria のこうした諧謔と低徊（ないし韜晦）をまじえた文体は、単なる修辞学的文章技法として片付けることができないものを含んでいるように私には思われる。それは絵画や彫刻とは性質を異にする、まさに「建築」という特定のジャンルを語るために限って選び取られたものであって、到来した新しい市民社会における建築の命運を見通す中で、やむにやまれず採用されたものではなかったろうか。

fig. 3　アルベルティ自画像とされるもの 30×20 cm（Roma, Biblioteca Nazionale Centrale, *V.E. 738*）

その新しい社会とは、アルベルティ自身を産んだ商人階層が主役となるべき社会である。彼の初期の代表的著作《家族論》[22]は、そうした商人階層の誇りと倫理を、かつてのアルベルティ家の栄光へのノスタルジィにことよせて謳い上げたものであるが、そこでは経済的にもまた精神的にも自立した「家族」が社会の基本単位として位置づけられる。それら自立した誇り高き家族群の集合体が、友愛に基づいて創り上げる共同体が故郷 patria となる。

しかしそのようなプラトーン的な貴族的理想社会が現実には手の届かない夢想でしかないのは、アルベルティ自身が身をもって体験してきていたことであった。すでに彼は、自らが誇りとする当のアルベルティ家からも、庶出の孤児である故をもってその庇護下からはじき出され、またそのアルベルティ家の栄光はもはや過去のものであって[23]、そうした市民社会の担い手を育んだはずのフィレンツェは政争・謀略と叛乱に明け暮れていた。国際的な金融資本家と化した上層市民層は、当然の成り行きとして、共同

体を基盤とする地道な経済活動によるのではなしに、外部の既存政治権力との癒着によって地歩を固め、またその事実を誇示することによりむしろ過去の封建領主的権威を装うのである[24]。そのような中で、かつては共同体への帰属を表現することを旨としていた都市建築は、施主の恣意に任せ、古典建築のモティーフの中に新奇な *impresa*（「紋章」ないし権威の表現）を求め始める。「建築的なるもの」を究めようとするブルネッレスキの実験は、ドナテッロやミケロッツォらの非建築的な「古典主義」によって上塗りされ、建築を通じて都市を新たな普遍的空間として再構築する役割を担うべき「建築家」がいまや権力者の走狗となって、彼らの驕りのための表現を古典建築の中に見出すことに狂奔していた。そして自立した市民的尊厳を取り戻すためのものであったはずの「人文主義」とその古典研究も、「ネオプラトニズモ」の神秘主義へと変質してしまう。

　一見したところ過去の栄光へのノスタルジィを語るに過ぎないかに見える《家族論》の新しさ、その独自性の一端は、そこで繰り返し強調される「時間」の認識に表れているとされる[25]。それは中世の農事暦に見るような永却不変の繰り返しではない。個人の努力次第で先へ進めることが出来るものであると同時に、「失われてしまう」ものでもある。時間はまさにそれぞれの時点における個々人の営みと切り離しがたく結びついているのであって、その中で創り出されてきた暮らしを支えるためのもろもろのもの（"masserizia"[26]＝家財の意。建築も当然その中に含まれる——そしておそらく言語すら）も、そうした時間の刻印を免れることはない。形は遺ったとしてもその意味は変わるのである。この時間と人間的営みのかけがえのない一回性の認識、それこそが近代を切り拓く原動力となった思想であり、「歴史」の発見なのであった。

　当代きっての古典学者として古典文化の素晴らしさに限りない憧れを抱きつつも、それをそのまま取り戻すことが不可能であるのを熟知していたのもアルベルティであった。彼は一般には「古典主義者」と位置づけられてきており、実際その古典の真髄の理解の程度において当時彼に勝る者は

I.「建築」を語ること

見当たらないことからするなら、彼を措いて「古典主義者」という概念はあり得ないとも言えるが、しかしその「古典主義」は、決して俗流古典主義のような古典そのままの引き写しではなく、その形姿の内側にあった普遍的なものを掴み出すことにより、現代的意義を見出そうとしているのであって、そこには「古典」自体は完全に過去のもの、死滅せるものとの認識がこめられていた[27]。

アルベルティにとり、この古典復古ブームの時代に向けて古典建築のなりたちを語るというのは「寓話」を語ることに等しく、それを現実と取り違えてはならないというメッセージを伝える行為でもあった。そうした距離感を表現するためには「死語」であるラテン語が最適であり、また古典建築に見られた「規範」[28]はその現実感を剥奪すべく、諧謔や神話的あやかしをまじえたフィクショナルな場面において提示されなければならなかったと考えられるのである。

こうした意味からすれば、一部の研究者が、*De re aedificatoria* に述べられている「理論」を、彼の建築的実践と直接的に結びつけて考えるべきではないと主張している[29]ことも、ある面では首肯されなくはない。しかしこの著作がまさに彼の建築的実践が開始されようとしていた時期に書き進められていた[30]ことを考えるなら、当然のことながらこれを実践とは全く関わりのない純文学的業績としてしまうわけにもゆかない。ただし目下のところ、それを説明するための説得力のある解釈は提起されていないように思う。これについて私は、無理があることを承知の上で、以下のような仮説を立てている。

アルベルティが「理論」のために設定していた「フィクショナルな場面」は、もしかすると理論叙述のためだけのものではなかったのではないか、つまりそれは「建築」という営み全体にまで及ぶものであって、実際に造られる建築そのものをも「仮象」として提示あるいは享受すべきことを示唆していたのではなかろうか、というのである。建築はその物理的存在によって空間を支配するのではなく、かつてあり得べきものとされていた「規範」を暗示する仮象として、それが想起させるであろうところの、それ

11

をとりまく空間のイメージを発生させるための「舞台装置」として提示され、またそのようなものとして受け取られるべきものだったのではなかろうか。それは人々のイマジネーションの中でのみ、あるいは「夢想」の中でのみ、完成された姿を現すのである。1442年頃の執筆とされる掌篇《苦悩からの脱却》Profigiorum ab Ærumna Libri III の末尾で、アルベルティは次のように言う。

「何ものにもまして私の心労を払拭し心を平静と平安の中に包んでくれるのは、何か有意義な仕事であるが複雑で達成することの困難な事柄に、想いを振り向けることである。習いとしているのが、詩や優れた散文などを思い浮かべ、それらに注釈を施したり、修正を加えてみたりすることである。また、とりわけ夜分に、想い止みがたく苦い懊悩や悲しい物思いの方へと駆り立てられるようなときには、頭の中で何か今まで聞いたこともないような器械を考え、それを造り上げて動かし、操作し、思いもつかなかったような壮大なものを建て上げることを試みたりする。またときには単に胸騒ぎを抑えるためだけではなく、記憶の中の素晴らしいことをたぐり寄せたりするためにも、そうしたことを行なうのである。それでも、そうしたものが見つからない時などには、心の中で何か複雑きわまる建物を考え、それを建ち上げ、それに用いるべき様々なオーダーの円柱の数を考え、これまで用いられたことのなかったような柱頭や柱礎をそれらにあてはめ、新奇な優美さをそなえたコーニスや屋根を取り付けてみたりする。これと同様な創作作業に、眠りが私を包んでくれるまで、没頭するのである。……」[31]

こうしてアルベルティの夢想の中で建築は、詩や散文を構想するのと同様な、言語的想像力によって産み出されるものとなる。言い換えるなら、建築は、言語によるメッセージと同じく、いっときそのイメージによって人々の心を慰め、仮想の世界に誘うための手だてなのだ。もしそうだとすれば、それは一面では、建築による社会の変革というような楽観的な希望とは正反対の、現実の人間世界に対する徹底した絶望から発せられる「悲

鳴」をもその底に秘めていることになる。その現実世界に生き続けなければならないアルベルティにとって、悲鳴はときには「批評」、あるいは「諧謔」のかたちで表明されなければならない。「夢想」の中で生き続け、しかし満たされるはずのない希望と、現実への絶望、その狭間で生きる証しとして、建築の営みが位置づけられるのである……。

fig. 4 「有翼の目」のメダル　φ 90 mm（マッテオ・デ・パスティ作、マントヴァ個人蔵）

　これ以上の憶測は、アルベルティの実作品の分析（批評）を通じて判断されるべきことなので、ここではその議論に深入りすることは避けるが、アルベルティにおけるこうした寓話的語り口とそれによる意味の変換作用——「神話的思考法」について、若干触れておきたい。神話的思考、すなわちアナロジィによるエピステモロジィは、この時代の人文主義、とりわけいわゆる「ネオプラトニズモ」に最も典型的に見られるものである。とすればアルベルティはその最新流行の「ネオプラトニズモ」の方法をここで採用していたということになるが、実際、アルベルティの作品や身辺には「ネオプラトニズモ」との関連をにおわせるものが少なからず見出され、それらを盾にとって、アルベルティ作品やその思想を全面的に「ネオプラトニズモ」の産物であるとする説は根強く提起され続けている。建築作品に表れるそうした様相についてはそれら個々の作品の考察の中で取り上げることとして、ここではアルベルティのファースト・ネーム（?）の「レオン」Leon と、彼が自分の紋章 *impresa* として採用していたと見られる「有翼の目」"occhio alato"（= winged eye）の図像と、それに伴って掲げられている "Quid Tum" のモットーについて考えてみたい。

fig. 5　アルベルティ肖像メダル　　　fig. 6　アルベルティ肖像メダル
　　　（fig. 4 の表）　　　　　　　　　　　　φ 93 mm マッテオ・デ・パスティ作
　　　　　　　　　　　　　　　　　　　　（London, Victoria & Albert Museum）

　彼は友人・知人宛の書簡などの署名では晩年に至るまで、ほとんどが "Baptista de Alberti" と記しており、おそらく日常的な呼称は「バッティスタ・アルベルティ」Battista Alberti であったと見られる[32]が、その一方では1440年前後から、記念メダルの刻銘や著作のクレジットなどには、ラテン語風の書き方の "Baptistae" の前に "Leonis" あるいは "Leo" を付したものが現れてくる。

　有名なものとしては、リミニの「テムピオ・マラテスティアーノ」[33]の設計と関わって作成されたと見られるメダルがあり、それには二つのヴァージョン[34]があって、いずれも表はアルベルティの横向きの肖像（髪型や風貌はやや違っている）、裏面は月桂樹のリースで縁取られた中に「有翼の目」を配したものだが、その一つの表には "LEO BAPTISTA ALBERTVS"、別の方には "LEOBAPTISTA ALBER" の刻銘がある。どちらも裏面の「目」の下部には "QVID TVM"、月桂樹のリースの縁取りの外側に "MATTHAEI PASTII VERONENSIS" の銘がある。

　"MATTHAEI PASTII" というのは、テムピオ・マラテスティアーノの工事で現場を指揮していたヴェローナ出身の人物マッテオ・デ・パスティ[35]を指している。"QVID TVM" は "What then (or next)？" の意であるが、出

I.「建築」を語ること

典は必ずしも明らかではなく、キケロからとられたとも、あるいは中世のミサ曲中の「怒りの日」Dies irae を暗示するものとも言われるが、「有翼の目」との直接的な関係は不明である。「有翼の目」の図像は、初期キリスト教時代にも神の表象として用いられていたものだが、アルベルティの場合には、古代エジプトの太

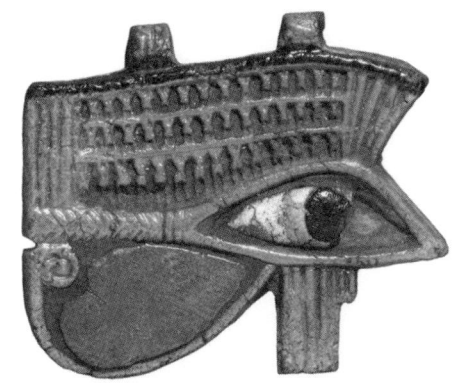

fig. 7 古代エジプトの陶器製目の護符 "wedjat"
（1069-945 BC, British Museum, EA 26300）

陽神の象徴である空中に浮かんだ目[36]がそのソースの一つであったと見られる。そして占星術では太陽は「獅子座」Leo と結びつけられ、さらにネオプラトニズモではそれは父なる神＝キリストと同一視されることとなる。つまりこの図像はアルベルティが自称する Leon の名の由来を示すものでもあるというのである[37]。

「有翼の目」の図像は、これらのメダル以外のところでも幾つか確認されており、アルベルティが自分で制作した自画像ではないかとされるブロンズの楕円形ペンダントにも、横顔の顎の下あたりにその図像が配されているし[38]、《家族論》の自筆草稿と見られるものの紙背に、月桂樹のリースで囲んだ同じ図柄が大きくペンで描かれ、やはり "QVID TVM" のモットーが記されたものがある[39]。この《家族論》草稿断簡は1438年ころに書かれたとされており、とすればアルベルティはかなり早い時期からこれを自分の「ロゴマーク」のようなものとして用い始めていたと考えられる。ここにはまだ "Leo" の署名はないが、それを示唆するものであることは間違いない[40]。

アルベルティがこれらの図像とモットーをどのような想いをこめて用いていたかについては、いまなお多くの論議が続けられている。とりわけ "QVID TVM" の含意については正反対の観方が提起され、アルベルティの

fig. 8 アルベルティ肖像ペンダント 20.1 ×13.6 cm（Washington, National Gallery of Art, Samuel H. Kress Collection, 56）

fig. 9 《家族論》自筆原稿断簡紙背（Firenze, Biblioteca Nazionale Centrale, cod. II. IV. 38）

他の著作に現れる言説と結びつけて様々な深読みがなされる[41]。この問題に光を当てた初期の論考としては、エドガー・ウィントの「ルネサンスの異教秘儀」[42]があるが、ウィントは想定される幾つかの出所を示しつつも、そこから導かれる互いに相反するような含意のどちらが「正しい」とは定めがたく、結局こうしたモットーは多義的・両義的な性格を免れない永遠の「謎」なのだとしていた。これと Dies irae との関連を最初に示唆したのも彼であるが[43]（師のヴァールブルクの教唆による？）、それだとこのモットーはきわめて悲観的な、終末論的宣言となり、キケロが弁論の際にこれを多用していた主知主義的姿勢とは正反対のものとなる[44]。

　この Dies irae への結びつけはその後他の多くの研究者たちからは否定されているが、それとは別にグリエルモ・ゴルニは、これがウィルギリウスの「牧歌」(Eclogae, 10. 38) をその出典とし、生まれながらの不運をかこつ言葉であるとして、アルベルティの庶出の境涯からする絶望と結びつけている[45]。実際、アルベルティの様々な著作の中には、青年時代の不幸な

境遇についての記述が数多く見出される。そしてそのことと結びつけるのが適当か否かは判断が分かれるところだが、自分を取り巻く当時の政治・社会状況に対する激しい弾劾、あるいはそれへの鋭い風刺・絶望の表現も少なくない。

　主著 *De re aedificatoria* とほぼ並行して書き進められていたと見られるルキアノス風のグロテスクな風刺長編《モムス》*Momus* [46] は、オリュムポスの神々の中の問題児であるモムスを主人公としたもので、阿諛追従・虚言の達人で好色のかたまりのような彼は、自ら何か新しい有意義なものを創り出すことはできず、他の神々が創ったものを貶めたり、それらに要らざるものを付け加えて台無しにしてしまったりし、挙げ句はゼウスの愛人の女神フラウディス Fraudis（=Mischief）に唆され、ゼウスの地位に取って代わろうとして天上界を追放されそうとなり逃亡を企てる。トスカーナ地方に降り立った彼は神々への悪口を言いふらし、人々の神に対する崇敬を失わせ、神々が仕向けて人間に創り出させたものはすべて下らないものばかりで、自然のみが唯一崇敬に値するものだと説いて、人間界に混乱を巻き起こす。そして肉欲を抑えきれない彼は、彼を咎めるべく天上界から派遣された「美徳」Virtus の女神の娘の一人「賛美」Laus を凌辱するような過ちまで犯してしまう。そのため「美徳」の女神とその一家は身を隠し、地上はもとより神々の世界にも、すべての美徳とそれに伴う和みは永久に失われることとなる。おかげでモムスはそれまでの愚行・悪行にもかかわらず、巧みな追従によってゼウスにとりいり天上界に復帰する。復帰した彼は、混乱した人間界を取りつぶし新しい世界を創ろうと考えたゼウスの助言役となり、以前とは違ってかなり正論を吐くが、これは逆に堕落してしまっていて人間たちからの貢ぎ物を失うことを懼れた神々の怒りを誘い、神々の議会はゼウスの企図に反対し満場一致でモムスの追放（と「去勢手術」！）を決議してしまう。優柔不断でモムスに対する処罰を躊躇していたゼウスも、結局彼を大海の中の岩に縛り付けてしまわざるを得なくなる。孤独となったゼウスがモムスの遺した「遺書」を開いてみると、君主たるべき者への様々な注意が記されていたが、中でも最も重要なのは、君主の

施策として採りうる方途は三つしかないということで——民衆から歓迎されるような施策のみをとるか、あるいは悪意を以て厳しく治めるか、はたまた善か悪かの判断のつかぬ施策で結果は「運命」Fortuna の女神の気まぐれに任せるか——しかしそのどれを採るべきかは記されないままとなっていた、というのがこの物語の締め括りとなっている。これが当時のどのような世相に向けた風刺なのかについては様々な推測がなされているが、さきに *Profigiorum ab Ærumna* について示唆したようなアルベルティの絶望・悲観主義が、ここにはもっと明確なかたちで現れていると言える。

　その一方、この「有翼の目」の図像については、それはペトラルカ以来の世俗的人文主義のテーマの一つである、「名声」Fama の象徴であるとする説も提起されている[47]。ローマ風に装った昂然たる面持ちの自画像をこのようにメダルにするという自己顕示的な行ない自体、悲観主義とは裏腹の、アルベルティの「名声」への野心、自信を表すものと受け取られるのは当然であるかもしれない。しかしアルベルティにとって、*Fama* は必ずしも肯定的なものとしてばかり受け取られていた訳ではないことにも、注意を向ける必要がある。*Momus* の中に現れるゼウスの娘の女神 *Fama* は、むしろ虚実取り混ぜてあらゆる物事を誇大に吹聴し、世の中に混乱を巻き起こす滑稽で迷惑な存在として描かれているのである。アルベルティの中では、自己への絶対的な確信からする「名声」への憧れと同時に、そのような名利を求める自分を（あるいはそうした「名声」を美徳として謳い挙げる当時の「人文主義」そのものをも）外から冷ややかに見つめる悲観主義とが、常に同居していたのであって、そうした解決不能のアムビヴァレンツを生きた人間としてアルベルティを捉える必要があろう。

　いずれにせよこうした異教的な図像やモットーの採用は、アルベルティが「ネオプラトニズモ」やその源である「エルメティズモ」（ヘルメース主義）[48]に関心を抱いていたことを示す紛れのない証拠ではあるし、彼が少年時代を過ごしたパドヴァには、14世紀以来エルメティズモ研究の系譜が綿々と続いており、市街中心の巨大な公共建築パラッツォ・デッラ・ラジォーネ Palazzo dell Ragione の階上大ホール内部壁面は、エルメティズモ

I.「建築」を語ること

fig. 10　パドヴァ、パラッツォ・デッラ・ラジォーネ階上大ホール壁画

と関わると見られる壁画(ジョットーの弟子たちによる)で埋め尽くされている[49]。またアルベルティがエルメティズモの原典である *Corpus hermeticum* を読んでいたことは、《絵画論》[50]や前記の *Profigiorum ab Ærumna* などの中でそれが引用されている[51]ことからも明らかである。しかしそれらをもってただちにアルベルティが「ネオプラトニズモ」の神秘主義をそのまま受け入れていた証左とするのは早計であろう。すでにマンチーニは[52]、アルベルティがメディチ家のピエロ・デ・コージモやロレンツォ・イル・マニフィーコらと親交を保ちながらも、彼らが後押ししていたフィチーノによる「アッカデーミア・プラトニカ」の集まりとは距離を保っていたと記しているし、デ・サンクティスもその「イタリア文学史」では、アルベルティがフィチーノらの神秘主義には辟易していたとしている[53]。

　おそらくアルベルティにとり、エルメティズモやネオプラトニズモは、文学的な修辞法を豊かにするイメージ・ソースの一つに過ぎず、その覚醒した目でもって、そこから新たな文学的イメージが創出されてくるのを確認していたのだと思われる。「有翼の目」と"QVID TVM"のモットー

は、上記のごとく様々な解釈がありうるが、とりあえずここでは、あらゆる事象に対して目を見開き、常にそこに疑問を投げかけようとするアルベルティの飽くなき知的好奇心と、時流に押し流されまいとする不羈の決意を示したものと見ておきたい。"Leon"の名は、そうした「見者」*voyant*としての自己確認の宣言であったのではなかろうか。

　建築はアルベルティにとって、生涯の中で引き受けた様々な課題の中のごく一部に過ぎない。また彼の「建築家」としての活動が開始されるのは40歳代半ばのことであり、そのとき彼はすでに押しも押されもせぬ当代随一の古典学者・文学者・言論人として認められていたのであって、その建築はそうした多彩な分野での蘊蓄の中から産み出されてくるのである。その意味では、彼の活動の中から建築だけをとりだし切り離して論ずることはできない。しかしそれは、彼の建築を解釈するにあたってそれら他分野での言説や彼が遺してきた文学的成果によって説明しなければならないということではないだろう。彼の建築は、むしろそれまでの他分野での仕事を、建築という新たな技術的課題との格闘を通じて再確認ないし「批評」するためのものであって、そこから建築独自の役割を見出そうとする試みであった。これは建築から彼の全業績を逆照射するという作業であり、そしてその建築による「照射力」のほどを推し量るためにも、アルベルティの事績へのトータルな見通しが要求されるということなのである。
　一介の建築史研究者には、これが手に余る作業であることは明らかだ。できることはたかだか、これまで美術史家たちが「古典主義」への先入主に囚われて見過ごしてきたアルベルティの建築の部分的様相を指摘し、その意義について疑問を提起することぐらいであろう。そしてそれらへの解答については、アルベルティの全業績をトータルに見通すことのできる歴史家たちに期待する他ない。それでも、この課題の広がりを展望するためには、先学の知識をつなぎ合わせつつ、建築以外の彼の業績や身辺についても、おぼつかないながら触れてゆかなければならない。

I.「建築」を語ること

注
1. アルベルティの「万能」振りについては、次章に引く「自伝」の一節を参照されたい。
2. 一般には「建築論」と訳されているが、アルベルティが "architectura" ではなく、わざわざ "aedificatoria" という帝政時代後期に定着したとみられる用語（おそらく初期キリスト教徒たちが用いた雅語）を充てていることからして、違う訳語とすべきであると思われるものの、目下のところ適切な訳が見当たらない。強いて違う語を拾い出すとすれば「構築術」（あるいは「建築学」）とでもすればよいであろうか。しかしそれでは耳慣れないので、本稿では原語のまま *De re aedificatoria* で通すことにしたい。もっとも、アルベルティ自身が自著について "de architectura" と呼んでいた例もあり（本書第 V 章の冒頭参照）、あまりこだわらない方がよいのかも知れない。ただし「建築論」では、ウィトルウィウスの *De architectura* の邦訳題名として一般に受け入れられているそれと区別がつかなくなるおそれがあるので、私としてはあえて原語の題のままとすることにしている。その執筆経緯や内容の分析は第 V 章に譲る。
3. 「列王記」上、9-15 〜 10-20。
4. カエサレアのプロコピウス Procopius of Caesarea（Προκόπιος ὁ Καισαρεύς, c. 500-565）はユスティニアヌス帝時代の歴史家、その著 *Περί Κτισμάτων*（「建築について」の意）は、ユスティニアヌス帝の作事に対する賛辞として 560 年ころに書かれたと見られる。ユスティニアヌスの最大の事業とされるコンスタンティノポリスのアヤ・ソフィア大聖堂 Hagia Sophia から始まり辺境の城砦建設までに及ぶ詳細な記述は、ビザンティン建築についての貴重な同時代の証言として重視されるものである。現代の刊本（ギリシア語＝英語の対訳）としては、Loeb Classical Library 中の H. B. Dewing 篇 *Procopius, History of the Wars*, 7 vols, 1940 の第 7 巻がある。なお、こうした建築や美術品についての賞賛をこめたビザンティン期特有の著述は、「エクフラシス」ἔκφρασις（=description）と呼ばれる。
5. グラベール Raoul Graber については拙著「イタリア・ルネサンス建築史ノート〈1〉ブルネッレスキ」中央公論美術出版、2011 の第 XI 章の注 19 で触れているので、そちらを参照願いたい。
6. シュジェール Suger, Abbé de Saint-Denis（c. 1081-1151）はフランス王家と所縁の深いサン・ドニ修道院長として、国王ルイ六世 Louis VI（"le Gros", 1081-1131）やルイ七世 LouisVII（"le Jeune", 1120-80）の信任を得、敏腕の摂政と

して絶大な権力を握り君臨した。修道院長在任中（1122-51）、1135年に修道院聖堂の改築に着手し、最初の「ゴシック様式」の建築を出現させる。1144年ころにその改築の意図と工事経過を詳細に記した「献堂記」*Scriptum consecreationis ecclesiae Sancti-Dionnysii* は、中世における建設事業の状況を伝える貴重な史料であると同時に、建築と中世神学との関わりを示すものとして重視され、パノフスキィの有名な論文 Erwin Panofsky, *Gothic Architecture and Scholatiscism*, 1951 の基本的な典拠とされることとなる。「献堂記」のテキスト邦訳と詳細な考証は、森洋、訳・編、「サン・ドニ修道院長シュジェール──ルイ六世伝、ルイ七世伝、定め書、献堂記、統治記」、中央公論美術出版、2002 を参照。

7. アルベルティによるブルネッレスキへの賞賛については、すでに前著「ブルネッレスキ」の冒頭で触れていた。

8. 同時代の建築の話題としてはわずかに、教皇エウゲニウス四世（在位1431-47）の時代にサン・ピエトロ聖堂の部分的な修復が行なわれたことに触れられているだけである（LIb. II, cap. 6）。

9. ウィットコウアー Rudolf Wittkower (1901-71) の *Architectural Principles in the Age of Humanism*, London 1949（重版・再版多数。邦訳もあるがやや粗雑な感があり、原著の方に当たられることをお奨めする）はその代表的なものと言えよう。

10. Modena Biblioteca Estense, *ms. α.O.3.8 = Lat. 419*. もとハンガリィ王宮の Biblioteca corviniana の蔵書であったもの。ハンガリィ王マッテア・コルヴィーノ Mattea Corvino（Mátyás Hunyádi, 1443-90）は妃のアラゴンのベアトリーチェ Beatrice d'Aragona の影響から熱心な人文主義者となり、多くの古典写本を収集し、また新たに豪華な写本を作らせていた。*De re aedificatoria* の初版刊本は1485年に出ているが、この極彩色の写本のテキストはその刊本に基づいていると見られ（初版に見られる誤植がそのまま引き継がれている。cf., Giovanni Orlandi, a cura di, *Leon Battista Alberti, L'Architettura*, Milano 1966, "Nota sul Testo", p. 1006)、従って1485年以後に作成されたものと考えられる。コルヴィーノは印刷本では満足できず、わざわざ改めて手間をかけ手写本を作成させているのである。これ以前の絵入り写本としてはヴァティカン図書館蔵の *Codice Urbinate latino 264* があり、これには "Padova 1483" という制作場所と日付があって、ウルビーノ公フェデリーコ・ダ・モンテフェルトロ Federico da Montefeltro（1422-82）の紋章を伴い、彼のために制作されたものであることが分かる。Orlandi, *op. cit.*, p. 1005. アルベルティとウルビーノとのかかわ

りについては、第 VII 章で触れる。
11. フィラレーテ Antonio Aver[u]lino, detto il Filarete（c.1400-70）, "Trattato di architettura", ms. Cod. Magliabecchiano, Biblioteca Nazionale Centrale di Firenze. フィラレーテについてはいずれ別の機会に考えることにしたいので、ここでは詳しい説明は控える。
12. コルヴィーノはイタリア語で書かれていたフィラレーテの建築書も、アスコリ出身の人文主義者アントーニオ・ボンフィニ Antonio Bonfini di Ascoli（1425-1505）にラテン語に翻訳させ、同様に豪華な絵入り手写本に仕立て上げさせていた（現在はヴェネツィアの Biblioteca Nazionale Marciana が所蔵）。ボンフィニの翻訳はあまり忠実なものではなく、かなり恣意的に要約したり、原文にはないくだりを勝手に付け加えたりしている。
13. 1485年の初版はもとより、15世紀の間のものとされる写本のどれも、図解を伴うものはない。16世紀のものでは、イタリア語訳に図を付した1538年作成の手写本が Reggio Emilia の県立図書館に保存されているが（cit., Franco Borsi, *Leon Battista Alberti; Opera Completa*, Milano 1975, p. 349 n. 222 & figs. 348-369）、あまり内容の理解に資するような挿図ではない。本文に即した図版を伴う刊本としては Cosimo Bartoli によるイタリア語訳（Venezia, 1551）が最初のものである。
14. *De re aedificatoria* の Lib. I は "Lineamentum" の説明に充てられており、それは彼の建築理論の核心をなすものであったと言える（第 V 章を参照）。
15. ランディーノ Cristoforo Landino（1424-98）は、まだ17歳になったばかりの1441年にアルベルティが企画したフィレンツェ大聖堂での詩の朗読コンクール *Certame Coronario*（第 III 章参照）に参加していたという早熟な秀才で、アルベルティに心酔していた。1453年からはカルロ・マルスッピーニ Carlo Marsuppini（1399-1459）の後を承けてフィレンツェ大学で哲学の講座を担当し、のちにはフィレンツェ市書記官長も務めている。アルベルティも1443年ころ、ラテン語による諧謔に満ちた小著 *Musca*（《蠅》――ルキアノスの著の翻訳）をランディーノに献呈していたから、その才能を高く買っていたのであろう。ランディーノによるアルベルティへの言及は様々な著作に見えるが、とりわけ最大級の賛辞を述べているのが1481年にものした「ダンテ頌」*Apologia di Dante*（ラテン語の優位を信奉する人文主義者たちに対し、イタリア語＝トスカーナ方言 volgare の大切さを主張しようとしたもの）であるが、そこでは *De re aedificatoria* についてはその「完璧きわまる文章」（*divinitissimamente scritti*）の雄弁さが称揚されているだけである。アルベルティとランディーノの関わ

りについては、アルベルティの伝記として最も定評のあるマンチーニの「アルベルティ伝」Girolamo Mancini (1832-1924), *Vita di Leon Battista Alberti*, Firenze 1882 (2° ed, rev., 1911. 復刻版 Roma 1967), pp. 440-445 に詳述されている。

16. ポリツィアーノ Angelo Ambrogini, detto il Poliziano (1454-94). 孤児であったが早熟で、16歳のときにホメーロスをギリシア語からラテン語に翻訳したといわれる。これに目を留めたロレンツォ・イル・マニフィーコに庇護され、詩人・人文主義者として頭角を顕すこととなる。彼がマントヴァの宮廷での祝祭のために執筆した「オルフェオ物語」*La Favola di Orfeo* (c. 1480 ?) は、イタリア語 volgare で書かれた最初の音楽劇用台本として名声を高めることとなった。彼の *De re aedificatoria* 初版 (1485) への跋文は、ロレンツォ・イル・マニフィーコに宛てた書簡のかたちで書かれている。そのテキストは Orlandi, *op. cit.*, pp. 2-5 参照。ランディーノは、アルベルティがポリツィアーノらと同席して哲学的な論議を交わすという仮想の場面を描いて、あたかも両者が実際にも接触する機会があったかの如く思わせているが (cf. Mancini, p. 444)、その後の研究では *Orfeo* の上演は1480年ころとする説が有力となっていて (cf. Nino Pirrotta, *Li due Orfei, da Poliziano a Monteverdi*, Torino 1975, p. 5 sgg.)、とすればこれはアルベルティ没後のことであり、それ以外の機会についても、二人の年齢差からしてほとんどあり得ないとすべきであろう。

17. 《絵画論》については、すでに前著ブルネッレスキ小論の中で、ブルネッレスキ讃や透視図法との関わりで幾度か触れている。《彫刻論》*De statua* (c. 1434-36 ?) については、このあと第 III 章で、尺度・比例論との関わりで触れることとしたい。

18. たとえば、バビロンのアポローン神殿の中にあった金色の小筐には激烈な瘴気が封じ込められていて、それが壊されるとアジア一帯に悪疫をまき散らした (Lib. I, Cap. 12 ―― ローマ後期の歴史書「皇帝伝」*Historia Augusta* 中のユリウス・カピトリヌス Julius Capitolinus による Lucius Verus 伝 8, 2 から);月齢が若い時期に髪を切ると、若禿になりやすいので (Lib. II, Cap. 4 ―― ウァッロの「農学書」Varro, *De re rustica*, I, 37, 2 から)、ティベリウス帝は髪を切る日を決めていた (*ibid.*, ―― プリニウス「博物誌」Gaius Plinius Secundus, *Historia Naturalis*, XVI, 194 から);それで石棺を作ると屍体を食べ尽くしてしまうという「大喰らい石」(サルコファグス sarcofagus) の話 (Lib. II, Cap. 9; Lib. VIII, Cap. 2 ―― Plinius, *op. cit.*, XXXVI, 131 から);コリント湾の都市ペレネー Pellenē の神像の向きが変わると凶事が起こる (Lib. VI, Cap. 4 ―― プルタルコス「アラトゥス伝」Plutarchus, *Life of Aratus*, 33) など。この他にも、悪口を言いながら

種を蒔くとバジリコが良く育つ（Lib. II, Cap. 13）とか、蝦蟇を畑に埋めておけば害鳥を遠ざけられる（Lib. III, Cap. 11）、家の中に犬の歯と尾を埋めておけば蠅が来なくなる（Lib. X, Cap. 15）など、出典不明の多くの迷信・習俗が紹介されている。H. バーンズはこうした諧謔的な挿話について、硬い理論的内容を読みやすくするためだとして片付けてしまっているが、それらに篭められた寓話的意味合いを見逃してしまっているように思われる（Howard Burns, "Leon Battista Alberti", in Francesco Paola Fiore [a cura di] *Storia dell'architettura italiana; il Quattrocento*, Milano 1998, p. 123）。

19. 「獅子の建築――アルベルティ試論」（『新建築学大系 6 建築造形論』、彰国社 1985, pp. 48-49. これには幾つかの史料の読み誤りなどがあり、今となっては恥ずかしいものだが、若書きとしてお目こぼし願いたい）。

20. 私がこれを書いた時点では、まだこうした見方は少数派であった（というよりも私の知るかぎり皆無であった）が、その後同様な視点からの解釈をとる研究者はかなり増えてきているようである。cf., Rykwert, Joseph, "Theory as Rhetoric: Leon Battista Alberti in Theory and Practice", in *Paper palaces: the rise of the Renaissance architectural treatise* [Chap. I], ed. by Vaughan Hart with Peter Hicks, New Haven-London 1998, pp. XII-414: 33-50；Van Eck, Caroline, "Architecture, Language, and Rhetoric in Alberti's De Re Aedificatoria", in *Architecture and Language. Constructing Identity in European Architecture c. 1000-c. 1650*, ed., by Georgia Clarke & Paul Crossley, Cambridge University Press, 2000；Goebel, Gerhard, "Alberti als Traumarchitekt", in *Architektur wie sie im Buche steht: fiktive Bauten und Städte in der Literatur*, a cura di Winfried Nerdinger, Salzburg, 2006. pp. 70-74, etc.

21. "nuovo camaleonta sempre quello colore piglia", Landino, *Apologia di Dante*, cit. Mancini, p. 442. 実は「カメレオン」については《家族論》（次注参照）の Lib. IV の中で（Romano & Tenenti, p. 417）、対話者の一人 Adovardo がとりあげていて、"E come diceano sapea Alcibiade, così noi imitaremo el cameleonte, animale quale dicono a ogni prossimo colore sé varia ad assimigliarlo"（「アルキビアデースが言ったとされているごとく、我らはカメレオンを真似るのであり、その動物は近くにあるどんなものに対しても色を変えてそれに馴染もうとすると言われる」）と発言していたもので、ランディーノはそれを意識したのであろう。これはまたアルベルティ自身も、そうしたカメレオンを装う必要性を認識していたことを示すものであろう。

22. *Della Famiglia.* 「家政論」ないし「家族論」と訳されている。アルベルティの父や伯父、あるいは従兄弟などの実在のアルベルティ家の人物たちに加え、

アルベルティ自身の分身と思われる架空の人物をまじえて行なわれた、仮想の対話集のかたちで叙述される。Lib. I は子弟の教育の問題、Lib. II は結婚と家族の絆、Lib. III は家計の問題、Lib. IV は友愛の問題を扱っている。Lib. I 〜 III は 1432〜34 年頃、ローマで書かれた (「自伝」——これについては次章参照——によれば、90 日間で書き上げたという)。Lib. IV は 1441 年にフィレンツェ大聖堂でアルベルティが主宰した詩の朗読コンクール Certame coronario (テーマは「友愛」amicizia) の経験をもとに執筆したとされる。19 世紀以来幾つかの刊本があるが、本書では主として Romano, R. & Tenenti, A., *Leon Battista Alberti. I Libri della Famiglia*, Torino, 1969 のテキストに拠った。邦訳としては戦前のものもあるが、最近のものとしては、池上俊一・徳橋曜「家族論」、講談社、2010 がある。

23. アルベルティ家の来歴とアルベルティの生い立ちについては次章で取り上げる。
24. 拙著「ブルネッレスキ」(*op. cit.*)、第 XII 章、pp. 242-248 を参照されたい。
25. Romano & Tenenti による《家族論》への序文 (*op. cit.*, pp. VII-XLII)。
26. 《家族論》の Lib. III は主としてこの概念を軸として展開される。ゾムバルト Werner Sombart (1863-1941, *Der Bourgeois.* München und Leipzig, 1913) は、これを西欧における「資本主義的精神」発現の端緒としてとらえるが、これに対しマクス・ウェーバー Max Weber (1864-1920, *Die protestantische Ethik und der Geist des Kapitalismus*, 1904-1905) は、「家産」は必ずしも資本主義的「利潤追求」とは結びつかないとしていた。しかしアルベルティの「合理主義」が、その影響を受けたルカ・パチョリ Luca Pacioli (1446/7-1517, *Summa de arithmetica, geometria, proportioni et proportionalità*, Venezia 1494) による最初の「複式簿記」会計システムへの言及にまでつながったことからすれば、そこには何らかのかたちでの「近代＝資本主義」へ向かう精神が胚胎していたと見てよいであろう。複式簿記は 15 世紀におけるヴェネツィアの商取引の慣習から生まれたものとされるが、アルベルティは父のヴェネツィアにおける商会の帳簿システムについては見聞きしていたはずである。なおウェーバーもゾムバルトもともにこの複式簿記を「資本主義」の重要な兆候として認めていた。
27. ミハイル・バフチーンはそのラブレー論 (「フランソワ・ラブレーの作品と中世・ルネッサンスの民衆文化」Мхаил Бахтин, Творчество Франсуа Рабле и народная культура средневековья и ренессанса, Москва 1965. 川端香男里訳、せりか書房、1988) の中で、ルネサンスを「二言語併用と、言語的交替の終わりの、ヨーロッパ文学、言語史における、唯一の時代」と規定している。そ

して言語学者フェルディナン・ブリュノ Ferdinand Brunot（1860-1938）の言葉を引いて、「ラテン語をその古代の古典的純粋さに戻そうとするルネサンスの志向自体が、不可避的にラテン語を死語に変えてしまった」とし、ラブレーをそうした二言語（彼が多用する民衆語も含めると三言語）の境界に生きた存在と位置づけている（訳書 pp. 407-414）。これはまさにアルベルティにもそのまま当てはまる規定であって、一方ではトスカーナ方言 volgare の積極的使用を推し進める運動に加担しながら、De re aedificatoria を初めとする主要な著作においてはキケロ風の純正なラテン語を採用していたというのは、彼がそうした言語的境界——その歴史的意味を、明確に意識していたことの表れと言えるだろう。またバフチーンの言うラブレーの「祝祭的文体」は、アルベルティの諧謔とも通じるものがあるように思われる。

28. フランソワーズ・ショエ Françoise Choay はその著「規範とモデル」*La règle et le modèle. Sur la théorie de l'architecture et de l'urbanisme*, Paris 1980 で、「ユートピア」論が提示する「モデル」との対比において、アルベルティの目指したものを「規範」règle であると規定している。私の *De re aedificatoria* 読解には、この著作を含むショエの立論に負うところが多いことを記しておかなければならない。（ただし私は *La règle et le modèle* に最初に触れたのがイタリア語の訳本——Ernesto d'Alfonso 訳 *La regola e il modello, sulla teoria dell'architettura e dell'urbanistica*, Roma 1986 であったため、いまでもそれを利用しており、このあとのショエからの引用もすべてイタリア語版によっている。）

29. たとえば、Hellmut Lorenz, *Studien zum architektonischen und architektur- theoretischen Werk L. B. Albertis*, Wien 1971（Dissertation Thesis）; Heinrich Klotz, "L. B. Albertis 'De re aedificatoria' in Theorie und Praxis", in Id., *Architektur*, 1997, pp. 130-141（*Zeitschrift für Kunstgeschichte*, 32, 1969, pp. 93-103 の再録）など。これらはいずれも Wittkower 的な捉え方への批判を意識したものである。

30. *De re aedificatoria* の著述作業は、1443年から1445年頃にかけてその前半部分についてなされ、一時中断した後、1447〜52年に後半が書き続けられたと考えられている。詳しくは本書第 V 章を参照。

31. Cecyl Grayson, *Opere volgari*, tom. II, Bari 1966, pp. 181-2. これはまさに近代における「建築家」の発想過程を先取りするような言説ということができるが、バーンズ（*op. cit.*, p. 123, & p. 160 n. 58）は、こうした考え方はすでに中世に胚胎していたものであって、アベラルドゥス Petrus Abaelardus（Pierre Abélard, 1079-1142）の著述の中に見出されるとしている。この *Profigiorum ab Ærumna* という著作は、アルベルティがニッコロ・ディ・ヴェッリ・デ・メディチ

Niccolò di Verri de' Medici（生没年不詳）とアニョロ・ディ・フィリッポ・パンドルフィニ Agnolo di Filippo Pandolfini（1360-1446）とともに、フィレンツェ大聖堂の中で、苦悩や逆境での精神的苦痛からどのようにして脱却するかについて、縦横に古典を引用しつつ語り合うというもので、大半はニッコロとアニョロの発言を記録したかたちで提示される。二人の発言の中には、建築（主としてその装飾について）が人々の心に与える影響の問題も出てくる点が注目される。アルベルティ自身の見解は、二人の対話のまとめとして、最後の方で短く述べられるだけである。この「鼎談」が実際になされたものの記録なのか、あるいはアルベルティの創作なのかははっきりしないが、後者の部分が多いのであろう。ニッコロはメディチの一党でありながら、コージモらの権力闘争には与せず、多くの蔵書を所持し、教養人として知られていたらしい。アニョロはフィレンツェ政界で重きをなし、様々な外交的任務などをこなしていた人物であるが、アルベルティの《家族論》の Lib. III は、18世紀ころまでこのパンドルフィニの作と誤り伝えられていた。

32. "Leon" はアルベルティ自身が後から自称したものだという説は、すでに19世紀にパッセリーニ（Passerini, L., *Gli Alberti di Firenze, Genealogia, storia, documenti*, Firenze 1869-70, vol. II, p. 131 sgg.）によって提起されていたもので、こんにちではほぼ定説となっているようである。ただしその時期については諸説がある。

33. Tempio Malatestiano（S. Francesco di Rimini）については後述（第 IV 章）。

34. これらのメダルは1446～50年の間に製作されたとされる説がある一方、1453年以後とする説もある。"LEO BAPTISTA ALBERTVS" の銘のあるのは、ロンドンのヴィクトリア・アンド・アルバート博物館蔵、"LEOBAPTISTA ALBER" の方はワシントンのナショナル・ギャラリー、マントヴァの個人蔵のものなどが知られている。それらは若干製作時期が異なるらしく、後者の方がやや新しいと考えられているようである。大きさは前者が93 mm、後者が90 mm である。cf., K. Badt, "Drei plastische Arbeiten von Leone Battista Alberti", *Mitteilungen des Kunsthistorischen Institutes in Florenz*, VII, 1958, pp.78-79；Watkins, R., "Leon Battista Alberti's emblem, the winged eye, and his name Leo", in *Mitteilungen des Kunsthistorischen Institutes in Florenz*, 9, pp. 256-258；Joseph Rykwert e Anne Engel（a cura di）, *Leon Battista Alberti*（catalogo della mostra a Mantova）, Milano e Ivrea 1994, p. 487.

35. Matteo de' Pasti（c. 1420-67/8）. 初期にはミニアチュールやメダルの制作者として知られていたようで、当時この分野での第一人者であったピサネッロ

Pisanello（Antonio di Puccio Pisano, c. 1395-1455）の弟子であったらしい。彼の建築家としての仕事はリミニのテムピオ・マラテスティアーノ以外は知られていない。アルベルティとの関係については第 IV 章を参照。

36. *De re aedificatoria*（Lib. X, Orlandi, p. 696）では、エジプト人が神の象徴として目を用いたと記している。空中に浮かんだ目の図像は、新王国時代ころから墓室や柩などに多く描かれ、天空の神ホルス Horus（鷹の姿で表される）の目を表したものとされる。新王国末期から末期王朝までの第三中間期ころには、病を癒す護符 wedjat としてペンダントなどの意匠に多く用いられた。
37. 獅子座は占星術では5月生まれの星座と言うことになっており、アルベルティは4月12日生まれなので、Leon は生まれ月とは無関係に採用されたことになる。
38. 同様のものが、ワシントンのナショナル・ギャラリー（Samuel H. Kress Collection, 56. 20.1×13.6 cm）とパリの国立図書館（前者の縮小版36×27 mm）の双方にあり、表には古代風に月桂冠を着けた横向きの胸像と "L.BAP" の銘、裏には "*LEO**BAPTISTA**AL*" との刻銘がある。通説では1435年ころのものとされる。これには自作を疑う説（ないしは後世の偽作とする説）もあるようだが、15世紀前半頃のピサネッロの作風に従うものであることは間違いないとされる（パリ国立図書館のものは、17世紀以後の模作であろうと言われる）。cf., Rykwert & Engel, *op. cit.*, p. 474. このことから、アルベルティはこうしたメダル作成技法を直接ピサネッロから指導を受けたのであろうとする推測もあるが、それを裏付ける史料は存在しない。ピサネッロがローマに滞在していたのは1431～32年の間とされており、この間に両者が接触する機会はあったかもしれない。またピサネッロはマントヴァやフェッラーラの宮廷にも繁く出入りしており、特に1438年のフェッラーラでの宗教会議の折りにも招かれていて、そこに参集していた要人たちの肖像メダルを作成していたから、そこでもアルベルティとの交流があったことが考えられる。
39. Firenze, Biblioteca Nazionale Centrale, *cod. II. IV. 38.*
40. リクワートは *De re aedificatoria* の英訳（Joseph Rykwert, Neil Leach, Robert Tavernor, *Leon Battista Alberti. On the Art of Building in Ten Books*, Cambridge, Mass. and London 1988）の Introduction では、"Leon" の名の採用はアルベルティがポムポニウス・ラエトゥス Julius Pomponius Laetus（*it.*, Pomopio Leto〔本名は知られていない〕1428-98の雅号）の *Accademia romana*（生活のすべてを言葉や信仰も含め古代ローマ風にするという規則を定めた集まり）と接触したことと結びつけているが（*ibid.*, p. xvi；ボルシ Franco Borsi, *Leon Battista Alberti, Opera*

completa, Milano 1975, p. 134 も同様な想定をしていた)、しかしラエトゥスが郷里のサレルノからローマに出てくるのは1450年前後で、また Accademia romana の創設は1457年ころとされているので、上に挙げたような事実とは時期的に合わない。Leon の名の採用はそれとは関係なくかなり早い時期、1440年代前後のことであったと見られる。1468年、教皇パウルス二世 Paulus II (在位1464-71) の命により Accademia は邪教の信仰と教皇への叛逆の嫌疑で解散を命じられ、ヴェネツィアにいたラエトゥスはローマに召還され、一時投獄されるが、間もなく証拠不充分で釈放されている。このときアルベルティがその救済の運動に加わっていたのではないかとする説もあるが、確認は出来ない。

41. cf. Gorni, Guglielmo, "Storia del Certame Coronario", in *Rinascimento*, XII, 1972, pp. 135-181. この他にもこの問題に寄せられた論考は数多い。主なものを挙げると以下のようなものがある。Lewis, Douglas, "Leon Battista Alberti : Self-Portrait in the Roman Style", in *The Currency of Fame: Portrait Medals of the Renaissance* (catalogo della mostra, Washington e New York, a cura di S. K. Scher), New York 1994, pp. 41-43, 375-376, n. 3: Jarzombeck, Mark, "The Victim and the Hangman. The Enigma of Alberti's Winged Eye", *The Cornell Journal of Architecture*, 1996, pp. 46-51 : Hajinoczi, Gabor, "'Quid tum'. L'emblema con occhio alato e il programma per il pittore ideale nel De pictura di Leon Battista Alberti", *Nuova Corvina*, V, 1999, pp. 75-87 : Leite Brandão, Carlos Antônio, *Quid tum? : o combate da arte em Leon Battista Alberti*, Belo Horizonte, 2000.

42. Edgar Wind (1900-71), *Pagan Mysteries in the Renaissance*, New York 1948 (1968 etc.). 邦訳、田中英道・藤田博・加藤雅之訳「ルネサンスの異教秘儀」、晶文社、1986。

43. "Dies Irae; quid sum ego tunc diourus ?" (=What shall I say ?).

44. たとえば *Tusculanae Disputationes*, II, 11, 26 (Loeb Classical Library, *Cicero XVIII*, p. 172) や *Actionis Secundae in C. Verrum*, IV, 59 (*ibid., The Verrine Orations*, II, p. 442) など。

45. "quid tum si fuscus Amyntas". 前記の注41に挙げた Gorni の論文 (1972) を参照。ウィルギリウスにはこの他にも「アエネーイス」*Aeneis*, IV, 543 の Dido の絶望の言葉としての "quid tum" もある。

46. *Momus*, c. 1447/50. (in *Leon Battista Alberti, Momo o del principe*, ediz. critica e traduz. a cura di Rino Consolo, Genova 1986)。この著作については1980年代以降、アルベルティの悲観主義者としての側面を表すものとして重視されるように

I.「建築」を語ること

なり、多くの論考が寄せられている。モムス Mωμος はヘシオドス Hesiodus (Hσίοδος) の「神統記」Θεογονία では夜の女神 Nyx（Νύξ）の子で「不平」を人格化した存在とされ、その後プラトーンをはじめとする多くの古代の著述の中で取り上げられている。アルベルティにおけるモムスは、もっぱらギリシア語で著述したシリア出身の修辞学者・風刺作家のルキアノス Lucianus Samosatensis (Λουκιανός ό Σαμοσατεύς, AD. 125-180) の *Deorum concilium*（神々の議会）や *Juppiter tragoedus*（ユピテルの悲劇）などから採られたものとされている。これらの中でモムスは、神々の果てしない無益な議論を茶化し、悪戯をしかけるトリックスターとして現れる。後述のごとくアルベルティは教皇の身辺にあって、全く成果のなかったフェッラーラやフィレンツェでの宗教会議の有様や、その後の教皇庁における聖職者たちの無能・破戒ぶりを目の当たりにし、それへの風刺をこめてこれを著したものとされている。多くの論考はこの中のゼウスやモムスのモデルがアルベルティの身辺の誰かという詮索（ゼウスは教皇エウゲニウス四世やニコラス五世、モムスはフィレルフォ？——第II章の注18参照、etc.）に関心を向けているようであるが、必ずしも特定のモデルを念頭にしたものとは思われない。アルベルティのモムスは神々の中では最も頭の良い小利口な存在として描かれ、どうやら人間界における「哲学者」たちのパロディであったようにも見える。しかしこの著作における風刺対象の問題はさておいても、これがアルベルティにとっては文章構成上の様々な修辞法の実験の場であって、諧謔・反語的表現の可能性を限界まで追究しようとした文学作品として、その全体の構造から見直す必要があるように思われ、そのことと *De re aedificatoria* との関連については、後の章（第V章）でもう一度考えてみたい。

47. 注41に挙げた D. Lewis の論文やそれを敷衍した Luke Syson の論文（"Alberti e la trattatista", in Rykwert & Engel ed., *Leon Battista Alberti*, Milano & Ivrea, 1994, pp. 46-53）など。なおアルベルティの著作の中には *Anuli*（紋章を付した指輪ないしメダルの歴史を述べたもの）と題するものがあるという。

48. Ermetismo とは、伝説的なヘレニズム期の神秘主義者ヘルメス・トリスメギストゥス Hermes Trismegistus の著 *Corpus hermeticum* に基づくもの。古代エジプト伝来の神秘思想とギリシア神話・メソポタミアの天文学などを結びつけたものをその中心とするが、中世以後ヘブライの「カバラ」思想などと結びつき、また錬金術のソースとしても用いられた。

49. cf. Marco Dezzi-Bardeschi, "Sole in Leone: Leon Battista Alberti: Astrologia, cosmologia e tradizione ermetica nella Facciata di Santa Maria Novella", in *PSICON*, 1,

    1974, pp. 33-67.
50. Lib. II,（Cecyl Grayson, *Opere Volgari*, III, 1976, p. 48.）
51. Id., *Opere Volgari*, II, p. 119.
52. Mancini, pp. 444-448. 実際、*Momus*（Lib. III）の中では、プラトーンとその「アカデメイア」ですら、勿体ぶった無益な議論で世間を惑わす存在として揶揄の対象となっているし、*Corpus hermeticum* のパロディと思われるくだりも見受けられる。
53. Francesco de Sanctis（1817-83）, *Storia della letteratura italiana*, Milano, 1870（邦訳、在里寛治・藤沢道郎他訳「イタリア文学史」、現代思潮社、1970、II, p. 155）

II. ジェノヴァからローマまで

fig. 11　アルベルティ家紋章（Firenze, Galleria di Palazzo Mozzi Bardini）

II. ジェノヴァからローマまで

アルベルティ家の発祥の地は、フィレンツェ東方のアペニン山脈に連なるカテナイア Catenaia の丘陵地であるという。13世紀初め頃にはフィレンツェに来住し、公証人などの仕事を通じて人望を集め、まもなく市の重要な役職を与えられ、アルビッツィ家 gli Albizzi やリッチ家 i Ricci などの古参の有力貴族に伍してフィレンツェ政・財界に中心的地位を占めるに至る[1]。その家系から出たヤーコポ Jacopo degli Alberti は14世紀前半に外国貿易に関わって成功し、その富を大学設立など市の公共・福祉のために振り向けたという。14世紀から15世紀にかけてのアルベルティ一族の富とそれに支えられた高い市民的見識は、バッティスタ・アルベルティが終生誇りとするところであった。

fig. 12　フィレンツェの "Torre degli Alberti"

fig. 13　"Torre degli Alberti" ポルティコ

フィレンツェ市街東部サンタ・クローチェ地区 borgo S. Croce のベンチ通り Via dei Benci には、アルベルティ一族の所有であった中世の「塔の家」Torre degli Alberti ("Colonnine" と呼ばれた) の一部が、角の壁面と初層のポルティコ円柱柱頭にアルベルティ家の紋章を取り付けた姿で現存しており、晩年のバッティスタ・アルベルティはこの建物の一部の権利を手に入れていた[2]。

《家族論》によれば、アルベルティ商会の活動はイタリアの主要都市のみならずヨーロッパ中に展開しており、ロンドンやパリ、ブルージュ、バレ

ンシア、バルセロナ、ジュネーヴ、東地中海のロードス島、レヴァント地方にまで支店が置かれていた[3]。ヤーコポの息子ニッコロ Niccolò はその後を継いで更に富を蓄積し、その財は34万フロリンにものぼったが、慈善家として人々から慕われ、1377年に彼が没した際にはフィレンツェ中の中・下層市民たちが喪に服したといわれる[4]。ニッコロの甥ベネデット Benedetto も同様に有徳の人物として民衆の期待を集めていた。しかしその後まもなく起こった「チオムピの叛乱」(1378年7～8月)[5]に際して、下級市民たちの暴動に加担したとして10年間の追放に処せられ、聖地巡礼からの帰途、1388年ロードス島で没している。

　ベネデットはフィレンツェ市内外の聖堂の装飾などの寄進も積極的に行なっており、サンタ・クローチェ聖堂内の壁画やサン・ミニアート・アル・モンテ聖堂聖器室の装飾などに出資したとされる[6]。サン・ミニアートの聖器室については、彼は亡命中の1387年に作成した遺書の中で、それへの寄進を指示していた。この聖器室は聖堂奥の一段高くなった内陣の左手に増設されたもので、ちょうど1387年ころに完成していたようで、壁面のフレスコ（聖ベネディクトの事績──モンテ・カッシーノ大修道院の創設などを描く）は当時人気のあったアレッツォ出身の画家スピネッロの手になる[7]。腰壁の木製パネルの一つに寄木細工でアルベルティ家の紋章を表したものがあり、その関与を控えめに表現していた。

　ベネデットの追放に際してはアルベルティの親族すべてが即座に追放されたわけではなかったようで、一族の一人アントーニオは14世紀末まで行政官など様々な役職を歴任していた。しかしアルビッツィは執念深くアルベルティ家の追い落としを図っており、1400年にはアントーニオの追放に成功する[8]。このようにして1412年までには追放はアルベルティの全親族に及び、すべてがフィレンツェを離れイタリア各地に亡命し、中には遠く国外にまで脱出したものもあったという。

　ベネデットの息子の一人ロレンツォも1401年にジェノヴァに逃れ、その地で1403年から1404年の間に、正式の結婚をしないまま、カルロとバッ

II. ジェノヴァからローマまで

fig. 14　フィレンツェ、サン・ミニアート・アル・モンテ聖堂　聖器室　スピネッロによる壁画

ティスタの二人の息子をもうけている。母親はビアンカ・フィエスキという未亡人で、バッティスタの生誕後疫病のため死亡したらしい（1406年）[9]。ロレンツォは1408年には、同じフィレンツェからの亡命貴族の娘マルゲリータ・ベニーニと正式に結婚する[10]が、その後まもなく疫病を避けるためにジェノヴァを離れ、ヴェネトに移り住んだと見られる。

　ロレンツォはヴェネツィアに営業所を置いており、当初はヴェネツィアに住んでいたのであろう[11]。しかし後には疫病を避けて内陸パドヴァに居を移している。ロレンツォの兄のリッチァルディはすでに14世紀末からボローニャを本拠として商業活動を行なっており、一族がフィレンツェから追放されその地での商業活動を禁止されていたとしても、ヨーロッパ各地に展開していたアルベルティ商会のネットワークは健在であった。1414年、ボローニャに居座っていた対立教皇ヨハネス二十三世は、リッチァルディに対し8日以内に8万フロリンの緊急融資を要請したが[12]、リッチァルディ

37

はロンドン支店やロレンツォのヴェネツィア支店などの資金を融通し、5日後には要求されていた金額をヨハネスのもとに届けることができたという[13]。

　カルロとバッティスタ兄弟の幼少期については、具体的なことはほとんど分かっていない。「自伝」ではないかとされる著者不詳の断簡冒頭には、次のように記されている[14]。

「……彼は要するに、まことに適切なすぐれた自由な教育を受けたのであり、それは幼少期からのことで、はっきりといつの頃とまでは言えないが、とにかくごく幼い初期の頃から、そのように教育されていたのである。それゆえ、乗馬や競技、器楽、文学や美術に熱心に取り組み、はたからは何の苦もなく易々とそれらをこなしているように見えるまでとなっていた。そしてついには、勉学においてもまた思慮の点においても、あらゆる面において賞賛されるまでとなった。さらにまた彫刻や絵を描くことにも、余暇を無為に過ごさないために、余人から賞賛されようなどの想いは微塵もなく、精進していたのである。彼にとってはあらゆる技芸はいともたやすく、すべてが自家薬籠中のものであったと言えるだろう。およそ無為や無気力というものは彼には起こりようがなく、いかなる事柄についても飽くことがなかった。彼がしばしば言っていたことだが、文学によって人倫のあらゆる物事にまつわる倦怠から免れていたのだと言う。彼における文学の楽しみは、時にはそれがかぐわしい花のつぼみのように思われたほどであり、書物を読むことで寝食を忘れ、また時にはそれに没頭し過ぎて文字がまるでサソリの群れのように見えてきたり、書物以外のものが目に入らなくなったりするほどであった。そして文字を読むのに疲れたときには、音楽や絵、運動などでそれを癒した。よく行なっていたのは、ボール投げやランニング、レスリング、ダンス、槍投げ、とりわけ山登りなどである。しかしそれらは、遊びや退屈しのぎのためというよりは体を鍛えるためであった。少年時代の武人風の鍛錬はめざましいものであった。両足を揃えて跳び上がり、立っている人間を跳び越えることができ、棒を使って跳んだとしても敵わないほどであった。彼の射る矢の

強さは、誓って言うが、頑丈な鋼の鎧をも射貫くほどであった。左足を大聖堂の壁間際に置いたままリンゴを放り上げると、屋根の天辺よりも高く投げ上げることができた。また小さな銀貨を聖堂の中で勢いよく放り上げると、そこに居る者たちにはヴォールトにそれが当たる音が聞こえた。馬上から足下の小枝の端を片手で掴んだまま、いとも易々とその周りを駆けさせながら、小枝を微動だにさせることがなかった。なんと驚くべき不思議さであろう！ 猛々しく乗り手を受け付けないような馬たちが、恐れを感じさせるほどであったものが、いまやその恐れが消え去ったかに見えたのだ。音楽は独学で修得したが、彼が創った曲は楽士たちにも歓迎された。時には歌手に歌わせることもあったが、それはごく内輪で、兄弟たちや家族などとヴィッラに居るときのことである。またオルガンの演奏もたしなんだが、一流の弾き手並みに迎えられたものである。また彼の発言は、最も音楽に精通しているものとされていた。……」（訳は筆者）

　もしこれが「自伝」であることが確かとすれば、自分の能力と勤勉さについての何の衒いもないあけすけの最大級の賛美には、いささか鼻白むものがあるが、あるいはアルベルティは第三人称のかたちをとることで、自分がかくありたいと考えていた理想像をその伝記中の自分に託していたのかも知れない。しかし父ロレンツォも、《家族論》に繰り返し強調されていたようなアルベルティ家の伝統に沿って二人を教育しようとしていたに違いなく、どこまでが誇張かは分からないが、ここに描写されたのに近い、洸渕とした輝かしい少年時代があったと考えてよいであろう。
　ヴェネトにあっても家庭内の会話にはアルベルティ家の郷里のトスカーナ方言が用いられていたと考えられるが、しかし環境の然らしむるところ、洗練されたトスカーナ方言とは異なる、鄙びたヴェネト方言に染まり切った少年時代であったと想像される[15]。その後、ボローニャ、ローマそしてフィレンツェと、次第に文化の中心へと入って行くなかで、バッティスタが体験したであろう言語習得の努力が、その鋭敏な言語感覚を養ううえで重要な契機となっていたのではないかと思われる。

1414ないし15年ころ、バッティスタ・アルベルティはパドヴァのガスパリーノ・バルツィッツァ[16]が開いていた寄宿学校に預けられる。ここでの教育は、ラテン語文法の習得とキケロを初めとする古典文献の講読などを中心とした、当時としてはきわめて先進的な、「リベラル・アーツ」による人格涵養を旨とするものであったと言われる[17]。早熟であったバッティスタは、ここで同窓生たち、マルケ地方トレンティーノ出身のフランチェスコ・フィレルフォ[18]やヴェネツィアのフランチェスコ・バルバロ[19]、パレルモ出身のアントーニオ・ベッカデッリ（「パノルミタ」）[20]らと交友を深めたと見られる。彼らはやがて15世紀を代表的する人文主義者と目されることとなる人々であり、師のバルツィッツァからの影響もさることながら、これらの俊秀たちとの刺激に満ちた日常的接触は、何ものにも代え難い貴重な教育的機会であったはずである。

　1418年ころからバッティスタはパドヴァを離れ、ボローニャで法律学の勉強に取りかかっていたと見られる[21]。この時期のボローニャ大学は、カソリック教会の大分裂やボローニャ市自体の政情の不安定などのために衰退を余儀なくされ、世紀初めには56名の教授陣を擁していたのが1423年にはそれが半減しわずか36名となっていたという[22]。しかしここには伯父のリッチァルディが居り、また1421年までは親戚のアルベルト・アルベルティが教皇庁から派遣される教区の監督官 questore の職にあった[23]から、少なくとも当初の数年間は、勉学にさほど不自由はない環境であったろう。

　1421年3月28日、父ロレンツォは病を得てパドヴァで生涯を終える。遺言ではその遺産は兄のリッチァルディに託し、そのうちの8000フロリンはカルロとバッティスタの兄弟の養育に充てられるはずであった。しかしリッチァルディもその後数ヶ月を待たずに病没し、ロレンツォの遺産の処置はリッチァルディの息子たちに委ねられる。ところがこの従兄弟たちは、カルロとバッティスタが庶子であることを盾に相続権がないと主張し、逆にそれまで二人の養育・教育にかかった費用としてヴェネツィアの商会の帳簿に記載されていた分までを（書籍代なども含め）二人の借財であるとし

て、その返済を求めたのである[24]。これにまつわる係争はかなり長引いたようで、その最終決着がどのようなことになったのかは不明のままだが、兄弟が遺産を受け取ることが出来たようには見えない。アルベルティは後に次のように記している。

「……私の父ロレンツォ・アルベルティが死亡したとき、私はボローニャで教会法の勉強にかかっており、両親に喜ばれるべくまた一族の誇りになるようにと、懸命に努めていたのでありましたが、身内のある者たちが理不尽にも、私に寄せられていた高い評価が定まりかけてきていることを妬んだのでした。それが無法で非道なものであることは明らかでしたが、彼らを憎むことも彼らに膝を屈することもできません。平静な心でそれに耐え、親戚としての義務と親近感を保ち、彼らを貶めることをせずにいましたが、結局、いかに努力してみても、彼らと和解し謝罪と善意を受け取ることは、出来ないのが分かったのです。……」[25]

こうした身辺の不如意と法令や判例を詰め込む記憶一辺倒の法学の勉強がたたって、1424年ころには心身の疲労が限界に達していたと見え、医師の勧めもあってしばらく学位取得のための勉強から遠ざかることとなる。この時期彼の心を癒す手段となったのは戯作文学であった。彼は匿名でラテン語の恋愛喜劇《フィロドクセオス》*Philodoxeos* を書き上げ[26]、それを古代の架空の喜劇作家レピドゥス Lepidus の作で新たに発見されたものだとして、友人たちに公表する。これは間もなく様々な手で筆写され人文主義者たちの間に出回るが、その間に誤写があったり猥褻なくだりが付け加えられたりしながら、パノルミタの「ヘルマフロディトゥス」[27]とともに古代の好色文学の傑作として位置づけられてしまう。アルベルティ自身は10年後に《フィロドクセオス注釈》を著し、それが自作であることを確認するとともに、改竄・付加された部分を訂正した校訂版を公表するのだが、16世紀になってもまだこれは古代の作品として通用していたらしく、ヴェネツィアの書肆アルド・マヌツィオによる1588年版でもレピドゥス作となっ

ていた[28]。

これは全20場からなる喜劇で、アテネの貧しいが真面目な青年フィロドクソス Philodoxus（「真実を愛する者」の意）が、有力者の息子で傲慢な恋敵との間で美しい娘フェーミア Phemia の愛を得るべく繰り広げるプラウトゥス的な取り違えの騒ぎもまじえた物語で、最終的にはフィロドクソスがフェーミアと結ばれるというものである。演劇としては動きに乏しく人物の性格描写もあまり考慮されていないものだが、洗練されたラテン語の台詞のやりとりが注目され、古代のものと取り違えられることとなったとみられる。それはアルベルティのラテン語がそれほど見事で、古代の純正な語法を難なく駆使していたことを示すものとも言えよう。

経済的にも不遇で病を得た20歳代の若者が、こうした空想にふけることで慰めを求めるというのはいつの時代でもありがちのことだが、これがアルベルティの実体験に基づくものであったかどうかは定かでない。しかし彼の著作の中には、恋愛や結婚を主題にしたものがこの他にも幾つか含まれており、晩年近くなってからでも《レオノーラとイッポリトの恋物語》[29]のような作品が現れるのである。生涯を独身で過ごし、ほとんど女性関係の話題とは無縁であったかに見えるアルベルティであるが、あるいは余人には固く秘めた想いがあったのでもあろうか。

ルネサンス期人文主義の中では、「愛」の問題は（性愛も含め）ペトラルカ以来重要なテーマであって、その論議のなかには実体験の告白に近いものも少なからず見られる。パノルミタや後に教皇ピウス二世となるエネア・シルヴィオ・ピッコローミニ[30]らの青春時代はきわめて奔放なものであったらしいが、彼らの場合そうしたきわどい女性体験は、「ネオプラトニズモ」のもっともらしいシムボリズムの衣をかぶせられることで淫行・乱行との非難を免れることとなる。しかしアルベルティにとっての恋愛は、あくまでも社会の核となるべき「家族」を形成するための、人間生活の自然な前提として位置づけられているのであって、そこには「ネオプラトニズモ」的な意味づけが介入する余地はない。とは言え、こうした恋愛談義の存在は、アルベルティが必ずしも融通の利かない堅物の道学者ではなかっ

たことを示すものと見たい。

　1428年、24歳になったバッティスタはようやく法学士の学位を取得する[31]。もう少し若く経済状態が許すなら、博士号取得に向かって更に勉強を続けることもできたであろうが、彼にはそれは望むべくもなかったし、また関心は法学よりは別の方向——文学や哲学、あるいは美術や数学の方に向かっていた。「自伝」によれば[32]、この時期に De commodis literarum atque incommodis (《文学の利益と不利益》) や Amiria, Euphoebia, De religione, Deifira その他幾つかの牧歌や哀悼詩など[33]を執筆したとしている。とりわけ De commodis の中では、他の様々な人間活動と比較したうえで、人間の生きる証としての文学の意義を確認しようとしていた。それは法律家などのような社会のしがらみに縛られた実務ではなく、貧しくとも精神的により自由に、文筆によって生きて行こうとする決意を表明したものと考えられる[34]。そして彼の知的好奇心は、そうした精神的営みのみならず、人々の日常生活を支える様々な技術やその営みに対しても向けられたようで、「自伝」は次のように言う。

　「……あらゆることについて、自分が知らない事柄に対してはその知識を補おうと努め、鍛冶職人や、建築家、船乗り、果ては靴職人に至るまで、彼らの技能の中に何かしら独自のもの、秘伝のような特別なものがありはしないかとたずねまわったものである。そして自分からも、もしそれを欲する者があれば、喜んで他の者たちにそれを分かち与えた。時には多くのことについて無知を装い、他の人々の知識やその熟達の技を探り出そうとまでした。このようにして彼は、様々な物事について、技術であれ手業であれおよそそれらに関わる事柄へのたゆまぬ探求者となったのであった。……」[35]

　こうした多様な好奇心が当時の多くの人文主義者とは異なる「実証主義」的探求心へとアルベルティを導いたであろうことは、多方面にわたるその著作目録からも見てとることができるが、その後の建築への関心もそうし

たところから生まれた部分が大きかったに違いない。彼にとって建築は、その「様式」や美的特質などよりもまず人間生活にとって欠くことの出来ない"masserizia"であり[36]、そこには無名の工人たちが創り出してきた無数の技術や創意が積み重なっていて、それらなくしてはいかなる壮麗な宗教建築も王侯の宮殿も存在し得ないのであり、都市はそうした人間的創意の宝庫なのであった。少年期のヴェネツィアやパドヴァでの都市体験も貴重なものであったには違いないが、多感な青年期の10年余りを過ごしたボローニャは特別な意

fig. 15　ボローニャ、サン・ペトローニオ聖堂身廊

味を持っていたはずである。

　アルベルティは都市ボローニャに対する印象を記したような文章は、その間に親戚との不幸な経緯があったり健康を害したりしたためなのか、ほとんど遺していない。実際このまちは、ローマやミラノに次ぐ大都市であるにもかかわらず、16世紀にセバスティアーノ・セルリオを送り出すまでは、ルネサンス建築通史に名前が挙がるような建築家を産み出しておらず、どちらかといえば地味で特徴の掴みにくい、さして重要な意味を持つ場所とは見なされてこなかった。とりわけアルベルティがいた15世紀前半のボローニャでは、めぼしいモニュメントを挙げよと言われても即座に答えるのは難しい。しかしここは12世紀以来、ヨーロッパ最古の大学を擁する自治都市として着々と成長してきており、それに合わせて商業活動のための広場の整備や様々な公共施設の建設が行なわれてきている[37]。特に13世紀初めから行なわれてきた市街中心の「ピアッツァ・マッジォーレ」Piazza Maggiore 整備の最終段階としてのサン・ペトローニオ聖堂[38]建設（1390年

開始)は、計画としてはミラノ大聖堂やフィレンツェ大聖堂をも凌ぐ壮大なものであり、またそれと並行して進められていたパラッツォ・コムナーレの増築[39]も、アルベルティの滞在中に工事が継続していたものであった。

fig. 16 ボローニャ、パラッツォ・コムナーレ

　それらはいずれも紛う方なき「ゴシック」の産物ではあったが、都市建築としてきわめて合理的で周到な当初計画に基づき整然と進められており、アルベルティは日々それらの工事の状況を目の当たりにしていたはずで、そこでの工人たちの立ち働きを好奇の目で見つめていたことであろう。彼の建築への関心は、決して古典文献からの机上の知識や美的興味だけから生まれたものではなく、こうした建設現場での具体的な技術の知見に裏打ちされたものであったと考えるべきであろう。

　ボローニャでは多くの人々との交流があったと見られるが、特に同輩のラポ・ダ・カスティリオンキオ[40]とは親密となり、またボローニャ司教アルベルガーティ[41]の秘書を務めていた年長の人文主義者、トムマーゾ・パレントゥチェッリ・ダ・サルザーナ[42]の知己を得る。パレントゥチェッリは後に教皇ニコラス五世となって、アルベルティが *De re aedificatoria* を献呈することとなる人物である。

　バッティスタがこの時期どのようにして生活の手段を得ていたのかはよく分からない。一説には、パレントゥチェッリのつてで、当時教皇の代理としてボローニャに派遣されていたアルル大司教のアレマンの秘書となり、更には司教アルベルガーティの秘書となって、ヨーロッパ各地での外交交渉に随行していたのではないかとの推測がある[43]が、これらのことを裏付ける史料は存在しない。いずれにせよ、1428年から起こっていたボロー

fig. 17　サン・マルティノ・ア・ガンガランディ聖堂（内陣アプスはアルベルティの設計）

ニャの騒乱[44]の中で、その地に留まっていたとは考えにくい。

　一方、1428年の10月には、教皇マルティヌス五世[45]のとりなしによって、フィレンツェ市議会はアルベルティ一族に対する追放令解除を審議し、とりあえず一族の者たちが自由に市内に立ち入るのを許可することとなった[46]。正式な市民権回復は教皇エウゲニウス四世の代[47]になり、コージモ・デ・メディチが亡命から帰還後の1434年になってからのことであったが、この時期、1428年から29年にかけて、バッティスタは初めてフィレンツェを訪れていたのではないかと考えられている。これについても史料的な裏付けはないが、多くの研究者はこの推測を支持しているように見える。ただこのときのフィレンツェ訪問の有無が、アルベルティの事績を考えるうえでどれほどの意味を持つかは定かではなく、そうした推測があるということを記すにとどめる[48]。

　ともあれ、この間のアルベルティの足跡についての確実な史料が現れるのは、1431ないし1432年になってからのことであり、そのころ教皇エウゲニウス四世側近のグラード大司教ビアジョ・モリンの秘書となり[49]、更にその推挙によって教皇庁書記官 Abbreviatore apostolico の職を得たことが確かめられる。更に1432年10月7日には庶出の子弟が聖職に就くことを禁じた勅令が廃止され、アルベルティはフィレンツェ近郊ラストラ・ア・シーニャのサン・マルティノ・ア・ガンガランディ聖堂の主任司祭の地位を与えられる[50]。この司祭職は年俸160フロリンの聖禄が約束されるものであったというから、28歳の青年に対するものとしては破格の厚遇であった。しかも Abbreviatore は様々な公文書作成のため高位の聖職者たちと日

常的に接触するし、教皇自身とも直接に接することのある立場で、宗教会議には必ず同行し外交的な任務まで果たすこともあるという、名誉ある職種と見なされていたものである[51]。

　彼がどのようにしてビアジョ・モリンの秘書に取り立てられることとなったのかは、よく分からない。先に触れたごとく、ボローニャ司教アルベルガーティの秘書となっていたかどうかも確証はないが、あるいは彼は学位取得後まもなく、親戚のアルベルト・アルベルティの後押しなどもあって、すでに何らかのかたちで教会関係の仕事に就いていた可能性もある。そうした中で才能を認められ拾い上げられたのかも知れない[52]。ここに初めて生活が安定し、古典学者・人文主義者アルベルティが存分にその活動を展開するための条件が整ったのであった。

　しかしアルベルティが入籍した教皇庁とそれが置かれた都市ローマは、混乱の最中にあった。1430年代のローマは、広大な領域に散らばる廃墟と、あちこちに割拠した中世土豪たち baron の館――というよりも「砦」で、その多くは古代の廃墟の一部を利用したり、その上に積み重ねたりしたものであった――と、それに付随する集落、初期キリスト教以来の聖堂群などが脈絡なく点在するという、一つの「都市」とは言い難い雑然たる空間であった。サン・ピエトロ聖堂をはじめ市内各所の聖廟・聖地に詣でる巡礼者たちの行列は引きも切らず続いており、彼らのための旅宿なども造られてはいたが、市街化していたのはパンテオンを中心とするカムポ・マルツォ（旧カムプス・マルティウス Campus Martius）の区域ぐらいで、カムピドリオより南のフォロ・ロマーノやパラティノ、東のクイリナーレなどは畑や放牧地となり、遺跡は荒れるがままとなっていた。12世紀以来、ローマ市民たちは教皇支配に対抗して、カムピドリオに市庁舎を置いて自治を推し進めようとし[53]、教皇の選出にも容喙するまでとなるが、有力門閥間の対立と、そこに付け入ろうとする神聖ローマ皇帝やフランスなどの外部勢力の介入があり、さらに教皇庁のアヴィニョンへの移動やその後の教会の「大分裂」などのため、教皇の権威は失墜し、ローマは半ば無政府状態

fig. 18　1530年ころのローマ、ラテラン広場の風景
　　　　ヘームスケルク Maarten van Heemskerck（1498-1574）による（Berlin, Staatliche Museen Preussischer Kulturbesitz）

であったと言ってよい。

　コンスタンツの宗教会議で選出され、「大分裂」の終結を宣言したマルティヌス五世は1420年にローマ入りして、混乱していた市の秩序回復にとりかかり、街路の整備や荒廃していた幾つかの聖堂の修復などを行ない、またピサネッロやマザッチォらの芸術家たちを招くなど、新しいルネサンス文化の導入も心掛けていた。しかし彼が悲願とした教会の再統一にはほど遠く、宗教会議を開催しようとしても出席者が集まらず、ようやく1431年に開催に漕ぎつけたバーゼル宗教会議では、開催後まもなく彼自身が死亡してしまう。一方彼は、13世紀以来オルシーニ家と張り合い市の支配権や教皇の地位をめぐって争っていたコロンナ家の出身であり、両家の対立は解消していなかったうえ、教皇の守護役を任じてローマ市に対する統治権を主張してきたナポリ王家とのにらみ合いも続いていた。そしてマルティヌスの死後は、ローマは再び混乱に陥る。マルティヌス五世の後継者で頑固な教皇絶対主義者のエウゲニウス四世は、ナポリ王家とは一定の和解を取り付けたものの、バーゼルの宗教会議では教皇の至上権を認めよう

としない会議と対立し、また前教皇の出身一族のコロンナ家の特権剥奪に動いたため、1434年にはコロンナの一党に唆された民衆に襲われ、変装し夜陰に乗じて小舟でテヴェーレ河を下り辛うじてオスティアへ脱出し、そこからピサを経由してフィレンツェまで逃れるという有様であった[54]。

　この時期アルベルティがローマにいられたのは1434年までの間で、その年には教皇たちとは別経路でフィレンツェに赴きそこで教皇と落ち合ったようで、以後1443年に教皇がローマに帰還するまでの間は、フィレンツェを拠点としながらボローニャやフェッラーラでの宗教会議に随行したり、単独でヴェネツィアまで足を延ばしたりしていて、ほとんどローマに戻ることはなかったと見られる。

　この短い「第一期ローマ」滞在中の彼の著作として確かなのは、モリン大司教の求めに応じて執筆した《聖ポティトゥス伝》[55]と、前にも触れた《家族論》の第三書までの部分[56]があるだけである。新任の書記官として様々な公務に慣れる必要もあったであろうし、この短い滞在期間のしかも混乱した政治状況の中にあって、「古典文化」の本場である都市ローマの状況にどこまで目を向けることが出来たかは不明である。しかしともかくも教皇庁を足がかりとして、そのローマに本拠を得たことは、少壮の古典学者にして将来の「建築家」となるべきアルベルティにとって、計り知れない意義を持つこととなる。

注

1. アルベルティの伝記に関わる原史料としては、作者不詳の断片 *Leonis Baptistae de Albertis Vita*（in *Rerum Italicum Scriptore XXV*, Milano 1723, 38, pp. 295-304；A. Bonucci, a cura di, *Opere volgari...*, vol. I, Firenze 1843, pp. lxxxix-cix；Fubini, R.. & Menci Gallorini, A., "L'autobiografia di Leon Battista Alberti. Studio ed edizione", in *Rinascimento*, 1972, 12, pp. 229-336）があり、これは幼少期についてもまた晩年についても記述のない不完全なものであるが、三人称で述べられているにもかかわらずアルベルティ当人でなければ知り得ないようなきわめて具体的な叙述で、自伝の草稿だったのではないかと推察されている（1440年代前半に執筆か？）。アルベルティ家は13世紀から15世紀にかけて

のフィレンツェの名家であったから、多くの年代記や市の公文書などからその事績を知ることができるし、《家族論》をはじめとするアルベルティ自身の多くの著作に含まれる自伝的記述やヴァティカンの公記録、同時代の人文主義者たちの覚え書きなども利用出来る。ヴァザーリの「列伝」*Le vite...* (ed. Milanesi, II, pp. 535-551) は、16世紀におけるアルベルティ評価の状況を知る上では役立つが、伝記的な事実については錯誤が多い。現代の伝記としてはマンチーニ Girolamo Mancini によるもの (前出、第I章の注11参照) が基本的なものとされており、本稿はそれに拠るところが多い。その後チェスキによってバッティスタの母親の名が明らかにされるなどの追加的な史料発掘がある (Ceschi, C., "La madre di Leon Battista Alberti", in *Bollettino d'Arte*, XXXIII, 1948, II, pp. 191-192) が、しかしその経歴についてはあちこちに欠落があり、いまだに様々な憶測が提起されている。なお日本語によるアルベルティの伝記としては、森雅彦編著「アルベルティ 芸術論」(中央公論美術出版、1992) 所収の「アルベルティの生涯」(pp. 82-106) が簡にして要を得たものである。

2. アルベルティ一族は市内の各所に居を占めていたと見られるが、現在その痕跡をとどめるのはここだけである。建物 ("Colonnine" と呼ばれた) は13〜14世紀ころの建設とされ、大きな三角形の街区の南角を占めている。この街区はもとは堀で囲まれた島のような場所 "Isola di S. Croce" であったといわれる。バッティスタは1468年以後、この建物の一部の所有者となっていた (Mancini, p. 451, n. 1)。アルベルティ家は19世紀には断絶してしまうが、すでにそのころはかなり荒廃していたらしい。現在の姿は1990年代の修復後のもの。cf. Giovanni Fanelli, *Firenze : Architettura e Città*, Firenze 1975, p. 39, fig. 155.

3. アルベルティ商会の各地支店については、《家族論》の各所 (Romano-Tenenti, pp. 90, 101, 172, 334, etc.) で触れられている。商会の主な取り扱い商品は、英国産の毛織物や中東産の高級布地などであったという (Mancini, p. 11)。

4. ニッコロについては《家族論》(*op. cit*, pp. 83, 209, 237, etc.) で "Niccolaio" としてその名が挙げられ、「聖典に関する大いなる著作」をものした有識者であって、その息子たちもすべて同様な識者であったとしている。また14世紀半ばにおけるアルベルティ一族の富は厖大なもので、それが納付する税金がフィレンツェ市の歳出の32分の1に当たるほどであったという (*ibid.*, p. 172)。

5. ベネデットのことも《家族論》に繰り返し取り上げられている (*op. cit.*, pp. 24-5, 83, 91, 209, 237, etc.)。「チオムピの叛乱」*Tumulto dei Ciompi* の経緯については、マキァヴェッリの《フィレンツェ史》Niccolò Machiavelli, *Istoria Fiorentine* (c. 1525), Lib. III に、やや偏った見方とされるものの、詳しく述べられている。

II. ジェノヴァからローマまで

それによれば、この時期アルビッツィを筆頭とする古参貴族 popolo grasso たちは、ギベリン勢力掃討という名目でグエルフ党の capitano たちに大きな権限を与え、その一方、市の役職に就く資格を有力組合代表だけに絞ることで、自分たちの権益確保に腐心していた。これに対しもう一方の古参貴族であるリッチは、それに対抗すべく、新興勢力であるメディチやアルベルティらとともに公平・平等を標榜し、アルビッツィらの動きを阻止しようとする。とりわけゴンファロニエーレの地位にあったサルヴェストロ・デ・メディチ Salvestro de' Medici（のちにコージモ・イル・ヴェッキォを出現させるメディチ家の遠縁に当たる）は、グエルフの権限縮小や下層市民の権利を拡大する法案を、議会がそれを承認する見込みのないことを知りつつ提案し、それが否決されると、広場の群衆たちに聞こえるような大声でその成り行きを述べ、ゴンファロニエーレの職を辞して引きこもってしまう。これが群衆の激昂をあおり、大規模な暴動につながることとなった。一説には、このときベネデット・アルベルティも大声で「民衆万歳」と叫んだのが広場の群衆の耳に届いたというが、真偽のほどは不明である。この暴動には羊毛業組合に支配され全く無権利状態に置かれていた梳毛工 ciompi たちも加わり、その中の一人ミケーレ・ディ・ランド Michele di Lando（1343-1401）が先頭となって市議会を占拠し、梳毛工や染色工など下級労働者たちの三つの組合設立を認めさせ、ミケーレがゴンファロニエーレとなって一旦は「革命」が成功したかに見えたが、popolo grasso 側の巧妙な巻き返し（それにはサルヴェストロ・デ・メディチの変節が大きな役割を果たしていた）にあって、ひと月足らずで騒乱はもとの鞘に収まり、アルビッツィの権力は更に揺るぎないものとなった。ミケーレはキォッジァに逃れ、その後ルッカに移り、そこで生涯を終えたとされる。

6. Mancini, p. 14. この聖器室のことについてはアルベルティ後期の小著 *De Iciarchia*（1468）の冒頭で "Oratorio postovi da nostri Alberti" として触れている。
7. スピネッロ Spinello Aretino（c. 1350-1410）はジョットー風の後継者であるタッデオ・ガッディ Taddeo Gaddi（1290-1366）の弟子であったといわれ、1360年代ころからトスカーナ地方一帯で活発な活動を展開し、人気を博していた画家である。ヴァザーリも *Le vite* でかなりの分量を割いてその事績を記しているが（Vasari-Milanesi, I, pp. 677-694）、それには錯誤が多く、またこのサン・ミニアートのフレスコについては触れていない。cf. Touring Club Italiano, *Guida d'Italia, Firenze e dintorni*, Milano 1974, p. 366（*Guida d'Italia* はその後新版が出ていて、これについても改訂された記述がなされている様子であるが、確

51

認を怠っている）；Stefan Weppelman, *Spinello Aretino e la pittura del Trecento in Toscana*, Firenze, 2011（これについても未見）。

8. アントーニオは豊富な学殖と高い見識で知られ、彼が市の南郊に営んでいたヴィッラ（"Paradiso"と呼ばれた）は多くの教養人の集うところとなっており、ゲラルド・ディ・プラトによる《デカメロン》を模した未完の物語 *Paradiso degli Alberti*(c. 1420) の舞台とされていた（ゲラルド・ディ・プラト Gherardo di Prato については、拙著「イタリア・ルネサンス建築史ノート〈1〉ブルネッレスキ」、第 II 章の注 14 を参照）。アントーニオは追放後はボローニャに赴き、大学で代数学を講じていたという (Mancini, *Vita*, p. 50)。《家族論》(Tenenti, ed., p. 83) では "Messer Antonio ha voluto gustare l'ingegno e arte di qualunque ottimo scrittore, e ne' suoi onestissimi ozii sempre fu in magnifico esercizio, e già ha scritto l' *Istoria illustrium virorum*, insieme a quelle contenzioni amatorie, ed è, come vedete, in astrologia famosissimo" と記されている（この他、p. 185 でも触れられている）。彼の没年ははっきりせず、1415年とするもの、1424ないし28年とするものなど様々であるが、Romano e Tenenti は1415年説をとっている。この他にもアルベルティの係累で学者や高位の聖職者などとしてフィレンツェ市外で活動していた人物は多く、1421年以後ボローニャで教区の監督官 questore を務め、後にペルージアで教皇代理となり、さらにカメリーノ Camerino の司教、そして枢機卿となったアルベルト Alberto Alberti (1386-1455) については、同じく《家族論》で、バッティスタの父ロレンツォ Lorenzo (m. 1424) の口から "questo nostro lume di scienze e splendore della nostra famiglia Alberta, del quale mi pare meglio tacere poiché io non potrei quanto e' qui merita magnificarlo" と言わせている。豊かな教養と高い見識は、この二人のみならず、アルベルティ家のすべての人々が目標とし、また誇りとするところであったように見える。カルロとバッティスタの父ロレンツォは音楽をよくし、その兄のリッチャルディ (Ricciardi *or* リッカルディ Riccardi, m. 1424) は詩作を趣味としていた。

9. C. Ceschi (*op. cit.*, cfr. 注1参照) による。カルロが1403年、バッティスタが1404年4月12日に生まれたとされる。フィエスキ Fieschi はジェノヴァにおいて五指に入る名家で、ビアンカ Bianca は同じ有力貴族のグリマルディ家 Grimaldi に嫁いでいたが、未亡人となっていたものらしい。アルベルティは父については様々な文章のなかで触れているが、母については全く沈黙を守っている。マンチーニ (p. 26) はアルベルティがたった一度だけ、母――生母のことなのか継母のことなのか不明――について、「もし私の読み違えでなければ、ごく間接的なかたちで」、自分のかつての愛犬への賛辞と愛惜の想

II. ジェノヴァからローマまで

いを綴ったラテン語による小著 Canis（c. 1441-42,《犬》）の中で、その威厳と慈愛について触れていたとしているが、私が幾度か Canis（イタリア語訳）を読み返してみたところでは、母犬の毅然として愛情深い様子は述べているものの、それがバッティスタ自身の母にまで言及するもののようには読み取れなかった（Leon Battista Alberti, [a cura di Rosario Contarino], *Apologhi ed elogi*, Genova 1984, pp. 141-169 による）。

10. Margherita Begnini. 当時のジェノヴァはフランスの支配するところとなっていたが、そのフランスの代官の計らいによって、亡命者同士の結婚としては異例の形で、3日間にわたる豪華な祝祭を行なうことが許可されたという（Mancini, pp. 24-26）。ロレンツォは1421年の遺言書では彼女に遺産の相当部分を相続させることを明記している。

11. ヴェネツィアのドルソドゥーロ地区 Sestiere Dorsoduro のサン・バルナバ聖堂 S. Barnaba 近傍には、フォンダメンタ・アルベルティ Fondamenta Alberti という地名が遺っており、この界隈がアルベルティ商会の拠点であったと見られる。

12. Antipope Johannes XXIII（Baldassarre Cossa, c. 1349-1419）は、1409年にピサの宗教会議でアレクサンデル五世（Pietro Philarghi, m. 1410）がきわめて変則的なかたちで選出されたことに抗議して、反対派の枢機卿たちが1410年に選立した教皇。ローマにはナポリ王ラディスラオ Ladislao I（1376-1414）を後盾にしたグレゴリウス十二世 Gregorius XII（Angelo Correr, 在位 1406-09 & 1415-17）が居座っており、ヨハネスはローマに入ることはかなわず、ボローニャに留まることを余儀なくされていた。彼の宗教者としての資質には疑問を呈する向きが多いが、メディチ家の後押しもあり、聖職を金銭で売りつけるなど強引なやり方で保身をはかり、それを批判したボヘミアのヤン・フス Jan Huss（1369-1415）を異端として破門、炙刑に処してしまう。1415年にはコンスタンツの宗教会議で廃位と決定され、一時ドイツで投獄されるが、莫大な保釈金を支払って解放され、新たに選出されていたマルティヌス五世 Marinus V（Oddone Colonna, 1368-1431. 在位1417-31）の計らいで枢機卿の地位は保つことができた。ドナテッロとミケロッツォによるフィレンツェ洗礼堂内の彼の墓については、拙著「ブルネッレスキ」（第 XII 章）参照。

13. 《家族論》(Romano-Tenenti), Lib. IV, p. 342. リッチァルディがヨハネスに融資することとなったのは、一族のピエロ Piero di Bartolomeo dgli Alberti（1357-1429）が当時ヨハネスに仕えていたことによると見られる。ピエロは最初はミラノのジャン・ガレアッツォ、次いでナポリ王ラディスラオに仕えていたという、根っからの宮廷人であった。Lib. IV の最初の部分は、ピエロがいかに

して三者三様の性格の異なる君主に仕え、彼らの友情を勝ち得たかという報告となっている。
14. この「自伝」については、前出の注1を参照。
15. このことを直接に示す史料はないが、彼がヴェネト方言を熟知していたであろうことは、晩年にマントヴァでの作事に指示を与える書簡の中に、ヴェネト方言の単語を意識的に混じえていることからも窺い知られるという。
16. Gasparino Barzizza（1360?-1431）。ベルガモ地方の出身で、1390年ころからパヴィアの大学でキケロの研究に打ち込み、1402年ころからはそこで修辞学を講ずるようになる。1408年からはパドヴァ大学の哲学の講座を担当していた。そしてそのキケロ流の人文主義的教育実践のため（またおそらくは収入を補うため）に寄宿学校を開いていた。マンチーニによれば（p. 43）大学からの給料は年俸で銀貨120枚というささやかなもので、これはヴェネト出身の教授たちが、よそ者の教授に並の報酬を支払うことを認めなかったためという。寄宿学校の授業料は年間40フロリンであったが、必ずしもそれで彼の家計が楽になったようには見えず、借金を返済するために時折蔵書を競売にかけたりしていたという。一時対立教皇ヨハネス二十三世の秘書となったり、教皇マルティヌス五世に随行してコンスタンツの宗教会議に列席したりもしている。1421年にはフィリッポ・マリーア・ヴィスコンティの招請に応じてミラノに移り、1428年からはパヴィアで教鞭を執り、1431年、その地で病没している。息子の一人グイニフォルテ Guiniforte（1406-63）も優れた人文主義者で、ミラノ公に雇われていた。バッティスタがバルツィッツァの許に託されていたことを示す直接的な史料は見当たらないようだが、マンチーニはバルツィッツァがロレンツォという人物（おそらくバッティスタの父）に宛てた書簡でその息子を預かる旨を記しているのを、その証拠として挙げている（Mancini, p. 42）。
17. 彼のキケロ的「リベラル・アーツ」の重要性についての信念は、*Oratio Gasparini Barzizii Pergamensis, Apostolici Secretari, in Prinicipio Quodam Artium* という自分の講義の趣旨を述べた短文（Eugenio Garin, a cura di, *Prosatori latini del Quattrocento*, Torino 1977, III, pp. 306-309 所収）に述べられている。バルツィッツァと同様なリベラルな人文主義的教育は、フェッラーラ侯のもとで子弟の教育を任されていたグアリーノ・ダ・ヴェローナ Guarino da Verona（1370-1460）やマントヴァ侯に招請されたヴィットリーノ・ダ・フェルトレ Vittorino da Feltre（1373/8-1446）らも試みていたもので、彼らは幅広い知育のみならず、体育・身体鍛錬も重視し、バランスのとれた全人的教育を目指していたと言われる。

それはまさにアルベルティの「自伝」で述べられているような若者像を創り上げることであったと考えられる。グアリーノはアルベルティとも交流があり、アルベルティがフェッラーラの宗教会議に随行した際に会って以来、親しく文通していた。

18. フィレルフォ Francesco Filelfo（1398-1481）。1417年にわずか19歳の若さでパドヴァ大学の教鞭を執ったという早熟の天才で、1419年にはヴェネツィア政府から領事のような役割を託され、1427年までコンスタンティノポリスに派遣されている。その間にマヌエル・クリソロラスに師事しギリシア古典についての知識を蓄え、帰国してからはボローニャ、フィレンツェなどで華々しい講演・弁論活動を展開する。名利に敏く時流に乗ることに長けた彼は、フィレンツェではアルビッツィやパッラ・ストロッツィらに取り入り、激しいメディチ家攻撃の論陣を張り、そのフィレンツェからの追放だけでは満足せず、死刑にすることまで主張する。このためメディチが帰還するとフィレンツェから逃亡せざるを得なくなり、シエナ、次いでミラノ、ローマとイタリア各地を渡り歩くこととなるが、敵の多い彼は至る所で問題を起こしていた。しかしアルベルティとの交流は続いていたようで、時折書簡でアルベルティの著作（*Momus* など）への感想を述べたりしていた。なおそのモムスのモデルはフィレルフォを念頭にしたものではなかったかとする説もあるという（Antonio Di Grado, "Introduzione. L'ombra del cameleonte", in *Leon Battista Alberti. Momo o del principe* [*op. cit.*], p. 11, n. 51）。

19. バルバロ Francesco Barbaro（1390-1454）。ヴェネツィアの名門貴族の出で（その一門からはパッラーディオのパトロンとして有名なダニエーレ・バルバロ Daniele Barbaro, 1517-71 も出ている）、すでに1415年にはフィレンツェで多くの人文主義者と交流し、また1419年にはヴェネツィア共和国の議員となって多くの外交的任務を果たしていたから、バルツィッツァの塾でアルベルティと席を並べる機会は少なかったと見られるが、1437〜39年のフェッラーラの宗教会議ではヴェネツィア政府代表として派遣されていて、そこでアルベルティとも会っていたはずである。

20. アントーニオ・ベッカデッリ（「パノルミタ」）Antonio Beccadelli, detto il Panormita（1394-1471）。初期のエロティックな著作 *Hermaphroditus*（1425. 両性具有にまつわる古代碑文体風の物語）で有名であるが、その後フィレルフォと同様イタリア各地を渡り歩き、最後はナポリ王の庇護を得てアッカデーミア創設などに尽力し、その地で没する。彼がパドヴァに居たのはごく短い期間であったようだが、アルベルティとは書簡で交流していた。

21. 《フィロドクセオス注釈》(*Commentarium Philodoxo Fabulæ*, in A. Bonucci, *Opere volgari*, I, pp. cxx-cxxv) から (pp. cxxii-iii)。これは1424年に匿名でものした処女作 *Philodoxeos* について、フェッラーラの領主の息子レオネッロ・デステに1434年に宛てた書簡でそれが自作であることを明らかにし、流布しているテキストの誤りを正そうとしたもの。ボローニャでの就学がいつから始まったのかははっきりしないが、1428年に学位を取得したことについて「10年の年月を費やした」と記していることから、1418年にはボローニャに来ていたことになる (*ibid.*, p. cxxiv)。

22. Mancini, p. 49. マンチーニは、この時期の大学の衰退の最大の原因は、ボローニャ内の勢力争いにあったとしている。それに加え、ミラノのヴィスコンティが絶えずその領有を企てていたし、教皇はそれに対抗し監督官を送り込み、また司教の力によって有力市民同士の対立を抑えようとしていた。やがてこの均衡が破れると、1428年から31年にかけて手の付けられない武力抗争にまで発展し、多くの学者や学生たちが市外に去る事態を招いた。

23. 前出の注8参照。

24. この経緯は Mancini, pp. 50-54 に詳しく述べられている。従兄弟たちはこの時期、取引の失敗などでかなり莫大な借財を負っていたらしく、その後は貧窮していたといわれる。1442年の著作《テオゲニウス》*Theogenius* は、こうしたアルベルティ自身や周辺の人々の運命の浮き沈みを意識しつつ書かれたものと考えられている。「自伝」の一節には、親戚のある者が、召使いを唆して彼を刺し殺させようと企てていたと記している (Bonucci, *Opere volgari*, I, p. xcviii)。おそらくこれは従兄弟の一人の仕業を指しているものと思われる。

25. 前出(注21)の《フィロドクセオス注釈》から (*ibid.*, p. cxxxiii)。

26. 「長ずるにつれ、余分なことは脇に置いて、すべてを文学と教会法や市民法の勉強に振り向けることとなり、充分に注意を払いまた集中していたのだが、それによる疲れの方が勝って、重い病の床に臥すこととなった。もっとも、病に耐えているという状態自体は、人間にとって必ずしも惨めなことばかりであるとはかぎらない。そのときはまだ20歳になったばかりのころだったが、一時法律の勉強を中断し、療養の合間に、自分の慰みのために喜劇『フィロドクセオス』を書いたのである。」(「自伝」、Bonucci, *Opere volgari*, I, p. xcii)。これと同様な趣旨のことは、先に引いた《フィロドクセオス注釈》の前の部分にも述べられていた。

27. 前出の注20参照。

28. セシル・グレイソンによれば、*Philodoxeos* の最初の刊本はサラマンカで出さ

れているという（Cecyl Grayson, voce "Alberti", in *Dizionario Biografico degli Italiani*, 1960）、イタリアにおける最初の刊本であるマヌツィオ版の題は "Lepidi, comici veteris, Philodoxios fabula ex antiquitate eruta ab Aldo Manuccio, 1588" となっていた（Mancini, p. 56）。

29. *Istorietta amorosa fra Leonora de' Bardi e Ippolito Bondelmonti*, c. 1460（in A. Bonucci, *Opere volgari*, I, pp. 227-36；Cecyl Grayson, ed., *Opere volgari*, vol. III, Bari 1973, pp. 273-287）。これはフィレンツェの敵対していた二つの家柄バルディ家の娘（15歳）とボンデルモンティ家の息子（18歳）が恋におち、親たちの反対にあって娘が自殺を図るという物語で、シェクスピアの《ロメオとジュリエット》を想わせるところもあるが、最後は双方の親が折れて二人はめでたく結婚できたという点が違っている。アルベルティは締め括りに、恋愛を悪く言うような者があるとすれば、それは感情のない人間だとしていた（ただしこの著作についてはアルベルティ作を疑う説もある）。アルベルティの遺した文章の中には幾つかの「ラヴ・レター」と見られるものや、恋をうたった詩などがあるが、それらが実体験に即したものであるかどうかは不明のままである。cf., Bardioli, Lorella, "La novella pseudo-albertiana di Ippolito e Leonora", *Interpres*, XXIII, 2004, pp. 204-216.

30. Enea Silvio Piccolomini（1405-64, 教皇ピウス二世 Pius II, 在位1458-64）。シエナ近郊のコルシニャーノ Corsignano の村（後にピウス二世によって「理想都市ピエンツァ」Pienza に改造される）の出身で、シエナでフィレルフォに師事しパノルミタらとともに学んでいた。この当時のシエナの学生たちの乱行に近い生活ぶりは有名であったらしい。彼が1444年ころに書いたとされる「二人の恋人たちの物語」*Historia de duobus amantibus*（シエナの既婚婦人とドイツの青年貴族との不倫物語。ペダンティックな古典からの引用とともに、エロティックな描写で有名となる）からもそれは窺われる。ピッコローミニについてはこの後もしばしば触れることとなる。

31. 前出、注21。

32. Bonucci, *Opere volgari*, I, p. xciv.

33. これらの著作については巻末の著作目録を参照されたい。

34. 「学業の終わり近くになって、文学への傾倒とそれへの愛は、多くの人々が身をもって知るところの憎悪や貧困、巨悪などに対し強い心で耐え忍ぶ方へと、揺るぎない信念をもって導いたのである。私は決して楽しみや糊口の途を得るためにそのように決心したわけではなく、文学よりも商売に従事する方が実入りが確かであることは分かりきっている。私ももしやろうとしさえすれ

ば、誰か他の人に雇われ、才覚を発揮して重要な取引をこなすような生活もできることだろう。私が自分に要求したのは、常に何ものにも囚われず、毅然としていることであった。いつも心掛けていたのは、あらゆる事柄の理解や、優れた教養、霊妙なる技芸を、富や安楽さよりも優先させることであった。」(*De commodis*, cit. Mancini, p. 70)。

35. Bonucci, *Opere volgari*, I, p. c.
36. 第 I 章の注26参照。
37. 中世以来のボローニャの都市整備、特に市民生活の中心となる広場の整備経過については、Antonio Ivan Pini, "Le piazze medievali di Bologna", in *Annali di architettura*, N. 4-5, 1992-93, pp. 122-133参照。また15世紀におけるボローニャの建築活動については、Richard I. Tuttle, "Bologna", in *Storia dell' architettura italiana: il Quattrocento*〔*op. cit.*〕, pp. 256-271を参照。Tuttle によれば、公共建築などを除けば、当時のボローニャの街路沿いの建物の多くは、前面に木造のアーケードをそなえるものであったという。
38. Basilica di S. Petronio, Bologna. 大聖堂とは別に、純然たるシヴィック・センターとして計画された煉瓦造の聖堂で、5世紀のボローニャ司教の聖ペトローニオを守護聖人とする。設計はボローニャの建築家アントーニオ・ディ・ヴィンチェンツォ Antonio di Vincenzo(1350 ? -1401/2)で、当初の計画ではラテン十字の平面で、全長182 m、翼廊部分での全幅137 m にもなるものであったという。翼廊は結局実現されず、内陣部分も縮小されてしまったが、それでも全長124 m にも及ぶ巨大な建築となっている。アントーニオはこれの建設のためにフィレンツェ大聖堂やミラノ大聖堂の建設現場を見学し、それらからの影響をベースとしながら、単純で合理的な構造と明快な空間を創り上げている。アントーニオが没した1402年ころまでには、身廊の二つのベイまでが建ち上がっていた。工事は16世紀後半までかかり、ファサードも下層部分以外は未完となっている。アントーニオはこの聖堂以外にも、旧市街東部のピアッツァ・ディ・ポルタ・ラヴェニャーナ Piazza di Porta Ravegnana(古くからの商業センターであった)に面するパラッツォ・デッラ・メルカンツィア Palazzo della Mercanzia(1387)や市街西部のサン・フランチェスコ聖堂の改修 S. Francesco(1397)なども手がけていた。cf. John White, *Art and Architecture in Italy: 1200-1400*, Harmondsworth 1966, pp. 351-355.
39. Palazzo Comunale. ピアッツァ・マッジョーレの北西側に面する公共建築。当初はボローニャ大学教授の法学者アックルージオ・ダ・バニョロ Accrusio da Bagnolo(1184-1263)の住居であったが、14世紀以来市庁舎として用いられ、

II. ジェノヴァからローマまで

1424〜30年にかけて、その南東角にフィエラヴァンテ・フィエラヴァンテ Fie[o]ravante Fieravante（c. 1390-1447?）によって塔が増築された。

40. Lapo da Castiglionchio, il Giovane（1405/6-38）。アルベルティと同様、フィレンツェの没落貴族の子弟であるが、ボローニャではフィレルフォの許で学び、またアルベルティとともにギリシア語の勉強に励んだことなどをアルベルティに献呈した著作に記している。プルタルコスやルキアノスなど、多くのギリシア語文献の翻訳で知られる。

41. Niccolò Albergati（1373-1443）。1417年以来ボローニャの司教職にあり、硬骨・清廉の人物として知られ、マルティヌス五世の忠実な手足となり、フランスや英国などに外交使節として派遣されていた。1426年には枢機卿に取り立てられている。エウゲニウス四世が開催したフェッラーラの宗教会議の際には、その開会を宣言する役割を負っていた。18世紀になって「福者」Beato の称号を与えられている。

42. Tommaso Parentucelli da Sarzana（1397-1455, Nicholas V, 在位1447-55）。彼とアルベルティとの関わりについてはこのあと第VII章で取り上げる。

43. Mancini, pp. 84-87. アルベルティがアルベルガーティに随行してヨーロッパ諸国を訪問していたのではないかとの推測は、*De re aedificatoria* のあちこちに、それらの地方の建築や習俗に触れたくだりがあることを根拠にしている。

44. Mancini, p. 61. お目付役であったアルベルガーティが外交的任務のためにフランスやドイツなどを歴訪していて留守になったため、その間にまた市内の有力者同士の対立抗争が表面化したものであった。

45. 前出、注12参照。

46. Mancini, pp. 66-67. すでに1424年ころから、教皇マルティヌス五世はアルベルティ一族のレオナルド Leonardo fu Nerozzo degli Alberti（ローマで銀行業を営んでいた）からの財政援助やアルベルト・アルベルティ（前出、注8）の功績などを評価し、フィレンツェ市に対してアルベルティ家の追放令解除を働きかけており、1426年には市議会が一部の人間に対してはフィレンツェ領内に居住することを認めるなどの動きがあり、1428年の決定はその最終段階であった。

47. エウゲニウス四世 Eugenius IV（Gabriele Condulmer, 1387-1447. 在位1431-47）。ヴェネツィア出身で、すでにマルティヌス五世の生前にその後継者に指名されていた。彼の代からアルベルティは教皇庁書記官にとりたてられ、重用されるようになる。気難しく頑固な独裁者であったらしい。

48. アルベルティがこの時期フィレンツェを訪れたか否かは、彼が《絵画論》

（イタリア語版献辞）に挙げている、ブルネッレスキやドナテッロ、ギベルティ、マザッチォらといつどのようにして知り合ったのかという問題とかかわる。ブルネッレスキらについては1434年以後、出会う機会は多々あったはずだが、マザッチォだけは、彼は1429年にはローマで死亡したといわれており、この時期にアルベルティがローマに居たかどうかは分からない。もし二人が出会った可能性があるとすれば、マザッチォがまだフィレンツェに居たと思われる1428年が考えられ、またこの推測と関わって、例のブランカッチ礼拝堂の壁画（「ペテロの奇跡」、拙著「ブルネッレスキ」第Ⅰ章のfig. 2 & 注15参照）の右端の人物群について、ヴァザーリがブルネッレスキの左で横向きの人物をドナテッロとしているのが、実はアルベルティではないかとする説があった。しかしこれは壁画の制作時期（1426/7）からして、考えられない。cf. Paoli, Michel, "Perché Masaccio non ha potuto ritrarre Leon Battista Alberti (bilancio provvisorio delle celebrazioni del sesto centenario)", in *Prospettiva*, n° 126/127 (2007), pp. 56-59. ともあれ、アルベルティがマザッチォと知己であったことが確かであれば、1428年にアルベルティがフィレンツェを訪れていたことへの傍証にはなるだろう。一方、バッティスタの兄のカルロは1429年には妻を伴ってフィレンツェに落ち着き、先祖であるベネデットの家で長子ベネデットをもうけたとされており（Mancini, p. 69）、バッティスタもこの時期フィレンツェに来ていた可能性が考えられる。

49. Mancini, p. 89. その秘書への登用の日付について、マンチーニは1431年の方が可能性が高いとしている（*ibid.*, p. 91）。モリン Biagio Molin はイストリア地方のポーラやザーラの司教などを経て、1427年にグラード大司教 Patriarca di Grado となり、1431年にはエウゲニウス四世によって教皇庁尚書院 Cancelleria Apostolico の長官に任命されていた。教皇庁の秘書官であったポッジョ・ブラッチォリーニ Poggio Bracciolini（1380-1459）の評言によれば、「相当な石頭」であったという（Manicini, p. 88. ポッジョについてはこの後の第Ⅲ章を参照）。しかし部下に対しては寛容で、自由な活動を容認していたようである。

50. アルベルティとこの聖堂 S. Martino a Gangalandi との関わりについては、第Ⅸ章で触れる。

51. Abbreviatore（Scrittore とも言う）の呼称が現れるのは、14世紀のアヴィニョン教皇庁の時代からであったらしく、その役所である尚書院 Cancelleria は当初はごく少人数の所帯であったが、マルティヌス五世の時代には101人を数え、エウゲニウス四世は更に一人増やし102人になっていたという（Mancini, p. 89 & n. 2）。Abbreviatore には二階級あって、その下にさらに清書係などが

II. ジェノヴァからローマまで

いたというから、この数はそれらをすべて合わせたものであろう。アルベルティは Abbreviatore の上級職の地位にあったと見られる。なお Cancelleria の役所は、聖職の売買などを取り仕切る役割もあり、これに関わる役得で蓄財をする abbreviatore もいたらしい。アルベルティがそうしたことに関わったことはなかったようだが、1464年にはそのことを理由の一つにして、教皇パウルス二世（Paulus II, Pietro Barbo, 在位1464-71）が多くの人文主義者たちの反対を押し切ってこの役職を廃止してしまうこととなる。

52. この時期、国外から留学していた貴族の子弟などの場合を除けば、後ろ盾のないイタリア人学生にとっては、大学を優秀な成績で卒業したとしてもふさわしい職に就くことは難しく、また高位聖職者の秘書の口なども、多くの司教や枢機卿が貧窮していて、それほど容易には見つからなかった。アルベルティの学友であったラポ・ダ・カスティリオンキオはそうした職を得られず、実入りの少ない教師の途を選ばなければならなかった（最終的には1437年になってようやくカサノヴァ枢機卿の秘書となっている）。後に教皇となるエネア・シルヴィオ・ピッコローミニの場合でも、雇い主の枢機卿が報酬を支払うことができなかったため、相手選ばず幾人かの高位聖職者の許を渡り歩いて過ごしている（Mancini, p. 85）。アルベルティは1437年ころの作とされる Sofrona という短い対話篇（Cecyl Grayson, ed., Opere volgari, vol. III, Bari 1973, pp. 265-271）の前書きで、ルチド・コンテ Lucido Conte という枢機卿から庇護され、多くの恩義を蒙ったことを記している。これはコンテの死（1437）後にその甥に宛てたものであった。アルベルティがこの枢機卿と接触があったのがいつであるのかははっきりしないが、彼がモリンの秘書となる以前のことと推測する向きが多いようである。この枢機卿はエウゲニウス四世によって職を解かれてしまうが、かなりアクの強い人物であったらしく、マンチーニによれば（p. 104）、ポッジョ・ブラッチョリーニが彼を「肥満で大食漢」と評し、またアムブロジョ・トラヴェルサリ（彼については拙著「ブルネッレスキ」第 XI 章を参照）はその貪欲さ（聖職売買など）を苦々しく見ていたという。アルベルティにしてなお、そのような人物にまで近づくことで糊口の途を得なければならなかったのでもあろうか。

53. 12世紀半ばローマ市民たちは、ヴァティカンの支配に対抗してはじめて市議会を構成するが（"Renovatio Senati"）、実質的な自治権を確立することは難しく、却ってヴァティカン側からの代表によって議会が乗っ取られてしまうような事態まで招く。1261年にはフランス人の教皇ウルバヌス四世（Jacques Pantaléon de Troyes, c. 1195-1264）が即位し、教皇はフランス王弟のシャルル・

ダンジュー Charles d'Anjou（1226-85. 1266年よりナポリ王）を市議会に送り込み、ローマは実質的には彼の武力によって支配される。この間にはローマの二つの有力家系、オルシーニ家 gli Orsini とコロンナ家 i Colonna とが対立抗争を繰り返しており、14世紀初め以後、フランス出身の教皇の多くがローマよりもアヴィニョンを本拠とするようになると、有力家系の対立に加え、神聖ローマ皇帝やナポリ王家などが入れ替わり立ち替わりローマに介入してくる。1347年と1354年の二度にわたって、コラ・ディ・リエンツォ Cola[Nicola]di Rienzo (c. 1313-54) が「共和国」の設立を企てるが、どちらもたちどころに弾圧されてしまう。1378年以後の教会分裂は、ローマの無政府状態に更に拍車をかけていた。中世におけるローマ市の状況については、グレゴロヴィウス Ferdinand Gregorovius (1821-91)、*Geschichte der Stadt Rom im Mittelalter*, 1953-72 の記述が最も権威があるものとされている。

54. Mancini, pp. 104-106.
55. 聖ポティトゥスは AD. 2世紀のルーマニア出身の殉教者。ローマ皇帝アントニヌス・ピウスをキリスト教に改宗させようと説得するが、逆に拷問死したとされる。この聖人の事績には確かな史料がなく、アルベルティは慎重に伝記的細部に関わることを避け、もっぱら聖人の美徳を讃える記述だけにとどめているが、幾つかの錯誤は免れなかったようである。大司教モリンはこれだけでなくもっと多数の「聖人列伝」執筆をアルベルティに命ずるつもりであったらしいが、その後彼自身の多忙に紛れ計画を放棄してしまったらしい。マンチーニによれば、モリンがアルベルティにこれを書かせたのは、アルベルティの作成した教皇庁発の外交文書が、かつてなかったような優れたラテン語で書かれていることが内外から高く評価されていたという事情もあったのだろうという（Mancini, pp. 91-93）。
56. 「自伝」によれば、これは90日間で書き上げたものという（Bonucci, *Opere volgari*, I, p. xciv.）

III. ローマとフィレンツェ

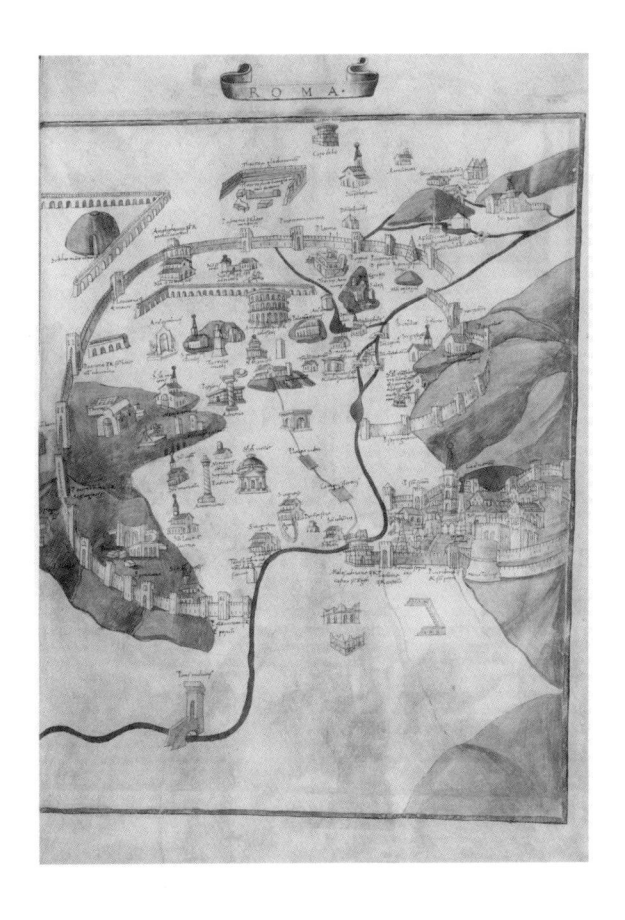

fig. 19　ピエトロ・デル・マッサイオ によるローマ市街図（1472）in *Geografia di Tolomeo*, Biblioteca Apostolica Vaticana, *Urb. Lat.* 277

III. ローマとフィレンツェ

　15世紀前半のヴァティカン教皇庁には、多くの人文主義者たちが世俗の身分のままその学殖を買われて、教皇や枢機卿たちの秘書・法律顧問あるいは書記など様々な形で登用されており[1]、彼らは本務以外の著述活動も含め自由に動き回っていて、そこはフィレンツェに次ぐ人文主義研究のセンターとなりつつあった。そして何よりの強みは、その研究の源泉となるべき古代文化の遺物を、日常的に目の当たりにしつつ論議を進めることができたということである。ポッジョ・ブラッチョリーニによる「ローマの遺跡」[2]は、そうした研究の基礎となるべき遺跡・遺物のカタログを作成しようとしたものであったし、それに続くフラヴィオ・ビオンドの「ローマ復原」[3]は、同じく古代ローマ地誌の復原研究を踏まえながら、かつての栄光を取り戻そうとよびかけるものであった。都市ローマはキリスト教の聖地であると同時に、偉大なローマ帝国文化を象徴する場所であって、彼らにとってはそこが「聖地」たる所以も、むしろローマ帝国文化の光彩によって権威づけられるべきものなのである。

　しかし彼らがまず異口同音に発するのは、その遺跡の悲惨な状況についての嘆きの言葉である。ポッジョは次のように言う[4]。

「ローマはすべての威厳をはぎ取られ、あたかも腐敗した巨大な屍体のごとく横たわり、あらゆる部分が腐りかけている。一体、何故にあの大いなる世界が、無数の都市建築や神殿、柱廊、浴場、劇場、水道、技の粋を集めた凱旋門、宮殿などが、すべて打ち壊され、あの壮大さがほとんど無に等しくなり、ないしは僅かしか遺っていない様を、見せられることとなるのか？……〔カエキリア・メテッラの墓[5]は〕何世紀も経ていながら無傷で遺っていたものが、いまやその大部分が石灰にするために壊されてしまっている。〔カピトリウムのそばのフォルムにある〕コンコルドの神殿[6]は、大理石の見事な造りであったものが、私が初めてローマを訪れたときにはほとんどそのまま遺っていたのだが、その後ローマ人たちはケラを全部打ち壊し、ポルティコや円柱の幾つかも石灰にしてしまった。……」

fig. 20　1530年ころのローマ、フォロ・ロマーノ風景ヘームスケルク　Maarten van Heemskerck (1498-1574) による （Berlin, Staatliche Museen Preussischer Kulturbesitz）

同様な言葉は、この当時のローマを見た多くの人文主義者たちから発せられており、治安が乱れ衛生状態も悪く悪臭が漂う市中を見れば、最初に出てくるのがこうした嘆きとなるのは無理からぬところでもある[7]。それは現代における歴史的環境破壊を糾弾する「エコロジスト」たちの声と共通するところがあり、それがやがて近代における「モニュメント保存」という思想誕生の萌芽となった[8]のも事実であろう。しかし人文主義者たちにとっての「ローマ」とは、リウィウスやタキトゥスが記述していたローマであって、現実のローマではない。「腐敗した巨大な屍体」のごとき遺跡が実感させてくれる、かつて存在した都市空間のイメージのみがローマのあるべき姿なのであり、市内のあちこちが葡萄畑と化し、牛が草をはみ豚の群れがたむろする現実の風景は、目をそむけたい、ないしは見てはならないものなのである[9]。この章の冒頭に掲げたピエトロ・デル・マッサイオの市街図 (fig. 19)[10]では、コロッセオやパンテオンをはじめとするモニュメント群と少数の巡礼聖堂などは描かれるが、それらの間を埋め尽くしていたはずの当代の建物群や街路は全く無視され、描かれず空白となっている。

　彼らは熱心に遺跡の保存を訴え、なかでもポッジォは、教皇や枢機卿らによる新しい建設活動（その多くは既存の遺跡を建設資材の調達場所としていた）の差し止めを請願していたが[11]、それは「歴史」を保存するためではなく、遺跡が伝える過去の栄光を蘇らせるためであって、彼らがいまある現在と遺跡との間の時間的隔たりは、全くといってよいほど、彼らの念頭に上ることはないのである。彼らは「永遠の現在」として古代文化を捉えて

III. ローマとフィレンツェ

いたのであり、過去の世界をそのまま現在に持ち込もうとしていた。そのことは彼ら、とりわけポッジョが、頑固にラテン語で著述することにこだわった態度にも通ずるものであった。

この時期のラテン語と俗語volgare すなわち当時の話し言葉としてのイタリア語(トスカーナ方言)の使用をめぐる論争には、教養人の間での純学問的論議だけには収まらない、宗教問題や書籍販売事情などの経済的ファクターすら絡んでいて[12]、直ちにそれを「古典主義」か否かに結びつけることはできない問題ではあるが、ラテン語擁護論者たちの多くに、そうした超歴史的な文化認識ないし古典の絶対化という価値観の持ち主が見られたことは否定できない。それは、まもなく《家族論》を volgare で著して、その中で時間=人間の営みの一回性を明確に主張し、また死語であるラテン語とイタリア語との間の「言語の境界」[13]を意識していたアルベルティとは、全く異なる姿勢である。

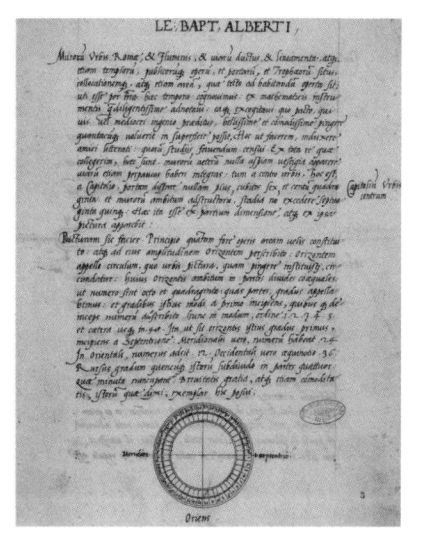

fig. 21 《都市ローマ記》写本(16世紀ころのもの。Città del Vaticano, Biblioteca Apostolica Vaticana, (*Chig. M. VII. 149*)

前にも述べた如く、アルベルティが1431ないし32年から34年にかけての短いローマ滞在の間に、どれほどこうした古代遺跡の状況に関心を抱いたかは不明である[14]。彼がローマの古代遺跡を主題として取り上げるのは、1450年前後に、おそらく *De re aedificatoria* と並行して書かれたとされる《都市ローマ記》*Descriptio Urbis Romae*[15] が最初と考えられる。これはそのころアルベルティと旧知の教皇ニコラス五世が着手しようとしていたローマ改造計画と関わるものであるとする説が一般的であり、後でその問

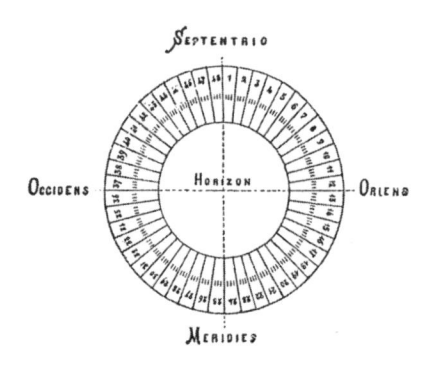

fig. 22 《都市ローマ記》の「ホリゾン」

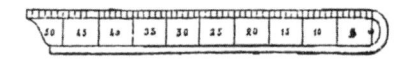

fig. 23 《都市ローマ記》の「ラディウス」

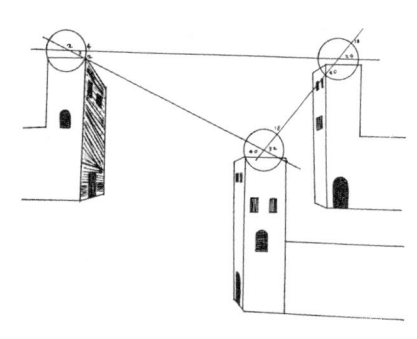

fig. 24 《数学遊戯》の位置測定法の一例

題と共に扱うべきであろうが、アルベルティがポッジォやビオンドらの人文主義者たちとは異なる目でもってローマを、そして古代文化を見ていたことを示す事例として、ここでその内容を紹介しておくこととしたい。

　これは実測に基づいてローマ市域の各地点間の距離とその方位角を定めることにより、正確な都市の平面図を作成するためのデータをまとめた、史上最初の試みである。記述は至って素っ気なく、カピトリウムを中心にしてそこから計測した市内各地点の方位と距離に基づく作図法が簡略に述べられ、あとはそれぞれの地点の実測値が羅列してあるだけである。方位角の測定には「ホリゾン」と呼ばれる円盤（全円の分度器のようなもの）を用い、実測距離を縮尺表示するには「ラディウス」と称する直線定規を使用する[16]とある。これらの道具は、この後に触れる別の著作《彫刻論》[17]でも述べられているものである。ここには距離の実測法については触れられていないが、やはり1450年前後の著述とされる《数学遊戯》[18]には、距離測定の様々な方法[19]が述べられており、それらの方法が援用されたものであろう。アルベルティは次のように言う。

III. ローマとフィレンツェ

「私はきわめて細心の注意を払って、数学の手段を役立てつつ、都市ローマの城壁、河、道の進路や輪郭、さらには神殿、公共物、門、戦勝記念碑の場所や位置、丘の境界、そしてさらに、今日われわれが知るごとく住居のために占められている領域をしるしてみた。そのうえ私は、普通の知性を備えた人なら誰でも、きわめて巧みに適当なやり方で、平面上に意のままに、これらを描けるような方法を考案してみた。私は学識のある友人たちにつき動かされてこれを行なったので、彼らの熱意に答えるのがよいと思った。」[20]

つまり彼が考察の対象としているのは、現実の「都市」総体であって、個別の過去の「モニュメント」群ではない。彼が計測した市内のポイント数は300箇所ほどであるが[21]、そのうちの約200個は城壁の輪郭や河、丘の輪郭などで、あとの100個ほどが神殿と公共建造物である。そしてその建造物の内には古代の建物遺跡だけではなく、中世以後の建造になる聖堂なども含まれている。「学識のある友人たちにつき動かされてこれを行なった」という、その友人たちが誰であったかは明らかではなく、アルベルティがポッジョ・ブラッチョリーニやフラヴィオ・ビオンドのような先輩の古代遺跡マニアたちとどの程度の交流があったかも定かではないが、彼ら以外にも当時のローマや教皇庁周辺には、同様に熱心な遺跡愛好者たちがおり、おそらく彼らがアルベルティに期待したのは、アルベルティの作業を通して古代都市の姿を目の当たり浮かび上がらせることであったと見られる[22]。しかしアルベルティは、彼らが望む古代都市ローマの復原ではなく、現実のローマ市域地図作成のための手順と、その基礎となる数値を示しただけで、実際にそれらをもとに地図を作成した形跡はないし、それ以後数世紀を経た後でも、これを利用してローマ地図を作成した例はあまり見られず、20世紀後半になってようやく、ヴァニェッティの図化により、その正確さのほどが確認されたのであった[23]。

アルベルティが個々の遺跡に関心を抱かなかったはずはなく、またその悲惨な状況に心を痛めていたことは、*De re aedificatoria* の中の様々な記述からも明らかであるうえ、多くの遺跡について自らの手で詳細な実測調査

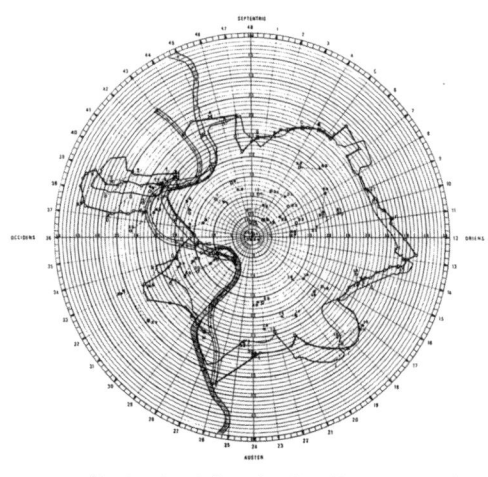

fig. 25 《都市ローマ記》の実測値に基づくローマ地図（細線がアルベルティによる測量　from L. Vagnetti）

も行なっていたと見られる。最晩年の1471年秋に、フィレンツェからベルナルド・ルチェッライとロレンツォ・イル・マニフィーコ、ドナート・アッチァイウオーリらがローマを訪れた際には、アルベルティが高齢にもかかわらず颯爽と馬に乗って遺跡の案内役をつとめ、その的確かつ詳細な解説でルチェッライらを驚嘆させたといわれる[24]。

しかし *Descriptio Urbis Romae* では、そうした個々のモニュメントについての記述や評価は一切なく、すべてが都市を構成する等価なポイントとして抽象化されている。それは都市を「計測」するという作業のためには不可欠な操作であるが、都市のような空間的対象をこうした方法によって計測しかつ記述するというのは、古代ローマ以後はほとんど試みられることのなかったものである。そしてその結果についてのアルベルティの言い方は、「全体として私の得たのは、以下のようなことである。ある場所では、昔日の城壁の廃墟は何も見られなくなっている。さらにまた、道路のうち、損なわれないでいるのは、ごくわずかである。そのうえ都市の中心すなわちカピトリウムから、いかなる門も6140クビトゥス以上は離れていないし、建造された城壁の周囲は、75スタディウムを越えることはない。そうだということは、様々な部分の計測や図自体からはっきりとするであろう」[25] というのである。

都市の現状の客観的な地図の作成が目的なのだから、調査地点についての評価めいたコメントは不要と割り切ったのであろうが、それにしてもここでのアルベルティは、対象の分析を始めるに当たってはそれらに対する

III. ローマとフィレンツェ

すべての先入観を捨て、白紙状態で取りかからなければならないとでも考えたのであろうか。同様な姿勢は、アルベルティの他の理論的著作、《絵画論》や《彫刻論》、De re aedificatoria などにも共通して見られるものであって、たとえば《絵画論》の場合には、まず対象を正確に視覚的に把握するための手段として透視図法という数学的手続きが述べられ、色彩の問題や絵画の本質論に関わるような考察は後回しにされている。

　ここから浮かび上がってくるのは、「計測魔」といってよいような、対象を数量的に把握することへのアルベルティのこだわりである。彼は人体すらをも、その各部の大きさをすべて機械的に数値で記述しようとする。しかしこのことをただちに、ピュタゴラス的数字のマジックをアルベルティが信じていたとする近代の美術史研究者たちの説と結びつけてしまうのは、一考を要する。彼の数学への信頼は様々な著作に表れているが、たとえば《数学遊戯》や De lunurarum quadratura（円の求積法 c. 1450）などの場合でも、一貫してその具体的応用例を述べるだけであり、それはあらゆるものづくり作業に共通する、対象把握のための前提手続きに過ぎず、数値自体に何らかのオカルト的意味づけを見出そうとした様子は一切見られないのである。

　この問題については、De re aedificatoria における「比例」論との関わりで改めて考察しなければならないが、とりあえずここでは、アルベルティの数値はある意味を伴う部分から出発するのではなく、常に全体を機械的

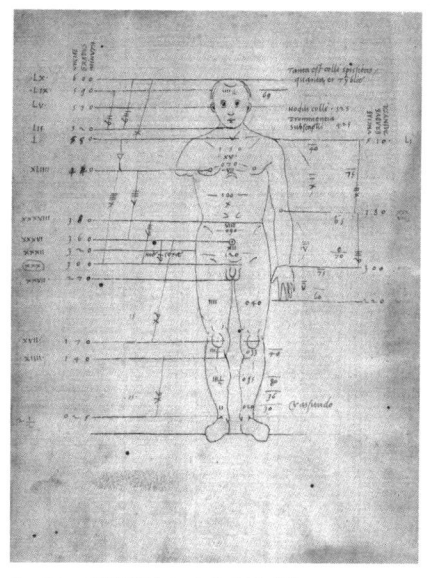

fig. 26　《彫刻論》による人体寸法
（Oxford, Bodleian Library, Canon Misc. 172. fol. 232v）

に等分することで得られた尺度によって示されるのであって、後に流行することとなる「アントロポモルフィズム」のごとく、特定の部位、頭の寸法や手足の寸法などを基準とするものではないということだけを指摘しておきたい。《彫刻論》においては、いかなる人体でもそれはまず60エクセンペダの大きさとして全身長が把握され、次いで各部すべてがそのエクセンペダの倍数ないし分数によって記述されるのであり、陰部までもその尺度で計測される[26]。6ないし60という計測単位は、メソポタミア以来の古代数学で広く認められ尊重されていた数値（「完全数」）で、ギリシアに受け継がれ、ウィトルウィウスも用いているものだが、アルベルティがそれに何かマジカルな意味をこめて用いたわけではなく、単に計算上便利な数値として伝統的に用いられてきていたことに従ったものであろうし、一方ではこの六進法に加え、十進法も併用しているのである。ともあれこうしたアルベルティの対象把握手法が、その建築作法とどのように関わるのかは、この後それぞれの作品について見て行かなければならない。

*

1431〜34年のアルベルティの「第一期ローマ」における活動については、当面これ以上の語るべき材料を持たないので、彼が1434年以後およそ9年間近く、活動の根拠地としていたフィレンツェとの関わりに話題を移すこととしたい。彼はそこでコージモ・デ・メディチやその息子たちから歓迎され、またブルネッレスキやギベルティ、ドナテッロ、ルカ・デッラ・ロッビアらの芸術家たちと接触し、気鋭の若手人文主義者として、レオナルド・ブルーニ、アムブロジョ・トラヴェルサリ、レオナルド・ダーティらフィレンツェ人文主義運動の中心人物たち[27]に伍して、脚光を浴びることとなるのである。しかしここでもまだ、1436年から1439年初めまでは、エウゲニウス四世が招集する宗教会議での教皇庁官僚としての仕事[28]が大部分を占めており、建築に手を染める機会はめぐってこない。彼がようやくフィレンツェに腰を落ち着けていられたのは、宗教会議の場がフィレン

ツェに移された1439年から43年までの4年余りの間だけである。
　その1439年から43年までのフィレンツェ滞在では、書記官としての公務は比較的余裕があったらしく、むしろ執筆活動や人々との交流が生活の多くの部分を占めていたようである。初期のボローニャ就学中に書き始めていた《食間対話集》*Intercoenales*（ラテン語）、農場経営を論じた《ヴィッラ》*Villa*（ラテン語）、レオネッロ・デステに献呈した馬の生態を論ずる《生気溢れる馬について》*De equo animante*（ラテン語）、ルキアノスの文をもとにした諧謔的小編《蠅》*Musca*（ラテン語。年若い友人クリストフォロ・ランディーノに献呈）、愛犬の死を追悼する《犬》*Canis*（ラテン語）、幸福について論じた《テオゲニウス》*Theogenius*（volgare, レオネッロ・デステに献呈）、同様に精神的危機を乗り超える方法を論じた《苦悩からの脱却》*Profigiorum ab Ærumna Libri III*（ラテン語）などは、いずれもこの時期に執筆ないし公表したものとされている[29]。
　フィレンツェにおけるアルベルティの文芸活動の中で最も有名なのが、1441年に彼自身の発案で行なわれた、フィレンツェ大聖堂内におけるvolgareによる作詩・朗読コンクール"Certame coronario"である[30]。アルベルティ自身は、この時期の上記著作リストにも見てとれる如く、ラテン語とvolgareとを使い分けてはいたが、すでに《家族論》で全面的にvolgareを採用し、その他の著作でもラテン語と並行してそのvolgare版も著すなど、ラテン語に拠らずとも高度な思想の陳述や格調ある文章表現が可能であることを実地に検証しようと努めており、この催しはそれを更に推し進め、あらゆる階層の人々にその意義を問いかけようとするものであった。
　コンクールは古代のやり方に倣い、応募者は課題に応えて作った詩を朗読し、優勝者には純銀製の月桂冠が贈られることとなっており、審査員はポッジョやビオンドら教皇庁の秘書官たちを中心に組織された。この催しにかかる費用は、当初はアルベルティ自身が負担するつもりであったらしいが、途中からピエロ・ディ・コージモ・デ・メディチが乗り出してきて、結局彼が主催したかたちとなる。それには1440年のアンギアリの戦いでの勝利を市を挙げて記念するという名目や、開催中の宗教会議の中での

催しの一つとして位置づける意図もあったらしい。アルベルティが用意した課題は「友愛について」 *De amicizia* で、応募者は10月18日にまでに主催者が指名した公証人のもとへ作品を寄託することになっており、翌週の日曜日の22日午後、市の役職者や聖職者たち、宗教会議に参集していた諸都市の代表たちをはじめ、多数の市民が集まる中で、大聖堂の祭壇前に演壇がしつらえられ、応募した11名（アルベルティも含む）の作品が作者自身により朗読された。この時期すでにブルネッレスキのクーポラは、頂塔をのこしてほぼ完成し、1436年3月にはエウゲニウス四世の手により大聖堂本体の献堂式が行なわれ、さらにその5ヶ月後には改めてクーポラのための献堂式が、フィレンツェ大司教によって行なわれており、この *Certame coronario* の催しは新しい大聖堂へのオマージュとなるべきものでもあった。

　この大がかりなコンクールの結果は、審査員たちが優勝者なしと判定し、銀の月桂冠は大聖堂に寄付されるという竜頭蛇尾に終わる。この成り行きには不満を漏らす声が多かったようだし、「卑俗なもの」とされていた volgare によってこうしたコンクールを行なうこと自体に対する、ラテン語擁護者側からの批判も少なからずあったらしく、保守的な聖職者が多い教皇庁内では、身内の書記官の一人がそれを主宰したということについて、不快感をあらわにする向きがあった。また volgare に好意的な人々のなかからも、この日に応募してきた朗読者たちがラテン語に通暁した教養人ばかりで、その作品の多くがイタリア語独自の語法を模索するというよりは、ラテン語の修辞法をイタリア語にむりやり当てはめたかたちのものであって、必ずしもイタリア語の洗練にはつながらないといった意見も出されていた。

　様々な意見にもかかわらず、あるいはそれゆえに一層、この催しは多くの関心を呼び、旬日を待たずして20もの写本が出回り、またその後多くの書肆の店頭に写本が並べられたという。その意味では論議を巻き起こそうとしたアルベルティの企図は成功であったと言って良く、彼はただちに第二回の certame も企画していて、その題は「嫉妬」 *invidia* とするはずであっ

III. ローマとフィレンツェ

た。しかしあまり好感を与えないその題にかこつけた隠微な反対意見が相次ぎ、それはやがて新参のフィレンツェ市民としてのアルベルティに対する反感にまで広がって行くこととなる。アルベルティもその雰囲気を察知して、企画を諦めざるを得なかった。

　おそらくアルベルティの意図としては、この催しを通じて、彼自身にとっての心の拠り所である祖先の郷里への同化をも果たしたいということがあったと思われるが、新参の彼の華々しい活躍は、却ってフィレンツェ人の心に微妙な反感を植え付けることとなっていたのであろう。晩年の著作 De Iciarchia の中で彼は、友人に対し「ここ〔フィレンツェ〕では余所者のようで、訪れた回数も少なく、長く住んだこともなかった」と述べており[31]、「デラシネ」の悲哀は永く彼の中にわだかまっていたと見られる。以後の彼は、フィレンツェへのこだわりを捨てて、彼を暖かく迎えてくれるフェッラーラやリミニ、マントヴァ、ウルビーノあるいは本拠地であるローマへと関心を移して行かざるをえなかった。彼のなかでは、親密なコミュニティを基盤とする「都市」への信頼はもはや失われかけており、そこは政争と怨嗟が渦巻く世界であって、心安らかに落ち着ける場ではなくなっていたと見られるのである。そしてそのことが De re aedificatoria の中の都市に関するややドライな記述の仕方[32]にも微妙な影を落としていると見るのは、考えすぎであろうか。

　この時期のアルベルティの著作の中で最も重要視されているのは、《絵画論》である。ラテン語版は1435年に公表され、更にその僅か数ヶ月後の翌年には volgare 版が、ブルネッレスキへの献辞を添えて公表されている[33]。この《絵画論》についての考証と意義等については、筆者の専門外のことでもあり、ここで立ち入ることは控えたいが、ひとつだけ、アルベルティが描かれた絵を鏡に映して確かめることを奨めている[34]のが、視覚的認知の相対性、ないし「あやふやさ」をも示唆しているように見える点に触れておきたい。

　《絵画論》は、「透視図法」の幾何学的原理を初めて示唆したものとして、

75

その後のピエロ・デッラ・フランチェスカからセルリオを経てバロック期の透視図法全盛時代へと続くところの、「透視図法」が西欧美術における根本技法の一つと見なされるまでに至る風潮の端緒を提供したものと位置づけられている。そのことに異議を差し挟むつもりはないが、アルベルティ自身は、「透視図法」のある種の「限界」、ないしはそれが一つの「約束事」にすぎないことを、感じ取っていたのではないかと思われるふしが見られるのである。

　この問題はすでに幾人かの研究者がとりあげ、そこからアルベルティの絵画理論の性格やひいては彼のすべての著作に垣間見える、人生の浮き沈みや事物の移ろいやすさ、あるいは「メタモルフォーズ」（ないし「仮装」）へのオブセッションにまでつなげるような論議が展開されている。そこまでは踏み込まずとも、一方では幾何学に裏打ちされた正確な距離表現の道具としての透視図法の意義を強調しつつ、それと同じ光の原理が創り出す映像の認知のされ方とその絵画的効果の問題に触れているというのは、たしかに見過ごすわけにはゆかないものを含んでいると思われる。そしてこのことと微妙に関わるような記述が、例の「自伝」の中にも現れる。

　「更には絵画についての幾つかの著作をものしたが[35]、同じことに関わってこれまで誰も見たことがなかったものも創り出したのであって、それは一つの箱でその穴から覗くと見えてくるのが、広々とした平原の先に大海が広がる様子であり、その更に先の方には目路の届くかぎりのあたりにどこかの土地が見えるというものである。それは言わば『視覚実験』[" demostratione"]と呼んでも良いようなものであった。これには識者もまた無学なものも同様に、そのようなものが絵筆で描かれたのは見たこともなく、まるで真実の光景のようだと不思議がったものである。この『実験』には二種類あって、昼間の光景と夜景があった。後者ではオリオンやアルクトゥールス、プレイアデース、その他の星々が瞬くのが見え、高い山の背後に月が昇りかけ、宵の星々などが見えるというものである。もう一つの方では、あたかもホメーロスが描写するアウロラ[36]のきらめきのごとき光景がいっぱいに広がるのであ

III. ローマとフィレンツェ

る。これでもって、海のことについては熟知しておられるギリシアのお偉方をも驚愕させた[37]のであるが、それというのも彼らに例の覗き穴からくだんの小宇宙を見せて、次のように言ったものである、『ほら波のただ中に船が一艘見えるでしょう、波よ静まれ、たぶん昼前には入港できて嵐と出会わずに済むでしょうが、その嵐は海から襲ってきて大きくなってきており、陽の光による水のきらめきが強まっています』……」[38]

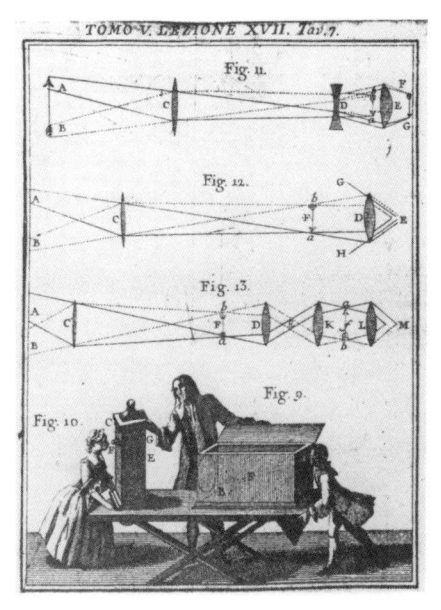

fig. 27　18世紀の camera ottica（J. A. Nollet, *Lezioni di fisica sperimentale*, Venezia 1756, tav. 7. Milano, Biblioteca Braidense）

この覗き箱がどのような仕掛けであったのかについては諸説があり、ピンホール・カメラ（"camera obscura"）のようなものではないか、あるいは17, 8世紀に流行したいわゆる「覗きからくり」（"camera ottica"）であろうなどと、意見が分かれている[39]。この文から察するかぎりでは後者の方の可能性が高いようにも思われるが、そこに言われているような効果をどうやって創り出したのかは分からない。いずれにせよこれは、アルベルティが《絵画論》での理論構築の傍ら、こうした「視覚実験」をも試みていたことを示すものであろう。あるいはマネッティが記しているブルネッレスキの透視図法「実験」[40]と同様なことを、自分も試みようとしたのでもあろうか。しかしブルネッレスキが現実の風景と透視図法で描かれた光景とを重ね合わせることで、その空間把握方法の有効性を示そうとしたものであったのに対し、アルベルティの場合は、架空の風景を現実らしく見せるというものであり、いわば「騙し絵」

77

に近い。

　アルベルティにとって「透視図法」とは、あくまでも絵画が創り出す仮想の空間を現実らしく見せるための手段の一つなのであり、そこでは光の作用によって、如何様にも歪んだ映像を創り出すことができ、人間の視覚はそうした歪みをもある種の仮想現実として受け入れてしまう、「騙されやすさ」ないしあやふやさを免れないものだという認識が、そこにはある。それは逆に言えば、絵画を見るに当たっては、そうした感覚的認識に押し流されてはならないという警告でもあり、歴史家たちが言うような「科学的空間認識方法としての透視図法」という固定観念とも、あるいは美術史家たちが信奉するパノフスキィ流の「象徴形式としての透視図法」という捉え方とも、微妙に異なる立場であって、絵画のみに許された、絵画固有の表現機能の認識につながるものであるように思われる。このような観測をアルベルティの文学における修辞学的姿勢やエピステモロジィ全般にまで敷衍して論ずるのは、筆者の任ではないように思うので、ここではもっぱら絵画というジャンルの枠内での問題の一つとして取り上げるにとどめておきたい。

　《絵画論》と De re aedificatoria との関連については、《絵画論》ではその筆頭の要素として挙げられている "superficies"（輪郭）が、De re aedificatoria における "lineamentis" とほぼ同じ意味に用いられていること[41]、また絵画の素養が建築を初めとするあらゆる美術の基本であるとしていること[42]、ウィトルウィウスへの参照が見られる[43]ことなどがあり、それらを踏まえて両者の関連を論ずる向きが多いが、しかしここでのウィトルウィウスへの言及は「比例」や色彩などの局部的問題にかぎられており、積極的に建築と絵画とを結びつけようとしたものではない。この時点でのアルベルティは、すべての造形芸術のなかでの絵画の絶対的な優位性という信念に囚われており、他のジャンルのそれぞれの特質を顧慮するまでには至っていなかったと見られる。しかしそのような確信が逆に絵画固有の特質を見出し、そのことが後に、絵画とは異なる彫刻や建築の特質を見出す途につながったと考えられるのである[44]。

III. ローマとフィレンツェ

　美術史研究者にとり、アルベルティのフィレンツェへの帰還にまつわって欠かすことの出来ない話題が、彼が《絵画論》volgare 版の献辞の中に名を挙げている、ブルネッレスキ、ドナテッロ、ギベルティ、マザッチォ、ルカ・デッラ・ロッビアらとの関わりである。しかしアルベルティの著作の中でこれらの人々に触れたものはこれ以外にはなく、また彼らとの直接の接触を示す史料は見当たらない。従ってアルベルティが彼らから何を受け取ったか、あるいは逆に彼らにどのような影響を与えたかは、様々な状況証拠と憶測の積み重ね、彼らの作品に表れた微かな兆候などから、推理を組み立てるしかない。

fig. 28　ドナテッロ、キリスト像
　　　　c. 1410　フィレンツェ、サンタ・クローチェ聖堂

　この中では、それらのどの人ともつながりをもち、かつ作風の振幅が最も大きく、さらに彫刻家でありつつ建築の世界に最も接近していたのがドナテッロである。ギベルティの助手から始まり、ブルネッレスキと親密となり、ミケロッツォとの共同作業の中で建築的造形をも試みていた彼の場合は、アルベルティとの間での相互の影響可能性を最も容易に推測でき、またそれらの推測を介してアルベルティと他の人々との関わりを考えることもできる。その意味では、ドナテッロは初期ルネサンス美術における「キィ・パーソン」的位置を占めていると言えよう。

　マネッティの「ブルネッレスキ伝」は、1480年代に入ってブルネッレスキの業績が忘れられかけた時期に、その復権を目論んで書かれたもので、明らかにブルネッレスキに肩入れし、その分だけギベルティ、ドナテッロやミケロッツォらに厳しい評価を下し、とりわけドナテッロへの風当たりは非常に激しいものがある[45]。そのためドナテッロ研究の多くは、マネッ

fig. 29　ドナテッロ、「受胎告知」　c. 1435
　　　フィレンツェ、サンタ・クローチェ聖堂

ティのそれを悪意に満ちた誇張であるとして、忌避する向きが多い。しかしもともと初期の彫刻作品においてもブルネッレスキとドナテッロの目指すものは大きく違っていたのであって[46]、建築的な題材を扱うときにはそれは更に明らかであった。特に浮彫の背景をなす建築空間の描写や彫像を収める枠取りの建築的表現は、1420年代以降のドナテッロの場合、考え得るかぎりの様々な建築モティーフ（古典モティーフばかりとはかぎらない、色石で幾何学的な模様を作るゴシック風の「コスマーティ」cosmati手法まで採り入れる）を寄せ集め、好意的に見るなら帝政後期ローマ建築における「多様さ」varietasにも通じる[47]ような、ある種「過剰な」雰囲気を湛えたものとなる。さらに1430年代以降の浮彫作品では、透視図法による整合的な空間表現も消え、群像の激しい有機的ヴォリュームのぶつかり合いが、ドラマティックな光の交錯を創り出す表現にまで至り、それはもはや「古典主義」というような形容を許さない、「均斉と調和の初期ルネサンス」の枠をはみ出した美術と見なさざるを得ない[48]。それがブルネッレスキの目指す建築観とは相容れないものであったことは明らかなのである。

　そのようなドナテッロに対して、アルベルティが《絵画論》献辞のなかでわざわざ二度も名前を挙げているのは、他の人々の場合とは異なる特別な親愛の情を、ドナテッロに対して抱いていたことを示唆するものだとする説がある[49]。1430年代以降のドナテッロの「作風の変化」については、一般には彼が1432年ころにローマを訪れていた[50]ことがきっかけとなってい

III. ローマとフィレンツェ

たとされ、そしてこのときにアルベルティとも接触する機会があったのではないかとする推測をほのめかすものが多い。それはアルベルティの存在がこの時期のフィレンツェ美術（及び文化全般）の動向に大きな影響を及ぼしていたと考えたいという、「願望」をこめたものであろう。

fig. 30　ドナテッロ、説教壇側面の装飾　フィレンツェ、サン・ロレンツォ聖堂

　ドナテッロとともにアルベルティから強く影響を受けたとされているのがミケロッツォであるが、コージモの庇護を受けて多くの重要な仕事を与えられ、またかなりの期間ドナテッロのそばにあった彼は、直接・間接にアルベルティからの影響を受けていたとしても不思議はない。ミケロッツォが関わったとされる幾つかの作品については、アルベルティの関与を示唆する論考もある。たとえば、サン・ミニアート・アル・モンテ聖堂内の「十字架のチャペル」[51]の意匠は、アルベルティの助言によるものではなかったかとされる。また「最初のルネサンス式ヴィッラ」とされるジョヴァンニ・デ・メディチのためのフィエゾレのヴィッラも、ヴァザーリがミケロッツォの作とするものの、アルベルティ関与説を支持する声は多い[52]。

　フィエゾレのヴィッラがその後のルネサンスのヴィッラの構成に大きな影響を与えたものであることは確かであるが、ミケロッツォは工事の初期段階で現場を離れてしまっており、彼自身が仕立て上げたものではなく、これがその後の彼の建築に転機をもたらしたとは考えられないし、また「十字架のチャペル」も、たといアルベルティの助言があったのだとしても、新たな建築語法の開拓に結びつくような作品とはなり得ていないよ

うに思われる。しかもこうしたミケロッツォ的な、非建築的傾向が、「アルベルティ的」なもの、ないし「ローマ風」と見なされて、当時のフィレンツェ人たちから忌避されることとなるのである。マネッティもその例外ではなかったように見える[53]。

こうした「建築の彫刻化」——アルベルティはそのことについて完全に無罪であるとは言い切れないが、しかしことがここまでに至るとは、「想定外」のことだったであろう——に対し、もう一つ見過ごすことの出来ない現象が、「絵画

fig. 31 アンドレア・デル・カスターニョ「最後の晩餐」 フィレンツェ、サンタポローニア修道院食堂 c. 1447

の建築化」である。アンドレア・デル・カスターニョによるサンタポローニア修道院レフェットリオの「最後の晩餐」[54]は、描かれた空間が建築の空間とつながるように、透視図法の視点が室内に立っている人間の視点と一致するかたちで描かれたことにより、絵画の描く空間が建築による物理的空間と同格のものとして、建築に新たな意味を加えるに至っている。絵画の空間はあたかも舞台装置のように、建築空間を「演出」するかに見える。

実はこうした可能性は、すでにカスターニョよりも20年も以前に、マザッチョの「三位一体」の中で明確に示されていたことであり、美術史家たちはそこに描かれた建築細部の様式的出所の方を問題にしたがる[55]のだが、実は重要なのは透視図法が示唆する「絵画の建築化」の可能性の方なのであって、それはやがてレオナルドの「最後の晩餐」やマンテーニャによるマントヴァ王宮内の「婚礼の間」を産み出し、そしてブラマンテ、ラッファエッロらの手により、盛期ルネサンス建築の中心的課題の一つにまで

fig. 32　アンドレア・デル・カスターニョ　「最後の晩餐」　下半部

持ち上げられるものなのである。

　アルベルティ自身は、《絵画論》でも、またのちの De re aedificatoria の中でも、このような「絵画の建築化」を示唆するようなことには触れていない。またその建築作品の中でも、少なくともそれに直接つながるような試みは見られなかった。しかし彼が、透視図法がある種の物語性の表現、つまり「歴史画」にとって重要な手段となり得ることを述べ、またそれが「窓から外を覗くような」効果と同一のものであるとしていた[56]ことは、ただちにこうした「絵画の建築化」——絵画による計量可能な空間の提示——への途を拓くことにつながったのであり、そのための理論的根拠を準備していたということができる。前に触れた「自伝」の中の「覗き箱」の記述も、あるいはこうした可能性を示唆するものではなかったろうか。

　そこでは「騙し絵」という言葉を用いてしまったが（私自身はこの侮蔑をこめたような用語をルネサンス絵画について用いるのは好まないが）、これは必ずしもいわゆる「ヴァーチャル」な空間のイリュージョンに奉仕する手段なのではなく、「平面化された建築」とともに歴史的出来事の一瞬をそこに定着させるものであって、バロック空間におけるイリュージョニズムとは全く異なるものである。アルガンが指摘しているごとく[57]、カスターニョの画面を支配しているのは、「立体感」や奥行き感などではなく、厳しい輪郭線が創り出す建築的構成である。キリストを中心とする使徒群像はその動

きを止め、背景と同一平面の中に溶け込んでいる。それは受け身の感覚的印象によるのではなく、覚醒した知的な読みとりによって認識・再構成されるべき空間なのである。むしろ騙されやすい人間の視覚のあり方に対し、省察を迫るものに他ならない。このような絵画のあり方が、もし建築と同時に構想されるときには、それは「建築の絵画化」という更に新たな展開を産み出すのであり、後のブラマンテの建築的実験はそこから出発することとなるのである。

注

1. ポッジョ・ブラッチョリーニは生涯聖職には就かず（晩年にはフィレンツェの書記官長となっている）、宗教会議の要員などとして派遣されても、会議に出席するよりは派遣先の古い修道院などでの古文書発掘の方に熱心であったといわれるし、エネア・シルヴィオ・ピッコローミニも40歳をすぎてからようやく聖職に就いている。この後に触れるフラヴィオ・ビオンド（下記の注3）も聖職に就いていた様子はない。
2. *Ruinarum Romae descriptio, de fortunae varietate urbis Romae et de ruina eiusdem descriptio*, 4 voll., 1431-48. これはすでに1424年ころから書き始められていた遺跡の記述に加え、後に彼が発見した様々な彫刻などの遺物のカタログを付したもの。ポッジョ自身と友人との間で交わした会話のかたちで書かれている。
3. Flavio Biondo (1392-1463), *Roma instaurata*, 3 voll., 1447 (printed in Roma, 1474). ビオンドも教皇庁の秘書官として様々な外交的任務を果たした人物で、熱烈な愛国的人文主義者であった。ビオンドはポッジョとは異なり、頑固な古典絶対主義者ではなく、歴史を時間的奥行きとして捉えることのできる「歴史家」であったし、volgare の使用についても柔軟な姿勢を保っていた。彼の著作は地図も伴っていたのではないかとする推察もあるが、その存在は確認されていない。
4. Poggio, *Ruinarum Romae...*, (cit. Mancini, pp. 94-95). ポッジョは折りに触れてはこうした感懐を漏らしていたようで、あるときなどはローマ帝国崩壊を嘆き激昂して、友人の好古家チリアコ・ダンコーナ Ciriaco d'Ancona（Ciriaco di Filippo Pizzicolli, 1391-1452. 東ローマやダルマティア地方などを広く旅行し、多くの古代建築の詳細な記録を遺した）にからかわれたという（Mancini, p.

94）。

5. Mausoleum of Caecilia Metella. カエキリア・メテッラ（c. BC. 100-30?）はマルクス・リキニウス・クラッスス Marcus Licinius Crassus（カエサルとともに「三頭政治」を担った同名のクラッススの息子）の妻。墓はローマ南東郊外アッピア街道のそばにある。直径20 m、高さ11 m の円筒形で、コンクリートの躯体にトラヴァティン貼り、基部は四角い構造となっている。14世紀初めには土地の豪族により砦に転用されていた。教皇シクストゥス五世 Sixtus V（在位1585-90）によって一部復原・修復された。

6. Temple of Concord. フォルム・ロマヌムの東端でカムピドリオの足下にある。共和制時代（前4世紀）の建物を帝政期初期に改築し、宝物などを収める博物館のようなものとして利用されていた。建物の長手側面にポルティコが取り付くという、神殿としてはやや変則的な平面構成をとる。構造の大部分は失われ、ケラの壁の基部とポルティコの円柱数本を遺すだけとなっている。

7. 疫病もしばしば発生しており、1428年の夏には10000人の死者が出たという。ローマに来合わせていたパノルミタ（第II章、注20参照）は「かつてなかったような有害な瘴気に満ちている」と記していた（Panormita, *Epistolae*, cit. Mancini, p. 97）。

8. cf. Françoise Choay, *La règle et le modèle* (*op. cit.*, trad. *it.*, p. 77), & Id., *L'Allegorie du patrimoine*, Paris 1992 (trad. *Engl.*, by Lauren M. O'Connel, *The inventions of the Historic Monument*, Cambridge 2001, pp. 17-39)。ショエはポッジョらの遺跡の認識の仕方について、それがペトラルカの時代の「文学的」な捉え方から一歩進んで、具体的な姿（美的特質）も含めその意義を認めていたとし、ポッジョが多くの美術品を収集していたことを述べている。

9. フラヴィオ・ビオンドも次のように言う——「そのような蛮行は日々無数に例が見られ、しかもそれらがもたらすものは、単にローマでの暮らしを更に耐え難くすることだけなのだ。かつては壮麗な建物があった場所の多くにいまは葡萄畑が見出され、そこにあった切石は焼かれて石灰になってしまっている。……このような大いなる嘆きを記すのは、それを当代の人々や後世に対して知らしめたいと望むからなのだが、なにしろこんにちの人々は、いまやその浅知恵により、かのフォルム・ロマヌムを、他に例を見ないようなその場所を、豚の取引所にしてしまっているのだ。……」（Flavio Biondo, *Roma instaulata,* Verona 1481, p. 2）。またフィレンツェで書肆を営み、コージモ・デ・メディチの蔵書集めに協力し、「当代人物伝」（*Le Vite dei Uomini illustri....*, in Bisticci, *Le vite*, a cura di Aulo Greco, Firenze 1970）を著したアマチュアの人文主

義者ヴェスパシアーノ・ディ・ビスティッチ Vespasiano di Bisticci（1421-98）も、同様な記述を遺している——「ローマは牛飼いの放牧所となってしまった、それというのも羊や牛たちは市場の屋台やら差し掛け小屋などあらゆる場所にまで入り込んでいるのだ。」（*Vite*, Lib. I, Vita di Papa Eugenio IV—Greco, p. 24）。さらにマンチーニはヴァティカンの界隈に狼がうろつき、サン・ピエトロ聖堂の中に牡牛が駆け込んできたというような話まで紹介している。

10. Pietro del Massaio はフィレンツェの画家で、ドナテッロらの助手をしていたことが知られているが、ローマをはじめとするイタリア各地の都市、フランス全土など様々な地図を描いたことで有名である。このローマ市街図はプトレマイオス（*it.* Tolomeo）の *Cosmographia* のギリシア語からのラテン語訳（Jacopo di Angelo da Scarperia による）に付されたもの。59.5×43.5 cm の大きさ。1472年の日付（フィレンツェの暦による＝1473）とウルビーノのフェデリーコ・ダ・モンテフェルトロの紋章があり、彼に献呈するために制作されたものと見られる。この他にもマッサイオによるこれと同様なローマ市街図は *Vat. Lat. 5699*（1469の日付）とパリの国立図書館蔵（*Lat. 4802*. 1470年頃と推定される）があり、大きさも内容もほとんど同じである。これらはこの後述べるアルベルティの《都市ローマ記》に見られる測量法を援用して制作されたものだとする説もあるが、図の不正確さからしてそれはあり得ないとすべきであろう。しかも描かれたモニュメントはその当時の現状ではなく、「復原」された姿となっており、現実の都市地図とは言い難い。cf. Rykwert & Engel, ed., *op. cit.*, pp. 439-440. これはその後のローマ市街図のモデルとされたらしく、1474年頃の制作とされるアレッサンドロ・ストロッツィ Alessandro Strozzi（Palla degli Strozzi の息子でヴェネツィアに在住していた）によるローマ市街図 *Res priscae variaque antiquitatis monumenta undique ex omni orbe conlecta*（Firenze, Biblioteca Laurenziana, *Redi 77*）も、描かれたモニュメントの数は増えているが（おそらくフラヴィオ・ビオンドとチリアコ・ダンコーナらのリストによる）、描き方は全く同様である。cf. Gustina Scaglia, "The Origin of an Archeological Plan of Rome by Alessandro Strozzi", in *Journal of the Warburg and Courtauld Institutes*, XXVII, 1964, pp. 17-163.

11. もっともこれは表向きは、遺跡の保存というよりは、ニコラス五世の建設事業で嵩む財政支出を抑えよという趣旨であった。これはタフリが紹介しているところによった（Manfredo Tafuri, "Cives esse non licere. The Rome of Nicholas V and Leon Battisa Alberti : Elements toward a historical revision", in *The Harvard Architectural Review*, pp. 60-75, esp. p. 66）。タフリはその典拠を M. Miglio, *Sto-*

III. ローマとフィレンツェ

riographia del quattrocento, Bologna 1975, p. 105, n. 55 としている。

12. 活版印刷による出版が一般化する以前でも、14世紀末ころからは写本を販売する書肆（たとえば前注9に挙げたヴェスパシアーノはその例である）が現れていたが、ラテン語の写本に対してイタリア語の写本の方が高い値が付けられていたという（アムブロジョ・トラヴェルサリが友人に宛てた書簡の中での言葉。cit. Mancini, 195）。それだけイタリア語写本への需要が多かったということであり、ラテン語の写本を求めるのは少数の教養人にかぎられていて、書肆が著者に支払う稿料もイタリア語の原稿の方が高かったのである。

13. 第 I 章の注21 & 23参照。

14. 第 I 章で引用した *Profigiorum ab Ærumna* の言葉からすると、それが書かれた1442年ころにはすでに古典建築の技法に関してかなりの関心を寄せていた事が察せられ、それはこの最初のローマ滞在期間に遺跡調査に取りかかっていたことを示すものと考えられている。

15. 《都市ローマ記》 *Descriptio Urbis Romae* のテキストは G. Orlandi, "Leonis Baptistae Alberti, Descriptio Urbis Romae", in *Quaderni dell'Istituto di Elementi di Architettura e Rilievo dei Monumenti di Genova*, I, 1968, pp. 60-79所収。邦訳としては、森雅彦編著「アルベルティ 芸術論」、中央公論美術出版、1992、「都市ローマ記」、pp. 39-64, 解題 pp. 193-208があり、周到な訳業とみられるので、本稿では全面的にそれによった。これの執筆年代については、マンチーニはアルベルティの最初のローマ滞在の時期の間の1433/34年ころと想定しているが、後述のヴァニェッティらは第二期のローマ滞在の間で、*De re aedificatoria* の執筆と重なる時期と想定している。邦訳者の森氏もこちらを支持しておられるようである。

16. 「ホリゾン」horizon は直径1ブラッチォ（≒0.6 m.）ほどの円盤で、円周を48等分した目盛をつけたもの。この目盛りの1単位は「グラドゥス」gradus（つまり7.5°）と名付けられ、時計回りに番号が付される。「グラドゥス」はさらに4分割され、その1単位は「ミヌータ」minuta と呼ばれる。「ラディウス」radius は「ホリゾン」の半径と等しい長さで、一端を「ホリゾン」の中心に固定し、自由に回転出来るようにしてある。その目盛りは半径長を50等分したものを1 gradus とし、またそれを4等分したものを1 minuta とするという。古代以来天体観測や航海用に用いられていた「アストロラーベ」astrolabe を簡略化したようなもので、それがヒントになっていたものであろう。アストロラーベは円盤を垂直にして用いるが、こちらは水平にするので「ホリゾン」と名付けたものであろう。これらの分割単位を決めた根拠は示されていない。

17. *De statua*(《彫刻論》)。Cecyl Grayson, ed., *L. B. Alberti, on Painting and on Sculpture*, London 1972；邦訳、森雅彦編著「アルベルティ 芸術論」、*op. cit.*,「彫刻論」、pp. 5-38)。「ホリゾン」は《彫刻論》の方では「オリゾン」orizon と記されており、その目盛りの分割数は示されていないが、垂直方向の寸法計測のために別に用意された定規「エクセンペダ」exenpeda（六等分した尺の意？この用語についてはギリシア語を語源とすると考えられるが、正確なところはよく分かっていないようである——森氏の訳書 pp. 31-2, 154-161）は、任意の長さのものを60等分した目盛りを指すとしているので、それと関連する数値が用いられたのであろう。そしてこちらでは人体のような立体物を計測するために「ラディウス」（《都市ローマ記》のものよりも長く、円盤の外までのびる）の端からから垂鉛を下げられるようになっていて、これらを一緒にした道具を「フィニトリウム」finitorium と名付けるとしている。

18. *Ludi rerum mathematicarum*（Cecyl Grayson, ed., *Opere volgari*, vol. III, Bari 1973, pp. 131-173）。これはレオネッロ・デステの兄のメリアドゥーセに献呈されたもので、彼に対して語りかけた形で書かれている。

19. 目視で対象物との間に相似な二つの直角三角形を構成する地点を見出し、その比例から算出する方法や、「ホリゾン」を使って三角測量に近いやり方で相互位置を割り出す方法などが述べられている。

20. 《都市ローマ記》の冒頭の一節（訳書 p. 40）。

21. このテキストには4種類の手稿があり、それぞれ計測地点の数や実測数値が微妙に異なっており、しかもその呼称がどこを指しているのか不明のものがかなりあるうえ、実測数値が空白となっているものもあって、最終的に幾つの地点の実測を行なったかを判断するのは困難である。

22. ポッジョやフラヴィオとは様々な形での交流はあったようだし、ポッジョは自分の書簡を添えてアルベルティの著作《フィロドクセオス》をレオネッロ・デステに送っている。またチリアコ・ダンコーナが1432〜33年ころにローマに居り、彼らがアルベルティに勧めたことも考えられる (cf. Roberto Weiss, *The Renaissance Discovery of Classical Antiquity*, Oxford 1969, reprinted 1973, p. 91)。また彼らはいずれも1438〜39年のフェッラーラでの宗教会議に参加していたから、そこでアルベルティと接触する機会は充分あったはずである。なお当時のローマ古跡研究の概要については、ワイス (*op. cit.*, pp. 60-104, etc.) を参照。チリアコ・ダンコーナとそのノートについては、*ibid.*, pp. 109-110 の他、E. Bodner, *Cyriacus of Ancona and Athens, Collection Latomus*, XLIII, Brussels 1960；C. Mitchel, "Ciriaco d'Ancona: Fifteenth-Century Drawings and Descriptions of the

III. ローマとフィレンツェ

Parthenon", in V. Bruno, ed., *The Parthenon*, New York 1974 などを参照。

23. L.Vagnetti, "La 'Descriptio Urbis Romae' di L. B. Alberti" in *Quaderni dell'Istituto di Elementi di Architettura e Rilievo dei Monumenti di Genova*, I, 1968, p. 68 sgg. これ以前にも D. ニョリ（Domenico Gnoli, "Di alcune piante topografiche di Roma ignoto o poco note", *Bollettino della Commissione archeologica communale*, XIII, 1885）やフルタスによるもの（Frutaz, A. P., *Le piante di Roma*, Roma, I, 1962, pp. 127, II, tav. 151, etc.）などがあるが、これらはまだオルランディによるテキスト校訂版が公表される以前の不完全な考証によったものであった。

24. ロレンツォ・イル・マニフィーコの一行は、新しく選出された教皇シクストゥス四世（Sixtus IV, Francesco della Rovere, 在位1471-84）の即位の祝賀行事に参加するためローマを訪問していたのであった。アッチャイウオーリ Donato Acciaiuoli（1429-78）は人文主義者で、フィレンツェ市から様々な外交任務を託されていた人物。ベルナルド・ルチェッライ Bernardo Rucellai（1448-1514）はアルベルティによるパラッツォ・ルチェッライ（後述）の施主ジョヴァンニ・ルチェッライ Giovanni Rucellai（1403-81）の息子で、ロレンツォ・イル・マニフィーコの姉と結婚していた。彼も熱心な人文主義者で、ロレンツォ・イル・マニフィーコの死後は、カレッジ Careggi の「アッカデーミア」（拙著「ブルネッレスキ」第 XII 章参照）の後を承け、サンタ・マリーア・ノヴェッラ聖堂のそばに彼が造営した庭園 Orti Oricellari でその「アッカデーミア」を継続していた。1504年には主としてローマの遺跡に見える碑文を集めた *De Urbe Roma*（in Rerum Italicarum Scriptore... ex Florentinarum Bibliothecarum Codicibus, II, Firenze, 1785, pp. 785-1132）を上梓していた。このアルベルティとの遺跡見学のことはその *De Urbe Roma* の中に触れられているもの。

25. 《都市ローマ記》（訳書、p. 40）。

26. 「エクセンペダ」はさらにそれを10分割した「ウンケオラエ」unceorae, またそれを10分割したミヌータ minuta と細分化された尺度で構成される（《彫刻論》、訳書、p. 12）。同様な計測法は、デューラー Albrecht Dürer（1471-1528）の「人体均衡論四書」*Vier Bücher von Menschlicher Proportion*, Nürnberg 1538（前川誠郎監修・下村耕史訳・注、中央公論美術出版、1995）にも受け継がれているとされる。その問題については同訳書 pp. 317-318 を参照。

27. ブルーニ Leonardo Bruni aretino（c. 1369-1444）やトラヴェルサリ Ambrogio Traversari（1386-1439）らについては、それぞれ拙著「ブルネッレスキ」の第 VII 章及び第 XII 章などで触れているので、そちらを参照されたい。レオナルド・ダーティ Leonardo Dati（c. 1408-72）は、フィレンツェのつましい小市

民階層出身であるが、トラヴェルサリからその古典の学殖や詩才を認められ、当初はフィレンツェ大学で教鞭をとっており、やがて1432年ころにはローマに赴いて教皇庁の下級役職に就き、そのころからアルベルティと親しくなっていたと見られる。アルベルティと同様に1434年には教皇に従ってフィレンツェに戻り、そこからフェッラーラの宗教会議などにも赴いていた。アルベルティが企画した1441年の volgare による詩の朗読会 Certame coronario ではアルベルティを援け、積極的な volgare 擁護の論陣を張っていた。アルベルティとは対照的にかなり上昇志向の強い人物であったらしく、様々な枢機卿などに取り入り、そのため教皇庁内の勢力争いに巻き込まれ不遇の時期もあったが、晩年にはフィレンツェ大司教にまで昇りつめている。

28. 気難しい教皇エウゲニウス四世はフィレンツェでもいろいろと悶着を起こし（融資を拒否したフィレンツェの市民貯蓄銀行 Monte Comunale を「破門」したりする）、更に1436年にはバーゼルの宗教会議に対抗すべくボローニャでの宗教会議を画策し、アルベルティもそれに従って1437年までボローニャに滞在する。この間には、ペルージアで教皇副特使を務めていた親戚のアルベルト・アルベルティのカメリーノ Camerino の司教就任式手配のため、4日間に幾度か馬でボローニャとペルージアの間を往復していたと言われる（その走破距離は250 km にもなるという。Mancini, p. 145. アルベルトについては前章の注8を参照）。この慌ただしいボローニャ滞在中にも、友人たちと旧交を温め、また幾つかの著作（巻末のアルベルティ年譜や著作目録を参照されたい）をものしていた。ボローニャでの宗教会議は結局実現せず、1438年1月にはフェッラーラに場所を移し、東ローマ皇帝を招請して東西教会統合のための宗教会議を開催する。ここには東ローマから派遣された多くのギリシア人学者はもとより、ポッジョ・ブラッチォッリーニやフラヴィオ・ビオンド、チリアコ・ダンコーナ、アムブロジオ・トラヴェルサリ、それにフェッラーラ侯やマントヴァ侯など、当時のイタリアの各界を代表する人文主義者や君主たちが参集しており、アルベルティはそうした人々と知己を得ることとなる。アルベルティはビアジョ・モリンの命により主としてギリシア人使節への応対などに当たっていたと見られるが、同じく会議に参加していた友人のラポ・ダ・カスティリオンキオは、それらの人々の中でもアルベルティの存在はひときわ目立ち、輝いていたと記しているという（Mancini, pp. 151-154）。しかしこの会議も翌年初めにはペストの襲来を理由に打ち切られ（マンチーニによればそれは半ば口実で、実際には教皇は、近隣を荒らし回っていたミラノのヴィスコンティ家の傭兵隊長ニッコロ・ピッチニーノ Niccolò Piccinino, 1386-

1444の襲撃を恐れていたのだという)、フィレンツェ市(特にメディチ家)からの招請を受けて、会議の場所をフィレンツェに移すことなるという忙しさであった。

29. これらの著作のうち、*Canis* については前章の注9で触れており、また *Profigiorum ab Ærumna* については第一章の中でその末尾の部分を引用してある。その他のものについては巻末のアルベルティ著作目録を参照されたい。
30. この催しの経緯とそこでの発表者たちについては Mancini, pp. 200-216 に詳述されている。また Bonucci, *Opere volgari*, I, pp. clxvii-ccxxxiv には、朗読された主要作品とともにボヌッチによるコメントが収録されている。
31. *De Iciarchia*, in Cecyl Grayson, *Opere volgari*, II, 1966, p. 195（Bonucci, *Opere Volgari*, III, p. 34, cit. Mancini, p. 255）
32. 拙著「獅子の建築」*op. cit.*, p. 45でもこのことを指摘しておいた。
33. 《絵画論》の成立時期をめぐっては、ラテン語版とvolgare版のどちらが先であったかという問題と関わって、様々な議論がある。幾つかの疑問はのこるものの、現在では前者が1435年、後者が1436年というのが大方の見方になっているようである。これについては Cecyl Grayson, *Opere volgari*, III, Bari, pp. 304-329の現存写本の対照を通じての詳細な考証を参照されたい。
34. Lib. II, 46（Cecyl Grayson, *Opere volgari*, III, p. 84）.
35. 《絵画論》の他にも、それに続いて《絵画の初程》 *Elementi di pittura*（volgare版1436とラテン語版1436/7。これは《絵画論》と違って、volgare版の方が先に書かれたらしい）が同じく絵画を主題としたものである。in Cecyl Grayson, *Opere Volgari*, III, pp. 109-129 ; 森雅彦編著「アルベルティ 芸術論」、*op. cit.*, pp. 67-77.
36. Homerus, *Illias*, XIV, i ; *ibid.* XXIV, 776 ; *Odysseia*, V, 155, etc. ギリシア神話の一つでは、アウロラ Aurora（あけぼのの女神）はオリオンにかなわぬ想いを寄せていたとされる（彼女が思いを寄せたとされる人間の男性はまだ沢山いる）。
37. アルベルティはフェッラーラの宗教会議(1438)の折り、招請された東ローマ皇帝をはじめとするギリシアの要人たちとの応対に当たっていたといわれるので、この「実験」はあるいはそのころに行なわれていたものかも知れない。
38. Bonucci, *Opere Volgari*, I, pp. cii-civ. この「実験」のことを指すらしい記述は《絵画論》Lib. I-19（Cecyle Grayson, *Opere volgari*, III, p. 38）にも見える。
39. cf. Pastore, N. & Rosen, E., "Alberti and the Camera Obscura", in *Physis*, XXVI, 1984, pp. 259-261, etc.
40. Antonio di Tuccio Manetti, *Vita di Filippo Brunelleschi*（c. 1484, a cura di De Robertis,

Vita di Filippo Brunelleschi, preceduta da La Novella del Grasso, Milano, 1976, pp. 55-60, この部分は拙著「ブルネッレスキ」第 III 章に引用してある）。

41. "superficies" は Lib. I の冒頭で定義づけられており、さらに Lib. II では、「線描」circumscriptione という絵画独自の表現手法の意義にまで敷衍される。
42. Lib. II, 26（Cecyl Grayson, *op. cit.*, p. 46）.
43. Lib. II, 36（*ibid.*, p. 64――人体計測の基本尺度を足の寸法とした）；Lib. II, 48（*ibid.*, p. 86. これはウィトルウィウスの顔料についての記述――Lib. VII, cap. 7-14――が不充分であることに言及したもの）。
44. こうした「絵画」という特定ジャンルの特質の明確化が、ルネサンス美術全般にどのような影響を及ぼしたかという視点は、これまであまり注目されることがなかったように思われる。従来の解釈では、ルネサンス美術をそうした個別ジャンルの枠を超えた「綜合」として評価してきていたように見えるが、これは逆から見るなら、むしろ絵画・彫刻・建築それぞれのジャンルの独自性・特性が「理論」のかたちで明確に意識されることではじめて現れてきたものであり、中世美術における無意識のフュージョンとは次元を異にするものと言うべきであろう。
45. 特に拙著「ブルネッレスキ」第 VI 章（「サン・ロレンツォ聖堂旧聖器室」、pp. 122-124）に引いたマネッティによる評価（Manetti-de Robertis, pp. 109-110）を参照されたい。
46. アルガンはブルネッレスキとドナテッロの作風の対比について、ヴァザーリによる記述（Vasari-Milanesi, II, pp. 335 & 398-399. 1410年ころに二人がそれぞれに制作したキリスト像について。上記拙著の第一章でも触れてある）を引きつつ、前者の「理想化された人体比例の追求」に対して、後者は現実に根ざした「民衆的」（リアリズム？）表現を目指したものであるとしている（G. C. Argan, *Storia dell'Arte Italiana*, II, Firenze, 1988, p. 156 sgg.）。
47. *varietas* はキケロが *De finibus bonorum et malorum*, Lib. II, 10 ですべての芸術表現に不可欠の要素として定義している言葉であるが、近世以後の西欧美術でキィワードのように用いられることとなったものである。*De re aedificatoria* の「装飾」を扱う章の中で、個人のための建築などでは、より自由な装飾手法が許されるとしているのは、この概念を意識したものであろう。また先に引いた *Profigiorum ab Ærumna* に見る「夢想の中の建築」（第 I 章参照）で、「これまで用いられたことのなかったような柱頭や柱礎をそれらにあてがい、新奇な優美さをそなえたコーニスや屋根を取り付けてみたりする」としていたのも、ウィトルウィウス的モデルに束縛されない、末期ローマ建築の手法を

III. ローマとフィレンツェ

意識してのことと言えるかもしれない。

48. もう一度アルガン（*op. cit.*, p. 146）を引用すると、「非古典的古代」*antico anticlassico* というのが彼の評言である（これはリーグルによる「末期ローマの美術工芸」、Alois Riegl, *Spätrömische Kunstindustrie...*, Wien 1901. 井面信行訳、中央公論美術出版、2007 による指摘を意識したものと見られる）。エウジェニオ・バッティスティはその著 *L'Antirinascimento*（Milano, 1989, p. 21）の冒頭で、ドナテッロの後期の彫刻「聖マッダレーナ」（c. 1457, Museo dell'Opera del Duomo, Firenze）を「激烈な表現主義的」作品として挙げている。

49. Gabriele Morolli, *Donatello : Immagini di Architettura*, Firenze 1987, p. 24. この著者は、ドナテッロのすでにかなり初期の作品から「アルベルティ的手法」（つまり後期ローマ的手法？）が表れていると主張しており、またそれらとアルベルティの《絵画論》や《彫刻論》の記述が合致するところが多いとする。それは 1410 年以前のブルネッレスキとともに行なったローマの遺跡調査からの知見をもとにしたものであるという（マネッティはこのときドナテッロは、ブルネッレスキの建築的関心とは違って、もっぱら装飾的細部の断片をあさってばかりいたと記している。Manetti-de Robertis, p. 67）。そしてドナテッロがそこから得たプラスティックな空間処理手法が、ブルネッレスキに影響を与えたのだとする（それによれば、ブルネッレスキ初期のバルバドーリ家礼拝堂やそれをモデルにしたと言われるマザッチォの「三位一体」にもドナテッロのアイデアが見てとられ、後期のドゥオモのクーポラ頂塔や「エディコラ」などのプラスティックな造形もドナテッロから出たものだと断言する！）。1433 年にローマから帰還後（下記注 51）に引き受けたサン・ロレンツォ聖堂旧聖器室の装飾が、ブルネッレスキとドナテッロの分かれ途であって、これ以後ドナテッロのアルベルティ的方向への傾斜が決定的になったのだとする（この著者はその時期を 1433～34 年としている。これは筆者が「ブルネッレスキ」で述べていた 1440～42 年とする推測よりも 10 年ほど早い――「ブルネッレスキ」、p. 124 & 130）。アルベルティがドナテッロの作品からその「後期ローマ的手法」についてのヒントを得たことは充分に考えられるが、その逆――アルベルティからドナテッロへの影響については、少なくともその建築表現に関するかぎり、論証は困難であるように思う。ドナテッロの「装飾過多」は、作品全体のダイナミックな、いわば「表現主義」的な特質を強調するためのものであって、必ずしも新たな建築的語法をそこから編み出そうとした（それがアルベルティの目指したところであった）ものではなかったと私は考えている。なおドナテッロの作品における建築表現については、ブルスキによる

的確な記述を参照されたい（A. Bruschi, "Brunelleschi", in *Storia dell'architettura italiana; Quattrocento*, Milano 1998, pp. 86-92）。

50. ドナテッロは1432～33年にかけて、ローマで幾つかの仕事を引き受けており、サン・ピエトロ聖堂のために造った彫像ないし聖像画を収めるための櫃龕 tabernacolo（1433. その後場所を移され改造された）やサンタ・マリーア・イン・アラコエリ聖堂内のジョヴァンニ・クリヴェッリの墓 Tomba per l'Archidiacono di Aquileia Giovanni Crivelli, in S. Maria in Aracoeli（1432）、1433年に行なわれた神聖ローマ皇帝シギスモンド Sigismond von Luxemburg の戴冠式のための装置などが挙げられている。当時ローマにいたアルベルティがこれらに関与しなかったはずはないとするのが、大方の見方となっている。しかしいかにその学殖を認められていたとはいえ、書記官に就任したばかりで28歳の若いアルベルティが、並み居る先輩の人文主義者たちを差し措いてそうした指示を与えることが出来たかどうかは、一考の余地を残している。

51. 拙著「ブルネッレスキ」第 XII 章, p. 241 参照. cf., Morolli, Gabriele, "'Sacella'. I tempietti marmorei di Piero de' Medici: Michelozzo o Alberti ?", in *Michelozzo, scultore e architetto (1396-1472)*, *Atti del Convegno*（Firenze-San Piero a Sieve-Castello del Trebbio, 2-5 ottobre 1996）, a cura di G. Morolli, Firenze 1998, pp. 131-170.

52. *ibid.*, p. 257, n. 37.

53. マネッティがあからさまにアルベルティ批判を行なっていたことは知られていないが、「ブルネッレスキ伝」の中にはアルベルティ批判とも受け取れられるような記述があり（Manetti-de Robertis, p. 69）、そこでは、ブルネッレスキが詳細に古代の建築の断片を調査していたのに対し、他の人々は「当代のバッティスタ・デリ・アルベルティのごとく、ごく一般的なことしか述べていない」としている。このことから、研究者の中には、この「ブルネッレスキ伝」そのものがアルベルティに対抗すべく著されたものだとする見方をとる向きがあるようだが、筆者としてはそれはいかがなものかと考えている。

54. Andrea del Castagno（Andrea di Bartolo di Bargilla, c. 1419-57）, *Cenacolo di ex Convento S. Apollonia*, Firenze, c. 1447. カスターニョがアルベルティとどのような接点があったかはよく分からない。彼は初期にはウッチェッロのアトリエに入るが、マザッチォやドナテッロから強い影響を受けたとされ、またドメニコ・ヴェネツィアーノ Domenico Veneziano（1406-c.1461）から油絵の技法を伝えられたとされる。Vasari（ed. Milanesi, II, pp. 667-689）は彼が嫉妬から師のドメニコ・ヴェネツィアーノを殺害し、死の床でそのことを告白したとまことしやかに記しているが、実際には彼はヴェネツィアーノの死よりも4

年前にペストで死亡している。
55. たとえば、「三位一体」の重厚なコファリングを施したヴォールト天井やアーチを支えるイオニア式柱頭などは、ブルネッレスキが進んで用いることをしなかったものであり、それらはドナテッロから出たものだとされる。絵画に描かれた建築について、それらと実際に造られていた当時の建築との関わりについての研究は、1970年前後から、ルネサンス建築における大きなテーマとして研究者たちの関心を集めてきたものであるが、それらは多くの場合、こうした細部手法の出所の詮索に終始しており、透視図法による建築の表現が、絵画・建築の双方に質的変化をもたらすこととなる可能性を見逃してしまっている。
56. アルベルティは透視図法による画面は、目から対象に向けて円錐状に放射される視線(「視錐」piramide visiva)を、ある垂直面でもって切断した切断面であるとしており(Lib. I, 12以下)、それは窓から覗いた景色のようなものだとする(Lib. I, 19)。歴史画の重要性は Lib. II, 35 でも触れられているが、特に Lib. III, 60 (Cecyl Grayson, *Opere volgari*, III, p. 102) では、歴史画は絵画における最終目標なのだとしていた。
57. G. C. Argan, *Storia dell'arte italiana*, II, Firenze 1988, pp. 199-200.

IV. フェッラーラとリミニ

fig. 33　テムピオ・マラテスティアーノ着工記念メダル
（Musei Civici di Rimini, bronzo, ϕ 40 mm）

IV. フェッラーラとリミニ

　1442年ころに書かれたとされる幸福論、《テオゲニウス》*Theogenius* 冒頭のレオネッロ・デステへ宛てた献辞には、フェッラーラを訪れたときにレオネッロから受けた厚遇に対する謝意が述べられており[1]、またこれより少し後の時期に執筆されたとみられ同様にレオネッロに献呈された、馬についてのラテン語による博物学的・生態学的考察 *De equo animante*（《生気溢れる馬について》）の献辞冒頭にも、以下のような記述がある。

　「さきにフェッラーラに参上し、高名なる君主であられる殿下にお会いしご機嫌を伺うことができたのでありますが、そこでは殿下の街の美しさや、臣下の方々とその君主であられる殿下の柔和さ、いとも洗練され教養ある振る舞いを目の当たりにすることができ、その喜びは容易に言葉で言い表すことができないほどであります。ここで私は、最上の尊敬すべき君主の治下にあって、法と善き風習に従うことにより魂の平穏と安寧を与えてくれる都市に生活できることの重要さを覚ったのでした。しかしこれは別のところでもすでに述べていたことであります。
　この喜びに加え、私が年来培ってきた知識を提供するという喜ばしい機会にも立ち会うことが出来ました。そしてこの仕事には、私にとって、また殿下にとってもそうでありましょうが、まことに楽しく打ち込むことが出来ました。それと申しますのは、殿下の臣下の方々が、殿下のお父上の栄誉を讃え、また広場に壮麗さを与えるべく騎馬像などを建立することを取り決められ、殿下のご下命に従って、私に優れた芸術家たちの人選を検討させ、絵画や彫刻についての私の見識に任せて、好ましくかつ優れていると思われたものを選び出させてくださいました。
　そのようなわけで、それらの作品がかくも素晴らしい技により創り出されてゆく様を見つめかつ検討して参りましたが、この度は形姿の美しさのみならず、馬の生来の性質についても考察しておくべきではないかと思い至りました。……」[2]

　レオネッロ・デステとの交友は、1430年代前半ころから、レオネッロの

fig. 34　ピサネッロ作レオネッロ・デステ肖像（1441. Tempera on wood, 28 × 19 cm, Accademia Carrara, Bergamo）

兄のメリアドゥーセ[3]を介して始まっていたと思われ、1437年には《フィロドクセオス注釈》を先輩のポッジョ・ブラッチォリーニの添え状を付してレオネッロに送っていたし[4]、1438年のフェッラーラでの宗教会議の際には直接に会って親交を深めていたと見られるが、1441年にはレオネッロの父でフェッラーラ侯爵ニッコロ三世が死去しており、《テオゲニウス》は、その不幸と突然に爵位を継承したことで降りかかってきた重責からの心労を慰めるために、アルベルティが贈っていたものであった。

この De equo animante の献辞に記されているニッコロ三世の騎馬像というのは、大聖堂正面の広場（「ピアッツァ・デル・ドゥオモ」Piazza del Duomo）を挟んで向かい合う、パラッツォ・コムナーレ[5]への入口アーチ横に、建物の壁から直角に突き出した凱旋門の一部のようなアーチ上部に載ったブロンズ製騎馬像（通称「アルコ・デル・カヴァッロ」Arco del Cavallo）を指しているものと見られる。これはもとはどこか別の場所（その場所は不明）に建設されていたものが、エルコレ一世[6]の時代にボルソ・デステ[7]の記念柱とともにパラッツォ・コムナーレの前面に移設され、さらにナポレオン時代に一度解体され（騎馬像はボルソの座像とともに溶かされて大砲にされた）、19世紀になってから残骸の大理石を組み合わせて建造されたとされ、ブロンズ像はどちらも20世紀に新たに「復原」されたものであり、しかもそれらが取り付くパラッツォ・コムナーレのファサードも第一次大戦で一部破壊され、その後ネオ・ゴシック風に復原されたものであって、このときにもそれらのモニュメントの構成に手が加えられたと見られ、どこまでアルベルティ時代の姿をとどめているかについては多くの疑問を残している[8]。

この騎馬像の件に関してアルベルティがフェッラーラを訪れていたのがいつのことかはっきりしないが、フェッラーラでは1443年にモニュメント建造が発議され、アントーニオ・ディ・クリストフォロとニッコロ・バロンチェッリという二人のフィレンツェ出身の彫刻家の提案が候補に挙がっており、1444年の11月27日になって、市の責任者たち（「十二賢人会議」Consiglio dei XII Sapienti）による秘密投票の結果、前者が選ばれている（6対5という結果であった）。ところが1449年のある史料に拠ると、この投票結果にもかかわらずバロンチェッリが馬の像を造っていたことが判明しており、その一方、1451年にこのモニュメントが竣工した際には、アントーニオ・ディ・クリストフォロもニッコロ三世の像を造ったことに対する報酬を受け取っている。つまり二人は仕事を分け合っていたのであって、アントーニオは人像の方を、ニッコロ・バロンチェッリの方は馬を受け持っていたということであるらしい[9]。

fig. 35　フェッラーラ、ニッコロ三世騎馬像

fig. 36　フェッラーラ、ボルソ・デステ記念柱

　現代の常識からするとやや奇妙なこうした共同制作のやり方は、しかしこの時代にはさほど珍しいことではなく、問題はこの間の成り行きにアルベルティがいつどのように関わったのかということの方である。これまでの大方の見方としては、アルベルティはレオネッロが爵位を継いだ1441年から間もない頃に（1441/42?）レオネッロから招請され、*De equo animante*

fig. 37 ニッコロ三世騎馬像
実測図（from F. Borsi）

に述べられているフェッラーラ訪問がなされたのだろうとされている。そうだとすれば、彼のこのモニュメントへの関与は、「賢人会議」の投票以前の、あるいはその発議以前の、制作のための候補の彫刻家たちの推薦だけで終わってしまうことになる。しかしそれでは、その制作過程にまで立ち会ったように言っているアルベルティ自身の言葉とは矛盾してしまう。むしろアルベルティの介入は、「秘密投票」の後のことであって、投票結果が僅差であったことから、アルベルティにその善後処置が委ねられ、馬と人物を切り離して二人に分担させるという妥協案に至ったものと見るのが、自然なところであろう。従ってこの件に関してのアルベルティのフェッラーラ訪問は、1444年11月以後のことと考えなければならない[10]。

この騎馬像については、ルネサンス美術におけるその系譜[11]の中でどのような位置を占めるかをめぐって様々な議論があり、これをきっかけにして執筆したとしている *De equo animante* の内容とそれらがどのように関わるのかが研究者たちの関心を集めているのだが、この著作自体は、馬の形姿についてというよりは、その生態に基づく調教の仕方などを論じたものであり、ほどんど参考にはならない。そしてこの騎馬像を支える凱旋門風のアーチの意匠については、いつどこで誰が用意したものかを示唆するような史料は一切存在しない。

「凱旋門」とはいいながら、これは古典建築手法からすればきわめて変則

的なもので、アーチを両端で支えるのは壁柱ではなく、「コムポジット式」(?)と思われる柱頭[12]をそなえた円柱で、しかも柱頭の大きさに比して柱身はかなり短い。前にも述べたように移築の際に切り縮められた可能性もある。これらの柱は右と左で大理石の材質が違っており、一方はイストリア産、もう一方はヴェローナ産の赤みがかったもので、どちらかがあとで取り替えられたものと考えられる。また移築前にも現状のように一方の端がどこかの建物の壁に取り付く形であったとは考えられず、広場のようなところに独立して建てられていたであろうと見られるのだが、もしそうだとすると上に載る騎馬像の向きとの関連が問題となり、かなり奇妙なこととならざるを得ない[13]。このアーチと騎馬像が一体として計画されたものであるとするなら、エルコレ一世によって決められた現在の姿が最も納まりの良いものであり、きわめて巧妙な解決策であったと言える。

　このアーチにはあちこちに石材の継ぎ接ぎがなされたらしい形跡がみられるものの、一方ではかなりのところまで当初の輪郭を遺していると思われ、それらの変則的な手法の出所を的確に指摘することは困難だが、装飾的なローマ末期の建築の雰囲気を伝えるものとなっていることも確かである。これが1440年代から50年代ころに造られていたのだとすれば、北イタリアのみならずイタリア全体としても、こうしたスタイルの最も初期の例ということが出来るだろう。この時期にアルベルティ以外にこうしたものを構想しうる人物がいたとは考えにくい。またそれは前にアルベルティにも責任の一端があるとした、「建築の彫刻化」の表れとも言える。

　とはいえ結論的には、このモニュメント建造においてアルベルティがどのような役割を果たしたのかについては、確かなことは何一つ言うことができない。一部の研究者が、現状のアーチについて、それらがアルベルティの手になるものとの前提の上で、アルベルティの「古典志向」や細部の不整合・比例の不細工をあげつらって、この時点でのアルベルティの知識の不充分さを論じたりしているのを見かけるが[14]、たといアルベルティがこれに関わっていたのだとしても、上に述べたような経過からして、あまり意味がないというべきだろう。

fig. 38　フェッラーラ大聖堂鐘楼　　　　fig. 39　フェッラーラ大聖堂鐘楼　基部実測図

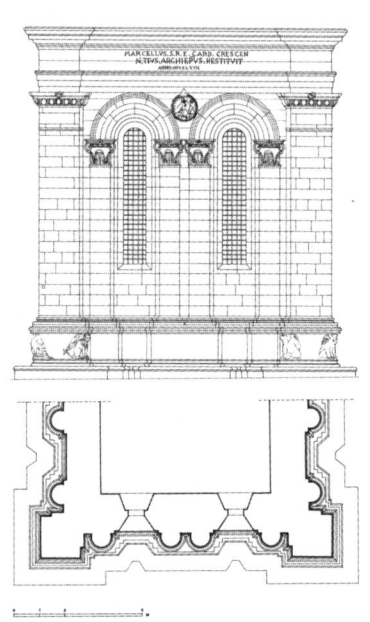

　もう一つ、アルベルティとフェッラーラとの関わりとして挙げられているのが、大聖堂の南東部に取り付く鐘楼への関与である。これは1412年ころからニッコロ三世によって開始されていたが、基礎部分だけで中断していたのを、1451年にボルソ・デステが工事を再開し、1400年代末までかかって完成したものである。縦長の二連のアーチを四面に取り付けた四層の構造で、ヴェローナ産の赤みがかった大理石と白い大理石とを交互に積んでおり、ロムバルディア・ロマネスクの面影を遺しているが、柱頭やアーチ、アーキトレーヴなどには古典風の手法と呼んでよいようなものが入り込んでいる。これにアルベルティが関与した可能性を最初に主張したのはアドルフォ・ヴェントゥーリであったと見られるが[15]、そのことを裏付けるような史料は存在せず、またその後のアルベルティの建築と結びつくような様相も見られない。

　フェッラーラはゼヴィによって「最初の都市計画」が行われた都市とし

IV. フェッラーラとリミニ

てクローズアップされたが[16]、それはボルソとエルコレ一世時代の都市拡張事業を指すもので、それらにアルベルティの関与があった形跡は見られない。レオネッロとメリアドゥーセが相次いで世を去った後は、アルベルティはフェッラーラの王宮からは遠ざかってしまった。フェッラーラにおける建築のルネサンスは、アルベルティの直接の手によってではなく、その著書 *De re aedificatoria* を通しての間接的なものだったようである。

*

1454年11月18日、ローマにいたアルベルティは、リミニの僭主シジスモンド・マラテスタ[17]が着手していたサン・フランチェスコ聖堂改築工事担当のマッテオ・デ・パスティに宛てて、次のような書簡を送っている[18]。

「拝啓。貴方の丁重なお便りと、また殿下が私の希望するようなかたちで計画変更をお許し下さったことに、非常に感謝しております。しかしながら、貴下が伝えてこられたマネット[19]の意見で、クーポラの高さは広さの2倍であるべきだとしていたことについては、私の信ずるところでは、大浴場やパンテオン、その他すべてでも、彼の言うところより大きくなっていると思われますし、理屈からしてもそれ以上であると考えます。また彼がそのような考えに囚われていることについては、彼はしばしば間違えることがあることからして、私はあまり驚きません。

　私の模型[20]にある付柱の件については、私が申し上げたことを思い出して頂きたいのですが、これは貴方が仕事がやりやすいようにしてください、それというのも私はそのチャペルの幅や高さについては取り違えてしまっていたようですので。模型にある屋根の両側の肩のところの処置については、くれぐれも右も左も同じ形とするように気をつけながらこの〔右〕図のようにしてください。また申し上げたように、私がこれを置いたのは屋根の部分を覆うようにするためで、その屋根は聖堂本体にかけられているものですが、その大き

さが我々の造るファサードの内側に収まり、我々のファサードでそれらを変更することのないようにし、これが付け加わることですでに造られてしまっているものをだめにしないようにしたいのです。付柱の寸法や比例がどこから生まれたものかは見ればお分かり願えるはずです。そして決してこれを変えて全体の音楽〔musica＝全体の調和の意？〕を乱すことのないようにしてください。また聖堂の屋根を軽くする意味もあります。これらの付柱にはその荷重をかけてしまうわけにはゆきません。そのためにはヴォールトは木造とすることがより有効と思われます。私たちが考えている付柱は、チャペルのそれとつながってそれの上に載るようにはなっていないのですが、それはチャペルの方のそれが我々のファサードからの支えは必要としていないし、またもしそれが必要とされるようにするには、それをもっと近づけて充分な支えになるようにしないといけないでしょう。その他のことで何かありましたら私に伝えて、私がよしとする指示に従ってください。

　採光のための開口〔occhi〕については、その道の専門家の判断に従ってほしいと思います。なぜ壁に穴を開けて建物を弱くしてしまうのかとお訊ねなのでしょうか。それは採光のためです。もしあまり弱くしないでも沢山の光を採り入れられるのだとしたら、わざわざ不便を我慢する必要はないでしょう。左右に開口を設けたままでも、上からの荷重を支えられるだけの立派なアーチがあります。その下の方でも開口のために更に強度を増す工事も必要がありませんし、光を採り入れるための工夫を強いられることもありません。この考え方には充分な理由がありますが、私としては、称賛されている建物では、こんにちでは誰も考えつかないようなこと、つまり円形の場所に載るクーポラで開口を設けないようにしようとしたものなどは、どこにも、全く、見当たらないということだけにとどめておきます。そうした例は幾つかの建物に見られ、ゼウスの神殿やポイボスの神殿[21]がそうですが、これは守護神たちが光の神様であるからで、その大きさにはそれなりの理由があります。いずれそれらをお見せしてそれが本当であることを申し上げましょう。

　もし直接にお会いできる機会がありましたら、殿下に対し私の出来るかぎりご満足の頂けるように致しましょう。貴方にはそのことをご検討頂き、私

IV. フェッラーラとリミニ

fig. 40　シジスモンド・マラテスタ肖像 ピエロ・デッラ・フランチェスカ作　c. 1450/1（Louvre, Dépt. des Peintures, R.F. 1978-1）

fig. 41　アルベルティ、マッテオ・デ・パスティ宛自筆書簡（部分）
　　　　（New York, Pierpont Morgan Library）

の希望をお伝え下さるようお願いするとともに、結果をお知らせいただきたく存じます。おそらくその折りには大事なことがお話しできると思います。殿下には貴方からお会いするとかお便りするなどして、何であれ殿下がお望みのことでお喜び頂けるようにお取りはからいをお願いします。またロベルト殿[22]や書記官長閣下[23]をはじめ、貴方から見て私と親しいと思われるしくお伝え下さい。落ち着いたころには、「エカトンフィレア」[24]やその他のものを持参致しましょう。

　　ごきげんよう。ローマにて、11月18日。

バプティスタ・アルベルティ」

　リミニのサン・フランチェスコ聖堂は13世紀末頃にフランチェスコ会の一派 Minore Osservanti の修道士たちが建設したサイド・チャペルのない単廊式の小聖堂であったが、1447年、シジスモンドが教皇ニコラス五世に願い出て、これに自分と愛妾のイゾッタ・デリ・アッティ[25]のための墓所とするチャペルを設ける許可を得、当時はフェッラーラにいたマッテオ・

107

fig. 42 イゾッタ・デリ・アッティ肖像メダル（マッテオ・デ・パスティ作、Firenze, Museo Nazionale del Bargello, cat. 49, φ 85 mm）

fig. 43 シジスモンド・マラテスタ肖像メダル（fig. 33の表）

デ・パスティを招き、彫刻にはフィレンツェ人アゴスティーノ・ディ・ドゥッチョを呼んで1449年前後から工事に当たらせていたものであった[26]。

アルベルティがいつの時点でこの工事に関与することとなったかは不明であるが、1450年ころにはシジスモンドは計画を変更し、自分たちの墓所だけではなく、祖先やリミニの著名人たちの墓を集めた「パンテオン」とすることにし、そのことの許可を得るため、その年の7ないし8月ころに、疫病禍を避けるべく避暑を兼ねてアペニン山中のファブリアーノに来ていた教皇ニコラス五世を訪ねており、おそらくその折りに教皇に随行していたアルベルティとも会っていて、そこで彼の参画が話し合われたと考えられているようである[27]。

しかしその頃までにはすでに工事はかなり進んでいたと見え、内部の壁面には1450年という日付を記した刻銘があり、1949年の修理工事の際に、イゾッタの柩のあるチャペル[28]（Cappella d'Isotta, 平面図の3）の壁の中から、1450年の日付のある着工記念メダルが発見されているし[29]、またそのすぐ隣の聖器室（sagrestia = Cappella delle Reliquie, 平面図の2）の内部壁面上部には、ピエロ・デッラ・フランチェスカによる、守護聖人の聖シジスモンド[30]をマラテスタが礼拝する姿を描いたフレスコ（1451年の日付）[31]もあって、こ

IV. フェッラーラとリミニ

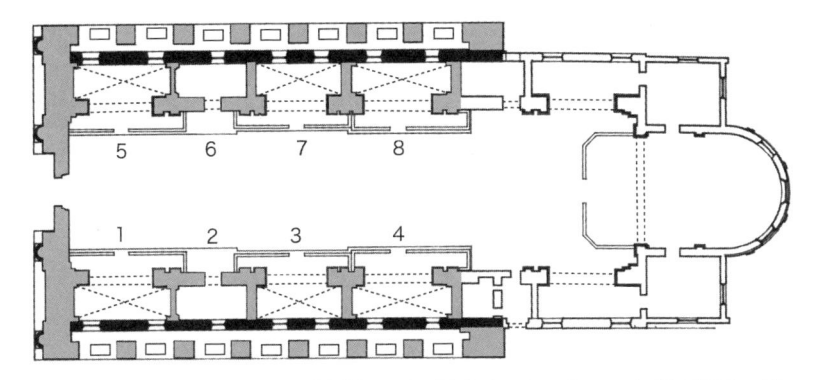

1 「聖シジスモンドのチャペル」　2 「聖器室」　3 「イゾッタのチャペル」　4 「十二宮のチャペル」
5 「祖先のチャペル」　6 「聖母のチャペル」　7 戦勝記念室（16世紀以後）　8 「諸芸のチャペル」

fig. 44　テムピオ・マラテスティアーノ平面図（黒塗りが中世の構造体、グレイが15世紀、白抜きは16世紀以後）

れら内部の構成にアルベルティがどこまで関与していたかが問題となる。

　着工記念メダル（fig. 33）には、完成予想図と見られる建物正面の姿が表されており、その初層部分は実際に建ち上がったものとほぼ同じである。未完に終わった上層部は、中央部分に身廊への採光のためのアーチ開口があり、その両肩は、ヴェネツィアの後期ゴシック聖堂ファサードなどに見られるのと同様な弧状の壁となり、さらに背後には聖堂の幅とほぼ同じ直径の巨大なクーポラが立ち上がっている。この形はおそらく、アルベルティがマッテオ・デ・パスティ宛ての書簡の中で「私の模型」と言っていたものの姿を示すものなのであろう。しかしこれが最終案でなかったことは、書簡の記述からも窺われ、ファサードの半円柱の意匠などもこの時点ではまだ決まっておらず、一ヶ月後に柱頭の意匠を作成してマッテオ・デ・パスティに届けている（注20参照）。アルベルティにとって、この最初の建築現場は試行錯誤の連続であったのだろう。

　このファサード下層部は古代の凱旋門にヒントを得たものと考えられ[32]、より直接的には、リミニの市門の一つ、アウグストゥスの凱旋門をモデル

109

fig. 45　リミニのテムピオ・マラテスティアーノ正面

fig. 46　リミニの「アウグストゥスの凱旋門」

にしたようで、細部などにはその影響が見てとられる[33]。ただし「凱旋門」とはいいながら古代の凱旋門とは異なり、中央の柱間と両脇の柱間の差は僅かである。また中央アーチはそのまま全体を開口とはせず、少し奥まったところを壁でふさぎ、そこにエディキュラで縁取った入口開口を設ける形である。そしてエディキュラ上部のティムパヌムの部分は幾つかの長方形で区切られ、その枠取りの中には緑や赤紫の色石が嵌め込まれている。アーキヴォルト内側（ソッフィット）にはシジスモンドの頭文字SIを表す円形のロゴマークと環形模様を重ねたものがびっしりと施され、アーチを支える壁柱内側も同様な装飾で埋め尽くされている。エディキュラのペディメント両端からは、そこからぶら下がるような形で、丸棒に飾り帯を螺旋状に巻き付けたようなものが取り付く。両脇のアーチは僅かに奥まったところを壁でふさぎ、開口はない。ハイデンライヒによれば、これら両脇のベイの壁面も、中央のものと同様に色石を貼り付ける予定があったらしいという[34]。これら三つのベイを区切る半円柱は、建物全体を巡るせいの高い基壇の上に立ち上がり、その基壇上端には赤みがかった大理石（ヴェローナ産）[35]を用いた装飾の帯があって、ここに

Ⅳ. フェッラーラとリミニ

fig. 47 テムピオ・マラテスティアーノ　入口アーチ

fig. 48 テムピオ・マラテスティアーノの柱頭

fig. 49 ニームのメゾン・カレ博物館蔵の柱頭

もシジスモンドの頭文字をあしらったロゴマークが唐草模様とともに連なる。柱頭はかなり特異なもので、アバクスの中央にプッティ（天使？）頭部を取り付けた形で、その直接的な古典のソースは見当たらない。バーンズは南仏ニームのメゾン・カレの博物館にこれとよく似たものがあることを指摘しているが[36]、アルベルティがそれを見た可能性があるかどうかは不

111

明である。アーキトレーヴには建物の端から端まで、ローマン体によるラテン語の銘文が刻まれ、1450年の日付がある[37]。

側面は、建物全体を巡る高い基壇の上に古代の水道橋を想わせる7連の重厚なアーケードを載せたかたちで、両側面には各アーチの下に古代風の石棺が置かれ、それぞれリミニゆかりの著名人の墓に充てられている[38]。そして西側面北端の壁には、ギリシア語とラテン語によるシジスモンドを讃える銘板が嵌め込

fig. 50　テムピオ・マラテスティアーノ西側面

まれている。しかしこうした古典様式に由来すると思われる様相のみに目を奪われていると、一方ではその古典風アーケードの奥に、紛れもないゴシックのポインテッド・アーチの窓が透かし見えているのに驚かされる。平面図（fig. 44）に示した如く、実はこの大理石のアーケードは、既存の中世の聖堂側壁から少し空隙をおいて、すっぽりとそれを包むような形で取り付けられたものであり、既存建物の窓配置リズムとは全く無関係にそのアーチ配置が決められていたのである。どのような判断からこうした大胆なやり方が採用されることとなったのかはよく分からないが、結果としてこの大理石の壁体は、構造的役割の表現ないし古典建築における伝統的意味づけなどとは別の、ある種の「装置」的な性格を帯びることとなり、それらの構築物の間に介在する時間や歴史を暗示するものとなっている。それはちょうど百年後、パッラーディオがヴィチェンツァの「バジリカ」において提示することとなる、「装置としての建築」というあり方を先取りするものであったと言えよう[39]。

1447年の時点でのシジスモンドの計画は、聖堂内部に自分とイゾッタ

のための墓所となるチャペルを設けるという、内部改造だけにとどまるものであったはずで、1448/9年にマッテオ・デ・パスティとアゴスティーノ・ディ・ドゥッチョが工事に着手した時点では、その当初計画に沿って、二つのチャペルだけの新設という方針で進められたと見られるが、やがてチャペル群は両側面全体に沿って設けるように計画が拡張され、それら六つのチャペルの身廊に面する開口は既存の建物に合わせたかのようにゴシック風ポインテッド・アーチとなっており、またそれらの天井も同様にゴシック風リブ付きのクロス・ヴォールトとなっている。

　しかし1450年になって、この建物を「リミニのパンテオン」とする構想が浮かび上がると、必要となる多くの石棺を側面アーケードに並べるアイデアが生まれたのではないかと推測される。そして最初は内部チャペルに置くとしていた自分とイゾッタの墓も、一旦は正面ファサードの両脇のアーチを側面と同様な深いニッチとして、そこに配置することが考えられたらしい[40]。しかしそのアイデアは、すでに出来上がって

fig. 51　側面アーケード詳細

fig. 52　内部チャペル側から見た側面窓

いた内側のチャペルとの関係で深いニッチとすることができず、放棄されてしまうが、これらの経過から見ると、この正面の構成は一般には凱旋門をモデルにしたと言われているが、実はアーケードに墓を並べるという側面の着想との兼ね合いから生まれてきたものではなかったかとも考えられる。もし古代の凱旋門を直接のモデルとするのであれば、多くの遺跡調査からその構成を知り尽くしていたはずのアルベルティならば、柱間のリズムなどももう少しそれらのモデルに近づけたはずである。しかしここでは、アーチ・スパンは両脇のものを1とすると中央が2弱という曖昧な比例であり、それらの間を区切る半円柱間の比は、略3：4：3という微妙なものとなっている[41]。この中央柱間寸法は内部チャペルの前面に置かれた勾欄の位置（チャペルはそこで床が一段高くなる）と合わせてあり、また建物の外側全体にめぐらされるエンタブラチュアの高さも、内部チャペルのポインテッド・アーチの高さから決定された壁の上端と合わせなければならず、間口も高さも固定されてしまっていた。そして側面に石棺を置くだけの深いニッチをとるために、建物の横幅を広げることが要求されていたから、正面の両脇柱間をこれ以上縮めることもできなかったと推測される。

　この建物の寸法比例については、ウィットコウアーの有名な論文、*Architectural Principles in the Age of Humanism*, 1949以来、それがピュタゴラス派の音楽に基づく比例理論「ハルモニア論」とどのように関わるかについて、とりわけマッテオ・デ・パスティ宛書簡に見える「音楽を乱す」（"si discorda tutta quella musica"）という言葉の意味をめぐって、様々な議論が重ねられてきている。ルネサンス建築研究の中でこの問題が重視されることとなったのは、ウィトルウィウスがそのLib. Vにおいて劇場の音響との関係でこれを取り上げ、アルベルティがそれを半ば祖述するような形でLib. IXで空間比例の問題にまで展開していたことに始まる。ピュタゴラスの「ハルモニア論」そのものは後世にそのままの形では伝わらず、ピュタゴラス一派の神秘主義を批判したアリストテレース門下のアリストクセノスの「ハルモニア原論」Ἁρμονιά Στιχεῖα (lat. *Elementa Harmonica*) によってその内容

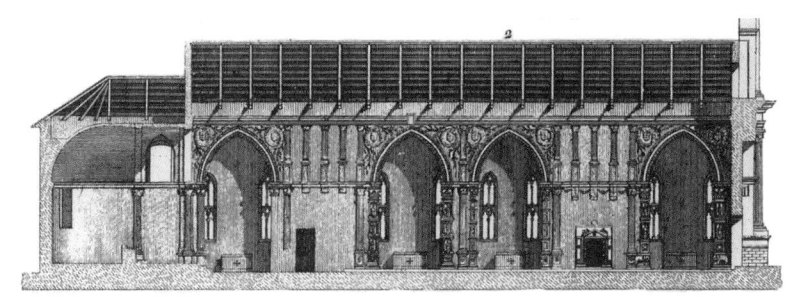

fig. 53 テムピオ・マラテスティアーノ　長手方向断面図
(Jean-Baptiste-Louis-George Seroux d'Agincourt [1730-1814], *Histoire de l'art par les monuments, depuis sa décadence au IVme siècle jusqu'à son renouvellement au XVIme*, Paris, 1825, Tav. LI).

が知られるものであって[42]、ウィトルウィウスはそのアリストクセノスの記述によりながら、逆に神秘主義を増幅させるような書き方をしてしまっていたのであった[43]。アルベルティがアリストクセノスに言及していたことは知られていないので、

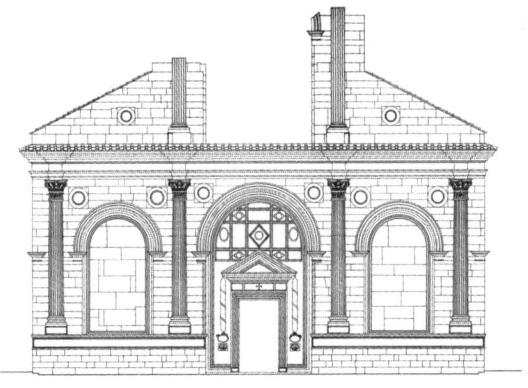

fig. 54　テムピオ・マラテスティアーノ　正面実測図
(from F. Borsi)

おそらく彼の古代の比例論に関する知識は、むしろアリストクセノスのアリストテレス主義とは対立する「新ピュタゴラス派」的理論を継承したプトレマイオスの *Harmonics* に拠るものかとも考えられる[44]。しかしこれまでも指摘していた如く、ネオプラトニズモを含む古代のあらゆる知的遺産に貪欲な目を向けつつも、それらに胚胎する神秘主義に対しては、一貫してアリストテレス的実証主義に基づく批判的態度を貫いてきたアルベルティが、無批判にそれらを受け入れていたとは考えにくい。ともあれこの比例の問題については、*De re aedificatoria* を扱う章の中で再度取り上げ

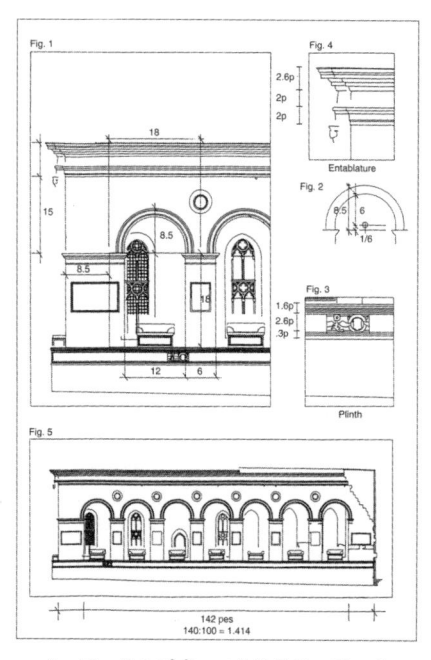

fig. 55 テムピオ・マラテスティアーノ側面実測図（from R. Tavernor）

るつもりなので、ここで深入りすることは控えておく。

　この建物の場合、*De re aedificatoria* に記載されている理想的比例を適用できるような自由度は、アルベルティにはほとんど許されていなかったと考えられるし、ここに認められる1：2や3：4などの比例は、むしろ全体の規模から割り出された基準尺度（前章で触れた《彫刻論》での計測法を想起されたい）をもとにした割り付けであって、それらの比例に特定の建築外的意味づけを認めて採用したものとは言えないであろう。あえて言うなら、アルベルティはそれをこうした比例採用についての後付けの理由として、何かにつけ建築を構成する自律的システムについて建築外の意味を見出したがる素人の施主や工事担当者への説得のために、持ち出したまでのことかも知れないのである。また凱旋門からの手法の借用は、半円柱上部のエンタブラチュアを手前へ張り出すなどの部分的なものに過ぎない。この建物は表情としてはたしかに古代ローマ風であり、そのことのゆえに初期ルネサンスにおける最初の真正の「古典主義」建築として評価されているのであるが、しかしそれらの手法の出所や比例の理論的根拠を詮索しようとしても、それには自ずと限界があるように思う。

　そうした考察は、芸術形式とは無縁のところでの意味づけがお好きな美術史研究者の方々にお任せすることとして、私としては、この建築の最大の意義は、側面アーケードにおける「装置」的特質の発見にあると考えた

fig. 56　テムピオ・マラテスティアーノ内部

い。この時点でのアルベルティがそのことをどこまで自覚していたかは分からないが、これはやがて晩年のマントヴァの作品の中で、重要な意味を担うこととなるものなのである。しかしその側面アーケードに比べると、ファサードの方の構成は、上層部が未完成ということはあるものの、平板な古典手法のなぞりに終わってしまった観がなくもない。それは両脇のニッチに石棺を配置する計画が断念されたことにより、側面と同様な装置的性格を与えられることなく、結果的に「凱旋門風」という通俗的印象を与えるのみに終わってしまい、新たな建築的役割をそこに見出すことができなかったためであろう。もし上層中央のアーチが、後のマントヴァのサンタンドレア聖堂の"ombrellone"[45]のような建物内部への採光のための抽象的形態の「装置」となっていたのであれば、その印象はもう少しは違っていたかも知れない。

　内部については、少なくとも躯体部分は、アルベルティの介入以前に形をなしてしまっていたと考えられ、それらの後期ゴシック的構成についてアルベルティが関与した可能性は少ない。しかしそれらの表面を覆う装飾

117

fig. 57 「十二宮のチャペル」内の浮彫りパネル

fig. 58 「イゾッタのチャペル」内浮彫り

プログラムには、何らかの助言を与えた可能性も考えられ、研究者たちの見方はアルベルティの関与を認める方に傾いているように見える[46]。入口から数えて2番目の北側のチャペル（平面図の7）や内陣などは16世紀以降の装飾になるが、それ以外のチャペル群の装飾はほとんどすべてアゴスティーノ・ディ・ドゥッチョの手になると見られ[47]、大理石に繊細な薄肉彫りを施し、背景には金や紺青の彩色を施したパネル群は、ネオプラトニズモに由来すると見られる不思議な肉感的表情の図像からなり、キリスト教聖堂のものとは思われない異教的な雰囲気を漂わせている。美術史家たちによれば、アゴスティーノの作風はドナテッロから強い影響を受けていると言われるのであるが、ここでは繊細な流れるような線的表現の重なりが主体となっており、ドナテッロの彫刻的なヴォリューム表現とは全く印象が異なる。ヴァルトゥリオは、これら内部の装飾については、大部分がシジスモンド自身の指示によるものだとしており[48]、「聖シジスモンドのチャペル」（平面図の1）やその向かいの「先祖のチャペル」などのアーチを受

IV. フェッラーラとリミニ

ける装飾過多の壁柱が、二頭の象によって支えられる形となっているのは、マラテスタ家のルーツが古代のスキピオ・アフリカヌスから出ていることに因むものとされ、その他の部分でも、ネオプラトニズモに深く傾倒していたシジスモンドが、細部まで指示を与えていた可能性は高い。もしアルベルティが内部の意匠に関わったとしても、それはこうしたネオプラトニズモ的主題のプログラムについてというよりは、付柱やその柱頭、あるいはエンタブラチュアなど、建築部材の意匠に関わるものであったと見るべきであるように思われる。

fig. 59　シジスモンドの柩を収めるカノピィ装飾（聖シジスモンドのチャペル）

シエナ出身の教皇ピウス二世は、かつてシジスモンドが傭兵隊長として契約していたシエナに対し裏切りを働いたとして、年来彼を敵視していたのであったが[49]、ついに1460年には彼を教会に対する反逆者であるとして破門を宣告する。彼の《回想録》 Commentarii には、シジスモンドに対する激しい非難の言葉が記されているが、その中には「テムピオ・マラテスティアーノ」についての、一面では称賛とも受け取られるような、アムビヴァレントな苦々しい批評も含ま

fig. 60　「聖シジスモンドのチャペル」壁柱台座

れていた。

fig. 61　イゾッタ・デリ・アッティの柩（「イゾッタのチャペル」内）

「……〔シジスモンドは〕心身ともに強靭で、戦略に長け、歴史にも哲学にも造詣深く、その生まれからして何事をもなし遂げうるであろう資質を備えているように見えた。しかしその性向は悪に支配されていた。貧しき者たちを抑えつけ、富める者からは、それが寡婦であろうと後見人であろうと見境なく資産を略奪し、その治世下ではどこにも平穏などはなかった。富めるものたちは、その妻も息子たちも、王侯のごとく振る舞っていた。僧侶たちを敵視し、来世などは信じず、刹那の衝動に頼るのである。リミニに聖フランチェスコに捧げる立派な神殿（nobile templum）を建設したものの、そこは異教的な作物で満たされており、とうていキリスト教のためのものとは思われず、不信心にも悪魔を讃えるための神殿のようであり、そこには内縁の妻のために美々しい大理石の墓を造り、それに次のような異教的銘文を刻みつけていた、『女神イゾッタの聖所』（DIVAE ISOTTAE SACRVM）と。……」[50]

　このピウス二世の記述が、後世この聖堂を「テムピオ・マラテスティアーノ」と呼び習わすこととなるきっかけを創ったと見られるのだが、アルベルティと肩を列べる人文主義者を自認し、鑑識眼を自負していたピッコローミニとしては、その異教的表情に困惑しつつも、堂々たるたたずまいのこの建築については"nobile templum"と言わざるを得なかったものと見られる。それはまさにこの建築が、そうした宗教的含意やシジスモンドの意図とは関わりのない、「即自的モニュメント」としてのあり方に近づいていたことを示すものに他ならない。ピウス二世によるアムビヴァレント

な評価については、この建築の表情が「曖昧である」ということが現代の批評家によってその原因に挙げられている[51]。つまりそれがキリスト教建築らしさ、あるいは純正な「古典建築らしさ」のどちらでもない、両義的な謎めいた雰囲気を醸し出しているというのである。実際、ファサードの色石貼りはローマ風というよりはビザンティン的だし[52]、またもし上層が完成していたとしたら、とうてい凱旋門風とは見えないものとなっていたことであろう。しかし私としては、その「曖昧さ」こそがアルベルティの狙いであったように思われる。

彼は特に後期ローマ建築の装飾的様相に惹かれていたと見られるが、その「装飾」はいわゆる「空間恐怖」からする自己目的的なものとは異なる、ある種の表現的な意図をそなえたものであって、文字を組み合わせて成り立つ文章と同様、何らかの「意味」を伝えようとする一種の「暗号」であり、それは必然的に両義的性格を持つこととなる。後期ローマ建築の「モニュメンタリティ」は、そうした両義的性格（「曖昧さ」）の上に成り立っているのである。アルベルティのそうしたものに惹かれる傾向は、彼の文学的素養からする「意味偏重」の習癖や「ネオプラトニズモ」の知識を修辞的に援用した結果とも考えられるが[53]、同時に彼は、ブルネッレスキ的な純粋さ・抽象性が、必ずしも社会の欲求と合致するものではないことを察知しており、むしろその曖昧さを武器として、建築の復権を目指したものと考えられるのである。この時代の野心的権力者の典型とも言うべきシジスモンド・マラテスタに対し、その飽くなき欲望を満足させつつ、なおかつ歴史の中に即自的モニュメントを定位させるべき社会的責任を自覚した「建築家」としては、これは採りうるぎりぎりの戦略であり、建築を「寓話」として提示するための手段であったと考えたい。しかしそれは同時に危険な賭けでもあって、その寓話の意味を理解できないエピゴーネンや権力者たちにとっては、新奇な"impresa"の素材と受け取られ、俗流「古典主義」の流行を促すこととなってしまうのである。かくてアルベルティはその原因をつくった責任を一身に負わなければならないこととなった。

建物の各所に記された1450年という日付にもかかわらず、実際の工事の進捗はあまりはかばかしくなかったようで、ファサードの工事は1453年になって始まるが[54]、下層は1460年頃にようやく形をなし、その様子はバシニオ・バシーニの遺作となった長編頌詩 Hesperis に添えられた挿絵[55]から窺い知ることができる。内部の装飾は、アゴスティーノ・ディ・ドゥッチョが1457年まで働いていたことが知られるので、それまでには一応の形をなしていたものであろう。しかしちょうどその頃からマラテスタの家運は傾き始めており、1461年には現場を担当していたマッテオ・デ・パスティがトルコのスルタン、マホメット二世の招請を承けて、ヴァルトゥリオの De re militari を手土産にトルコに去り、工事現場は火の消えたようになる。1468年、シジスモンドが世を去ると、建物は未完のまま残された。

fig. 62 ジョヴァンニ・ダ・ファノ Giovanni di Bartolo Bettini da Fano による Hesperis 挿絵　c. 1457/68（Paris, Bibliothèque Nationale, ms. 630, fol. 126）

　予定されていたファサード上層は中央のアーチを縁取る付柱が途中までで中断し、書簡にあった両肩のスクロールは造られることなく、また内陣を覆う大クーポラも全く手が付けられずに終わる。内陣は16世紀に現在のかたちとなった。内陣寄りで現在は建物の外側の街路となっている場所から、1926～27年の発掘調査の際、建物の基礎の痕跡らしきものが発見されており、これは建物に取り付く翼廊のためのものではなかったかとの推測がある。そしてその翼廊が取り付いたであろう身廊の箇所の内側の部分が、

身廊に対し45°の角度に仕上げられていることから、その上にクーポラが載ることになるとすれば、クーポラは半球形ではなく、おそらくブルネッレスキの大聖堂クーポラの *quinto acuto*[56] に近いやや尖頂形で、12個の稜角を持つものとして考えられていたのではなかったろうかとされている。書簡の中にあったクーポラの高さについての記述(「マネット」の意見に対する反論)は、そうしたクーポラの形との兼ね合いでなされたものかとも考えられる。しかし着工記念メダルの絵から見るかぎりでは、頂塔が設けられていたようにはみえ

fig. 63　テムピオ・マラテスティアーノ背面

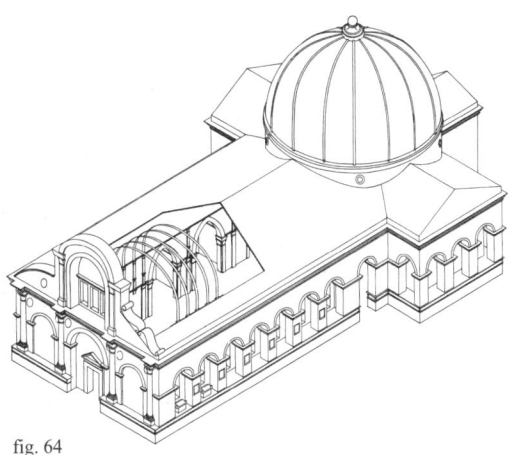

fig. 64
テムピオ・マラテスティアーノ完成予想図　from F. Borsi
(ファサード左半は着工記念メダルの姿、右半はマッテオ・デ・パスティ宛書簡の図による)

ない。またこのこととどう関わるかは分からないが、側面アーケードのアーチが、半円よりはやや深めになっていて、ビザンティンの「脚付きアーチ」stilted arch に近いかたちとなっている。これがウィトルウィウスが円柱の先細りについて言っていたのと同様な「視覚矯正」の配慮[57]からでたものか、あるいは構造的利点を考えてのことなのかは、どちらとも言えな

い。一方、同じ書簡の中にある開口（"occhi"と複数形になっている）を設ける問題については、それがどこの部分を指していたのかは不明である。

注

1. これは1438年のフェッラーラでの宗教会議に参加した際に受けた厚遇に対する謝辞であると見られる。レオネッロ Le[i]onello（1407-51）は侯爵ニッコロ三世 Niccolò III d'Este（1383-1441）の庶子で、正嫡の息子たちは早死にしており、別腹の兄の庶子ウーゴ Ugo（1405-25）が世嗣となるはずであったが、これは継母との不義を理由に斬首されていたため、1429年に教皇マルティヌス五世によってレオネッロが世嗣と認められていたものであった。レオネッロはグアリーノ・ダ・ヴェローナ（第 II 章の注17参照）から教育を受け、父のニッコロとは異なる教養人で、すでに1430年ころから外交的任務を帯びてヴァティカンなどに派遣されており、その水際だった振る舞いは人々の注目を集めていたといわれ、そこでアルベルティとも接する機会があったと考えられる。彼が爵位を継いだフェッラーラ宮廷は多くの学者・芸術家たちの集うところとなり、フィレンツェに劣らぬ人文主義のセンターと認められていた。

2. "Ad Leonellum Ferrariensem Principem et Humani Generis Delicias", in Antonio Videtta（a cura di）, *De equo animante —— Il cavallo vivo di Leon Battista Alberti*, Napoli 1991（cit., dal *Progetto Manuzio*, Videtta によるイタリア語訳 pp. 92-93 からの筆者訳）. なお、この著作の題名邦訳（森雅彦編著「アルベルティ 芸術論」p. 95による）については、アリストテレース的な「科学的」分析を主とするその内容にはそぐわないように思われるが、他に適切なものが思い浮かばないので、そのまま流用させて頂いた。

3. メリアドゥーセ Meliaduse[o] d'Este（1406-52）はレオネッロより一年年長の兄（同じく庶子）であったが、父ニッコロは彼を聖職に就かせており、1431年からは教皇エウゲニウス四世の書記となってローマにいて、アルベルティとは懇意になっていたと考えられる。アルベルティは1450年頃（or 以前）の著作《数学遊戯》*Ludi rerum mathematicarum* をメリアドゥーセに献呈していた。

4. Mancini, p. 139. ポッジョの添え状 *Poggius S. D. Insigni Equiti Leonello Estensi* は、Bonucci, *Opere volgari*, I, p. cxx に収録されており、"Bononiae [ボローニャのラテン語表記] die XII Octobris" の日付があって、ポッジョが教皇と共にボローニャにいた時期の1437年10月12日に書かれたものと考えられる。この

IV. フェッラーラとリミニ

ころアルベルティは親戚のアルベルト・アルベルティの司教就任式の準備のため忙しく立ち回っていた（第 III 章の注 29 参照）こともあって、ポッジォに託したものとみられる。

5. Palazzo Comunale はもともとエステ家の居館 Palazzo Ducale として 13 世紀に建造されていたものだが、レオネッロの先代のニッコロ三世がこれを拡張し、南にある大司教館までつなげるかたちとし、大聖堂前の広場を整備しようとしたものであった。その後エルコレ一世（次注参照）がこれに手を加え、中庭を整備していた。現在の姿は 1925 年の修復後のもの。この時期のフェッラーラの都市改造計画については、Pia Kehl, "La Piazza Comunale e la Piazza Nuova a Ferrara", in *Annali di Architettura*, n. 4-5（1992-93）, pp. 178-189 を参照。

6. エルコレ一世 Ercole I d'Este (1431-1505, 公爵在位 1471-1505)。ニッコロ三世の嫡出の息子で、ニッコロは彼をレオネッロの後継とすべきことを遺言していたのであったが、次注に記すように、ボルソの死後に公爵位に就いた。彼は幼時をナポリの宮廷で過ごし、軍人として育てられた（戦争による怪我で脚を故障していた）が、学芸にも造詣深く、彼の宮廷は多くの文人・芸術家たちが集う場となっていた。中でも音楽家ジョスカン・デプレ Josquin Deprez (1450-1522) や詩人のアリオスト Ludovico Ariosto (1474-1533) などは有名。また彼が建築家ビアジォ・ロッセッティ Biagio Rossetti (1447-1516) を用いて行なった都市拡張事業 "Addizione erculea" は、ボルソによる "Addizione borsa" とともに、初期ルネサンスにおける「都市計画」の嚆矢とされる。

7. ボルソ・デステ Borso d'Este (1413-71) はニッコロ三世の遺した多数の庶子の一人で、レオネッロの死後、フェッラーラ市議会の決定により（ニッコロ三世の遺言を無視するかたちで）後継と決定された。この間の複雑な経緯については、京谷啓徳著、「ボルソ・デステとスキファノイア壁画」、中央公論美術出版 2003, pp. 3-8 参照。ボルソは 1452 年に神聖ローマ皇帝フリィトリヒ三世から公爵位を与えられていたが、これは教皇の認めるところとはならず、1471 年になってようやく教皇パウルス二世により初代フェッラーラ公爵として認められた。ボルソの記念柱は、彼が家督を継いだ直後の市議会の決定により、大聖堂横の広場 Piazza Comunale 南側のパラッツォ・デッラ・ラジォーネ Palazzo della Ragione（第二次大戦の被害で様子は一変している）の前に 1456 年ころに建造されていたものとされているが、厳密にはこれについても当初の位置は不明である。

8. Videtta, Antonio, "Il monumento ferrarese: Sue vicende — Problemi di forma de urbanistica e di cronologia", *op. cit.* (nel *Progetto Manuzio*, PDF. pp. 40-54).

9. 前に引用した前書きの中で、「騎馬像<u>など</u>」と訳した部分は、複数形（"tuo equestres"）となっており、これはそうした騎乗者像と馬の像とを分離して制作に当たらせたことを指すものと見られる。ヴァザーリによれば、Antonio di Cristoforo と Niccolò Baroncelli はいずれもブルネッレスキの弟子であったといい（Vasari-Milanesi, II, p. 386）、また編者ミラネージは L. N. Cittadella, *Notizie amministrative storico-artistiche relative a Ferrara*, Ferrara 1864, p. 415 sgg. を引いて、アントーニオ・ディ・クリストフォロはニッコロ三世の像と台座を制作し、バロンチェッリは馬の方を担当したとし、さらにバロンチェッリは単独でボルソ・デステの像を制作したのだとしている（*ibid.*, n. 1）。

10. アルベルティはフィレンツェでの宗教会議終了（1443年）後、教皇に従ってシエナに一時滞在し（そのころローマは騒乱状態であったため、それが収まるまで待たされた）、9月になってようやくローマに戻っている。その後もまもなく対トルコ十字軍派遣の態勢固めのための宗教会議などが続き、それに関わる公務から解放されるのは1445年から46年までの間であったと考えられ、この騎馬像の件でのフェッラーラ訪問はその間になされたと見るのが順当であろうとされる（Videtta, *op. cit.*, p. 52）。

11. 初期ルネサンスにおける騎馬像の系譜は、ウッチェッロがフィレンツェ大聖堂のために1436年に制作した英国人傭兵隊長ジョン・ホゥクウッド John Hawkwood（*it.* Giovanni Acuto, m. 1394）の騎馬像フレスコ、それと対になるものとして制作されたアンドレア・デル・カスターニョによるニッコロ・ダ・トレンティーノ Niccolò da Tolentino の騎馬像フレスコ（1456）、ドナテッロによるパドヴァ、バジリカ・デル・サント前の「ガッタメラータ」騎馬像（1444-53）、アンドレア・デル・ヴェッロッキォによるヴェネツィアのコッレオーニ騎馬像（1479-88）、そしてレオナルドによる実現しなかったフランチェスコ・スフォルツァの騎馬像計画案（1493/4）へと連なる。一方、フェッラーラ大聖堂正面のカノピィ（protiro と呼ぶ）のリュネットには、ロマネスク期の工匠ニコロ Nicolò（fl. 1122-39）による聖ゲオルギウスの騎馬像浮彫があり、あるいはニッコロ三世騎馬像の意匠はそれとの関連で構想されていた可能性も考えられなくはない。*De equo animante* の著作をこれらの系譜と直接に結びつけることは困難だが、しかし当時のこの主題への一般的関心とは無関係でなかったことだけは確かであろう。

12. これまでのところ、いわゆる「コムポジット式」柱頭への関心を最初に喚起したのはアルベルティであったと考えられているようで、Pauwels, Y., "Les origines del'ordre composite", in *Annali d'architettura*, I, 1989, pp. 29-46 はそうした

前提で書かれている。*De re aedificatoria*, Lib. VII, cap. 8 ではそれを "Capitulum Italicus"（イタリア式柱頭）と呼んでおり、「他のすべてのものの装飾をその柱頭に寄せ集めたもの」と説明している（第V章を参照）。ミケロッツォによるフィレンツェのパラッツォ・メディチ（1446-60）中庭円柱は、一般にはコリント式と見なされているが、かなりそれに近い形となっている。これがアルベルティの後述のリミニの柱頭（1454年に設計）とどちらが先であったかは分からない。フェッラーラのそれも1450年前後となれば、ほぼ同じ時期にそうした柱頭が現れていたことになる。

13. Videtta (*op. cit.*) は、騎馬像とその台座となるべき「凱旋門」との比例が不釣り合いであることを問題にしているが、こうした現象は記念像などではしばしば見られることであり、必ずしも異とするには当たらないだろう。

14. cf. Joseph Rykwert, "Leon Battista Alberti a Ferrara", in Rykwert & Engel, *op. cit.*, pp. 158-161.

15. Venturi, A., "Un'opera sconosciuta di Leon Battista Alberti", in 《*L'Arte*》, XVII, 1914, p. 153 sgg.

16. それらはこの時期にエステ家の顧問となっていた人文主義者ペッレグリーノ・プリシアニ Pellegrino Prisciani（1435-1510）の助言によって行なわれていたもので、プリシアニは *De re aedificatoria* の熱心な読者であった。cf. Bruno Zevi, *Biagio Rossetti architetto ferrarese : il primo urbanistica europeo*, Torino 1960.

17. Sigismondo Pandolfo Malatesta (1417-68). 北イタリアのブレシアの貴族の庶子として生まれ、まだ10代の1432年には武力でリミニやチェゼーナの領主の地位を勝ち取り、教皇やヴェネツィア共和国、あるいはナポリ王、フランス王など敵味方区別なくその傭兵隊長として立ち働き、凶暴な "lupo di Rimini"（リミニの狼）の異名をとって、稀代の梟雄とされた人物で、様々な悪行伝説に包まれた存在であるが、彼のリミニの宮廷は、ヴァルトゥリオ（下記の注22参照）をはじめ多くの文化人・芸術家たちが集い、彼自身も優れた教養人で、深くネオプラトニズモに傾倒していたと言われる。晩年には教皇ピウス二世と対立し破門されその威勢を失い、その後パウルス二世によって赦免されるものの、領地の大半を失い、失意のうちに世を去っている。彼についての悪評はピウス二世の「回想録」*Commentarii*（後出の注50参照）の記述によるところが多く、かなり誇張されていると考えられる。

18. Cecyl Grayson, *Opere volgari*, III, pp. 291-293. マッテオ・デ・パスティについては、本書第I章の注32を参照。彼はおそらくフェッラーラ時代からアルベルティとは既知の間柄であったのだろう。

19. この「マネット」が誰のことを指しているのかは定かではない。ブルネッレスキのもとでフィレンツェ大聖堂に関わっていたことのあるアントーニオ・マネッティ・チャッケリ Antonio Manetti Ciaccheri（1405-60）のことかとする意見もあったが、彼がアルベルティと接触があったとは思われず、むしろフィレンツェの人文主義者で1453年から教皇ニコラス五世の秘書官となっていたジャンノッツォ・マネッティ Giannozzo Manetti（1396-1459）のこととも言われる。しかしこれも確証を欠く。cf., Howard Burns, "Alberti", *op. cit.*, p. 162, n. 126.

20. この「模型」がいつの時点で制作されていたものかは不明であるが、多分それが例の記念着工メダル（後出の注29参照）の立面図のもととなっていたものであろう。この書簡はその模型についてのマッテオ・デ・パスティからの問い合わせに答えたもの考えられる。その後マッテオ・デ・パスティは1454年12月17日のシジスモンド宛の書簡で、「バッティスタ・デリ・アルベルティ氏はファサードと美しい柱頭の設計図を送ってきて下さいました」と報告している（H. Burns, *op. cit.*, p. 112）。

21. これらの建物がローマ時代のどのモニュメントを指しているのかはよく分からない。「ポイボス」（Φοῖβος, *lat*. Phoebus. アルベルティは Phebo と記している）というのは太陽神アポローンの名に冠せられる枕詞のようなもので、アポローンを指す。

22. リミニ生まれの人文主義者ロベルト・ヴァルトゥリオ Roberto Valturio（1405-75）を指す。教皇エウゲニウス四世の書記官を務めた後、シジスモンドの顧問となっていた。アルベルティとは教皇庁時代から知己であったと見られる。シエナのタッコラのそれと列ぶルネサンスの軍事技術書として有名な *De re militari*（1455）の著作で知られる。

23. 法学者のジュスト・デ・コンティ Giusto de' Conti（後出の注38参照）を指す。

24. アルベルティの初期の著作 *Ecatonfilea*（c. 1429/30）を指す。

25. Isotta degli Atti（1432/33-74）. シジスモンドは二度妻と死別しているがいずれも死因には不審なところがあり、シジスモンドによる謀殺ではないかとの噂があった。リミニの豪商の娘イゾッタを愛人としたのはまだ二度目の妻（m. 1449）が生存中の1445/6年ころとされ、1446年にはすでに第一子をもうけていた（その子は早逝）。イゾッタを正式に妻として迎えたのは1456年になってからのことという。彼女は才媛の誉れ高く、リミニの宮廷がフェッラーラやウルビーノに伍して文化センターとなったについては、半ばは彼女のおかげであったと言われる。シジスモンドは彼女のためにこの聖堂改造の計画を

IV. フェッラーラとリミニ

思い立ったのであって、聖堂内の様々な異教的図像は彼らの愛を表現したものと考えられている。1449年以来シジスモンドに庇護されていたパルマ出身の詩人バシニオ・バシーニ Basinio Basini（1425-57）は、ラテン語の詩 *Liber Isottaeus* や *Hesperis* などで彼女の美徳を讃えていた。fig. 42の肖像メダルはフィレンツェのバルジェッロ美術館蔵で、肖像のある表面の銘文は "ISOTE. ARIMINENSI. FORMA. ET. VIRTVTE. ITALIAE. DECORI."、裏面は象が花園にいる図柄で、銘文は "OPVS. MATHEI. PASTIS. V. MCCCCLVI." となっている。おそらく肖像はピサネッロの下絵に基づきマッテオ・デ・パスティが作成したものであろう。

26. 彼らの名は建物内部の身廊を挟んで向かい合う壁面にそれぞれ "MATTHEI. VS. D. P. ILLVSTRIS. ARIMINI. NOBILISS. DOMINI. ARCHITECTI OPVS"、"OPVS AVGVSTINI FLORENTINI LAPICIDAE" と記されている。彼らがリミニで仕事をしていたことが確実なのは1449年からであるが、その前年ころには工事にかかっていたのであろう。マッテオ・デ・パスティが「建築家」としてその名が挙げられたのはこれが最初であり、これ以前に彼が建築に関わったということは知られておらず、またこれ以後も建築家として仕事をした形跡はない。リミニでの彼は単なる工匠としてではなく、ヴァルトゥリオらと同等の知識人として厚遇されていたようで、1461年にはシジスモンドの命を承けてトルコのスルタンへの外交使節の役割も務めていた（Mancini, pp. 327-329）。アゴスティーノ・ディ・ドゥッチォ Agostino di Duccio（1418-c.81）は初期にはドナテッロとミケロッツォによるプラト大聖堂外部説教壇 Pergamo del Sacro Cingolo（拙著「ブルネッレスキ」第XII章参照）の現場で下働きをしていたと考えられており、やがて1430年代末には独立して仕事を始めたと見られるが、1441年には仕事に必要な資材（貴金属）を横領した疑いでフィレンツェを追放され、その後はモデナやヴェネツィアなどを渡り歩き、ヴェネツィアでマッテオ・デ・パスティと知り合い、リミニに来ることとなったものという。彼は1456/7年ころまでリミニで仕事をした後はペルージャに赴き、そこで建築家としてサン・ベルナルディーノのオラトリオ Oratorio di S. Bernardino（1457-61）やポルタ・ディ・サン・ピエトロ Porta di S. Pietro（1471）などに関わっていた。彼は一般にはアルベルティの追随者として位置付けられている。cf., Grigioni, G., "I costruttori del Tempio Malatestiano", in *Rassegna Bibliografica dell'arte italiana*, Ascoli Piceno, anno XI, 1908, n. 7-8；Romagnoli, C., "Agostino di Duccio a Rimini" in *Studi Romagnoli*, II, 1951, p. 113 sgg., etc.

27. H. Burns, *op. cit.*, pp. 131-132. シジスモンドとアルベルティとの接触は、これ

が初めてではなく、フェッラーラやフィレンツェの宗教会議などの折にも出会う機会はあったと見られる。ただそれらの時点では、シジスモンドはまだこのサン・フランチェスコ聖堂改造の計画は考えていなかったはずで、リクワートがすでにフィレンツェでその計画が話し合われていたであろうと推測しているのは、ほとんどあり得ないこととすべきであろう（cf. Rykwert, Joseph, "I committenti e i loro edifici. Sigismondo Malatesta di Rimini e il Tempio Malatestiano", in Joseph Rykwert e Anne Engel, a cura di, *Leon Battista Alberti*, Milano e Ivrea, 1994, pp. 378-381）。一方、このリミニの建築には教皇ニコラス五世の強い後押しがあったのではないかとする推測もあり、彼が計画していた1450年の「聖年」行事に向けたヴァティカンの近傍ボルゴの再開発やローマ市街整備（第VII章参照）のいわば前哨戦として、アルベルティをその計画のために派遣したのであろうというのである（cf. Charles Burroughs, "Alberti e Roma", in Rykwert & Engel, *op. cit.*, pp. 134-157）。いずれにせよこれらは憶測の域を出ない。

28. 本来は聖ミカエルを祀る礼拝堂であるが、イゾッタの柩の安置場所とされた。また内部壁面はアゴスティーノ・ディ・ドゥッチョの手になる天使、あるいはプッティの浮彫で覆われているため、Cappella degli Angeli とも呼ばれている。

29. 着工記念メダルは、やや図柄が異なるものも含めてかなりの数の現存が確認されており、ここに掲げたのはリミニの博物館蔵のもの。ブロンズ製でφ40 mm、表は月桂冠を着けたシジスモンドの横向き肖像、縁に沿って "SIGISMVNDVS・PANDOVLFVS・MALATESTA・PAN・F" の銘があり、裏面の建物正面図のまわりには "PLAECL・ARIMINI・TEMPLVM・AN・GRATIAE・V・F・M・CCCC・L・" の銘がある。しかしこれがその年代通りの時期に作られたものかどうかには疑問があり、1453年ころの鋳造ではないかとする推測もある。そして第I章で取り上げたアルベルティの肖像メダルとともに、マッテオ・デ・パスティの作になるものと考えられている。大英博物館にあるものは大きさは全く同じだが、表のシジスモンドの肖像の髪型や着衣が異なっている。またかなり時期が下ると思われる銀製のもの（マントヴァの個人蔵）もあり、これは建物クーポラにプッティの頭部が一面に取り付けられている（Joseph Rykwert e Anne Engel, *op. cit.*, pp. 484-485）。

30. S. Sigismondo は6世紀前半のブルゴーニュ王国の王で、カソリックに改宗したがフランク族に殺され、のち聖人として認められて、14世紀以後は神聖ローマ皇帝の手でチェック人の守護聖人とされていた。おそらくシジスモンドは、同名であることからこの聖人を自分の守護聖人としたのであろう。

31. "PETRI DE BVRGO OPVS MCCCCLI" との署名有り。257×345 cm. フレスコは大きな剥落が見られるうえ、後世の荒っぽい修復がなされているが、背景にはリミニの街を表すと見られる風景があり、また右手の円形枠の中にはカステル・シジスモンドが描かれている。ルーヴル蔵のシジスモンドの肖像 (fig. 40. Département des Peintures, R.F. 1978-1) は、このフレスコのための下絵であったと見られている。なおピエロ・デッラ・フランチェスカがこのフレスコ制作の間にアルベルティとも接触していたのではないかとの推測がある (Roberto Longhi, *Piero della Francesca*, Firenze 1963, p. 84)。

32. H. Burns (*op. cit.*, p. 162, n. 120) は、建物内部の "Cappella degl Antenati"(平面図の 5. 祖先を祀るチャペル)内にあるシジスモンドの肖像に "HAEC. SIGISMVNDI. VERA. EST. VICTORIS. IMAGO" とあることを指摘して、シジスモンドは自らをローマ皇帝に比肩する存在としていたのであり、ファサードを凱旋門風に仕立てることは彼自身のアイデアであったのだろうとしている。

33. ファサードに取り付く半円柱は、アウグストゥスの凱旋門のそれとほぼ比例が同じである。ただし台礎や柱頭の形は全く異なっている。リミニは古代ローマでの名は "Ariminum" で、すでに BC. 3 世紀にはラテン人たちが入植していた土地であるが、本格的な都市建設はアウグストゥスの時代になってから開始された。ローマ期の遺構としては旧市街東南部に位置するこのアウグストゥスの凱旋門 Arco di Augusto(AD. 27)と、市街北部を流れるマレッキァ川(Marécchia, ラテン名 Ariminus)にかかるティベリウスの橋 Ponte di Tiberio(AD. 21)などが有名。

34. cf. Ludwig Heydenreich & Wofgang Lotz, *Architecture in Italy; 1400-1600*, Harmondsworth 1974, p. 335, n. 22.

35. マッテオ・デ・パスティはシジスモンドが要求する大理石の確保にかなり苦労した様子で、1451 年にジョルジォ・ディ・セベニコ Giorgio di Sebenico(c. 1410-75)という工匠からイストリア産の大理石の供給を受ける契約を交わしたが、これは履行されず、アルベルティの進言によってヴェローナ産の赤味を帯びた大理石を用いることとなったという(Mancini, p. 316, n. 1)。また建物には各所に様々な大きさの石が継ぎ接ぎ状に用いられているが、それらはラヴェンナの初期キリスト教聖堂サンタポリナーレ・イン・クラッセ聖堂からはぎ取ってきたものという。ファサードの色石も同様にラヴェンナから調達したものらしい(*ibid.*, p. 324, n. 2, 3)。ジョルジォ・ディ・セベニコはダルマティア出身で、ヴェネツィアで修業した後、郷里のイストリア地方やイタリアのアドリア海岸のアンコーナなどで彫刻家・建築家として活動していた。

36. H. Burns, *op. cit.*, p. 131.
37. 銘文は "SIGISMVNDVS PANDVLFVS MALATESTA PAN. F. V. FECIT. ANNO GRATIAE MCCCCL." となっている。これと同じ刻銘は内部チャペルのポインテッド・アーチのアーキヴォルトにも繰り返し現れている。
38. 西側面に置かれる柩は北端から、詩人バシニオ・バシーニ（注25参照。建物側面の銘板は彼の文による）、シジスモンドの顧問を務めていた法学者のジュスト・デ・コンティ Giusto de' Conti（c.1390-1449）、ギリシア人でネオプラトニズモをイタリアにもたらしたゲミストス・プレトーン Gemistus Plethon（c. 1355-1452）、ロベルト・ヴァルトゥリオ（注20参照）に充てられており、それより南の三つは後世のリミニ人のためのものとなっている。なおゲミストス・プレトーンの遺骸は、1464年にシジスモンドがトルコとの戦いでの戦利品として持ち帰ったものという。
39. ヴィチェンツァの「バジリカ」の装置的性格については、拙著「パッラーディオ」（鹿島出版会、1979 & 1992, pp. 64-67）を参照されたい。
40. Mancini, pp. 310-311, n. 1.
41. ローマのセプティミウス・セウェルスの凱旋門の場合は略1：2：1であり、比較的このファサードに似ているコンスタンティヌスの凱旋門でも3：5：3という比例である。
42. フランコ・ボルシ（Franco Borsi, *op. cit.*, p. 164）はこれが一般的な意味での「調和」を比喩的に言ったものではなく、明確な音楽的比例概念（ピュタゴラスの言うところの「ディアパゾン」diapason＝オクターヴ＝1：2や「ディアペンテ」diapente＝完全5度＝2：3など）を念頭にしたものだと主張している。しかしそうしたウィットコウアー流の解釈とは違って、アルベルティの方法はむしろ《彫刻論》に見られたような、「完全数」による分割単位尺度を用いた人体各部の比例に基づくものだとする見方もあり（cf. Tavernor, R., "Concinnitas, o la formazione della bellezza", in Rykwert & Engel, *op. cit.*, pp. 300-315）、またテムピオ・マラテスティアーノの正面と側面の長さの比が略100：144（ローマ尺）となっていることから、これは$1:\sqrt{2}$（1：1.414…）を意識したものだとするやや強引な説もある（cf. Nardi-Rainer, Paul von, "La bellezza numerabile; l' estetica architettonica di Leon Battista Alberti", *ibid.*, pp. 292-299）。何も無理数まで持ち出さずとも、144＝12×12で、これは「完全数」の6を基準モデュールとすることから出たものと解釈する方が自然なはずである。これらの議論は、実際の建築設計の上で各部寸法を定める際に、苦労して互いに通約可能な数値を選び出すという建築家たちの努力を無視した、机上の空論に近い。現実

にはすでに中世末期以後、石材や木材などの主要な建材は、多少の違いはあるものの市場毎に何らかの寸法規格が定まっていて、工匠たちがそれを無視して計画寸法を決めるようなケースは少なくなっていたはずであるし、それに加えこの時代は、地方毎に尺度単位が違っていて、フィレンツェでは「ブラッチョ」braccio（0.5836 m）、ローマでは「ピエデ」piede（0.298 m）、リミニもピエデを用いるがこれはローマのものより細かく6ローマ piedi＝11リミニ piedi であったし、マントヴァのブラッチョはフィレンツェのそれの4/5であった。アルベルティはそれら地方毎に異なる物差しを用いて計画しなければならず、それらを古代ローマの尺である pedes（292〜298 mm）の中間値に翻訳し直してみて、できるだけそれら異なる尺度間の公倍数を見出しながら、その場毎に基準モデュールを定めていたようである。このような中で実際に建ち上がった建物について、何らかの理論に基づく出来合いの「理想的比例」に合致するものを探し当てるためには、柱心位置ではなく円柱の外面を基準にしてみたり、アーキヴォルトの外面で寸法をとったり、設計時の寸法決定手続きとはおよそ無関係なやり方で基準線を引くなどのアクロバットに近い操作（ないし大胆な認定）が必要とされるはずである（そうしたやり方は、実際にも多くの美術史研究者の方々の論文に見られるところである）。

43. アリストクセノス Aristoxenus（Ἀριστόξενος, 南イタリアのギリシア植民地タレントゥム Tarentum ──ギリシア名 Τάρᾱς の出身。BC. 4世紀後半に活躍）の「ハルモニア原論」に関しては、山本建郎著『アリストクセノス『ハルモニア原論』の研究』、東海大学出版会、2001年、及び同著者による訳業、「アリストクセノス／プトレマイオス『古代音楽論集』」、京都大学出版会、2008年を参照されたい。ウィトルウィウスは Lib. V, cap. 4 の冒頭でアリストクセノスの名を挙げている。

44. アルベルティがプトレマイオスの Harmonics に直接的に言及したものは見当たらないが、De re aedificatoria では Geographia からの引用も見られるので、当然その存在は知っていたと思われる。またウィトルウィウスを読めばアリストクセノスの名は目にしていたはずだが、そのテキストに接する機会がなかったのであろう。

45. サンタンドレア聖堂ファサード上部にある半円筒ヴォールトの構造物を指す。ombrellone は「日よけ、庇」などの意であるが、これは聖堂本体の身廊への採光のための装置と考えられていたが、近年の修理工事の際に発見された痕跡から、この聖堂が収蔵する聖遺物（キリストの血が染みこんだ土）を礼拝する場所として造られたものであろうとされる。詳しくはこのあとの第 IX 章で

触れる。

46. cf., Franco Borsi, *op. cit.*, pp. 134-135；H. Burns, *op. cit.*, p. 133.
47. ヴァザーリはこれら内部装飾に関わった人々として、ルカ・デッラ・ロッビアや実在しないドナテッロの弟と称する Simone なる人物などの名を挙げているが（Vasari-Milanesi, II, pp. 168-169；p. 460）、現在ではほとんどがアゴスティーノによるものと認定されている。
48. Valturio, *De re militari*, Lib. XII, cap. 13（cit. Mancini, p. 318）.
49. シジスモンドは1454年ころからシエナの傭兵隊長を引き受けていたが、ピティリアーノ Pitigliano（トスカーナ地方南部の山岳都市）との戦いで大敗を喫し、シエナ防衛の義務を放棄してしまっていた（Mancini, p. 308）。
50. Pius II, *Commentarii*, I（a cura di A. van Heck, Città del Vaticano, 1984）, p. 154. ピウス二世が "DIVAE ISOTTAE" と読んだ銘文は "D. ISOTTAE ARIMINENSI B.M. SACRVM MCCCCL." で、Mancini は、冒頭の D は *Divae* ではなく *Dominae*（女あるじ）と読むべきだとしている（Mancini, p. 306, n. 6）。
51. Borsi, *op. cit.*, p. 127.
52. イタリア人研究者たちは、このことをアルベルティがビザンティン的伝統が根強かったパドヴァ平原 pianura padana で少年時代を過ごしたことと結びつけ、その建築の特徴を "padanità" という言葉で表現しているようである（F. Borsi, *op. cit*, p. 141 etc.）。イタリア各地方のそうした地域性の伝統にあまり詳しくない筆者としては、しかしこれはアルベルティの積極的戦略の一部として捉えておきたい。
53. このことと、彼の碑文書体への関心や、晩年の著作 *De compendis cifris*（《暗号論》、ないし《記号論》c. 1466）とどのように関わるのかも、一つの研究課題となろう。
54. Rykwert, *op. cit.*, p. 378.
55. *Hesperis* の最終連である Lib. XIII はテムピオ・マラテスティアーノへの頌詩となっており、それにジョヴァンニ・ディ・バルトロ・ベッティーニ Giovanni di Bartolo Bettini da Fano という画家が挿絵を添えた写本。これには数種類の異本があるが、ここに掲げたのは Paris, Bibliothèque Nationale, *ms. 630*, fol. 126.
56. 拙著「ブルネッレスキ」の第 II 章参照。
57. Vitruvius, Lib. III, cap. 3

V. *De re aedificatoria*

fig. 65　Cosimo Bartoli によるイタリア語版（1565年版）*De re aedificatoria* 表紙

V. *De re aedificatoria*

　主著 *De re aedificatoria* の執筆は、フィレンツェでの宗教会議が終わりアルベルティがローマに戻った1443年ころから始められたであろうとするのがほぼ定説となっているようである。ただしこれには確実な史料的裏付けがあるわけではない。若干の手がかりは、アルベルティがメリアドゥーセ・デステに語りかける形で書かれた《数学遊戯》*Ludi rerum mathematicarum* の中で、「……それらの方法につきましては、別のところ、つまりあなたのご兄弟であられるレオネッロ殿下のお求めに応じて私が執筆しました『建築論』[“de architectura”]の中にありますので、ご覧いただけるはず……」と書

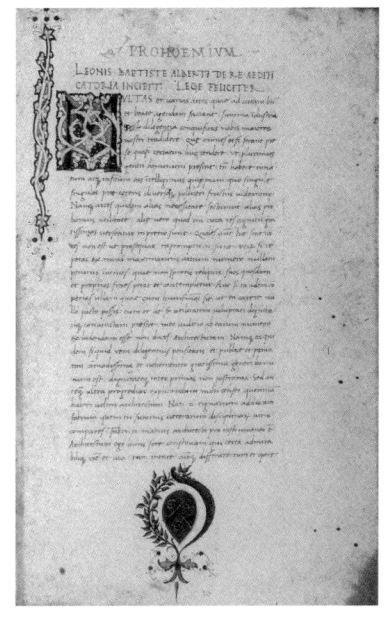

fig. 66　イートン・カレッジ蔵　*De re aedificatoria* 写本　（Eaton College Library, *ms. 137*.　31×21 cm）

いていた[1]ことで、これによりレオネッロ・デステから示唆されていたことが執筆のきっかけとなっていたことが知られる。

　とすればこれはそれより以前に完成していて、すでに1450/1年より前にはメリアドゥーセたちの手に渡っていたことになるが、1485年に刊行された初版や遺されている幾つかの手写本[2]では、レオネッロへの献辞も、何らかのかたちにせよフェッラーラ宮廷との関わりを示すような記述も、一切見当たらないし、一方では1452年になって、アルベルティがこれを教皇ニコラス五世に献呈しようとしたということがマッティア・パルミエーリの記述に見え[3]、それがこの著作の完成時期を示すものと考えられている。従ってメリアドゥーセたちの手に渡っていたのは、初期稿ないしその一部であったと考えなければならない。

　また現在は十書からなるものとして通用しているこの著作について、ア

137

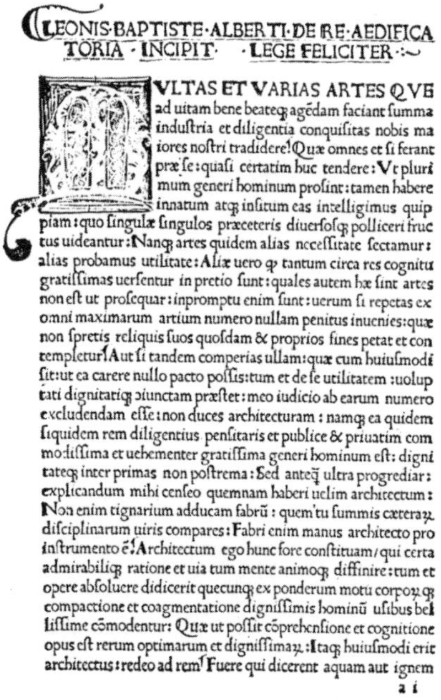

LEONIS·BAPTISTE·ALBERTI·DE RE·AEDIFICA
TORIA·INCIPIT· ·LEGE FELICITER·:~

MVLTAS ET VARIAS ARTES QVE
ad uitam bene beateq; agẽdam faciant ſumma
induſtria et diligentia conquiſitas nobis ma
iores noſtri tradidere! Quæ omnes et ſi ferant
præ ſe: quaſi certatim huc tendere: Vt pluri
mum generi hominum proſint: tamen habere
innatum atq; inſitum eas intelligimus quip
piam: quo ſingulæ ſingulos præceteris diuerſoſq; polliceri fruc
tus uideantur: Nanq; artes quidem alias neceſſitate ſectamur:
alias probamus utilitate: Aliæ uero ꝙ tantum circa res cognitu
gratiſſimas uerſentur in pretio ſunt: quales autem hæ ſint artes
non eſt ut proſequar: inpromptu enim ſunt: uerum ſi repetas ex
omni maximarum artium numero nullam penitus inuenies: quæ
non ſpretis reliquis ſuos quoſdam & proprios fines petat et con
templetur! Aut ſi tandem comperias ullam: quæ cum huiuſmodi
ſit: ut ea carere nullo pacto poſſis: tum et de ſe utilitatem: uolup
tati dignitatiq; ɔiunctam præſtet: meo iudicio ab earum numero
excludendam eſſe: non duces architecturam: namq; ea quidem
ſiquidem rem diligentius penſitaris et publice & priuatim com
modiſſima et uehementer gratiſſima generi hominum eſt: digni
tateq; inter primas non poſtrema: Sed anteq̃ ultra progrediar:
explicandum mihi cenſeo quemnam haberi uelim architectum:
Non enim tignarium adducam fabrũ: quem tu ſummis cæteraꝝ
diſciplinarum uiris compares: Fabri enim manus architecto pro
inſtrumento ẽ! Architectum ego hunc fore conſtituam/qui certa
admirabiliq; ratione et uia tum mente animoq; diffinire: tum et
opere abſoluere didicerit quecunq; ex ponderum motu corpoꝝ q;
compactione et coagmentatione digniſſimis hominũ uſibus bel
liſſime cõmodentur: Quæ ut poſſit cõprehenſione et cognitione
opus eſt rerum optimarum et digniſſimaꝝ: Itaq; huiuſmodi erit
architectus: redeo ad rem! Fuere qui dicerent aquam aut ignem

a i

fig. 67 *De re aedificatoria* 初版（Firenze, 1485）序章の冒頭部分

ルベルティと親しかったはずのクリストフォロ・ランディーノが、「九書からなるアルベルティの建築書」と記していた[4]ということがあり、実際、現在伝わる「第十書」は、内容的にみてやや付け足りの観があって、「修復」*Instauratio* という題があるにもかかわらず、その大部分を占めるのは水の確保や治水灌漑の手法などで、後から付け加えられたものである可能性が高いとする見方がある[5]し、その他の各書についても、一気に書き下ろされたものではなく、何かの都合での中断があったと考えられており、Lib. V までの建築材料や架構法などの技術的話題を扱っていた部分と、Lib. VI 以降の装飾や比例などを論じた部分とでは、叙述の仕方に微妙な違いがあり、Lib. VI の冒頭はこれまでの執筆作業についての感懐となっていて、とりわけその中の「この作業は、天も照覧されんことを！　先へ進めるにつれ、当初私が予想したよりもさらに多くの労苦を強いるものであった」という述懐は、いかにもしばらく中断していた著述をようやく再開したというような印象を与える[6]。

これまでの定説では、Lib. V までは1445年ころまでに書き上げられ、Lib. VI 以降は1447～52年の間に書き継がれたものであろうとされている。しかしこれについても史料的な裏付けがあるわけではなく、状況証拠からの推測である。そして1450年代初にはすでに人文主義者たちの間に写本が流布し読まれていたのだが、アルベルティは1452年以後も、死の直前までこ

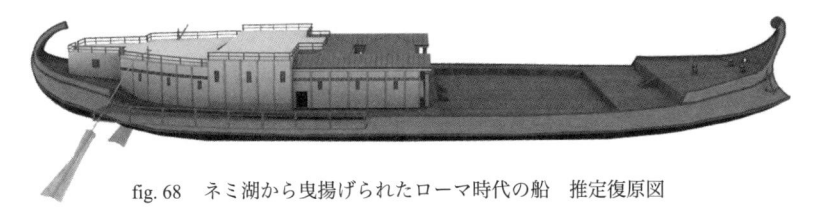

V. *De re aedificatoria*

fig. 68　ネミ湖から曳揚げられたローマ時代の船　推定復原図

れに手を加え続けていたと見られ、多くの異稿があって果たしてどれが決定稿であったのかも実は判然としていない。1485年の初版に用いられた原稿はアルベルティのまたいとこに当たるベルナルドが所持していて[7]、アルベルティから処置を託されていたものだというが、この初版には多くの誤植・脱落とみられるものがあり、現在ほぼ定本として認められているオルランディ校注本は、初版刊本を底本としながら異稿と逐一照合のうえまとめられたものとはいえ、完全なものである保証はない[8]。

　執筆中断の理由はよく分からないが、遺跡の調査やフェッラーラでの騎馬像への助言の仕事、あるいは他の著作などの方に手を取られていたのかも知れない。1444/5年ころからアルベルティはプロスペーロ・コロンナ枢機卿[9]に目をかけられ、彼のために幾つかの仕事をしていたことが知られている。一つは1446年にコロンナの所有するエスクイリーノの地所内からローマ時代の貴族マエケーナス[10]のヴィッラと考えられるものが発見され、アルベルティはその発掘に関わったと言われる。これはのちにローマ末期のセラピスの神殿遺跡であったことが判明したが、後期ローマ建築についての具体的な知識を得るうえで、アルベルティにとり貴重な体験であったと思われる。また1447年には、同じくコロンナの領地であるローマ南方アルバニ山中の小さな火山湖ネミ Lago di Nemi から、ローマ時代の船と見られるものが発見され[11]、アルベルティはその曳揚げ作業に関わり（断片しか曳揚げることができなかったが）、それについての復原考察を行なった[12]。その経緯は失われた著作 *Navis* に記されていたといい、この仕事を通じてアルベルティは、船の構造についての知識や重量物の運搬法についての経験を積むことが出来たと見られ、同じく失われてしまった著作の中には *De motibus ponderis* と題するものがあったとされる（おそらくクレーンや滑車を

用いた器械などについての考察)。

　この間、1447年には、ボローニャ以来の知己であったトムマーゾ・パレントゥチェッリ・ダ・サルザーナ[13]が、教皇ニコラス五世となっている。頑固で好戦的な前教皇エウゲニウス四世と違って、学術・文化を尊重し諸勢力の融和に努めたこのルネサンス最初の「人文主義者教皇」とアルベルティとの関係については、正反対の見方がある。それまでの二人の親密な交友からして、ニコラスはアルベルティを重用し[14]多くの事業に彼を用い、またアルベルティもそれに協力したであろうとする説と、その逆に、アルベルティは権力の座についたことで専横さを見せ始めたパレントゥチェッリからは距離を保ち、努めて局外者の位置をとろうとしていたのだという見方とがあり、これまでのところ両者の間の溝は埋まっていないように思われる。二人の関係についてはこの後の第VII章で取り上げる予定なのでここではあまり立ち入らないが、しかしこれは *De re aedificatoria* の執筆意図をどのように捉えるのかという問題とも関わる。

　たとえば、やや極端な意見ではあるが、アルベルティがこれをラテン語で執筆したこと自体が、もっぱらそれを理解できる権力者だけに向けて、彼らの都市作りのためのノウ・ハウを提供しようとしたものであって、民主的市民社会のなかでのあるべき建築の理想像を提示することなどは予め断念していたのだ、とするような見方がある[15]。実際この著作は15、16世紀のあいだは、その動機が権勢誇示であれ、あるいは公共福祉のためであれ、いずれにせよ強大な権力を持つ一握りの君侯たちによってしか役立てられることはなかった。ただしアルベルティ自身の政治的信条がそうしたマキァヴェッリ的な権力統治を支持するものであったということではなく、むしろ建築や都市の命運は、所詮そうした権力者たちの恣意に委ねられているのであり、彼らがつくりあげる体制の中でしか建築は自己を実現し得ないのだという、深い絶望に根ざした諦念がそこにこめられているというのである。そしてそれも半ばは真実であって、さきにリミニの「テムピオ・マラテスティアーノ」に見てきた如く、「曖昧さ」という戦略によって辛う

V. De re aedificatoria

じて「建築家」としての矜恃を保ち得たのであれば、De re aedificatoria という著作は、苛酷な時代を生き抜く（アルベルティ自身を含む）建築家たちのための「仮面」persona の役割を果たすものであったと言えなくもない[16]。

「仮面」あるいは仮装（「カメレオン」）は、《家族論》で示唆されていた現実社会への「同化」のための処世術の一つ[17]であり、また《モムス》の中心テーマでもあって、弱者が権力者の恣意に対抗する姿として、グロテスクに戯画化されながら一面ではある種のリアリティをもって提示されていたものである[18]。《モムス》の Lib. I～II ではモムスが悪巧みのために様々に仮装する逸話が並べ上げられているのであるが、Lib. IV となると今度は逆に、権力者であるべき神々の方が仮装するという皮肉な話になる。主人公のモムスが天上界から追放されてしまった後、神々が人間たちのお祭り騒ぎを見物するため夜陰に乗じて劇場に忍び込み、そこに並べられていた石像に姿を変えて待機する場面（「仮装」!）から始まり、ゼウスの化けた石像が酔漢から小便をかけられそうになったり、盗賊たちの襲撃に遭ったりというドタバタ騒ぎに巻き込まれ、這々の体で天上界に逃げ帰ることとなるが、ここでは、人間たちが創り上げてしまったものに対する感嘆と自分の企図の失敗への苦い想いとが入り交じるゼウスの複雑な感懐に対し、神々とは別にやはり人間界見物に来ていた冥界への渡し守カロン[19]が、人工物よりはむしろ地上の自然の美しさに目を奪われ人間の作為の愚かしさを批判するという、対照的な見方の対比が主題となっている。絶対権力者ゼウスを感嘆させた劇場建築（仮装の場）は、死すべき人間たちを見守ってきたカロンにとってはただの冷たい石塊に過ぎず、野の花の美しさには及ぶべくもないものとして映るのである[20]。

De re aedificatoria を綴りつつ、実際の建築設計作業にも手を染め始めていたアルベルティの内面では、権力や体制の慰みにしかなり得ない建築の営みの虚しさが抑えがたく渦巻いており、《モムス》という戯作の形を借りてそれを吐き出してしまわずには、建築に関わり続けることができないように感じられたのであろう。その意味では《モムス》は De re aedificatoria の「陰画」であるとも言えるが、しかしその強烈な破壊力は「陽画」にも

何らかの影響を及ぼさずにはいない。それは「理論」を歪めるまでのことはないが、最終的な判断は留保され、それまで語られていたことは遠い過去の出来事として、現実感を拭い去られてしまう。建築材料や構法などを扱った部分を除けば、こうした慎重な話法は全編に行き渡ってはいるが、都市の成り立ちやそれを構成する建築については、当時のイタリア社会の現実に直接に触れるような記述が努めて避けられているし、とりわけ Lib. VI 以降の「装飾」や「美」の問題を扱うところでは、ほとんどが過去形の語り口で通している。それは一個の透明な理論体系であるには違いないが、第 I 章で示唆していたごとく「寓話」として受け取られるべきものであって、建築の命運を大きく左右するはずの政治体制やその力学というパラメータについては、判断を保留することによって現実との関わりを断ち切り、いわば「宙吊り」の状態で提起された理論なのである。変転きわまりない初期ルネサンス社会の中では、それは建築を「理論」として自立させるための余儀ない選択であり、帝政下の忠実な技術官僚たる立場からそのためのマニュアル作成を目論んでいたウィトルウィウスの場合とは、事情は大きく異なっていた。

　アルベルティと建築との関わりを考えるに当たっては、*De re aedificatoria* とウィトルウィウスの *De architectura* との比較・対照の話題を抜きに済ませることはできない。実際、レオネッロ・デステがアルベルティにこれを執筆することを勧めたのは、当時話題となりつつあったウィトルウィウスの内容を、「古典風」をもって自らの *impresa* とすることを切望する支配層のために、より分かりやすく整ったマニュアルとして書き直して欲しいということであったに違いなく、アルベルティも当初は「ウィトルウィウス解釈」以上の新しい建築理論の樹立というような目標は考えていなかったとみられるし、少なくとも形式の上では、最後までウィトルウィウス祖述の枠を守ろうと努めていたように思われ、ウィトルウィウスの用語の解釈や「十書」という体裁にこだわったのもそのあらわれとみることができよう。しかし何よりも論理とその整合性を大切にするアルベルティにとっ

V. *De re aedificatoria*

表1　ウィトルウィウスとアルベルティ

ウィトルウィウス　*De Architectura*		アルベルティ　*De re aedificatoria*
	序章	建築の意義と建築家の定義／建築技術の領域／本論の内容
皇帝への献辞／建築家の教育・教養（読み書き・数学・作図・歴史・哲学・音響学・医学・天文学・水理学・経済学 etc.）／建築にまつわる諸概念（比例・モデュール・図面・*dispositio*・*symmetria*・*décor*, etc.）／建築技術の領域と三要件（*firmitas, utilitas, venustas*）／都市の防御と占地・風向／街路／公共建築の敷地	第一書	建築と *lineamentum*／建築の起源／地域の選択と気象条件／地形と水質／生物的条件（住民・動植物）／敷地の画定／敷地造成／配置計画／壁と円柱／屋根／開口／階段
住居の起源／建築素材の組成／煉瓦／砂／石灰／火山灰／壁の構法と用途による違い――ハリカルナッソスの城壁の場合――煉瓦の壁は限られた広さの土地には不向き／木材／地勢と樹木の違い	第二書	設計図と模型／計画（準備調査・工事態勢の考察）／木材の調達／木材の養生／木材の種類／木材の材質／石材の性質／石材に関する伝承／煉瓦の製法／石灰と石膏／砂／着工時期
神殿建築の計画――*symmetria* と人体比例／神殿の各種形式（*in antis*・*prostylos*・*amphyprostylos*・*peripteros*・*pseudodipteros*・*hypaethros*）／神殿立面と比例／神殿建設のための基礎工事／イオニア式神殿と円柱形式	第三書	敷地調査・基礎／縄張りと地形／石材と石灰／基礎工／組積造／石の配置と補強／表層材と充填材／繋ぎ石／壁の強化／壁各種／梁／アーチ／曲面天井／屋根材／床舗装
コリント式の起源と成り立ち／各種円柱形式の特徴／ドーリス式神殿／神殿内部構成とプロナオス／神殿の方位と占地／神殿入口と扉／トスカーナ式神殿／円形神殿／祭壇	第四書	公共施設と都市（社会形態に応じた施設形態）／都市の立地／都市の領域／市壁／道路／橋／下水路／港湾
フォルムとバジリカ／宝物庫・監獄・議事堂／劇場の敷地／ハルモニア論／劇場における共鳴壺／劇場の計画／ギリシアの劇場／音響について／舞台背後の柱廊と通路／浴場／パレストラ／港湾と船溜り	第五書	僭主の都市／邸宅／僭主の居城／城砦の配置計画／城砦の設備／（共和制の都市における）高官の邸宅・聖堂／修道院／パレストラ・病院／議事堂・裁判所／軍事キャンプの立地／軍営の設備／艦船と港の防備／倉庫・監獄／別荘の立地／農家／畜産施設／別荘の各室配置／都市住宅
建築に携わることの名誉／気候風土と建築形態／建築の比例配分（*symmetria* と *eurythmia*）／住宅の平面計画（中庭の五形式――*tuscanicum*・*corinthium*・*tetrastylon*・*displuviatum*・*testudinatum*）／各室の配置／各階層にふさわしい住居／農家／ギリシアの邸宅／堅牢な住宅の構造	第六書	執筆作業をめぐる感慨／美と装飾／古代建築からの知見／地域の環境整備と美化／装飾の適正配分／巨石の運搬／車輪・滑車・梃子／螺旋／スタッコ仕上げ／化粧石貼り／屋根の装飾／開口部の装飾／円柱の成形
先人たちの業績について／床の構法／スタッコの製法／スタッコ仕上げ／スタッコ仕上げと湿気対策／壁画について／大理石の用法／各種顔料と色彩	第七書	都市と宗教施設・記念建造物・都市内の住み分け／市壁の表現／神殿の壮麗化／神殿の形式と祭神／神殿平面形式／神殿と柱廊／円柱と柱頭形式／円柱の成り立ち（柱身・台礎・刳型）／各種柱頭の細部／コーニス・フリーズ・アーキトレーヴ・円柱溝彫り／神殿の壁と装飾／神殿の屋根と天井／神殿開口部の装飾／祭壇／バジリカ／アーケードの装飾／記念建造物／神像
水の大切さ／水源の発見／雨水について／様々な水質／水質の確認方法／水流と勾配／水道・鉛管・土管	第八書	世俗公共施設の装飾――道路・墓地／埋葬儀礼と墓／各種の墓／碑文／塔／街路・橋・広場／凱旋門／観覧用建造物・劇場／円形競技場・キルクス・プロムナード／宗教会議場・議事堂／大浴場
学問的発見の重要性／宇宙と惑星／月の満ち欠け／黄道と十二宮／北の星座／南の星座／天文学について／日時計と水時計	第九書	私邸の装飾／都市住宅／住宅の諸室と空間比例／壁と庭園の装飾／美の原理――数値・形態・配置／*concinnitas*／数値比例／円柱の比例／工事欠陥とその修正／建築家の資質・教育／建築家の心構え
工費見積もりの重要さ／各種器械と道具／力のバランスを利用する器械／直線運動と円環運動／揚水機各種／水車／水オルガン／距離測定法／投石機／攻城法と攻城具／防御器械	第十書	都市環境の改善・修復／飲料水／水の一般的性質／水脈探査／井戸・坑道／水質／水路工事と測量／貯水槽／灌漑・治水／河川改修／運河・堤防／護岸・水門／欠陥の改良／結露の防止／害虫駆除／室内環境の改善／壁の修理

143

ては、ウィトルウィウスが建築の三要件として"firmitas"（堅固さ＝構造）、"utilitas"（有用性＝機能）、"venustas"（美）を挙げておきながら、それらが建築をどのように規定して行くのかには全く触れず、細々とした職人的ノウ・ハウの羅列に終始していることには、我慢がならなかったはずである。

彼はこの三要件毎に順を追って整然と叙述を進めるべく、ウィトルウィウスの散漫な章立ての組み直しに取りかかるが（表1）、"utilitas"の部分（Lib. IV～Lib. V）では、当時のアルベルティには知ることのできなかった古代建築各部の名称が現れ、その解釈に難渋する[21]のみならず、建築類型は社会の体制如何によってその現れ方が異なることに気づかされる。Lib. I では、「都市はある種の最大の住居であり、住居はある種の最小の都市である」[22]とする、理想主義的で楽観的な都市観を提起していたアルベルティも、Lib. V で実際に都市における各種施設について述べる際には、僣主 tyrannus の支配する都市（Cap. 1～5）と、「多人数で協力して統治する場合」（"simul plures gubernent rem", Cap. 6～9）とに分けて記述しなければならない。この部分の叙述は一見したところきわめて冷徹な筆致で、他の箇所に見られた逸脱や諧謔的な話法は影をひそめているが、しかしその突き放した生真面目さがかえって現実感を失わせ、《モムス》における君主論と考え合わせるなら、皮肉に響く感がなくもない。僅かに牢獄に触れた部分（Cap. 13）に、残虐な刑罰に対する憤りの感情がこみ上げている様子が読み取られ、アルベルティの肉声に触れる想いがする[23]。

同じ Lib. V の後半では住居の問題が取り上げられるが、前半のグルーミィな印象と引き比べ、人々のそこでの暮らしぶりが手に取るように明るく叙述され、特に「ヴィッラ」を扱った章（Cap. 14～18）では、田園生活の楽しさが活きいきと伝わってくる。すでに《家族論》のなかでも対話者の一人で精力的な商人ジャンノッツォ Giannozzo の口から、ヴィッラへの憧れが語られていたが[24]、ここでは家族の生活がより具体的に述べられており、その分だけ、都市生活の厳しさが際だって感じられてしまう。Lib. VI 冒頭の「この作業は……当初私が予想したよりもさらに多くの労苦を強いるものであった」というその「労苦」とは、そこでの文脈からするかぎりでは

単にウィトルウィウスの用語の解釈についての苦労を指しているかのようであるが、むしろ Lib. V における "utilitas" の際どい表現をどう収めるべきか、またその考慮からする著書全体の方向付けをどのように定めるべきかの判断に苦しんだことをほのめかすもののように思われる。一旦はウィトルウィウスから離れて独自の "utilitas" 論を展開し始めてはみたものの、そこには《モムス》のような諧謔・韜晦の文体でなければ切り抜けられない現実が待ち受けていたのである。

　もともとウィトルウィウスに沿った実用的理論書を目標としていたはずではあったが、ここでアルベルティは当時のイタリア社会の現実に即した理論を断念し（あるいは断念したかのように見せかけ）、ウィトルウィウス解釈という純粋な「古典研究」の形式に立ち戻り、いわばそれを「隠れ蓑」としてこれを書き上げることを決意したのではなかったろうか。Lib. VI 以降の部分は、ほとんどがウィトルウィウスの陳述とそれを裏付けるための古典文献からの引用やアルベルティ自身の遺跡調査による知見などで埋め尽くされており、そうした「古典解釈」の形式枠をはみ出すまいと努めていた様子が窺われる。もし上のような憶測が許されるとすれば、De re aedificatoria もまた、《モムス》とは違った成り立ちではあるが、やはり「仮装」の産物であったということになろうか。

　このような印象に囚われてしまうと、De re aedificatoria を通じてアルベルティの建築観を導き出そうとすることに対しては、慎重にならざるを得ない。それは「ウィトルウィウス解釈」ではあっても、アルベルティ自身の理論ではないかもしれない。その解釈にはウィトルウィウスのあずかり知らぬ様々な古典文献やネオプラトニズモからの知識などが縦横に援用されてはいるが、アルベルティがそれらを真に受けていたという保証も存在しない。すべては曖昧なままである。その理論が曖昧というのではない。ウィトルウィウスの客観的解釈なのか、あるいはアルベルティの本心であるのかが曖昧なのである。アルベルティの「建築理論」を解明しようとする試みは、これまでほとんどあらゆる角度からなされてきており、いまもなお片言隻句を捉えては新しい解釈を提起しようとする論考は絶えること

がない。しかしそれらの多くが、こうした De re aedificatoria の文体構造への省察なしに行なわれているように見えることには、少なからず危惧をおぼえる。そして実際にも、アルベルティ亡き後こんにちに至るまで、その仮面の表側だけがそのままアルベルティの理論として受け取られ、またそれが「古典主義建築理論」の源泉とされてきたのである。

とはいえ、どのように周到な仮装で本心を押し隠してしていたとしても、アルベルティの理想主義はそれを通して透けて見えてくる。「都市＝大きな住居、住居＝小さな都市」という見果てぬ願望は著書全体に通奏低音として行き渡っており、このメッセージは人文主義的建築の究極の理想として一世紀後のアンドレア・パッラーディオに受け継がれることとなるものである。そして事物の如何を問わずその構造原理をアナロジィによって同一のものと見なし、それにより世界の原理を理解したいという願望はネオプラトニズモに通有のものではあるが、アルベルティの場合にはそれとは別に、自然観察、とりわけ人体やその他の生物の構造についての省察からする、一種の有機主義的「機能論」の趣きが強い[25]。

アルベルティはこのテーゼを梃子として、従来の分類には囚われない、建築部位の大胆きわまる機能主義的再定義を提示する。「円柱列それ自体は、多くの箇所で穴を開けられ、開かれた壁に他ならない」ので、「壁」の項で扱われるし（Lib. I, cap. 10）、「開口」には窓や出入り口とともに煙突や排水管までも含まれる（Lib. I, cap. 12）。これはいわゆる「古典建築」における構造的役割や伝統的形態を軸とした命名・分類とは異なり、建築を「装置」として捉える姿勢につながるものと言える。つまり、建築の各部位は伝統的な形態をとることによって定められた役割を演ずるだけのものではなく、そうした歴史的意味からは自由に、その場に応じた新たな機能を発揮すべきものであり、光や音、空気、あるいはそれが与えるイメージその他、人間生活に要求される諸々の環境条件をコントロールする「装置」なのである。「テムピオ・マラテスティアーノ」側面の「装置的性格」[26]は、このような理論的前提から産み出されたものであった。

V. *De re aedificatoria*

　もし「古典主義」が歴史的形態とその意味を遵守することであるとするなら、これほどそこから遠いものもないであろう。そしてこのことが、アルベルティがブルネッレスキの建築から受け取った最も重要な啓示であったはずである。多くのルネサンス建築の解説が、ブルネッレスキの古典への関心に触発されてアルベルティの「古典主義」が生まれたかのように説いているのは、アルベルティの「仮面」の表層だけを捉えたものに過ぎないし、ブルネッレスキの建築が決して古典様式の写しで成り立つものでなかったことはすでに前著でも主張していたところであるが、建築を一つの独立した技術体系として成り立たせるものは、古典様式を絶対化することから産み出されるのではないことを、アルベルティもまた見抜いていたのである。

　Lib. I, cap. I で提起される「リネアメントゥム」(lineamentum) という概念[27]は、こうした装置的建築観を展開するに当たっての不可欠の規定であった。アルベルティが与えるその定義は以下のようなものである。

「すべての構築物はリネアメントゥムと構造とをそなえる。リネアメントゥムにより対象を記述することやその方法はすべて、線と角度とを結びつけ、その結果によって正確かつ適切なやり方で構築物の姿を把握できるようにするためである。実際、このリネアメントゥムの働きと役割は、構築物やその各部に対して、適切な位置と望ましい比例となるような数値を与え、また構築物全体がその形態・形姿ともにそのリネアメントゥムの中におさまるようにすることなのである。このリネアメントゥムそれ自体は、そこに用いられている材質とは関わらないものであって、そうではなく、それを構想することによって、多くの構築物の中に同様な形でのリネアメントゥムの存在を認知することができ、またそこでは変わることのない同一の型が見出されることもあるのであって、すなわち、それを構成する各部や個々の部分が全体として釣り合いが取れ、それらの角度や線が適切に結びついているようなものを見出すことができるのである。このようにしてその全形態を材質とは関

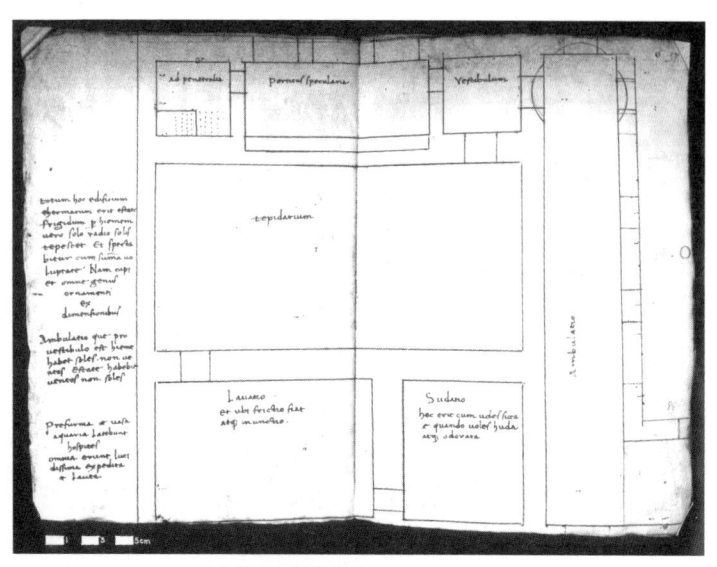

fig. 69　アルベルティ自筆「浴場計画案」
　　　　（Firenze, Biblioteca Laurenziana, *cod. Ashburnham, 1828 App.* ff. 56v-57r）

わりなく予め心と脳裏に想い描くこともできるであろう。これにより予め準備し考えていた特定の角度とその結びつけ方を定着させることができるのである。とすればリネアメントゥムとは、心の中に想い描かれる線描なのであって、それは線と角度で構成されるもので、想像力と陶冶された知性によって完成されるものということになろう。」[28]

　これはもし紙の上に写し換えられれば、そのまま「図面」となるようなものであって、それをもとに模型を組み立てることもできる。アルベルティが実際の設計に際して自ら図面を描いていたことは、現場を担当する工匠たちとのやりとりの書簡などから窺い知ることができるし、簡単な線描のスケッチを随時行なっていたことも、リミニのマッテオ・デ・パスティ宛書簡から確かめられる。残念ながら彼の設計になるとされる現存の建物についての設計図と見られるものは存在しないが、「浴場」の計画案と見られる自筆平面図一葉（Firenze, Biblioteca Laurenziana, *cod. Ashburnham, 1828 App.* ff.

V. *De re aedificatoria*

56v-57r)があることが、1977年にバーンズにより紹介されている[29]。

こうした「線描」の図によって建築の設計図とするプロセスは、すでに中世以来行なわれていたことであって、それ自体としては特に新しいことではない。しかし中世のそれは、すでにかくあるべきものと認められていた建築各部の伝統的形態モデルを組み合わせた結果だけを示すものであって、設計の最終段階で提示されるものであった。それに対しアルベルティの場合はいわば白紙状態から出発し、しかもそれは頭の中で幾度でも描き変えることのできる試行錯誤のプロセスを含んでいると考えられる。そしてこのプロセスの各段階での試行の適否を判断する基準は、それが既存のモデルに適合しているか否かではなく、「望ましい比例」にもとづく全体的な調和「コンキンニタス」"concinnitas"がそこに獲得されているかどうかということなのである。それは「そこから何物かを取り去ったり、あるいは別のものと取り替えてしまったりするとそれを歪め、打ち消してしまう」ような状態を指すとされるが[30]、この概念は次のように説明される。

「……〔これまで〕三つの枢要な事柄があるとし、それらの上に考察すべきすべての理論が成り立つものとしてきたのであるが、それらは、数値と、finitio〔境界面〕と呼ぶところのもの、そして配置であった。しかしさらにそれらに加えてもう一つの特質が、それらすべての要素が結びついた結果として生じてくるのであり、そのとき驚くべきかたちでその美しさの全容が輝きを増すのであって、それをコンキンニタスと呼ぶことにするが、これはまさにあらゆる優美さと壮大さを併せ与えられた養女とでもすべきものである。このコンキンニタスは、その働きと各部の割り付けにより、そのままでは互いにばらばらであるものたちを、誤ることなきやり方でもって結びつけ、互いに引き立て合うようにするのである。」[31]

これはウィトルウィウスが"symmetria"あるいは"eurythmia"など、互いにどのように連関するのかよく分からない概念で「美」の要因を説明しようとしていたものを、この *concinnitas* 概念によって包括的に整理し直した

149

ものということができるが、アルベルティの場合、ウィトルウィウスが前提としていた、予め完全なものとして定められそれぞれに独立し互いに異なる部分の併存という考え方は存在しない。部分は全体の concinnitas のために自在にその姿・形を変え、またそのことによって逆にいかなる小部分もその全体のイメージを担うこととなる。つまり「大きな住居＝都市、小さな都市＝住居」のテーゼがそこに生きているのである。

　一方このようなテーゼを成り立たせる原理としての「比例」は、具体的な部材同士の関係で成り立つ建築という事象を、透明な抽象的図式 (*lineamentum*) として捉え直すプロセスで要請されてくるものであり、その図式の中では、もし先入主を取り払ってその図の中での純粋な線同士の運動の軌跡として捉えるならば、部材にそれまで与えられてきた構築的役割やあるいは歴史的に認められてきたその意味などはいったん捨象ないしは無視され、それらの抽象的な軌跡同士の関係を記述するための作業仮説として、「比例」が措定されることとなるのである。従ってむしろ重要なのは、そうした在来の通念による建築部材の意味を無視するという前提の中でそれは初めて意味を持つということであって、その有効性は、建築部材あるいはその形姿全体にまつわりついていた歴史的意味づけ（固定観念）をどこまで剥奪ないし転換できるかにかかっているのである。アルベルティは当然そのことは理解していたに違いないし、また同時にそれがどれほど困難な（あるいは不可能に近い）ことであるかも、承知していたはずである。アルベルティの建築創作における模索は、かくてその文章表現の修辞的可能性の追究と同様、与えられた在来の建築的言語要素を用いながら、いかにしてその意味を変換できるかに向けられることとなるのであって、そこでは「反語」や「韜晦」、「諧謔」すらもその方法として動員されずにはいないのである。

　しかし理論の側で言えば、歴史の中でおもむろにその輪郭を形成し独立性を主張するに至ってきた部分と、それらを包含する全体との関係を定める concinnitas の判断基準は、一体どこにあるのか。現実社会のなかでは、それは「個」（私）と「集団」（公共）との関係の問題、すなわち「政治」の

問題であって、さきに指摘していたごとく、アルベルティはそれへの最終判断を行なうことなく、いわば「建築の社会学」[32]とでもいうべき突き放した観察によって、建築の集団化現象（都市）の見取り図を提示していたのであった。しかもその多様な現象（各種建築類型）の中に彼が見出すのは、ネガティヴな意味をも含め共通するあり方、生物有機体の集団化に見られる生態なのであり、その結果、修道院は聖職者たちの「軍営」と呼ぶべきものであり、その軍営は都市の「苗圃」ということになる[33]。こうした用途 *utilitas* を超えた社会集団に共通する生態認識は、しかし必ずしも幸福な *concinnitas* に導くとはかぎらない。ここには明らかに論理の飛躍ないし断絶があり、*concinnitas* は集団の力学とは関わりのない、あるいはそれを跳び超えた、あたかも純美学的概念のごときものとして提起されている。この断絶を埋めるものとしては、「モムスの遺書」[34]にあったような解答の見当たらない三つの選択肢があるだけである。

　つまりこの論理の空白が示すのは、そこには構築の論理（規範）だけではコントロールできない人間の欲望が存在しているということであり、否定しがたい人間活動の歴史として現に存在しているというアルベルティの認識である。こうしたレティサンスによる逆説的な存在証明は、彼がしばしば用いている修辞法の一つであって、*concinnitas* の概念はそれを前提した上で、その欲望の歴史をひそかに批評するための「願望」として持ち出されたものと見なければならない。そしてそれは「規範」として提示されてはいるが、欲望の現実を棚上げにしたものである以上、一つのフィクションないし仮説であることを免れない。こうして "venustas" の説明に充てられた Lib. VI から Lib. IX に至る各章は、アルベルティ自身の実際の遺構調査からの知見に基づく古典建築の細部意匠についての説明とともに、*concinnitas* を保証してくれるであろう具体的な数値比例が例示されていることによって、当時の人文主義者たちを魅了することとなるが、アルベルティ自身がそのフィクションを信じていたか否かについては、確証はない。

　「比例」が古典主義美学の根幹原理であるとする考え方は、こうしてアル

ベルティがそれを持ち出した理論的前提が置き忘れられたまま、そこを発信源とするものとして受け取られることとなったのであるが、実際のところ、アルベルティにおける比例論の中身そのものは、ウィトルウィウスからの孫引きによるピュタゴラス派の「ハルモニア論」の知識[35]と、彼がかねてから関心を寄せていた数論、とくに平均値や中間値の求め方（算術平均、幾何学平均、調和平均）、更に古代以来の工匠たちが用いていた、正方形内に45°回転した一回り小さい正方形を内接させて得られる数値（無理数も含む）を用いる ad quadratum の手法[36]などについての知識を寄せ集めたものであって、様々な数値の組み合わせが述べられているが、一貫した体系をなしているわけではない。そしてそれらの組み合わせ方もどちらかと言えば便宜的なもので、各部でどの数値比例を用いるかの最終判断は、結局人間の知覚に委ねられるのである[37]。

　彼が殊更に数値を持ち出すのは、一つには concinnitas の根拠をある種の普遍的なものに求めたいとする願望からであり、その「普遍」を最終的に保証してくれるものが「自然」なのである[38]。アルベルティの場合もまた、当時の多くの人文主義者たちの用いる最終的ドグマ、自然こそが人間の営みのための範型となすべきものであり、数学は自然の原理を体現するものだからという弁明がその根底にある。しかしその concinnitas が実現するのは、あるきわめて幸福な状態、「そのままでは〔つまり「自然」の状態では〕ばらばらであるもの」が「驚くべきかたちで結びつく」という特殊な状態においてであり、それは「選ばれた、理想的な自然」の中にのみ見られる現象であって、自然現象がすべてそこに見られる原理に収斂して行くという保証は存在しない。ここでは「美の範型としての自然」であったはずのものが、いつの間にか「理想的な自然」へと置き換わってしまっている。「美の範型としての自然」と「美しい自然」という言い方は実は同じことを言っているのであって、トートロジィに過ぎない。concinnitas の原理を「自然」に求めるというのは、そのトートロジィの体系に巻き込まれることを意味する。しかしこの「理想的な自然」という観念はその後、これを受け継いだ西欧古典主義美学、特にラッファエッロ以後の美術観の中で、「美」は混

沌状態の自然の中から人間が主体的に選び出したものを組み合わせることによって実現されるのであり、その意味で「美術」は「自然」を超えるものであるとする考え方にまで行き着くこととなる。こうした成り行きの責任をアルベルティ一人に負わせることはできないが、しかし「個」と「集団」との関係を、その間に介在する多様な欲望を黙認したまま飛躍し、concinnitasなる審美的概念——実際には建築の場合は純粋な審美的概念ではあり得ず、そこには経済合理性（"utilitas"）の判断も含まれる——で説明しようとしたことにより、アルベルティはその論理の空白を埋めるというアポリアを、実際の建築作品の中で解決する方途を探らなければならなくなるのであり、またそれは建築家一人ひとりの見識——あるいは歴史認識——に委ねられるのである。

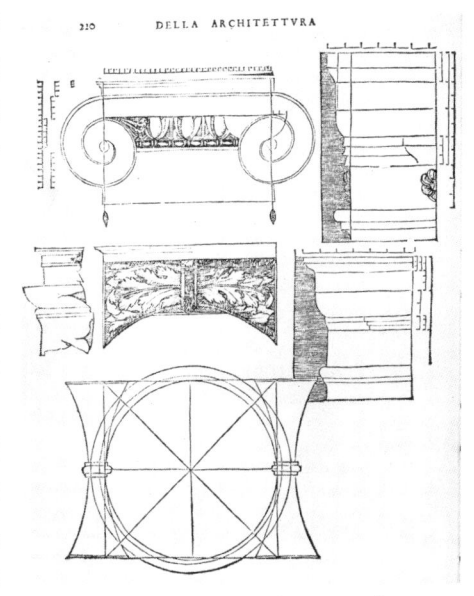

fig. 70　コージモ・バルトリ版による「イオニア式柱頭」の図

　De re aedificatoria の Lib. VI, cap. 13では円柱柱身の形の決め方、さらに Lib. VII cap. 6〜9では、円柱柱頭の各種形式とそれに伴う細部手法が述べられる。アルベルティにとり円柱は何よりも「装飾」であり、建築における最も重要な装飾要素と考えられていたから[39]、この部分が「装飾」の項の大きな部分を占めるのは当然だが、古典建築のなかで洗練され完成されてきた円柱形式に、彼が深い敬意の念を抱いていたことを示すものでもあり、「古典主義者」アルベルティの真骨頂を表すものと言えよう。これらの記述はウィトルウィウスからの引き写しではなく、アルベルティ自身の

fig. 71　コージモ・バルトリ版の「イタリア式柱頭」の図

実測調査をもとにしたと見られる微細な部分にまで及ぶ具体的な数値比例が示されていて、その書きぶりは自信に満ちている[40]。古典様式の円柱への関心は、すでに1420年前後からドナテッロやミケロッツォの作品に見られるが、彼らの主たる関心はその柱頭の彫刻的な新味に寄せられていたものであって、柱全体の成り立ちにはほとんど無頓着であった。アルベルティによる古典様式円柱の解説は、ウィトルウィウスの散漫な記述を実際の遺構の調査からの知見により整理し直し補うことによって、初めてその全体像を示したものであった。それはやがてフィラレーテやフランチェスコ・ディ・ジョルジョを経て（内容はかなり変えられてしまうものの）、16世紀には「五つのオーダー」[41]として古典建築の中心的テーマに仕立て上げられることとなるものの素地を提供したと言える。

　しかしその内容はウィトルウィウスの述べるところとはかなり異なっており、ドーリス式はウィトルウィウスが挙げるトスカーナ式と同じとされ、しかもこれはギリシアより早くエトルリアで産み出されていたものだとする。アルベルティは古代ギリシアのドーリス式を知る機会がなかったから、彼が調査したものはローマのドーリス式で、それはトスカーナ式と見分けがつきにくいものであり、これは致し方のないところであったかも知れない。その柱頭の構成についての記述もウィトルウィウスのものとはかなり異なる。イオニア式についてもその台礎の構成はウィトルウィウスの説くところと違っている。これら三つの形式以外にも様々な柱頭の存在が認められるものの、その完成度においてはそれらに匹敵するものはないとしながらも、「例外」としてウィトルウィウスにはなかった「イタリア式」 *capitulum italicus* と称するものが挙げられ、これはコリント式とイオニア

式を結びつけたもので、さらにそこに他の形式に見られる多くの装飾を融合させたものだとするが、これはのちに「コムポジット式」と呼ばれることになるものを指しているらしい[42]。

　これらはいずれも各部の微細なところまでに及ぶ名称（多くはアルベルティ独自の用語）と寸法比例が示されており、直ちに実際の建物の設計に応用できるようなものなのだが、アルベルティ自身は、彼が設計に関わったとされる建物では、これらの「モデル」に合致するような円柱意匠は一切用いておらず、むしろ自著では使用を戒めていた「逸脱」と見なされかねないような試みを提起し続けていた。これについての言い訳は、著書に述べられたものはあくまでも「古代の先例」の典型的なものに過ぎず、それらは建築全体との *concinnitas* によって修正されなければならないのであって、それらをそのまま引き写すことでは美は保証されないということなのであろうが、おそらく当時の人々はこれを準拠すべき「モデル」として受け取ったに違いなく、ここでもまた、アルベルティの真意のありかにまつわる「曖昧さ」が顔をのぞかせてしまう。

　De re aedificatoria をめぐって触れておくべき話題は尽きないが、当面はこれだけにとどめ、あとはアルベルティの建築作品との関わりで折りに触れとりあげてゆくこととしたい。

注

1. Cecyl Grayson, *Opere volgari*, III, p. 156. メリアドゥーセについては第 IV 章の注3を参照。メリアドゥーセは1452年に没し、またレオネッロも1451年に死亡していたから、それより以前のことであるのは確かで、あとはこの前後のアルベルティをとりまく状況から、*De re aedificatoria* の執筆は1443年ころ着手と推定されているものである。
2. 断片も含めると現在は6つの手写本が確認されており、それらは以下の通り。①Codice Vaticano Urbinate latino 264. ②Eaton College Library, manuscript 128. ③前記のものの付録と見られる断簡。④Codice Vaticano Ottoboniano latino 1424. ⑤Codice Laurenziano, Plut 98 sup. 113. ⑥Library of Chicago University,

Manuscript of *De re aedificatoria*. これらについては Orlandi, *L'Architettura*, pp. LIV-LVI, & Id., "Le prime fasi nella diffusione del Trattato architettonico albertiano", in Rykwert & Engel, *op. cit.*, pp. 96-105 などを参照。バーンズ（H. Burns, *op. cit.*, p. 120）は、③の Eaton College の断簡がアルベルティが自筆で書き込みを入れた最終稿に近いものであろうとするが、結論は出ていないようである。

3. Mattia Palmièri（ピサ出身の人文主義者。Abbreviatore apostolico を勤める。m. 1483. 有名なフィレンツェ人 Matteo Palmieri, 1406-75 とは別人）の備忘録 *Opusclum de Temporibus suis*, 1452 の記述に見えるもの（Orlandi, *L'architettura*, p. LIII. その文言については本書第 VII 章の注 11 を参照）。ただしこのパルミエーリの記述については、信憑性に疑問があるとの見方があり、実際 *De re aedificatoria* がニコラス五世に献呈されたということは他の史料からは確認できず、教皇からの出版認可は得られなかったのではないかともいわれる。cf. Charles Burroughs, "Albreti e Roma", in Rykwert & Engel, *Alberti* (*op. cit.*), pp. 149-150.

4. Landino, *Apologia di Dante*, 1481 に見えるもの（cit. F. Borsi, *op. cit.*, p. 365）。

5. Krautheimer, R., "Alberti and Vitruvius", in *Studies in Western Art, The Renaissance and Mannerism, II. Acts of the Twentieth International Congress on the History of Art*, Princeton 1963, p. 48. なお、Lib. X の表題「修復」*Instauratio* は（他の各書についても同様だが）、写本によっては付けていないものもあり、アルベルティ自身が付したものかどうかは不明である。

6. "labore, me superi !, maiore quam pro inita provincia interdum ex ipso me fortassis postulassem."（Orlandi, p. 441）．それまでは整然と順序よく記述を進めてきたアルベルティとしては珍しく、この Lib. VI には、「装飾」という表題にもかかわらず、巨石の運搬とか滑車などの純技術的な話題が突如挿入され、それらが cap. 6 から cap. 8 までを占めている。これは後に触れるように（注 11 & 12 参照）、1447 年にアルベルティが関わったネミ湖でのローマ時代の船の曳揚げ作業（そのことは Lib. V, cap. 12 に述べられていた）での経験からの知見を記したものと思われ、これらの部分が 1447 年以後に執筆されたとする推測のための傍証となる。

7. アンジェロ・ポリツィアーノによる *De re aedificatoria* への跋文（Orlandi, *op. cit.*, pp. 2-5）参照。ベルナルド・アルベルティ Bernardo Alberti（1435-95）はバッティスタの父ロレンツォの兄リッチャルディの息子のアントーニオのさらに息子ということで、バッティスタのまたいとこということになる。ポリツィアーノはベルナルドをバッティスタの兄弟（"*frater Bernardus*"）であるか

のように書いているが、これは間違い。

8. 初版の Lib. VII や Lib. IX などにはあちこちに空白箇所があり、アルベルティが手を入れて抹消していたかあるいは空白のまま残していた原稿を底本としたためと考えられる。Orlandi 版でもそれらの空白はそのままとしている。

9. cardinale Prospero Colonna(c. 1410-63). エウゲニウス四世の先代のマルティヌス五世の甥、豊かな教養の持ち主で、考古学的関心が深かったといわれ、フラヴィオ・ビオンドやチリアコ・ダンコーナらの人文主義者を庇護していた。コロンナ家は古代ローマ貴族の直系の子孫であり、ローマ市内やラツィオ、カムパーニア地方などに広大な所領を抱えていた。

10. Gaius Cilinius Maecenas (BC. 70-8 c.) はアウグストゥスの片腕として権勢を誇ったローマの政治家。大富豪で多くの食客・詩人・芸術家たちを庇護したことで有名。彼の名はいわゆる「メセナ」の語源となった。彼の豪壮なヴィッラと庭園は当時の語りぐさであったという。場所はエスクイリーノ近辺であったことは確かだが、正確な場所は確認されていない。

11. この発見についてはフラヴィオ・ビオンドもその著 *Italia illustrata* (1452) に記しており（刊本は Basel 1531, pp. 325-6)、そこにはアルベルティの著書について "qui de re aedificatoria elegantissimos composuit libros" と記してあって、これからも *De re aedificatoria* が1452年には完成していたことが確認される。なお、1446年のエスクイリーノの発掘についても、同じくビオンドが記すところによる（*Roma instaurata*, p. 240)。おそらくこれらの考古学的調査はビオンドが中心となって進めていたもので、アルベルティは彼からの推挙によって参加することとなったのであろう。

12. *De re aedificatoria*, Lib. V, cap. 12 (Orlandi, p. 389) には、「トライァヌスの船については、最近それについての所見を記したことがあり、これはネモレンシス Nemorensis [= *it.*, Nemi] の湖から曳揚げられたもので、1300年ものあいだ水底に放置されたままとなっていたものであるが、私の見たところその材料は松と糸杉で、見事に堅牢さを保っていた。その板の外側には二重に、黒いタールを浸ませた亜麻布が貼り付けてあり、さらにその布の上には鉛板が銅の小釘で留めてあった」と記していた。トライァヌスというのは間違いで、実際はそれより一世紀近く前のカリグラ帝（Caligula = Gaius Caesar Germanicus, 在位 AD. 37-41) の時代のものであった。この湖一帯はディアーナ女神の聖地とされ、中世以来水底に二艘の船が沈んでいるとの言い伝えがあり、コロンナ枢機卿がその調査をアルベルティに依頼したものである。それ以後16世紀、18世紀にも調査が行なわれ、その都度様々な発見があったが全容は解明され

ず、発見された屋形様の遺物から一時はこれは船ではなく建物であろうとの推測もなされたようである。最終的に1927年から32年にかけて、ファシスト政権下で大々的な調査が行なわれ、湖の水を干して二艘の船が曳揚げられた。船は大きさがそれぞれ73×24 m、71×20 m で、カリグラ帝がディアーナ女神の祭典の折りに行なった模擬海戦のためのものであったと見られる。第二次大戦の末期、このあたりはドイツ軍の宿営地となっていたが、1944年、遺物を保管していた倉庫で火災が発生し、船は全焼してしまう。当初はドイツ軍の放火として騒がれたが、実際は船に取り付けてあった金物を売ろうとしたイタリア人盗賊の仕業であったらしい。現在では現地博物館に推定復原図（fig. 68）が展示されている。

13. 第II章の注37参照。
14. 1448年12月7日、ニコラスは、サン・マルティノ・ア・ガンガランディ聖堂司祭職に加えて、年80フロリンの聖禄を以てアルベルティにムジェッロのボルゴ・サン・ロレンツォ Borgo S. Lorenzo の教区聖堂主任司祭兼任を命じており、それは「年来の家族的関係を考慮して」("ex familiari experientia") なされたといい（Mancini, p. 93 & 277）、同時にフィレンツェ大聖堂の参事会員 canonico にも任命している（*ibid.*）。しかしこの程度の恩賞が果たして「重用」の証と言い得るか否かは、意見の分かれるところであろう。
15. cf. Mark Jarzombeck, *On Leon Battista Alberti. His Literary and Aesthetic Theories*, Cambridge, Mass., 1989. なお、こうした見方をめぐる批判については、Charles Burroughs, "Alberti e Roma", in Rykwert & Engel, *op. cit.*, pp. 134-157を参照。
16. 「仮面」*persona* という用語は、たまたま私の思いつきで持ち出したものではない。これはアルベルティの文学者・思想家としての側面についての研究の権威であるエウジェニオ・ガリンが、アルベルティの人間像について喝破した評言である。cf. Eugenio Garin, "Studi su L. B. Alberti", in *Rinascite e rivoluzioni. Movimenti culturali dal XIV al XVII secolo*, Bari 1975, p. 124 sgg.
17. 第I章の注21参照。
18. この著作の写本の一つ、ヴァティカン図書館蔵のもの（Biblioteca Apostolica Vaticana, ms. *Ottobonianus lat. 1424*, fol. 65）には *De principe*（「君主論」）の題が付されおり（最初は Polycrates の題であったものを後に *De principe* に書き換えている）、また1520年にローマで刊行された刊本の題も *De principe* となっていたという。Mancini（pp. 263-4, n. 3）はこれがシジスモンド・マラテスタに献呈されたものとする Passerini の説（Passerini, L., *Gli Alberti di Firenze*, 1869-70, *op. cit.*, vol. I, p. 147）を紹介している。その真偽はともかく、この著作が早

い時期から一種の政治的論議として受け取られていたことが窺われ、私が用いている Rino Consolo による対訳本（*op. cit.*）でも、イタリア語題名は *Momo o del principe* としている。

19. カロン Charon（Χάρων）はゼウスが人間界を滅ぼし作り変えようとしていると聞き、それが壊れる前に見物しておこうと考え、死んではみたものの貧乏でカロンに支払う渡し賃がなく冥界に行けずにいた哲学者のゲラストゥス Gelastus（「冷笑家」の意）を案内役にして地上に出かけるが、その道中での常識人カロンと懐疑主義者のゲラストゥスとの人間世界のあれこれについての滑稽かつ辛辣な対話が、この章でのもう一つの主題となっている。その帰途に二人は盗賊や嵐に見舞われ、たまたま大海の中のモムスが監禁されていた岩に漂着し、モムスの自分の行状についての反省（？）の弁や神々の世界に対する痛烈な批判の言葉を聞き届ける役割を負うこととなる。

20. 「自伝」断簡の末尾近くには、以下のようなくだりがある──「気を取り直すべく外出し、人々が皆、それぞれに身過ぎのための手仕事に立ち働いている姿を見ては、何かしら厳しい譴責を受けているかのように感じられ、家に戻るとしばしば言ったものである、『それでも我々は与えられた役割の中で働き続けるのだ』、と。そして春ともなれば、畑や野山に花が咲き乱れ、木々も草木も皆、実りへ向けての大いなる期待を表しているのを見て深い悲哀に襲われるのであって、それは次のように語りかける、『さあ、バッティスタよ、おまえも勉強に取りかかって、人々になにがしかの果実を約束するのだ。』──また畑に稔りが溢れ、秋には木々がたわわに実を付けているのを見ても、悲しみが襲ってきて涙がこぼれるのを覚え、次のような声を聞くのである。『いまやレオーネよ、我らの懈怠を咎めるものたちは、あらゆる方角からおまえを見張っているのだ！　いったい、一年を通じて人間に大いなる利益をもたらさないようなものなどどこにあるというのか？　しかしおまえは今日一日、おまえの務めを果たしたと言えるのか？』──彼は何事であれ美しく雅びをそなえた事どもを見つめることに、大いなる名状しがたい喜びを感じてきたという。威厳があり矍鑠として逞しい長老を見つめては飽くことがなかったし、同様に自然の美についてもその賛美者であったという。獣たちや鳥、その他の素晴らしい美しさを備えた生き物たちも、その生来の優美さのゆえに愛すべきものであると語っていた。」（Bonucci, *Opere volgari*, I, p. cxiv）──これはカロンの自然賛美の裏返しの表現であって、自然こそが人間活動の源泉であるという信念を吐露したものと言えよう。カロンの発言は、とかく自然と人間とを対立的存在として捉えたがる哲学一派のパロディであり、アルベル

ティにとっては、人間存在を前提しない自然は無意味であって、人間活動は自然そのものであったと考えるべきであろう。アルベルティにおける「自然」については、Bialostocki の犀利な分析 (Jan Bialostocki, "The Renaissance Concept of Nature and Antiquity", in *Studies in Western Art* [Princeton 1963. *op. cit.*], pp. 19-30) を参照。

21. Lib. VI の冒頭には、ウィトルウィウスの文章の（ギリシア語とラテン語の用語が入り混じった）分かりにくさに対する苦情が述べられており、たしかにまわりくどいその説明には惑わされるところが多いが、アルベルティ自身が古代の都市建築の具体的様相にそれほど詳しくなかったことも一因で、アルベルティはそれを想像力で補い、別の語や新語を創りだして充てたりしていた（「私はできるかぎり正しいラテン語でもって分かりやすくすると約束してきた。それゆえ相当する言葉が見当たらないときには、それに合うような語で置き換えることもしている。」"Polliciti sumus velle me, quoad in me sit, Latine et omnino ita loqui, ut intelligar. Fingere idcirco oportet vocabula, ubi usitata non suppeditant"——Lib. VI, cap. 13——Orlandi, p. 525)。当然のことながらときには誤解も避けられず、一例を挙げれば、「バジリカ」の説明で、ウィトルウィウスが "chalcidicum"（「委員会室」のようなもの。通常は Tribunale〔＝判事ないし議長席〕の脇などに設けられる）の付設場所について、「敷地に余裕があれば、建物背後に設けることもある」としていたものを (Vitruvius, Lib. V, cap. I, 4)、アルベルティは実際に chalcidicum をそなえたバジリカの遺構を知るよしもなかったためそれがどのような場所を指すのか理解できず、これを "causidica"（弁護人ないし演説者の席）という語に置き換え、身廊に面して開いている高壇のように解釈してしまったらしい (*De re aedificatoria*, Lib. VII, cap. 14)。クラウトハイマーは、アルベルティがおそらく「バジリカ式」キリスト教聖堂の「翼廊」のようなものを念頭にしていたのではないかとしている (cf. Krautheimer, R., "Alberti and Vitruvius", *op. cit.*, pp. 44-45)。なお、Orlandi 校注本ではそのことには触れていないし（ただしイタリア語訳にも causidica の語に引用符を付してそのまま用いている）、邦訳でも "causidica" を「弁護人用高壇」と訳し、それとウィトルウィウスの "chalcidicum" との関連については注記はなされていない（相川浩訳《アルベルティ、「建築論」》、中央公論美術出版、1980, p. 223）。

22. Lib. I, Cap. 9 (Orlandi, p. 65), "Quod si civitas philosophorum sententia maxima quaedam est domus et contra domus ipsa minima quaedam est civitas..." この都市と住居とを相似的な存在とする見方は、Lib. V, Cap. 2 でも再び取り上げられて

いて、そこでは都市におけるフォルムが住宅におけるアトリウムに相当すると述べられている。なお、「哲学者の言によれば」("philosophorum sententia")というその「哲学者」とは、初期中世のセビーリャ司教イシドールス Isidorus Hispaniensis（San Isidoro de Sevilla, c. 560-636）を指すと考えられ、彼が編纂した厖大な百科事典 *Etymologiae* にある記述 "Est autem domus unius familae habitatio, sicut urbs unius polpuli, sicut orbis domicilium totius generis humani"（W. M. Lindsay, ed., *Isidori Hispaniensis Episcopi, Etymologium sive originum, libri XX*, Oxford 1911, vol. 2, Lib. XV）から引いたものとされている（cf. Burns, *op. cit.*, p. 160, n. 48）。

23. 1437年の9月30日には、アルベルティはボローニャ滞在中、友人の求めに応じ口述筆記で *De iure*（《法について》）を僅か20時間で完成させたといわれ、それには残虐な刑罰に対する激しい弾劾がこめられていたという（Mancini, pp. 142-143）。しかしアルベルティが抑えた筆致ながら、軍事施設やこうした牢獄のような都市における「負」の施設にまで言及していたことは、その後のフィラレーテらの「理想都市論」に影響を与え、むしろそれら軍事的配慮や民衆管理が都市の筆頭の目的であるかの如くに位置づけられてしまう。

24. 《家族論》Lib. III（Romano e Tenenti）, p. 237 sgg. Giannozzo Alberti（1357-1446）は一族追放後、一時はバッティスタの父のロレンツォと協力してヴェネツィアで商業活動を行なっていたようであるが、その後1427年にはフィレンツェ在住を許可されている（Mancini, p. 66, n. 7）。

25. すでに序文（Orlandi, p. 15）で「構築物は命あるものの身体のごときもの」（Nam aedificium quidem corpus quoddam esse animadvertimus,…）であることを述べると宣言しており、様々な箇所で（Lib. I, cap. 9, Lib. VII, cap. 5など）同じ比喩が引き合いに出されている。Lib. IX, cap. 5ではウィトルウィウス（Lib. III, cap. 1, 9）を意識して「優れた古代の著者たちが教えるごとく、またこれは他のところでも述べていたことだが、構築物は動物のごときものであり、それを造るに当たっては自然を模倣すべきものである」としていた。そしてそれらに見られる全体的調和を "concinnitas" という言葉で表現している。しかしこれはフィラレーテやフランチェスコ・ディ・ジョルジョらに見られるような「アントロポモルフィズム」とは異なるものであることは、さきに《彫刻論》について触れた（第 III 章）中でも指摘していたところである。

26. 第 IV 章参照。

27. この用語にどのような訳を与えるかは様々な試みがあるが、これまで提案されているものはどれも必ずしもアルベルティの文脈としっくり合うものと

なっていないようである。Orlandi は "disegno" の語を充てているが、場合に応じて "progetto" の語を充てることもしている。相川浩訳では「輪郭」とするが、それではそれを把握するプロセスまでも含むと見られるこの語の意味を捉えきれないように思われる。訳語は定まらずともアルベルティの定義は充分に明確であるので、ここでは無理に訳語をあてはめることをせず、そのまま用いることとしたい。Rykwert らによる英訳版では、ラテン語からとられた英語の lineament という語をそのまま用いている。

28. Orlandi, pp. 19-21.
29. この図は、バーンズによれば、ウィトルウィウスに記述されている古代の浴場の構成とは異なるし、それらの知識をもとにしたアルベルティ独自の「プロジェクト」であろうとしている。そしてこれは定規とコムパスで丁寧に描かれてはいるが、設計の中間段階のものであって、各部の寸法配分を一応定着させてみたものとされる。Burns, H., "A drawing by L. B. Alberti", in *Architectural Design* (*AD Profiles 21*), 1979, pp. 45-56；Id. "Un disegno architettonico di Alberti e la questione del rapporto fra Brunelleschi ed Alberti", in *Filippo Brunelleschi, la sua opera, il suo tempo*, 2 voll., Firenze 1980 (*Atti del Convegno Internazionale su Brunelleschi a Firenze 1977*), pp. 105-123. なおバーンズは、この図の右上隅の3つの円弧が描き込まれた部分は、おそらくブルネッレスキのサン・ロレンツォ旧聖器室の祭室（拙著「ブルネッレスキ」第 VI 章参照）からヒントを得たものであろうとしている。
30. Lib. IX, cap. 5 (Orlandi, p. 813). 同様な言葉はすでに Lib. I, cap. 9 でも述べられていた（*ibid.*, p. 67）。
31. Lib. IX, cap. 5 (Orlandi, p. 815).
32. 建築と都市をこうした人間活動の諸相との関わりで捉えるという視点は、アルベルティ以前には見られなかったものであり、そのことだけをもってしても、この著作の歴史的意義は計り知れないというべきであろう。
33. Lib. V, cap. 7 (Orlandi, p. 361), "Pontificis castra quidem sunt claustra"；cap. 10 (Orlandi, p. 373), "Nam sunt castra veluti urbium quaedam saeminaria", etc.
34. 第 I 章参照。
35. Lib. IX, cap. 5 の後半（Orlandi, pp. 821-825）でピュタゴラスの調和音程理論が手短に紹介されているが、それは他の寸法比例の創出法と同列の「建築家に役立つ」手法の一つとして扱われているにすぎない。
36. Lib. IX の cap. 6（Orlandi, pp. 819-821）にはこの *ad quadratum* の手法の説明がなされている。Vitruvius, Lib. VI, cap. 3 にも、アトリウムの大きさを決める手

段としてこれについての言及がある。中世以後におけるこの手法については Paul Frankl, "The Secret of the Medieval Masons", in *The Art Bulletin*, XXVII, 1945, pp. 46-60 ; Howard Saalman, "Early Renaissance architectural theory and practice in Antonio Filarete's Trattato di Architettura", in *The Art Bulletin*, XLI, 1959, pp. 89-106 ; John White, "Measurement, Design and Carpentry in Duccio's Maestà, Pt. 1", in *The Art Bulletin*, LV, 1973, pp. 357-58, etc. を参照。またピュタゴラス派の比例理論（16世紀のヴェネツィアのフランチェスコ会修道士フランチェスコ・ジョルジ Francesco Giorgi［1466-1540］の *Harmonia mundi totius*, 1525に基づく）とアルベルティの記述との関連については Rudolf Wittkower, *Architectural Principles in the Age of Humanism*, London 1949を参照。

37. アルベルティは concinnitas を最終的に認知するのは、人間の感覚であることを認めていた（「従って以下の事が言える、すなわち、それ〔concinnitas〕を視覚や聴覚によって、ないしは何らかの別の働きによって受け取るならば、ただちにそのことを感じ取るのである。」"Hinc fit ut, cum seu visu sive auditu seu quavis ratione admoveantur ad animum, concinna confestim sentiantur." Lib. IX, cap. 5——Orlandi, p. 815）。さきに挙げたアルベルティの「浴場計画案」について、バーンズはそこに用いられている寸法比例を検討した結果、場合に応じて *ad quadratum* をはじめ出自の異なる様々な比例が用いられていて、必ずしも一貫した理論に基づいたものではないことを明らかにしている（*AD profiles*, 1979, *op. cit.*）。

38. 「コンキンニタスが身体の構造やそれらの部分に顕現するその様は、自然そのものが見せる働きに劣らぬものであって、それは魂と理性との共演とでも呼ぶべきものである。それは実に広大な領域にわたって働き花開くのである。人間のすべての生活とその道理を包含し、あらゆる自然の事物に行き渡っている。それどころか、およそ自然の中にある事物はすべてコンキンニタスの規範により支配されているのである。」(Lib. IX, cap. 5——Orlandi, p. 815)

39. 「すべての建築的事象の中でも、筆頭の装飾といえば間違いなくそれは円柱である」Lib. VI, cap. 13（Orlandi, p. 521）.

40. Lib. VII, cap. 6（Orlandi, p. 565）には、次のようなくだりがある——「まず柱頭の検討から始めることとするが、これは円柱の造り方で最も変化の大きいものだからである。これについてはお願いしておきたいのが、本稿を筆写しようとされる向きには、これから挙げようとする数値は、それを意味するラテン語の単語で書き写して欲しいということである。つまり XII、XX や XL ではなく、拾弐、弐拾、四拾などとするのである」("A capitulis incipiendum

censeo, quibus maxime columnationes variantut. Hic peto ab his, qui hoc nostrum opus exscritant, numeros, qui recensebuntur, non figuris sed nominibus Latinis litteris referant, ut sic : duodecim viginit quadraginta et eiusmodi, non XII XX XL.")。同様な注意は cap. 9 でも繰り返されており、ローマ数字記号では誤写の可能性が高いことを考えての注記と見られるが、それだけ数値には自信を持っていたということなのであろう。

41. 「オーダー」(order ; *it.*, ordine) の語が円柱形式と結びつけて用いられるようになるのは、16世紀以降のことと考えられ、セルリオ Sebastiano Serlio (1475-1554) の著書、*Regole generali di architettura... sopra le cinque maniere degli edifici, cioè Toscano, Dorico, Jonico, Corintio e Composito con gli esempi delle antichità, che per la maggior parte concordiano con la dottorina di Vitruvio* (Lib. IV), Venezia 1537 にもこの語が円柱形式を指すものとして用いられている。またそれと前後する時期の著作と見られる作者・著作時期共に不明の断簡 *Codice dei Cinque Ordini Architettonici* (Città del Vaticano, Biblioteca Apostolica Vaticana, *cod. Chigiano, M VII 149 B A V*) でも、これが明確に円柱形式の総称として用いられている (この断簡については、Franco Borsi, "I cinque ordini architettonici e L. B. Alberti", in AA.VV., *Studi e documenti di architettura, n. 1. Omaggio ad Alberti*, Firenze 1972, pp. 59-130参照。また森雅彦編著「アルベルティ 芸術論」*op. cit.*, pp. 283-294, & 298-308には、そのテキスト翻訳と注解が収録されている)。しかしアルベルティは円柱の構成については"columnatio"の語を用いていたし、またウィトルウィウスにおける"ordinatio"は建築全般の好ましい構成について用いられるもので、特に円柱形式とは結びつけられてはいない (Vitruvius, Lib.I, cap. 2)。

42. Lib. VII, cap. 6 (Orlandi, p. 565), "praeter unum id, quod, nequid omnia aba exteris accepta referamus, italicum nuncpo."; cap. 8 (Orlandi, p. 585), "Italici, quotquot in caeteris ornamenta sint, suis capitulis adiunxere". 「テムピオ・マラテスティアーノ」ファサード円柱の柱頭はおそらくこの「イタリア式」を意識したものであったと考えられるが、しかし putti 頭部を柱頭に取り付けるような手法については、ここには言及はない。なお "composito" の語はセルリオの著書には現れているが、*Codice dei Cinque Ordini* (上記の注41参照) ではそれは "ordinatione Latina" となっている。

VI. グラフィズムと建築

fig. 72　フィレンツェ、サンタ・マリーア・ノヴェッラ聖堂ファサード

VI. グラフィズムと建築

　ヴァザーリはアルベルティのフィレンツェにおける建築作品として、サンタ・マリーア・ノヴェッラ聖堂ファサードとパラッツォ・ルチェッライのファサード及びその向い側に造られたロッジア、サン・パンクラツィオ聖堂に付属するルチェッライ家礼拝堂とその内部に置かれた「聖墳墓」、サンティッシマ・アンヌンツィアータ聖堂の「ロトンダ」などを挙げている[1]。これらのうち、マントヴァ侯の出資によるサンティッシマ・アンヌンツィアータ聖堂以外は、いずれもフィレンツェの有力な商人ジョヴァンニ・ルチェッライ Giovanni di Paolo Rucellai（1403-81）による作事である。

　ルチェッライの先祖は毛織物の染色法の発明で財をなしていたと言われる。ジョヴァンニ自身は早くに両親を亡くしたため、パッラ・ストロッツィの銀行に職を得ていたが、パッラは彼の手腕を認め、1428年には娘と結婚させて共同経営者に取り立てていた。その後ストロッツィがアルビッツィとともにメディチとの抗争に敗れて追放されると、ストロッツィ家の災難には目をつむって市政に関わることから身を引き中東にまで及ぶ海外交易に専心し、罪を問われることもなくやり過ごしてその間に着々と財を蓄え、メディチの側近であったピッティの娘を長子パンドルフォの妻に迎え、ピッティが失脚した後はコージモ・デ・メディチの孫（ロレンツォ・イル・マニフィーコの姉）を次男ベルナルドの嫁に迎えるという、狡猾きわまる処世術によって地歩を築いてきた人物であった[2]。

　ジョヴァンニは *Zibaldone quaresimale*[3] と題する備忘録を遺しており、これには自分が手がけた作事についても記されているが、それらの時期等についてはあまりはっきりとは述べておらず、またアルベルティとの関わりには一切触れられていない。しかし遅くとも1450年以後はジョヴァンニはアルベルティと接触する機会があったはずだし[4]、また彼の作事とアルベルティとを結びつけることはすでに15世紀の間にも広く認められていたようで、これを疑う説も少なからず存在するものの、大方の研究者はほぼヴァザーリによる認定を受け入れているように見える。

パラッツォ・ルチェッライ

　ルチェッライの住まいは、旧市街南西部に東西に走るヴィーニャ通り Via della Vigna (Nuova) と北から降りてきてそれに突き当たる細いパルケッティ通り Via dei Parchetti の東角にある、間口が10 m ほどのごくつましい14世紀の町家であったらしい[5]。1428年の「カタスト」(catasto = 資産調査) ではそこにジョヴァンニとその兄弟の二世帯が居住していたとされるが、しかし1463年にジョヴァンニが言明していたところによれば、「私が住まいとしている家は、1427年には幾つかの建物だったもので、それらをまとめて一つの家にしたものであります」という。実際1448年には彼は東隣の家を買い取り、それらを一つに繋げて奥に中庭を設ける工事に着手しており、それは1452年には一応完成していたらしい[6]。しかしこの時点ではまだファサードはもとの二つの家のままだったようで、それらを一つに繋げた新しいファサードがいつ着工されたものかは不明である。さらに1458年には、ジョヴァンニは東隣や北側の家の買収にも取りかかっており、1473年に彼が記しているところによれば[7]、これまでヴィーニャ通りに面した3軒の家とその背後 (北側) の5軒の家を買い取りそれらを一つにまとめるための工事を進めているとしていた。そしてこれにかかる費用が嵩み難渋しているらしいこともほのめかしている。現存のファサードは7スパンからなるが、それより東は少しだけ造りかけたところで止めて、あたかも引きちぎられたような姿で隣の壁の端にかぶさっている。この間、おそらく1464年よりも少し前、フィラレーテがここを訪れていて[8]、このファサードに対する絶賛の言葉を遺していたが、フィラレーテが見たのは現状と同じ、中断した姿のファサードであったと見られる。こうした経過からして、ファサードの工事がいつどのようなかたちで進められたかは不明の点が多い。着工時期については中庭の工事が完了した直後の1453年頃とするものから1461年以後とするものまで、研究者たちの見解にはかなりの幅がある。

　もし1458年以前だとすれば、その時点ではまだヴィーニャ通りの3軒目の家の買収は行なわれていないから、現在のような3軒目まで覆うような7スパン＋αのファサードは計画されていなかったはずで、当初の計画

VI. グラフィズムと建築

は西から5スパンまでで完結し[9]、6スパンより東の分は1458年以後の拡張計画によるものであり、それが途中で頓挫したものであろうということになる。その場合はどこまで拡張する計画であったかが問題となり、もし8スパンまでであるとすれば、間口スパンは奇数であるべきだとしていたアルベルティの考え[10]とは食い違うこととなり、奇数で完結させるには入口の配置から考えると11スパンとならなければならない[11]。そのように長大な間口のパラッツォは当時のフィレンツェには存在せず、16世紀の増築後のパラッツォ・ピッティ[12]か、17世紀にリッカルディにより建て増されたパラッツォ・メディチ[13]をも凌ぐ規模となる。その時々の支配権力にすり寄りながら成り上がってきたルチェッライが、そうした大胆な計画を立てたとは考えにくいが、目下のところその当否を判断する手がかりは存在しない。

1461年以後の着工とする説の根拠の一つは、フリーズの装飾の図像や二連窓のスパンドレルの装飾の図像が、メディチ家との関わりを示唆するものであって、これはジョヴァンニの息子のベルナルドとピエロ・

fig. 73 パラッツォ・ルチェッライ

fig. 74 パラッツォ・ルチェッライ ファサード東端部

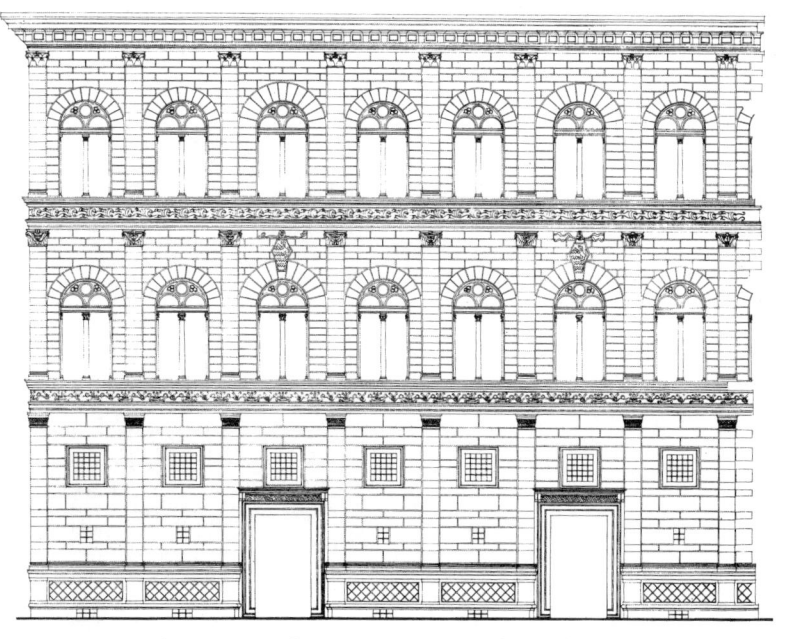

fig. 75　パラッツォ・ルチェッライ　ファサード実測図（from F. Borsi）

ディ・コージモ・デ・メディチの娘との婚約（1461）を表しているのであり、従ってこのファサードはそれ以後でなければならないというのである[14]。ただしこの場合であっても、その計画規模の問題は残り、また通常は建物中央に設けられるべき入口とルチェッライ家紋章を表すカルトゥーシュ（楯の形の紋章）が西寄りの3スパン目と6スパン目にある[15]ことを、どのように説明するかという難点がある。

　一方、「アントーニオ・ビッリの書」と呼ばれる16世紀の文献[16]には、このパラッツォについてはベルナルド・ロッセッリーノ[17]がその模型を造っていたとする記述があり、ロッセッリーノが設計したことが明らかなピエンツァのパラッツォ・ピッコローミニがこれと似ていることや、パラッツォ・ルチェッライ中庭が彼の初期の作風を伝えるものとなっていることなどから、彼がパラッツォ・ルチェッライにも関わっていたことはほぼ確実視されており、工事時期の問題と絡んで、その関与の範囲がどれほどの

VI. グラフィズムと建築

ものであったかについて様々な議論がある。

　もしパラッツォ・ルチェッライのファサード着工が1461年以後であるとすれば、これはピエンツァの計画（1459開始）[18]より後ということになるが、ピエンツァでのロッセッリーノのややおぼつかないファサードの比例やゴシック臭をのこした細部手法と比べると、パラッツォ・ルチェッライのファサードは水際だった洗練ぶりをみせており、もしこれもロッセッリーノの手になるものであると言われても、とうてい同一人物の設計とは見えない。ここで

fig. 76　パラッツォ・ルチェッライ　上層窓

fig. 77　ピエンツァのパラッツォ・ピッコローミニ

はその議論の詳細には立ち入らないが、ロッセッリーノの関与の範囲がどれほどであったかという問題は別としても、計画規模の問題は残っており、前にも触れたように、入口やカルトゥーシュの位置と柱間数との関係などからして、計画も工事時期も幾度かに分けてなされたと考えるべきであるように思われ、当初の計画は5スパンで完結したものであったとするサンパオレジの説は、現在ではほぼ定説として認められており、またこれをアルベルティ作とする見方も、大方の研究者の認めるところとなっているようである[19]。こうしたことから、当初の5スパンのファサードは中庭の完成後の1453/5年ころに着手され、それは1458年以前には一応完成したが、まもなく東への拡張が行なわれ、1460年代初期には中断されそのままの状態で残された、とするのが妥当なところであろう。そしてこのファサード

171

fig. 78 パラッツォ・ルチェッライ中庭

については、ロッセッリーノの役割はアルベルティの意匠の忠実な施工者であったと考えられる。

　このファサードの最大のポイントは、その背後にある空間ヴォリュームからは独立した表現性をそなえているということである。それはピエンツァの場合のような、力ずくで物理的に空間を占拠し、それによって理想的な都市空間を創り出そうとするものとは、基本的に異なる戦略によって成り立っているのである。その「古典風」の装いは後から貼り付けられたものであって、もとの14世紀の町家にとっては「仮面」に過ぎない。内部の空間の表現ではなく、外の既存の空間をそのまま「劇場化」するための装置であり、都市をイマジナルな空間演出の場とする「描割」なのである。このことを考慮の外に置いたまま、そこに見られる古典的手法の出所詮索や *De re aedificatoria* に記されている比例などとの照合作業にかかずらってみても、この建築の提起する謎の解明にはあまり役立つとは思われないが、これが一般には都市住宅の中に本格的な古典様式を採り入れた最初の例とされているからには、そのことにも一応触れておかなければならない。

　街路に沿ってベンチが取り付けられた高い基壇の上に、3層の壁面が建て上げられ、3層目上端には持送りで支えられたコーニスが張り出している。その上にはやや奥へ引き込んだ低い屋階があって、屋根はその上にかかるが、下からではその軒はほとんど見えない。基壇のベンチの背に当たる部分の石には20 cm角ほどの斜め格子の刻みが付けられている。これは古代ローマのコンクリート打ち込み型枠として用いられた、四角錐の石の底面を外に向けて積む「網目積み」 *opus reticulatum* を模したものだとされる[20]。しかしローマの網目積みはもっと小さく精々10 cm角程度なので、これでは大きすぎる。*opus reticulatum* はローマ時代でもかなり後の時期まで

用いられており、比較的容易に目にすることができたはずでアルベルティがその実物を知らなかったとは考えにくいのだが、実際に石を積むのではなく石のスラブに目地を刻みつけた偽物なのだから、これでかまわないと洒落たのでもあろうか[21]。

基壇より上の各層の壁面は、長方形の砂岩系の石（"pietra forte"と呼ばれる。フィレンツェでは中世初期以来、都市建築に用いられてきた）を積んだ形で目地が切られているが、よく見るとところどころ実際の石の継ぎ目をスタッコで埋めて目地を整えている様子が読み取られる。実はこの整然とした目地は、これも基壇の *opus reticulatum* と同じく後から刻

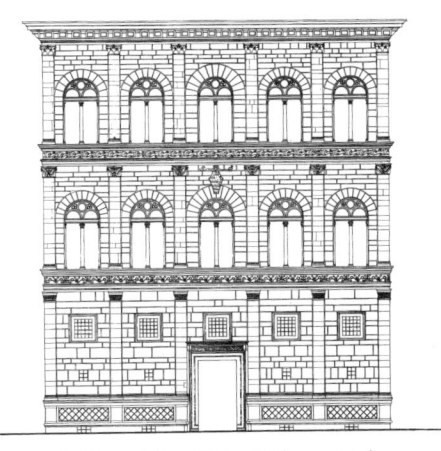

fig. 79　パラッツォ・ルチェッライ 当初のファサード推定図

fig. 80　パラッツォ・ルチェッライ　ファサード基部

みつけられたもので、実際の石の大きさとは無関係なのである。特に2、3層目の窓アーチの迫石は、目地は同じ大きさに切られているが、実際には大きな石を用いて2ないし3材で構成されているものに、刻み目を入れている。このファサードは既存の建物の外壁に薄い石材を貼り付けたもので実際の構造躯体ではないのだから、こうした施工法がとられた理由も分からないではないが、現場を担当したロッセッリーノは石材の扱いには熟達していたはずで、その職人的な気質からすればこのような描割的手法はあまり好まなかったと思われ、アルベルティの指示であったと見るべきであ

173

fig. 81　パラッツォ・ルチェッライ西角部

ろう。

　こうしてみると、ファサード東端の造りかけで止めた表現も、このファサードの描割的性格と無関係ではないように見えてくる。そして同様な造りかけの様相は、西端角からパルケッティ通りに少し入った部分の壁面にも見られ、まるで1980年代前後に流行した「ポストモダニズム」の「脱構築」déconstruction 表現の元祖のように見えなくもない。もとよりこれらがすべてアルベルティの当初からの計画に基づくものだとまでは言えないし、ルチェッライの場当たり的な工事の進め方に由来する部分が多いのであろうが、そのことが却ってこのファサードの都市空間に対する特異なメッセージを際立たせているように思われる。

　各層の壁面を区切る付柱は、初層がトスカーナ式（アルベルティによればドーリス式と同じもの）、2層目はさほど明確ではないがイオニア式の変種とみられるもの、3層目がコリント式（らしきもの）となっており、こうした「オーダー」の積み重ね手法は、コロッセウムかあるいは17世紀頃までパラティウムに建っていた「セプティゾニウム」などから採られたものであろうとされる[22]。こうしたオーダーの積み重ねの場合の比例について、アルベルティは各層の高さは上のものを下のものより$1/4$ずつ低くするとし[23]、また各オーダーの比例については、これは円柱の場合の一般的な数値ではあるが、ドーリス式は基部直径 d の7倍、イオニア式が9倍、コリント式は8倍としていたのであるが[24]、パラッツォ・ルチェッライの場合は、初層（トスカーナ＝ドーリス式）高さがおよそ $9\,1/3$ d、2層目が $9\,1/5$、3層目 $8\,3/5$ d ほどとなっていて、De re aedificatoria の数値とは一致しない。これは既存建物の階高と合わせる必要があったためで、致し方のないとこ

VI. グラフィズムと建築

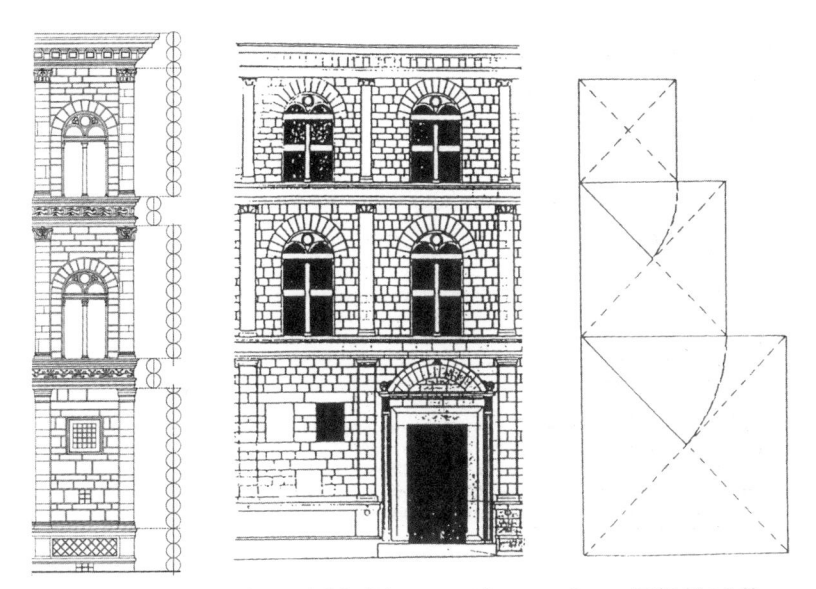

fig. 82　パラッツォ・ルチェッライとパラッツォ・ピッコローミニ　立面比例の比較
　　　　（但しスケールは同一ではない）

ろであったろうが、もし *De re aedificatoria* の方の数値を採用していたなら、至って鈍重なものとなってしまっていたに違いない（ピエンツァのパラッツォ・ピッコローミニでは、下の層の高さを一辺とする正方形の対角線の半分を上の層の高さとする *ad quadratum* の方法——第Ⅴ章の注36参照——が用いられたと考えられる）。

　都市建築の外壁に付柱を用いる手法は、主として建物の角部ないし端部を表示するための手段として中世以来見られたもので、フィレンツェでもサン・ミニアート・アル・モンテ聖堂や洗礼堂にその例があり、ルネサンス期ではブルネッレスキがオスペダーレ・デリ・インノチェンティやパラッツォ・ディ・パルテ・グエルファの上層両端部に付柱を用いていた。したがってそれ自体としては目新しいものではないが、このように各窓間をすべて付柱で区切るという手法は中世には先例がなく、またフィレンツェではそれ以後しばらくのあいだ採用されることがなかったものである。これは平滑な壁面にリズミカルな幾何学的パターンで施された目地とともに、

fig. 83　各層柱頭　初層　　　fig. 84　2層目　　　　　　fig. 85　3層目
　　　　　トスカーナ式　　　　　　　　イオニア式　　　　　　　　　コリント式

　ファサード全体に軽快なグラフィカルな効果をもたらすこととなった。それはこれより10年ほど前から建ち上がりつつあったパラッツォ・メディチの発するいかめしい雰囲気とは全く異なる、新たな都市空間の出現を告げるものであった。

　2、3層の窓は、アーチ開口を細い円柱で仕切る2連窓（"bifore"と呼ぶ）で、パラッツォ・メディチのものとほぼ同形式であるが、小アーチをそのまま円柱で支えるのではなく一旦古典風の楣（まぐさ）を通し、その上に二つの小アーチを支える。初層の格子入りの正方形の窓はかなり高い位置にあって、大きな額縁で縁取られている。二つの出入り口はイオニア式を意識したものと見えるが、これはルネサンスでは最も早い例であろう[25]。各層を区切るエンタブラチュアは、どれもどちらかといえばコリント式に近いものとなっている。これらから見て、アルベルティはこれまで用いられることのなかった様々な古典様式手法を採り入れながらも、かなり自由にそれらを扱っており、しかもドナテッロやミケロッツォの場合とは異なり不自然さを感じさせない仕上がりとなっているのは、既存の理論に縛られず彼自身の目による厳しい確認がなされていたことによるのであろう。フィラレーテがこの建築について、「このようなやり方で用いられる古典手法は、比べもののないほど美しくかつ役立つものであって、これまでフィレン

VI. グラフィズムと建築

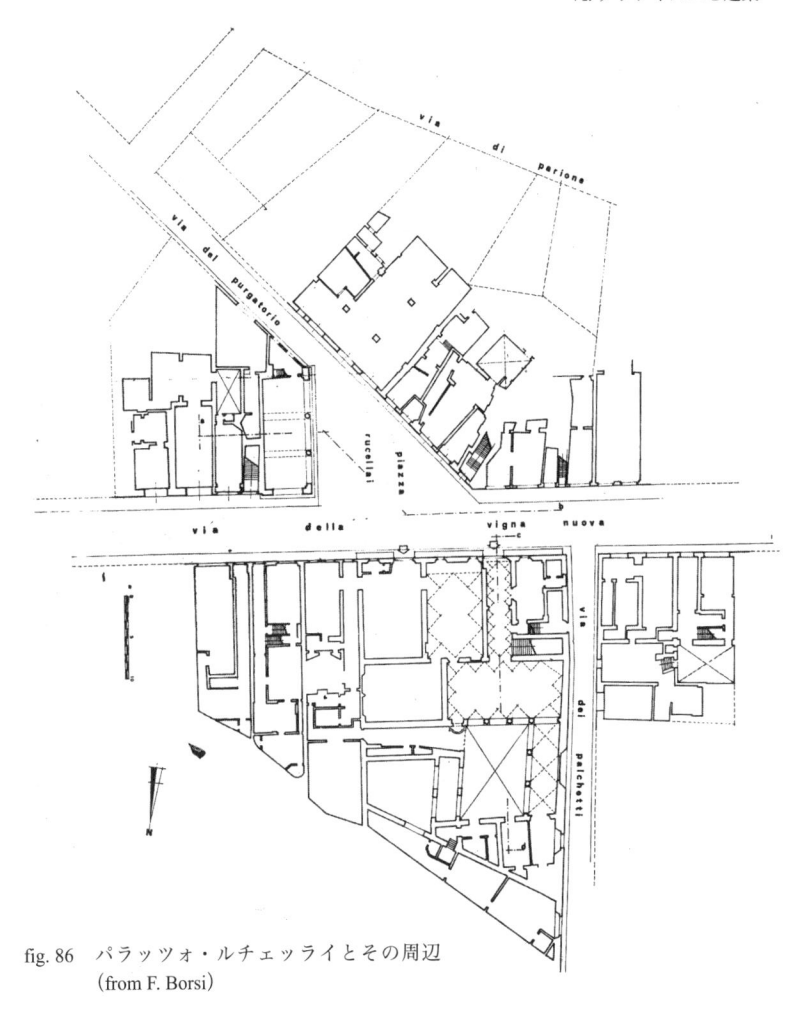

fig. 86　パラッツォ・ルチェッライとその周辺
　　　　（from F. Borsi）

ツェでは用いられることのなかったものだ。それはあの創意豊かなマント
ヴァ侯でさえ用いることがなかったようなものである」としていた[26]のは、
そうしたアルベルティの自在さを言おうとしたものであったと見られる。

　ジョヴァンニ・ルチェッライは1463年ころから、ヴィーニャ通りのパ
ラッツォのファサード真向かいから南東へ延びるプルガトリオ通り Via

177

del Purgatorio との東角にある地所を買い取って、小さな三角形の広場を造る計画に取りかかり、そして1466年までにはその東側に広場に面して（パラッツォのファサードに対しては直角に置かれたかたち

fig. 87　ロッジア・ルチェッライ

となる）間口3間の「ロッジア」を建設する。これはおそらく息子のベルナルドとメディチ家の娘との結婚式（1466年に行なわれた）の祝宴などのためと考えられる[27]。それ以外にも常時市民に開放して、様々な催しに供するという目論見もあったのであろう。「アントーニオ・ビッリの書」は、ルチェッライはアントーニオ・グイドッティという工匠[28]にその模型を造らせたとしている。

　一方、フィレンツェの14世紀から16世紀前半のあれこれを記した筆者不詳の文献には、ルチェッライ家の記録から引いたと称して、「ジョヴァンニ・ディ・パオロは1450年にヴィーニャ通りの家とロッジアをレオン・バッティスタ・アルベルティの設計で造った」とあるという[29]。ヴァザーリの記述ではロッジアは家の「真向かい」（dirimpetto）に面すると記していて、現存するロッジアとは位置が異なる。この問題については、実はルチェッライは「ロッジア」を二つ造っていたのであって、一方は家の真正面にあったもの、第二のものが現存のそれで、第一のものは第二が造られた段階で除却されたのであろうとする推測がある。そしてアルベルティが関わったのはその第一の方であるが、ヴァザーリはそれを第二の方と取り違えたのであろうというのである[30]。

　当時のフィレンツェでは、名家がそれぞれに自宅やその近傍に結婚式などの祝祭を期に「ロッジア」を設け、それを市民に開放することはしば

VI. グラフィズムと建築

しば見られたことであるとされ、パラッツォ・メディチの場合でも、現在は街路に対して壁で閉じられている背後の庭の南側（Via dei Gori 側）に設けられたロッジアは、1517年まではそのまま街路に向けて開放された形となっていたと言われる[31]。ルチェッライもそうしたフィレンツェの習わしに従ってロッジアの建設を思い立ったのであろう。1456年にはパラッツォの真向かいにあった店舗（まだ広場が造られる前で、家の真正面にあった）をルチェッライが譲り受けており、この年にはジョヴァンニの長子パンドルフォがピッティの

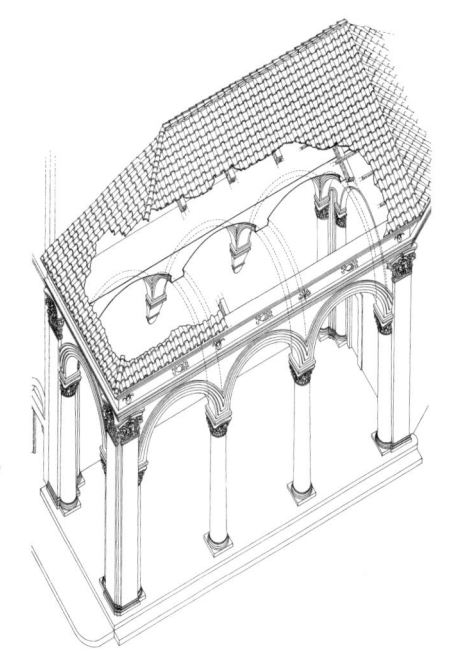

fig. 88　ロッジア・ルチェッライ　アクソメ
(from F. Borsi)

娘と結婚しており、その場所を「ロッジア」に改造して披露祝宴に用いようとしたのであろうと考えられ、そしてパラッツォのファサードの設計に取りかかっていたアルベルティにその設計をも依頼していたのだろうという。しかしそれがどのような姿のものであったかは分からない。

　ヴァザーリは第一のロッジアについてはその存在を知らなかったと見え、第二のロッジアをアルベルティの設計とした上で、「理論家としては優れているかもしれないが実際の現場を知らないためにひどい間違いを犯している」[32]として酷評している。それはロッジア内部のヴォールトとそれを区切る横断アーチのことで、それらが側面内部ではきちんと収まっていないことを指している。この原因は、建物の四隅を固めるために角柱を取り付け、側面ではそれらに半円柱を取り付けてそれでもってアーチを支えるのであるが、前面の円柱の上から立ち上がる横断アーチのもう一方の端は、

奥の壁（これは隅の角柱の面よりもさらに奥に引き込んでいる）に取り付けた持送りの上にかかるようになっている。従ってこのアーチは側面外側のアーチよりもスパンが広くなり、そのため側面内部ではスパンの異なる二つのアーチが少しずれた形で重なってしまう現象が生じているのである。そうした「間違い」はともかくとしても、この建築手法はどちらかといえばブルネッレスキ亜流であり、円熟してきた1460年代のアルベルティらしさはどこにも見られない。

しかし作者の問題は別として、このような都市空間の創出は、アルベルティのファサードがその出発点となっていたことは確かであり、その劇場背景的性格が、画家たちが追究していた透視図法による理想的空間の描写とはまた異なるかたちで、規模は小さいながら豊かなイメージを触発する場の出現を促したのである。

サンタ・マリーア・ノヴェッラ聖堂ファサード

フランチェスコ会が市街東部に建設したサンタ・クローチェ修道院とならんで、市街西部に位置するドメニコ会の修道院サンタ・マリーア・ノヴェッラは、フィレンツェにおける二大宗教施設として重きをなし、13世紀以来、それぞれに旧市街外郭における新しい市街形成の核となってきたものである。13世紀末に聖堂が完成すると間もなく、聖堂前をふさいでいた建物群が除却され、1325年ころまでには参集する大勢の信者たちのために大きな広場 Piazza Nova[33]（現在の Piazza S. Maria Novella）が整備されるが、聖堂ファサードは1350年ころまでかかって銀行家のバルデージ Baldesi の出資によって初層の大理石化粧貼りがなされ、1367年に上層の大きな円形窓が造られたところで中断し、上層は躯体の石積が露出した姿のままで15世紀半ばまで放置されていた。しかし1434年から39年にかけては、修道院はローマを逃れてきた教皇エウゲニウス四世の居所に供され、さらに1439年から43年までの宗教会議の際にも重要なセンターとして機能しており、それだけに聖堂ファサードの未完は早急に解決すべき課題となっていたとみられる。

しかしこのファサードの管理権はバルデージ家が抱え込んでおり、また初層基部の6つのニッチは様々な家族の墓所（"avelli"）となっていて、容易には手を付けることができなかった。ルチェッライはサンタ・マリーア・ノヴェッラ聖堂にも一族の礼拝堂を確保していたが、ファサードまでは手を出すことができずにいたと見られる。その間の1443年には、ブルネッレスキに依頼して、新しい説教壇を身廊内部の大柱に取り付けさせているが、こうした寄進行為を通じてどうにかして聖堂参事会の中で発言権を強めようとしていたのであろう[34]。ようやく1457年になってバルデージ家からファサードの権利が譲渡されると、直ちに工事に取りかかったと見られ、1458年には所有するポッジョ・ア・カィアーノの土地貸し付け収入を担保とし、両替商組合から工費の信用保証を取り付けている[35]。ヴァザーリは、「ジョヴァンニ・ディ・パオロ・ルチェッライは自らの出費でサンタ・マリーア・ノヴェッラ聖堂の正面ファサードをすべて大理石で造ろうと考え、そのことを彼の親友であったレオン・バティスタに図った。そして彼からは助言だけでなく設計案まで提供されたのであって、これにより彼は必ずやこの工事をやり遂げ自らを記念するものとしようと決心したのであった」としているが[36]、ルチェッライはこれに関わっては相変わらずアルベルティの名を挙げていない。しかしこの修道院に所属する修道士の一人ジョヴァンニ・カロリが、クリストフォロ・ランディーノに献呈した著書の献辞の中で、聖堂のファサードは著名な建築家レオン・バッティスタ・アルベルティの作品であると明記していたといい[37]、彼がこれに関わっていたことは疑いない。

　これはアルベルティにとっては、かなり厄介な課題であったとも考えられる。初層で彼が手を加えることができたのは、中央の入口周りと、両端部だけで、しかも二つの脇入口や"avelli"群はゴシック風の尖頂アーチが冠せられている。上層は比較的自由に造ることができるとは言っても、中央の大きな円形窓は活かさなければならない。このことからこれまでの研究のほとんどは、異なる様式意匠を違和感なく同居させることに成功した希有な例として、その面でのアルベルティの（「コンキンニタス」を追究する）

努力を強調し、またそうした中でもアルベルティがゴシック風に妥協することなく由緒正しい古典建築意匠を導入していたことへの称賛に終始しているように見える。すでにヴァザーリがそうした見方への範を示していて、「これは全体も好ましいものだが、とりわけその入口周りにはレオン・バティスタは尋常ならざる努力を注いでいた」としており[38]、現代の研究者たちもそれをフォローするかたちで、その中央入口の意匠がパンテオンから採られたものであることを特筆し、アルベルティの古典研究の成果を称揚している[39]。筆者としてもアルベルティのそうした面での努力を否定するつもりはないが、しかしその「コンキンニタス」の結果が建築にどのような革新をもたらしたかを問わないかぎりは、建築批評としてはあまり意味をなさないと思われる。

ともあれ、現存のファサードのどこまでがアルベルティの手になるものかについては、これまでのところデッツィ・バルデスキによる考証（注35）がほぼそのまま受け入れられているようである[40]。初層では、中央入口周りとその両脇の「ピエトラ・セレーナ」pietra serena[41]による大きなコリント式半円柱、ファサード両端の横縞模様の角柱（ドーリス式）とそれに寄せたピエトラ・セレーナのコリント式半円柱などがアルベル

fig. 89　サンタ・マリーア・ノヴェッラ聖堂ファサードの "avelli"

fig. 90　同上　中央入口

VI. グラフィズムと建築

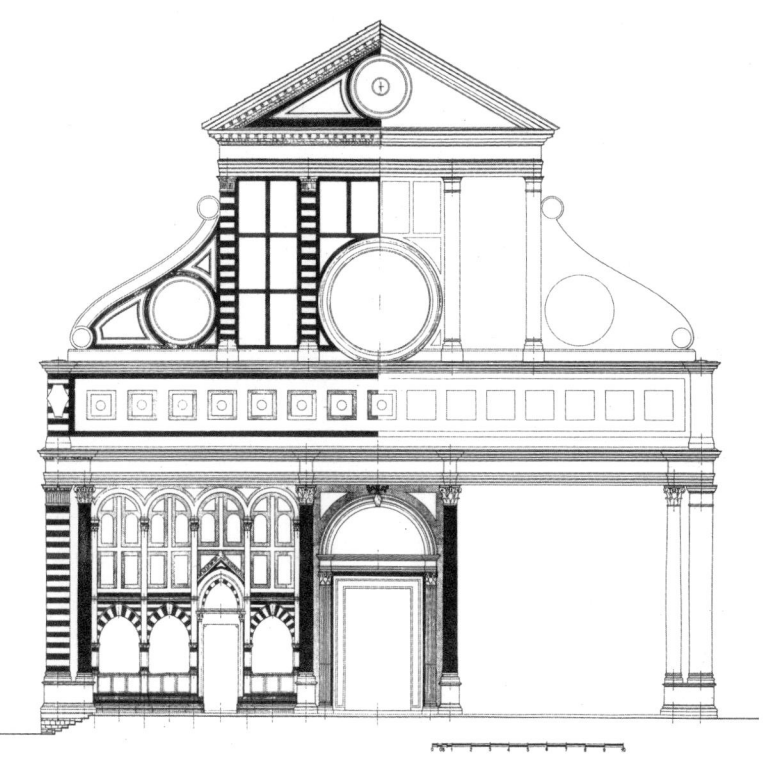

fig. 91　サンタ・マリーア・ノヴェッラ聖堂ファサード実測図（from F. Borsi）

ティの手になることが確実であるが、各 avelli の間を区切る細い付柱もコリント式柱頭をそなえ、それらが支えるアーチも半円形で、一見したところではこれらもルネサンス期の仕事と見えなくもない。ウィットコウアーは *Architectural Principles*（*op. cit.*）の初版（1949）では、これらもアルベルティの手になるものとしていたが、以後の版では詳しい調査の結果これらは中世のものであったとして訂正している。これは両端部の角柱と半円柱がそれらアーチの上に部分的にかぶさるかたちで取り付けられていることからも明らかで、殊更調査をせずともただちに見て取れるはずのことのように思われる[42]。初層のエンタブラチュアより上がアルベルティの指示によるものであることは疑いない。フリーズには端から端までルチェッライ

183

fig. 92　サンタ・マリーア・ノヴェッラ聖堂　ファサード東端部

のシムボルである帆とロープの模様が白抜きの象嵌で表される。コーニスの上にはかなりせいの高いアティック（屋階）のような壁面をとり、そこをピエトラ・セレーナによる正方形の枠取りに囲まれた象嵌ロゼット模様の連続パターンでまとめる。それより上の上層部も縞模様の付柱と幾何学的パターンで、その上に大きなペディメントをのせ、その中には太陽を象った円形図像（ネオプラトニズモによればキリストのシムボルとされる）を収める。ペディメントの下のフリーズに当たる部分には、独特の幾何学的なローマン書体で IOHÃNES・ORICHELARIVS・PAV・F・AN・SAL・MCCCCLXX の銘文[43]が象嵌で表されている。上層の両肩は大きなスクロールで縁取った中に繊細な象嵌の円形飾りを囲い込んでいる。

　このファサードは14世紀から15世紀までの間に建設されたフィレンツェの聖堂の中で唯一、完成した姿を見せるものである。ドゥオモもサンタ・クローチェ聖堂もファサードが造られるのは19世紀になってからのことであり、ブルネッレスキの設計したサント・スピリト聖堂は17世紀の臨時のファサードのままだし、サン・ロレンツォ聖堂はこんにちに至るまで化粧なしの姿である。そしてこれは直ちにその美しさが称賛され[44]、その後のキリスト教聖堂ファサードのプロトタイプの一つとして、とりわけ上部のペディメントや両肩のスクロールなどが、繰り返し模倣されることとなる。しかしアルベルティがここで目指したもの、在来の建築概念の転換については、パラッツォ・ルチェッライの場合がそうであったように、その後しばらくのあいだは、理解されることもまたそれに従おうとする試み

VI. グラフィズムと建築

も見られなかった。

　この当時の称賛のかなりの部分は、このファサードの白大理石と色石の繊細な象嵌パターンの美しさに由来するものであったと考えられ、そしてこれはその施工に関わっ

fig. 93　ペディメント詳細

たとされる工匠ジョヴァンニ・ベルティーノ Giovanni Bertino の功績と認められていたように見える。ドメニコ・ダ・コレッラ Domenico da Corella というドメニコ会修道士がピエロ・ディ・コージモ・デ・メディチに献呈した *Theotocon* と題する聖母への頌詩の中には、この人物がファサード下層中央の入口周りも含め、すべての意匠を決めたかのように書かれている[45]。このベルティーノについては、ルチェッライが *Zibaldone* の中でも彼が所蔵する美術品の内にその作品があると記していて、当時は象嵌細工に巧みな彫刻家として知られていたものらしい[46]。マンチーニによればこの人物は1448年にサン・ロレンツォ聖堂でピエトラ・セレーナの柱頭一つを制作したことで報酬を受け取っていたといわれるし、また1461年にはサンティッシマ・アンヌンツィアータ聖堂のチャペルの一つ（ミケロッツォの設計とされる入口左脇の "Tempietto" を指すものと見られる）の意匠を担当したとされているという[47]。また多くの研究者たちは、同じルチェッライの作事であるサン・パンクラツィオ聖堂内「聖墳墓」（後述）の施工も彼の手になるものと認定している。

　こうしたことから、このファサードにおけるグラフィカルな効果の大半はベルティーノの裁量になるもので[48]、アルベルティは全体の比例のみに関わったのだとする見方、あるいはそれゆえこのファサードの最も重要な

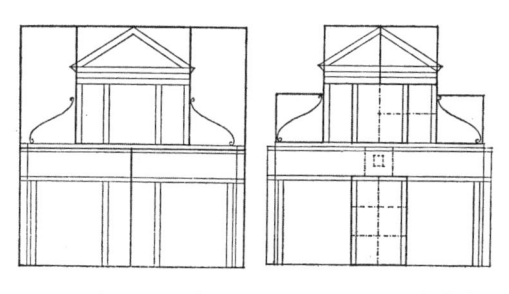

fig. 94　ウィットコウアーによるファサード比例構成

ポイントは、そうしたカラフルな象嵌パターンの視覚的効果ではなく、その背後にある「比例」なのだとする見方が出てくる。ウィットコウアーによれば[49]、この立面の輪郭は正方形の中に収まるようにできているのであって、さらに下層部がその大きな正方形の1/2の辺長の正方形二つを並べたかたち、上層部が同じ大きさの正方形からなるというのである。これを説明する際のウィットコウアーの基準線の取り方は、大きな正方形の場合は、水平幅を下層両端の角柱外面にとり、高さは中央入口下框の根元からペディメント頂部までとし、小さな正方形の場合には、下層部では高さは中央入口両脇の半円柱の台礎（その下の二段になった基壇は含まず）からアティックのコーニス下端まで、水平幅は両端角柱の心までとすると、二つの正方形ができるとし、上層はアティックのコーニス上端からペディメント頂部までの高さに対し、水平幅を両端角柱外面までとすると、下層の正方形と同じとなるとするのである。さらに上層両肩のスクロールはその小さな正方形のまた半分の大きさに納まるのであり、この全体の比例を構成するのは1：2、つまり「ハルモニア論」によるオクターヴであって、「これをルネサンスにおける最初の偉大な傑作たらしめているものは、他でもない完全な等比級数を徹底的に応用したことである」と断定するのである。

　あるいはアルベルティも計画の当初の段階では、そうした比例で全体をまとめることを考えていた可能性はなくはないし、大まかなところではそれに近いかたちで出来上がっていることも確かである。しかし建築を構想する際の基準線のとりかたは、このようなものではないはずである。高さでいえばまず基準としなければならないのが床面からコーニス上端までであり、水平長さの基準は円柱（角柱でも同じことだが）の心である。とこ

VI. グラフィズムと建築

ろがウィットコウアーの「小さい正方形」の高さは、床高ではなく円柱の基壇上端からコーニス下端までとなっており、これはむしろ各部材を配置してみた後に「出来上がってしまうスペース」であって、そうしたスペースの大きさを先に決めてからその外側に部材を付け足して行く様なやり方は、建築家は通常は採らないはずであるし、常に全体から割り出されたある基準尺（モジュール。《彫刻論》における「エクセンペダ」を想起されたい）によって部材を割り付けてゆくアルベルティの手法とも、全く異なるものである。実際のとこ

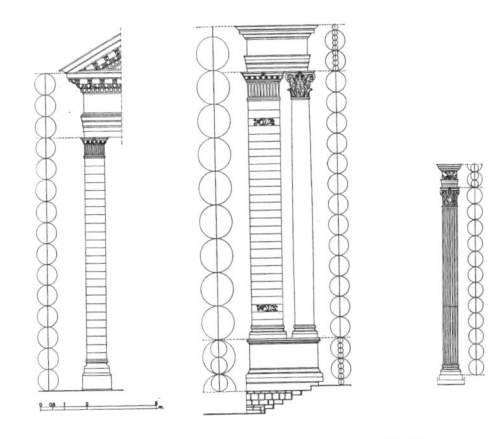

fig. 95　サンタ・マリーア・ノヴェッラ聖堂のファサード各部の比例（from F. Borsi）

fig. 96　サンタ・マリーア・ノヴェッラ聖堂　大聖堂クーポラ上部からの遠望

ろは、設計に用いる基準線の引き方でみてゆけば、この立面の部材構成はそれほどきれいな整数比とはならない。もとより施工誤差や既存躯体との調整などで当初の計画通りには行かなかった部分があり[50]、また大まかにはそれに近いものが認められるにしても、「等比級数を徹底的に応用した」とはとうてい言い難い。これまでも幾度か申し上げてきたことだが、*De re aedificatoria* の記述をもとに実際に造られた作品を解釈しようとしても自ずから限界があるし、また建築設計のプロセスを無視したかたちで都合の

187

良い数値を見つけ出そうとするのは、推奨しがたいと言うべきであろう[51]。

　アルベルティがこのファサードを構想するに当たって、彼が親しんでいたサン・ミニアート・アル・モンテ聖堂[52]ファサードをヒントにしたことは明らかである。14世紀に造られていたサンタ・マリーア・ノヴェッラのファサード下層部は、avelli のゴシック風尖頂アーチはあるものの、その壁面構成はサン・ミニアートや洗礼堂などのトスカーナ・ロマネスクの手法を採り入れたものであったし、それらのグラフィカルな表現手法を基調とするコンセプトはごく自然な選択であったろう。課題はそのグラフィカルな手法によってどのような新たな表現内容をそこに盛り込むかということであり、それは「様式」以前の建築的課題のはずである。ここで標的となっているのは、パラッツォ・ルチェッライのファサードの場合と同じく、都市空間である。そしてブルネッレスキが挫折を味あわされたような力ずくの物理的空間ヴォリューム創出の試みには拠ることなしに、現実の混沌とした都市空間をそのまま受け入れながら、そこに新たな空間イメージを与えようとするものである。そしてその出現は、グルーミィな中世的都市空間にとっては、かなり衝撃的なものであったと考えられる。

　それらは「透視図法」が与えるような「ヴァーチャル」な整合的空間のイメージではない。ここではゴシック風尖頂アーチや古典風の円柱、ペディメント、刳型などが、それらの独立性を失うことなく同居し、しかもそれらが互いに完結している抽象的な装飾文様群と併置され、銘文書体すらも、その直接的な言語メッセージを失うことなしに、他の花模様や幾何学パターンと同様なグラフィカルな効果に同時に参加している。それらはウィトルウィウス的な「古典主義」の原理である構築的な秩序とは無関係に、それぞれの独立性を主張して存在しているのである。中世の建築でもこうした異質な要素の同居は必ずしも珍しいことではなかったのだが、ロマネスクの工匠たちの奔放な想像力はそれらを怪奇な幻想の中で紛らせていたし、ゴシックの場合にはその独特の線的な感覚によってすべてを一つの造形様式としてまとめ上げてしまっていた。しかしいわゆる古典建築に

おける建築の各要素は、それぞれが明確に分節化された上でもはや動かし難いかに見える一種の統辞法により持ち場に縛り付けられていた（あるいは少なくともウィトルウィウスはそのように説いていた）のであって、出自の異なる要素との同居を許さないようなものと考えられていたのである。アルベルティのファサードを構成するのは、しかしその統辞法から解放されいわば「裸になった」古典的要素と、ロマネスク以来のトスカーナの伝統であるカラフルなグラフィズムとの対比であって、本来それらを結びつける論理は存在しないのである。

fig. 97　フィレンツェ　サン・ミニアート・アル・モンテ聖堂

　それらの独立した要素群の「コンキンニタス」は在来の建築的通念では読み取ることはできず、見る人それぞれの省察に委ねられる。当然のことながらそれはメッセージを一義的に限定することはなくきわめて多義的となる。従来の批評のほとんどが用いられている古典様式の出自をあげつらい、あるいは比例、さもなくば図像の象徴的意味合いの詮索[53]やクロマティズムを指摘したりしながら、結局はそれらが「調和している」という漠然とした無内容な評言に終始しているのは[54]、その多義性のメカニズムを掴みかねていることを示すものに他ならない。

　建築がこのように複雑で重層的な表現性を獲得したことは、かつてなかったように思われる。もしこれを「コンキンニタス」という言葉で表さなければならないとするなら、それは「調和」などというよりむしろ「拮抗・対立」であり、すべての要素が完結・独立しつつ併存することによって、それらはもとの意味を超えるような、あるいは互いに批評し合うような役割

fig. 98　ジュリアーノ・ダ・サンガッロによる「バジリカ・アエミリア」のスケッチ
　　　　（Biblioteca Apostolica Vaticana, *Cod. Barberiniano*, 4424）

を担うこととなるのである。帝政期ローマの建築の中には、こうしたあり方に近いものがあった。アルベルティが中央入口のために、彼の知る無数の古代建築の中から特にパンテオンのモティーフ（四角い枠取りの中にアーチを収める手法）を選び出したのは、単なるその場の思いつきではなかったと考えたい。パンテオンこそは、その外観においては円形ヴォリュームと神殿風プロナオスという全く異質の要素同士を結び合わせようとした試みであると同時に、内部の意匠でも至る所でそうした出自の異なる要素同士を拮抗させつつ共存させようとした建築なのであった。またファサード両端の角柱と半円柱が寄り添うかたちは、フォルム・ロマヌムの「アエミリウスのバジリカ」[55]から採られたと言われるが、これも同様なコンセプトに基づく選択であったと思われる。アルベルティの古典研究は、それらの建築的意義を的確に見きわめつつなされていたのであり、単なる好古家的関

VI. グラフィズムと建築

心からでたものではなかった。このように見るなら、上層部両肩の反転曲線からなるスクロール（イタリア人たちはこれを「耳」orecchioと呼んでいる）も、その前哨となるべきものはリミニの「テンピオ・マラテスティアーノ」の計画の中で提起されていたものだが、そこ

fig. 99　サンタ・マリーア・ノヴェッラ聖堂　ファサード両肩のスクロール

では屋根を隠すためだけの目隠し装置に過ぎなかったのが、異質なもの同士の拮抗を表現するという積極的な意図をそなえたものとしていまや生まれ変わっているように見える。立面の比例は、もしウィットコウアーの説を受け入れそうした比例の存在を認めるとするなら、そこにあるとされる正方形は、これら独立した出自の異なる要素群を強引にその中に抑え込むための枠取りとして役立っているということになろうか。「コンキンニタスは、その働きと各部の割り付けにより、そのままでは互いにばらばらであるものたちを、誤ることなきやり方でもって結びつけ、互いに引き立て合うようにするのである」[56]とされていたその「結びつけ方」というのは、実は「調和」どころかむしろ互いに対立させ拮抗させることによって生じてくる一種の「異化」現象を狙ったものであって、「様式」に囚われていた建築的通念への省察を迫るものであったと言わなければならないだろう。

ルチェッライ家礼拝堂と「聖墳墓」

1448年11月15日のある公証人記録には、ポッジョ・ア・カィアーノの土地を抵当にすることで「上記ジョヴァンニが希望しているのは、イェルサレムにある我らが主イエズス・キリストの墓と同じものをそなえるチャペルを、サンクタ・マリーア・ノヴェッラ聖堂ないしフィレンツェのサンクト・ブランカティオ聖堂〔サン・パンクラツィオ聖堂を指す〕かのどちらかよ

191

fig. 100　ルチェッライ家礼拝堂と「聖墳墓」

り望ましい方に造ることである」とあるという[57]。一方、日付は定かではないが母親に宛てたある書簡では、サン・パンクラツィオ聖堂にイェルサレムのキリストの墓とされる「聖墳墓」と同じものを造り、それを自分たちの墓所とするという計画を告げ、そのため船を仕立てそれに専門の工匠たちを乗せイェルサレムに向けて出発させて、「聖墳墓」を実測させることにしたとしている[58]。さきにサンタ・マリーア・ノヴェッラ聖堂ファサードに関わって引いた1458年の史料では、やはりポッ

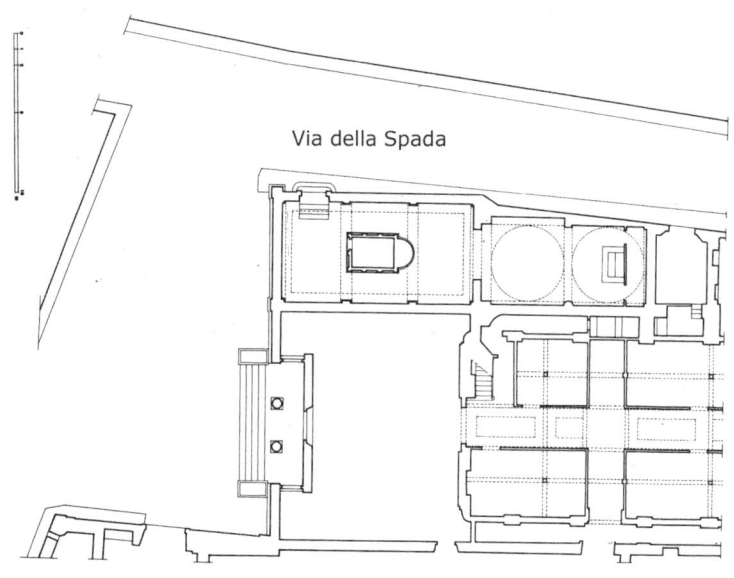

fig. 101　旧サン・パンクラツィオ聖堂とルチェッライ家礼拝堂（from F. Borsi）

ジョ・ア・カィアーノの土地を担保にしてその建設費を工面しており、この間の計画変更の経緯はよく分からないが、あるいは前には「聖墳墓」とそのための礼拝堂だけだったものが、それらはサン・パンクラツィオの方にまわして、サンタ・マリーア・ノヴェッラ聖堂については改めてファサードの工事にかかることにしたのかも知れない。

サン・パンクラツィオ聖堂 S. Pancrazio はパラッツォ・ルチェッライのブロック（ヴィーニャ通り Via della Vigna とスパダ通り Via della Spada、フェデリギ通り Via Federighi に囲まれた三角形の一郭）の北部を占める修道院聖堂（教区聖堂を兼ねる）で、ベネディクト会に所属するヴァッロムブローザ派 Vallombrosiani のものであったが、当時の修道院長 don Lorenzo はジョヴァンニ・ルチェッライとも懇意で、このブロック全体を包んでしまいそうなルチェッライの作事計画に理解を示し、礼拝堂の設置にも同意を与えたと見られる。礼拝堂は聖堂入口の横に取り付いていた古い礼拝堂を利用することとなるが、その改造についてヴァザーリは次のように説明している。「レオン・バティスタはサン・ブランカティオに礼拝堂を造ったが、これは二本の円柱と二本の付柱の上に架け渡した大きな梁で支えることにより、聖堂の壁下部に開口を設けるというもので、これは難しいことであったがしっかりとできている。おかげでこの建物はこの建築家のものとしてはよくできた部類である。この礼拝堂の中央には大理石で非常に細工のよい墓廟があり、それは楕円と長四角のかたちで、見れば分かるように、イェルサレムのイエズス・キリストの墓と似せてある。」[59] ヴァザーリは、前にルチェッライの「ロッジア」についての記述にも見られたように、アルベルティを建築の実務に疎い素人建築家と決めつけていたので、このような書きぶりとなったのであろう。そのことはともかく、「円柱で支えた壁開口」というのは礼拝堂と聖堂前室との間の壁をぶち抜いたもので、ここは19世紀初めに壁でふさがれてしまい旧状を遺構から確かめることはできないが、1779年にこの建築の様子を記録したダジャンクールの実測図[60]からその様子を知ることができる。

この開口の幅は礼拝堂の長手方向一杯の12 mほどあり、聖堂の躯体に

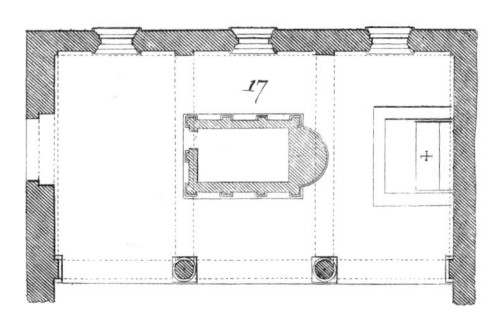

fig. 102　ダジャンクールによる礼拝堂平面図（Seroux d'Agincourt, *Histoire de l'art*, 1825, II, tav. II）

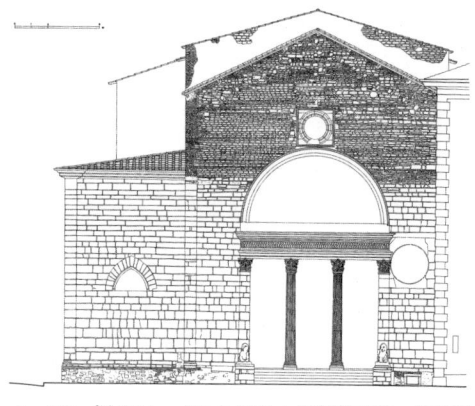

fig. 103　旧サン・パンクラツィオ聖堂正面　立面図（from F. Borsi）

影響を与えないようにしながら工事をするのは、確かに難しいことであったに違いない。そこにあった二本の円柱は、それが支えていたエンタブラチュアとともに聖堂の入口の方に移され再利用されている。現在は外から礼拝堂への入り口は北側面西寄り（スパダ通りに面する）に設けられているが、ダジャンクールの図では、現在は壁となっている礼拝堂西側（フェデリギ通りに開く小広場に面する）中央に入口があったことが分かる。この壁面外側の上部には尖頂形の窓（現在はふさがれている）があり、あるいはこれは当時の入口開口の上部であったかと思われ、とすればアルベルティは古い入口をそのまま利用していたのかも知れない。また現在東側壁面に大きなアーチ開口があってその奥にかなり奥深い祭室が設けられているが、ダジャンクールの図では存在せず、これも後世のものであることが分かる[61]。

　礼拝堂天井は半円筒ヴォールトで、壁を区切る灰色の石を用いた付柱に対応して同じ石材による横断アーチが取り付けられ、三つに区分されている。アーチはびっしりと縄目模様や筋彫りなどの装飾が施され、またそれを支える形で全周に巡らされるかなり大がかりなエンタブラチュアにも

様々なモゥルディングが動員されており、波形模様をめぐらしたフリーズには例の孔雀の羽や帆、絡み合った指輪などの紋章があしらわれている。付柱は7本の溝彫りを施したコリント式だが、部屋の各隅ではサン・ロレンツォ聖堂旧聖器室のそれのようにごく細い角柱となっている。北壁面の高い位置（エンタブラチュアの直下）に設けられた三つの窓は枠上部に葉叢を束ねたような不思議な装飾が取り付く。これらのあまり正統的とは言い難い分厚い装飾は、どちらかと言えば、世紀後半のジュリアーノ・ダ・マィアーノらのフィレンツェ建築に見られたものに近い。しかしこれら建築的部材以外の天井面や壁面は白一色で、装飾は見当たらない。

礼拝堂は約6m×12mの広さであるが、「聖墳墓」はその中央に置かれていて、間口約2m、奥行きは半円形アプスを含むと約4mの大きさである。礼拝堂床は白い大理石を幅広い緑色がかった黒い石のボーダーで幾つかに区切ってあるが、「聖墳墓」の周りもその黒い石のボーダーできっちりと区画され、最初からそれを置く場所を定めて礼拝堂が計画されていたことが分かる。聖堂前室との間に当初あった幅広い開口も、「聖墳墓」をそこを通して眺めることができるように考えられていたものであろう。

長方形部分は各側面が約1m毎にコリント式付柱で区切られ、その間の白大理石の壁面は黒い石の正方形枠取りで三段に分かれ、その各々の枠の中央に花模様や幾何学模様や紋章をあしらったロゼットが象嵌で表されている。曲面となっているアプスの部分は付柱がなく、その代わり白大理石の帯で三つに区切られ、同じように黒い石の枠取りの中に色石を巧みにあしらったロゼットが嵌め込まれている。ロゼットのパターンは30個すべて異なり、工芸的な精度で仕上げられている。とくに曲面のアプス部分の仕上げの精巧さは特筆に値する。付柱の支えるアーキトレーヴ上部のフリーズには、白大理石に黒い石の象嵌で、サンタ・マリーア・ノヴェッラ聖堂ファサードと同様な独特の幾何学的ローマン書体によって、西壁面から南、アプス、北の順に、"YHESVM QVERITIS N / AZARENVM CRVCIFIXVM SV / R | REXIT NON EST HIC ECCE | L / OCVS VIBI POSVERVNT EVM"の

fig. 104　ルチェッライ家礼拝堂断面図

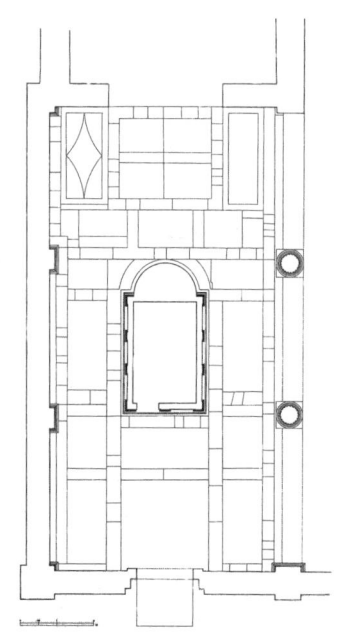

fig. 106　ルチェッライ家礼拝堂　復原平面図（from F. Borsi）

fig. 105　「聖墳墓」西側面

銘文[62]が表されている。コーニスの上には金色の百合を象った軒飾りがめぐらされ、屋根の上には、サン・ロレンツォ聖堂旧聖器室のクーポラに載せられていたのとそっくりの頂塔が、同じく東方風の螺旋模様を施された笠石を取り付けたかたちで置かれている。南壁面左手には身をかがめてようやく入れる高さの入口が設けられ、その上部にはこの「聖墳墓」を再現することにした経緯を記す銘板があり、1467年の日付がある[63]。

VI. グラフィズムと建築

ルチェッライは大枚をはたいてイェルサレムまでの船を仕立て、わざわざ実物の「聖墳墓」を実測させたというが、その実測データがどれほどこれを造るのに役立てられたのかははっきりしない。イェルサレムの「聖墳墓」は幾度も破壊・再建が繰り返されていて、この時期にあったものは13世紀ころに十字軍が再建したものであったが、その詳しい様子は知られておらず、15世紀に旅行者が遺した稚拙なスケッチや聖職者が記したメモなどを通してその様子が推測されるだけで、白大理石で長方形と半円形ないし円形のヴォリュームを組み合わせ、円形部分の上部には頂塔が載るかたち

fig. 107　15世紀のイェルサレム　聖墳墓聖堂のスケッチ（Biblioteca Apostolica Vaticana, *cod. Vat. Urb. 1362*）

であったことが分かる程度である。アーチなどは尖頂形で、かなりゴシック臭の濃厚なものであったことが推察される。規模についてはルチェッライのものは実物の約半分の大きさと言われ、平面構成ぐらいはある程度それに似せようとしたものであろう。

このサン・パンクラツィオの礼拝堂と「聖墳墓」については、設計者・施工者の名は当時の史料に全く現れてこない。施工者については、その「聖墳墓」の色石象嵌の手法から見てサンタ・マリーア・ノヴェッラ聖堂ファサードを担当したジョヴァンニ・ベルティーノが関わったのであろうとする見方が有力で、また銘文書体などから見てアルベルティの関与もほ

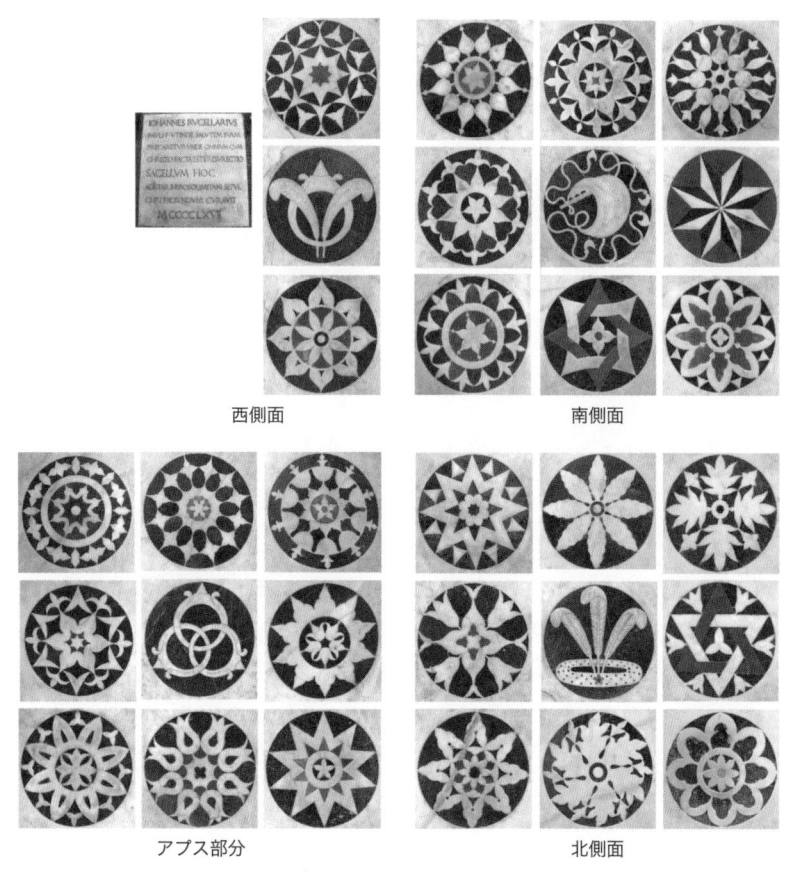

fig. 108 「聖墳墓」 各側面のパネル象嵌パターン配置

ぼ間違いないと見られているが、アルベルティがどこまで詳細な指示をしたものかは推測の域を出ない。特に礼拝堂のコーニスやアーチの装飾については、アルベルティの指示があったものかどうか疑問が残る。あるいは礼拝堂の方は全体の構成だけを決めてあとは現地の工匠たちに任せてしまっていたのかもしれない。しかし「聖墳墓」の方は、その工芸的な仕上げを引き立たせる寸分の狂いもない比例や大胆なヴォリューム構成は、アルベルティの監督なしには実現しなかったと思われる。着工時期について

VI. グラフィズムと建築

もそれを見きわめる手がかりは乏しいが、1456年にはルチェッライはこの聖堂の例祭を取り仕切る両替商組合に対し 5 年間の着工猶予を認めさせたといい、とすれば遅くともその期限内の 1461 年以前には着工されていたものと考えられる[64]。完成時期は、銘文には 1467 とあるが、ルチェッライは晩年にここに葬って欲しい旨を記しているもののしかしまだ完成していないとしていた。それでも 1471 年には、教皇パウルス二世は、この「聖墳墓」に聖金曜日と復活祭の間に参詣した者には 7 年間の罪障を赦免するとの勅令を発しており、そのころには「聖墳墓」は一応のかたちをなしていたものと思われる。この礼拝堂と聖墳墓の正式の献堂は 1485 年になってからのことという[65]。

fig. 109　「聖墳墓」の銘文配置

fig. 110　ルカ・パチオリのアルファベット from *De divina proportione*, Venezia 1509

「聖墳墓」はアルベルティの作品の中で唯一完成した姿を見ることができるものであり、また彼の建築的コンセプトの射程を推し量るに最も好適なものということができる。墓廟という特殊な建造物とはいえ、ここに見るアルベルティの大胆な実験は、半世紀後のブラマンテの建築的革新を先取りするものであった[66]。それはサンタ・マリーア・ノヴェッラ聖堂ファサードにおける対立的要素の統合という主題を、極限にまで明確化・単純化させて提示したものであり、ここでは抽象的な幾何学的ヴォリュームとグラフィカルな図像（文字も含めて）までが、建築的要素と同等の空間的表現性を担うものとして現れているのである。それらはもはや「装飾」のような付加物ではなく、付柱やコーニス

199

fig. 111　アルベルティの碑文の文字の構造（from R. Tavernor）

などの既成の建築部材に伍して、あるいはそれらと対比され、あたかもそれらを「批評する」ような位置を与えられることによって、建築を構成する不可欠の要素となっている。アプス部分では付柱を用いず、ただの白い大理石の帯でそれと置き換えているのも、そうした狙いからと見ることができる。

　ここで重要な役割を演じているフリーズの銘文書体は、サンタ・マリーア・ノヴェッラ聖堂ファサードに用いられているものとほぼ同様であるが、これらはアルベルティ独自のもので、古代ローマの碑文書体を手本としたものであることは確かだがそれらとは微妙に違っており、手書き風の柔らかさを排しすべて定規とコムパスによって描かれる硬い純幾何学的な成り立ちをそなえている。こうしたアルベルティのアルファベット書法については、ルカ・パチョリがその著「神聖比例」で紹介している同様な書法[67]との関連が指摘されているが、アルベルティのものはパチョリが示すものより細身でシャープなものとなっている。これはパチョリが印刷活字のプロトタイプを考えていたのに対し、アルベルティの方は碑文に用いる場合を考慮していたためであろうとも言われるが[68]、文字の読みやすさよりも幾何学的な字体が創り出す余白との空間バランスが重視されたものと考えられる。実際ここでの文字配置は、各側面の長さに対応して決められたと

見られ、一つの単語が隣の面に分割されてしまうことも意に介していない。ここでは、直接的なメッセージであるはずの文字すらも、いったん建築に参加する空間的図形として捉えられ、その上で改めて解読されなければならない。同様にコージモ・デ・メディチやピエロ・デ・メディチ、ルチェッライ家の紋章なども、他の幾何学的な図像からなるロゼット群と同格に扱われ、建築的要素の一つと化しているのである。

注

1. Vasari-Milanesi, II, pp. 541-545. これらの他にもルチェッライのために Via della Scala（サンタ・マリーア・ノヴェッラ修道院の西北方）に庭園付きの住居を設計したとしているが、これはジョヴァンニの息子のベルナルドの代に、アルベルティの死後着工された Orti Oricellari（第 III 章の注24参照）のことと見られ、アルベルティがそれに関わっていた形跡は見られない。
2. Mancini, p. 418 sgg.
3. これは1457年にジョヴァンニがフィレンツェでの疫病から逃れてサン・ジミニャーノに避難していた時から書き始められたもので、息子たちの教育のために書き遺しておこうとしたものという。題名の "quaresimale"（四旬節の意）が何を意味しているのかはよく分からないが、ある種の宗教的・教訓的な意味をこめようとしたものと考えられる。内容はかなり雑多な身辺雑事まで含んだものだが、古典からの引用なども多く、それなりに教養を積んでいたと見られ、アルベルティの《家族論》とともに、当時の商人階層の処世観を伝える著作として重視されているものである。彼が新しいルネサンス文化に対しても敏感であったことは、1443年にブルネッレスキに対しサンタ・マリーア・ノヴェッラ聖堂内の説教壇の制作を依頼したり（拙著「ブルネッレスキ」、第 I 章の注32及び年譜参照）、ドメニコ・ヴェネツィアーノやフィリッポ・リッピの作品をはじめとする多くの絵画や美術品を所有していたとしていることからも窺い知れる。このテキストと注解は Alessandro Perosa, a cura di, *Il Zibaldone quaresimale*, London, Warburg Institute, 1960を参照。
4. ジョヴァンニは1450年にはローマを訪れていて多くの遺跡を見物した旨を記しており、そこでアルベルティと出会った可能性が考えられている。*Zibaldone* (Perosa), *op. cit.*, p. 73 sgg.
5. 現在までのところ、このパラッツォの建設に関わる史料をすべてまとめた最

も頼りになる論考は、Brenda Preyer による *Giovanni Rucellai and Rucellai Palace*, Ph. D. Diss., Harvard Univ., 1976 とされており、本稿もそれに拠っている。

6. 1960年代ころまでのほとんどの研究書が、このファサードの開始を1446/7年としていたのは、ルチェッライによるこの最初の地所の拡張計画をただちにファサードの計画と結びつけてしまっていたものと見られる。

7. *Zibaldone*（Perosa）*op. cit.*, p. 70.

8. Filarete, *Trattato, op. cit.*, 59r.（J. R. Spencer, *Filarete's Treatise on Architecture*, New Havens, 1965, vol. I, p. 102, n. 13）.

9. cf. P. Sanpaolesi, "Precisazione sul Palazzo Rucellai", in *Palladio*, I-IV, gennaio-dicembre, 1963, p. 61 sgg.

10. *De re aedificatoria*, Lib. VII, cap. 5（Orlandi, pp. 561-3）。これは神殿建築についての規範であるが、世俗建築にも応用される。

11. Sanpaolesi（*op. cit.*）はルチェッライが最終的には14スパンで入口を四つそなえる案まで考えていたのではないかとしている。もしそうだとすれば、ルチェッライは東のスパダ通り Via della Spada との角にまで及ぶブロック南面全部を一つのファサードで覆ってしまおうと考えていたことになる。

12. 拙著「ブルネッレスキ」、pp. 164-167, p. 176 n. 38を参照。

13. メディチがトスカーナ大公となって以後は、メディチの住居はパラッツォ・ピッティの方に移っており、フェルディナンド二世の代になって、パラッツォ・メディチは大公の財政を担っていた銀行家ガブリエッロ・リッカルディ Gabriello Riccardi に譲渡され（1659）、それ以後パラッツォは Palazzo Medici-Riccardi の名で呼ばれることとなる。リッカルディはミケロッツォの意匠をそのまま引き継いだ形で北に窓7つ分増築し、現在の規模となった。

14. cf. Charles R. Mack, "The Rucellai Palace: Some New Proposals", *The Art Bulletin*, 56, 1974, pp. 517-529. フリーズ東端の途中でちぎられたかたちとなっているところには、三枚の孔雀の羽を束ねた図柄（コージモ・デ・メディチの紋章）があり、これと似た図柄をカラフルな色石象嵌で表したものが「ロッジァ」のフリーズにも見られ（但し羽は二枚。ピエロ・ディ・コージモの紋章）、また窓アーチのスパンドレルにある三つの指輪が絡んだ図柄はルチェッライ家とメディチ家の固い結びつきを示すものだと言われる。しかしこれらの装飾は後から付け加えることも可能なはずで、決定的な証拠とはなし難い。

15. これら3スパン目と6スパン目は他の柱間よりも少し広くとられている。

16. この史料については拙著「ブルネッレスキ」第V章の注11を参照されたい。

17. ロッセッリーノ Bernardo di Matteo Gamberelli, detto il Rossellino (1409-64) につ

いては前著「ブルネッレスキ」でも幾度か触れているが、彼は1420年代から石工・彫刻家の修業に入り、30年代には独立してトスカーナ地方の各地で彫刻家として仕事を始めていたようである。1440年代からは弟のアントーニオ（1427-78/81）とともにフィレンツェで彫刻の受注・石材の供給などを行なう工務店を構え、同時に建築家としても活動していた。彼はブルネッレスキやドナテッロらの作品から影響を受け、古典様式の知識を身に着けたものと思われるが、その精巧な仕上げ手法とどちらかと言えばニュートラルな作風が大衆的人気を博していたと見られ、また資材の調達も同時に引き受けるという便利さも買われて、多くの仕事をこなすことになったように見える。1450年代にはニコラス五世に抜擢されてヴァティカンとボルゴの計画に関わり、おそらくそこでアルベルティとも接触していたと考えられる。1459年からは教皇ピウス二世のために「理想都市」ピエンツァ Pienza の計画を手がけ、これが彼の最大の業績とされている。ヴァザーリは彼の弟アントーニオの伝記の中で短く紹介している（Vasari-Milanesi, III, pp. 93-106）。彼の事績を取り上げた研究としては、Maryla Tyszkiewicz, *Bernardo Rossellino*, Firenze, 1929；Leo Planiscig. *Bernardo und Antonio Rossellino*, Wien, 1942；Howard Saalman, "Tommaso Spinelli, Michelozzo, Manetti and Rossellino", in *Journal of the Society of Architectural Historians*, XXV, 1966, pp. 151-164；Charles R. Mack, *Studies in the architectural career of Bernardo di Matteo Gamberelli called Rossellino*, Ph. D. Diss., Chapel Hill University 1972；A. Markham Schulz, *The Sculpture of Bernardo Rossellino and his Workshop*, Princeton 1977；M. Salmi, "Bernardo Rossellino ad Arezzo", in M. G. Ciardi Dupré Dal Poggetto e P. Dal Poggetto（a cura di）, *Scritti di storia dell'arte in onore di Ugo Procacci*, I, Milano 1977, p. 254 sgg.；Charles R. Mack, *Pienza : The Creation of a Renaissance City*, Ithaca, 1987 などがある。なお、これらのロッセリーノ研究のほとんどは、パラッツォ・ルチェッライにおけるロッセリーノの役割を大きく評価し、アルベルティは単なる助言者に過ぎなかったとしている。

18. ピウス二世よるピエンツァ Pienza の計画の詳細については、別の機会に譲ることとしたい。
19. cf., B. Preyer, *op. cit.*, pp. 182-184. 興味深いのは、「ロッセリーノ派」の論者たちの多くが、パラッツォ・ルチェッライのファサードの1461年以後説をとっていることである。明らかに建築的に稚拙なパラッツォ・ピッコローミニが、パラッツォ・ルチェッライよりも後で、しかもそれが同一人物の設計であるというのは都合が悪いことになってしまうのであろう。この論者たち

には、表面的には形が似ていても、両者の建築的コンセプトが全く異なるものであることが理解できていないと言わざるを得ない。

20. Vitruvius, Lib. II, cap. 8 ; *De re aedificatoria*, Lib. III, cap. 4（Orlandi, p. 197）, Lib. VIII, cap. 3（*ibid.*, p. 681）.
21. フィレンツェにおける代表的なトスカーナ・ロマネスクの建築、サン・ミニアート・アル・モンテ聖堂ファサード両肩にも、大きなダイヤ格子の象嵌模様があって、これも *opus reticulatum* を模したものだとする説があるが、これはいかがなものであろうか。
22. コロッセウム Colosseum（Amphitheatrum Flavium, AD. 80）とセプティゾニウム Septizonium（203）はどちらも当時の人々にはよく知られた遺構であったはずだが、アルベルティは *De re aedificatoria* の中ではいちどもそれらに触れていない。古代には、住宅建築でも多層の建物の内・外壁を付柱で区切った「真壁」構造のような例が幾つか知られており、アルベルティが果たしてそれらを見ていたかどうかは確認できないが、たとえばローマ北西にあるブラッチャーノ湖 Lago di Bracciano のほとりにある遺跡で "Le Mure di S. Stefano" と呼ばれているもの（16世紀にピッロ・リゴリオ Pirro Ligorio［1510-83］が調査し、Caius Caecilius のヴィラと認定している）などがある（cf. Margaret Lyttelton, "Pirro Ligorio's description of the Villa of Caius Caecilius", in R. W. Gaston, ed., *Pirro Ligorio Artist and Antiquarian*, Milano 1988, pp. 121-158）。
23. *De re aedificatoria*, Lib. IX, cap. 4（Orlandi, p. 897）.
24. *Ibid.*, Lib. VII, cap. 6（Orlandi, p. 567）.
25. この額縁上部のコーニスが左右に大きく張り出して付柱にまでかぶさるという手法は、バーンズによれば、パンテオン内部屋階に設けられた彫像を置くための開口に見られるものという（H. Burns, 1998, *op. cit.,* p. 136）。
26. Filarete, *Trattato*, 59r. "…hedificare il modo anticho di fare el husare questi modi che se non fusse più bello et più utile a Firenze non s'userebbe. Nè anche il signore di Mantova, il quale è intendentissimo, non l'userebbe."
27. ルチェッライの記すところによれば、「その祝宴は家の外に設けられた高さ1ブラッチャ半の舞台で行なわれ、その広さは1600〔平方ブラッチャ？〕で、これは広場全体を占め、家々やロッジァの真正面とヴィーニャ通りの私の家の間近まで、三角形に造られていて、そこには布地や綴れ織りや衝立、上には日差しを避けるために濃紺の裏編みの布を張った美々しい装置を造り、その日除けは花飾りや葉飾りなどでいっぱいに飾られていた」という（*Zibaldone, op. cit.*, p. 28）。

28. Antonio di Migliolino Guidotti は、Giovanni Gaye, *Carteggio inedito d'artisti dei secoli XIV, XV, XVI*, Firenze 1839, vol. I, p. 168によれば、マネッティ・チァッケリやドメニコ・ダ・ガイオーレらとともにサン・ロレンツォ聖堂やサント・スピリト聖堂などのブルネッレスキ作品の現場で働いていた工匠であるという (cit. F. Borsi, 1975, p. 75)。

29. "Gio. di Paolo l'anno1450 murò il palazzo nella via della Vigna e la loggia disegno di Leon Battista Alberti". これは Dezzi-Bardeschi が紹介しているもので、ヴァティカン図書館所蔵 (Biblioteca Apostolica Vaticana, *Barb. Lat. 5002*) のものという (cf. Marco Dezzi-Bardeschi, "Il complesso monumentale di San Pancrazio a Firenze e il suo restauro: nuovi documenti", in *Quaderni dell'Istituto di Storia dell'architettura*, Università di Roma, XIII, fasc. 73-78, 1966, p. 14. n. 54).

30. B. Preyer, "The Rucellai Loggia", in *Mitteilungen des Kunsthistorischen Institutes in Florenz*, 21, 1977, pp. 183-198.

31. ファサード下層の窓を改造していたミケランジェロにより、この年にロッジァは壁でふさがれた。

32. Vasari-Milanesi, II, pp. 541-542.

33. 当初の聖堂 (現在のそれの翼廊の場所を占めていた) は正面を東に向けていて、その前面に広場が造られ、"Piazza Vecchia" と呼ばれていた (現在の Piazza dell'Unità Italiana)。"Nova" という名はこれに対して付けられたもの。

34. 拙著「ブルネッレスキ」、p. 18, n. 32参照。

35. M. Dezzi-Bardeschi, *La facciata di Santa Maria Novella a Firenze* (Collana di rilievi architettonici a cura dell'Istituto del Restauro de Monumenti dell'Università di Firenze), Pisa 1970, p. 21; Kent, F. W., "Making of a Renaissance Patron of the Arts", in *Giovanni Rucellai e il suo Zibaldone. II. A Florentine Patrician and his Palace. Studies by F. W. Kent, Alessandro Perosa, Brenda Preyer, Piero Sanpaolesi e Roberto Salvini, with an Introduction by Nicolai Rubinstein* (*Studies of the Warburg Institute*, a cura di J. B. Trapp, vol. 24, II), London 1981, p. 62; M. Dezzi-Bardeschi, "Leon Battista Alberti e la facciata di Santa Maria Novella a Firenze: nuovi documenti, e L'occhio profondo: il dettaglio e l'intreccio; cosmologia ed ermetismo nella cultura di Leon Battista Alberti: il 'Canis'", in *Oltre l'architettura*: a cura di Gabriella Guarisco, Firenze, pp. 105-117 e pp. 137-146. このポッジョ・ア・カィアーノ Poggio a Caiano の土地はジォヴァンニがパッラ・ストロッツィから譲渡されていたもので、後に (1470ないし74年ころ) ロレンツォ・イル・マニフィーコに売却され、1480年ころからジゥリアーノ・ダ・サンガッロの手によってメディチのため

のヴィッラが建設されルネサンス最初の本格的な古典様式によるヴィッラとして有名となる（第 VIII 章参照）。

36. Vasari-Milanesi, II, p. 541.
37. Mancini, p. 461 n. 2. "Si templi illius frontem ac reliquuum faciei decus inspicia, egregium profecto ac magnifcum se se intuentium oculis offert, et opera, L. B. Alberti celeberrimi architecti marmoreo tabulato et monumentorum insigni vallo contenta." マンチーニは修道士の名を Giovanni di Carlo（1425 ? -1500）と記しているが Caroli が正しいらしい。その著書というのは修道院に属した修道士たちの伝記を記した *Le Vitae Fraturm S. Maria Novella* を指し、献辞の欄外には "MCCC-CLX facies ecclesiae incepta" との書き込みもあるという（cf. H. Burns, 1998, *op. cit.*, p. 163 n. 150）。
38. Vasari-Milanesi, *op. cit.*, p. 541.
39. cf., R. Wittkower, *Architectural Principles*（*op. cit.*）, chap. 3.
40. Dezzi-Bardeschi（2003, *op. cit.*）は上層の円形大窓周りもルネサンス期の工事によることを示す史料を紹介しており、おそらくアルベルティの指示に従ったものと見られる。ファサードは2006年から2009年にかけて修復工事が行なわれており（洗浄と老朽化した石材の取り替えなど）、ここに掲げた写真よりはかなりきれいになっているはずである。筆者はその工事報告を見ていないので、どのような新発見があったかは承知していない。
41. 肌理の細かい緑色がかった灰色の砂岩系の石で、トスカーナ地方一帯に産出する。これを白大理石と対比させ化粧貼りとする手法は、ロマネスク初期以来トスカーナでは広く用いられてきたものである。ブルネッレスキの作品のほとんどでは円柱にこの石が用いられていた。14世紀に造りかけられたサンタ・マリーア・ノヴェッラ聖堂ファサード下層部も、白大理石とこの石による化粧貼りのロマネスク以来の手法を用いており、アルベルティとしてもこの石を用いるのはごく自然な選択であったと思われる。
42. やや驚くべきことに、F. Borsi（1975, *op, cit.*, p. 80）はウィットコウアーのこの意見変更を批判し "avelli" の上方のブラインド・アーチ群ももとは尖頂アーチで、それらをアルベルティが半円にしたのだと主張している。ファサード両端部は半円柱と角柱の分だけ背後の聖堂本体の躯体よりも外側に付け足されたもので、その寸法はまだ変更の余地があり、きっちりとアーチ立ち上がり部にあわせて半円柱を配置することも可能だったはずである。もしブラインド・アーチがアルベルティによるものだとするなら、わざわざそれが半円柱の裏側でまだ外側に続いていたかのような表現をとるであろうか。ボルシ

はその根拠の一つとして、これらのアーチとその内側に用いられている石材が下層部と材質が異なることや、それらのアーチを受ける付柱の柱頭の中にはやや新しいタイプのものが混じっていることなど挙げているが、下部でも石材の材質がすべて揃っているとは言えないし、アルベルティ以後も幾度か修復が行なわれており、それらがアルベルティによるものだとは断定できない。

43. この1470という日付がなぜ選び取られたのかは不明で、工事は実際には1478年ころまでかかったと見られている。
44. 1469年、コルトナの司教がルチェッライに対し、「フィレンツェのサンタ・クローチェほどに美しいフランチェスコ会の聖堂や修道院は見当たらないが、いま目の前にしているファサードは例外である」と述べていたという。*Zibaldone* (Perosa), p. 65
45. Mancini, p. 460 n. 2 & p. 461 n. 1, "Hic quoque praelucet Bertini fama Joannis / Arte sua tantum qui fabricat opus, / Undique pomiferis complectens ostia ramis, / Nundaque sub vario marmora flore tegens, / Unde fit ejusdem facies conspectior aedis / Sculptoris studio sic renovata probi."
46. F. Borsi（1975, *op. cit.*), p. 59.
47. Mancini, p. 460 n. 2.——"Giovanni di Bertino scalpellatore L. 70 per suo maistero di uno capitello di macigno [nella chiesa di S. Lorenzo]"；"Giovanni di Bettino maestro de' disegni da la capella de la Nuntiata de avere a di 20". なお Bertino の名は史料によっては Bettini[o] あるいは Bertini[o] などとも書かれる。
48. F. Borsi (*op. cit.*, p. 105) はそうした見方をとっていて、ベルティーノの存在が「地域的伝統とクアットロチェントの語法との間の緩衝材となっていて、それがアルベルティの知的メッセージを弱めるような役割を果たし、当時のフィレンツェの状況の中にそれを落ち着かせるのに役立ったのだ」としている。アルベルティが工事の期間中に現場に張り付いていることができず、かなりの部分の裁量を現場担当の工匠たちに委ねていたことは確かであろうが、出来上がったものが「アルベルティの知的メッセージを弱め」ているとするのはいかがなものであろうか。私見ではそれはむしろ逆であって、この象嵌細工のクロマティズムは、アルベルティのコンセプトを強調するのに不可欠の要素であり、同様なグラフィズムの効果は後の「聖墳墓」にも活かされているし、それこそがアルベルティの目指したものであったと考えるべきであろう。
49. R. Wittkower (*op. cit.*), chap. 3.
50. たとえば「アティック」の象嵌の正方形枠パターン群はそれぞれ微妙に大き

さが違っているらしく、中央のものが正しく建物中心軸の上に乗っておらず、やや右にずれている。また既存躯体との関係上、柱の比例なども *De re aedificatoria* に記される比例の通りにはできていない。

51. タヴァーナーはウィットコウアーの所説を、アルベルティ解釈に際して「過度にウィトルウィウスに頼りすぎている」として批判しているが、むしろ批判されるべきはその比例数値を導き出す方法的手続きの方であろう (R. Tavernor, "Concinnitas, o la formulazione della bellezza", in Rykwert & Engel, *op. cit.*, p. 312)。

52. この聖堂内にはアルベルティ家が装飾を寄進した聖器室がある（第 II 章を参照されたい）。

53. cf., Marco Dezzi-Bardeschi, "Sole in Leone――Leon Battista Alberti : Astrologia, Cosmologia e tradizione ermetica nella facciata di Santa Maria Novella", in *Psicon* 1, 1975, pp. 33-67.

54. 「コンキンニタス」は本来「調和」の意味合いも含んでいるのだから、このような評言を用いるのは同義語反復に過ぎない。

55. Basilica Aemilia はフォルム・ロマヌムの北側を縁取る建物であるが、正面は西の Argiletum の通りに面していた（AD. 22 年に再建されたもの）。現在は建物は列柱の根元を遺すのみであるが、ルネサンス期にはまだかなり原形を残していたらしい。アルベルティが用いたのはその正面の南端にある角柱と円柱が同じ柱台の上に寄り添って建つ部分であった。この姿はジュリアーノ・ダ・サンガッロのスケッチ（Bibl. Apostolica Vaticana, *Cod. Barberiniano, 4424*）に描き留められている。

56. *De re aedificatoria*, Lib. IX, cap. 5（Orlandi, p. 815）.

57. "convertire et spendere in un capella con uno sepolcro simile a quello di Christo Signor nostro che è in Hierusalem, el quale detto Giovanni vuole si faccia, e si nella Chiesa di Sancta Maria Novella, o si veramente di Sancto Brancatio di Firenze dove più gli piacerà", cit., Kent, "Making of a Renaissance Patron", *op. cit.*, pp. 43 n. 1, 50 n. 6, 57-58, 63. この史料は Dezzi-Bardeschi, *La facciata di Santa Maria Novella a Firenze*, (*op. cit.*), p. 21 で最初に紹介されたものだが、彼は日付を 1440 年と読み誤っており、Kent により訂正されている。

58. *Zibaldone* (Perosa), appendice, p. 136. Mancini (p. 421 & n. 3) もこの手紙のことに触れその一部を再録しているが、ただしこの文書は 18 世紀に転写された際にかなりもとの言い回しが変えられてしまっていて、信憑性に問題があるとしている。ともあれそれによれば、この費用には 7 万フロリンを用意したと称していた。またルチェッライの手紙として知られているものの中には、偽

文書と見られるものも含まれていて、それによるとルチェッライが二人の技術者を派遣して本物の「聖墳墓」の修復に当たらせたことになっているという。cf. Kent, *The Making* ... (*op. cit.*), p. 59 & id., "Letters Genuine and Spurious of Giovanni Rucellai", in *Journal of the Warburg and Courtauld Institutes*, 37, 1974, pp. 342-349 (cit. Burns, 1998, *op. cit.*, p. 163 n. 158)。

59. Vasari-Milanesi, II, p. 543. "…fece Leon Batista in San Brancatio una cappella che si regge sopra gli architravi grandi posati sopra due colonne e due pilastri, forando sotto il muso della chiesa; che è cosa difficile ma sicura: onde questa opera è delle migliori che facesse questo architetto. Nel mezzo di questa cappella è un sepolcro di marmo molto ben fatto, in forma ovale e bislungo, simile, come in esso si legge, al sepolcro di Gesù Cristo in Gerusalemme."

60. Seroux d'Agincourt, *Histoire de l'art par les monuments, op. cit.*, II Tav. LII.

61. 祭壇の下の銘板から、この祭室の新設は、ナポレオン時代の1808年に修道院と聖堂が廃絶されたことから、その機能を礼拝堂の方に移すために行なわれたことが知られる。聖堂はその後様々な用途に転用され、一時はタバコ工場や兵舎となっていたこともあった。現在はマリーノ・マリーニの彫刻博物館となっている。

62. 「汝等は十字架の上にナザレのイエズスを求めんとするが、キリストは復活してそこにはいまさず。視よ、納めしところはここなり。」(マルコによる福音書16-6)。

63. "IOHANNES RVCELLARIVS/PAVLI・F・VTINDE SALVTEM SVAM / PRECARETVR VNDE OMNIVM CVM/CHRISTO FACTA EST RESVRECTIO / SACELLVM HOC/ADĪSTAR IHEROSOLIMITANI SEPVL / CRI FACIVNDVM CVRAVIT / MCCCCLXVII".

64. H. Burns, 1998 (*op. cit.*), p. 140.

65. R. Tavernor, 1992 (*op. cit.*), p. 374.

66. たとえば、ミラノのサンタ・マリーア・デッレ・グラツィエ聖堂内陣の空間 (c. 1484) や、ローマのサンタ・マリーア・デル・ポポロ聖堂後陣 (1505) などは、この「聖墳墓」のテーマを発展させたものと見ることができる。

67. Luca Pacioli (1446/7-1517), *De divina proportione*, 1497 (stampato in Venezia 1509, modern ed., AA.VV., *Scrittori rinascimentali di architettura*, Milano 1978, pp. 55-144. ただしこれは部分的再録で、Pt. 2, *Trattato dell'Architettura* のみが完全再録されている。図はなし)、Pt. 2, cap. XI (*Scrittori*..., pp. 127-8) が文字の歴史について短く触れている。実際の文字の書き方は図で説明されている。cap. VIII

(*ibid.*, pp. 121-2) ではパチョリはアルベルティの名を挙げ、ローマで数ヶ月間を共にしたと記しており（おそらく1470年ころ）、その間にアルファベット書体についての示唆を受けたものかと思われる。
68. R. Tavernor, "I caratteri albertiani dell'iscrizione del sepolcro Rucellai a Firenze", in Rykwert & Engel (*op. cit.*), pp. 402-407.

VII. 建築と政治

fig. 112　聖アウグスティヌスの「神の国」写本の挿絵 (c. 1450)。ニコラス五世時代のローマを描く　Paris, Bibliothèque Sainte-Geneviève, *Ms. Lat. 218*, f. 2r.

VII. 建築と政治

ヴァザーリはローマにおけるアルベルティの活動について、次のように手短かに記している[1]。

「レオン・バティスタ・アルベルティはニコラス五世の御代にローマに在って、この教皇はその作事によってローマ中を天地動転させてしまうのであるが、彼〔アルベルティ〕は親友のフォルリのビオンド[2]を介して教皇の側近となっており、教皇は当初は建築のことについてはフィレンツェ人の彫刻家・建築家であるベルナルド・ロッセッリーノに頼っていたのであるが、彼についてはその兄弟のアントーニオの伝記の中で触れることになる。この人物は教皇の命によってその居館の改修に関わっており、またサンタ・マリーア・マッジョーレ聖堂でもなにがしかの仕事をしていたのであるが、これ以後はとりわけ常にレオン・バティスタに指示を仰ぐこととなる。そして教皇はこれら二人のうちの一人の意見を採り入れ、もう一人の方にそれを実施させるというやり方で、多くの有意義で称賛すべき作事を行なったのである。たとえばアクア・ヴェルジーネの水道があり、荒廃してしまっていたものを修復したのである。そしてそれがトレヴィの広場の泉となったのであって、その大理石の装飾は今でも見ることができ、そこには教皇とローマ市民の紋章が取り付けられている。」

この素っ気ない記述の一方で、ヴァザーリは「アントーニオの伝記」の方では、ロッセッリーノとローマとの関わり（というよりはニコラス五世の作事について）を、アルベルティの名を挙げることをしないまま、最大級の賛辞で列挙している[3]。

「……〔教皇は〕ローマでは多くの場所の市壁の修復を行なっており、それらは大部分が荒廃していたのである。それらの各所には塔を付け加えたが、中には新しく造った城砦もあり、カステル・サンタンジェロの周りに造ったものがそれで、その内部には多くの部屋を設け装飾を施した。同様にこの教皇は沢山のことを考えており、それらの大半は良い結果を迎えたのであって、

修復や再建をその必要の緊急度に応じて行なうもので、聖グレゴリウス一世、かの『大』の尊称を冠せられた教皇が整備された40ヶ所の拠点聖堂についてなされた。こうして修復されたのがサンタ・マリーア・トラステヴェーレ聖堂、サンタ・プレセダ聖堂、サン・テオドーロ聖堂、サン・ピエトロ・イン・ヴィンコリ聖堂、その他多くの小聖堂群である。しかし中でも最も多く意を用いてその美化に熱心に努めたのが、七つの主要な聖堂の内の六つであった。すなわち、サン・ジョヴァンニ・イン・ラテラーノ聖堂、サンタ・マリーア・マッジョーレ聖堂、チェリアの丘のサント・ステファノ聖堂、サント・アポストロ聖堂、サン・パオロ・フォリ・レ・ムーラ聖堂、サン・ロレンツォ・フォリ・レ・ムーラ聖堂などである。サン・ピエトロ聖堂を挙げないのは、それは〔別の〕大事業の一部に過ぎなかったからである。その大事業の眼目はヴァティカン全体を砦と化し、独立した都市に仕立て上げることであった。その中ではサン・ピエトロ聖堂に導く3本の街路が計画されていた。場所は現在のボルゴ・ヴェッキォとボルゴ・ヌゥオヴォの辺りであったと考えられる。それらの街路は至るところロッジァが前面に取り付けられ、使い勝手のよい店舗も設けられ、高級で豊かな店と零細なものとを分離し、それらを別々の通りにまとめて振り分けることになっていた。そして円形の塔が実際にも造られ、それは今でも『ニコラスの塔』と呼ばれている。それら店舗やロッジァの上部は立派で快適な住居となり、美を凝らした建築で有意義なものとなるはずであった。……しかしニコラスのこの計画案についてはこれ以上言うことはない、それというのもその結果を見ることはなかったからである。この他にも彼が望んでいたのは、教皇の宮殿を壮麗で大規模に造営することで、便利さと美しさを備え、誰が見てもキリスト教世界における最も美しく壮大な建物とすることであった。……いったい誰が信じられるであろうか、彼がそこで創ろうと考えていたことどもが、教皇の戴冠のための劇場や、また庭園やロッジァ、水道、泉、礼拝堂、図書館、コンクラーヴェのための美々しい装置などであったということを？　つまるところこれは（これまで挙げてこなければならなかった邸宅や城砦、市街のことなどはいざ知らず）、世界中で創られてきたものの中でも、最も素晴らしいものとなっていたはずで

VII. 建築と政治

あって、こんにちに至るまでもそのことは変わらないと言えるであろう。そこに現出したであろう聖なるローマ教会の壮大さはいかばかりであったか……。そこ〔ローマのまち〕には、あたかも新たなる地上の楽園のごとく、天上界にあるかのごとき、天使のような、聖なる暮らしがあったことであろう。……しかし多くの作事は未完のまま残され、ないしはほとんど実施されないままとなったのであって、それはこの教皇の死のためであった。……彼が構想していた五つの事業の第五番目がサン・ピエトロ聖堂である。その計画はまことに壮大で、豪華・絢爛たるもので、ほとんど手を加えるべき余地のないほどのものであり、それは微細な部分まで申し分のないものであった。とこ

fig. 113　教皇ニコラス五世肖像（from Ciaconius〔Alonso Chacon, 1530-99〕, *Vitae et gesta summorum Pontificum...*, 1601）

ろがその模型は建築家たちが入れ替わり立ち替わり造るものの、ほとんどが頓挫してしまう。何を創るべきかすべてを知っていたのは独り教皇ニコラス五世の大いなる御心だけであって、それはかのジャンノッツォ・マネッティの著から読み取られるところで、彼は高貴にして学殖あるフィレンツェ市民だが、そのことをこの教皇の伝記の中で詳細に記していた。そしてそれらについては、これまで挙げてきた他の計画すべてについても、すでに述べた如く、ベルナルド・ロッセッリーノの才腕と努力が大きく与っていたのである。」

ここで名前が挙げられているジャンノッツォ・マネッティ Giannozzo Manetti（1396-1457）はフィレンツェ出身の政治家・人文主義者で、1453年ころから教皇ニコラスの秘書となっており、教皇の死後まもなくその伝

記 *De vita ac gestis Nicolai quinti summi pontificis*[4]を著していた。これは教皇の側近にあってその私生活に触れ、死の床での教皇の言葉までも聞くことのできた人物の証言として重視されているもので、現在知られているニコラス五世の建設計画の内容はほとんどが彼の記述に基づいている。しかし彼の書き方はどこまでが計画でどこまでが実施されたものかが曖昧なうえ、ヴァザーリが記しているようなそれらへのアルベルティの関与については、全く触れていない。また教皇自身やロッセッリーノがあたかもこれらの計画のすべてに直接関わっていたかのようにヴァザーリが述べているところもその根拠が疑われ、ニコラス五世が壮大な野望を抱いていたことだけは確かめられるものの、計画が実際にどう進められたかは推測の域を出ない部分が多い。また不思議なことに、1450年以後のニコラスとアルベルティとの関係を示すような史料はあまり見当たらず、かつて親密であったはずの二人の間にどのような変化が生じていたかはほとんど不明なのである。

　ニコラスが実際に事業に着手するのは1451年ころのことと見られるが、すでにその腹案は教皇着位後まもなく出来上がっていたと考えられ、それには幾つかの動機があって、一つには1450年が50年毎にキリスト生誕を祝う「聖年」*Giubileo* に当たっていたことがあり、それに向けて何らかの整備事業を行なう必要があったと見られる。とりわけ街路整備を中心とするボルゴやローマ市街の環境改善は緊急の課題であった。ニコラスは着任と同時にメディチ銀行ローマ支店を預かるロベルト・マルテッリを教皇庁の財務責任者に任命し、その準備に当たらせている。実際1450年の「聖年」期間中にはペストが発生し、教皇は7月にはファブリアーノに避難しなければならなかったし、さらに12月19日には、大勢の巡礼者たちが狭い街路にひしめきサンタンジェロ橋に殺到してパニックが起こり、172人の死者を出すという事件が起こっていた。しかし一方ではトルコの襲来に際して援けを求めてきた東ローマのために十字軍を結成するための動きなどもあって、計画を実施に移すにはかなりの時間を要したのであろう。

　確実な史料的根拠を欠くなかで、アルベルティがこれらのニコラスの企

図といかなる関わりを持ったかを考えるためには、ニコラスの政治的目標が奈辺にあったか、そしてそれがアルベルティの政治的信条と接点を持ちうるものであったかを見きわめる必要があり、その判断によって評価が分かれることとなる。ヴァザーリが言うような、教皇とアルベルティ、そしてロッセッリーノの三者の密接な関係の存在を認め、人文主義者教皇の名にふさわしい「地上の楽園」を構想しようとした、つまり近代初期の都市計画家たちが夢想したような融和的で文化的社会構築をめざしていたのだとする幸福な観方を代表するのが、ウェストフォールの有名な著作、「この最も完全なる楽園にて――アルベルティ、ニコラス五世と覚醒せる都市計画の創出、ローマ 1447-1455」(1974)[5] である。これに対して、15、16世紀における教皇＝ヴァティカンとローマ市民との関係から基本的な疑義を提起したのが、マンフレード・タフリの論文「Cives esse non licere――ニコラス五世のローマとレオン・バッティスタ・アルベルティ：歴史見直しのための諸要件」(1987)[6] であった。タフリはニコラスの計画にある種の人文主義者的理想がこめられていたことを否定はしないものの、それは必然的に、12世紀以来繰り返されまたこのすぐ後に起こった「ポルカリの謀叛」や16世紀にもユリウス二世とローマ市民との間で生じていたのと同じ、ヴァティカンとローマ市民との間の根強い対立抗争に巻き込まれざるを得ないものだったのであって、結果的にローマ市民の自治への渇望を抑圧するものとなっていたことを指摘し、それは《モムス》や *Profigiorum ab Ærumuna*、あるいは《テオゲニウス》などに見られるような、アルベルティが密かに抱いていたであろう市民的自由への憧れとは、本質的にそぐわないものであったとする。

「ポルカリの謀叛」とは、学殖ある有能な政治家としてエウゲニウス四世の時代からイタリア各都市の代官や大使などを歴任し、ニコラスも信頼を置いていたローマ出身の人文主義者ステファノ・ポルカリ Stefano Porcari (?-1453) が、1453年に教皇に叛旗を翻し、コラ・ディ・リエンツォ[7] が試みたのと同様な、教皇権力と対抗する共和国樹立を目指して武装蜂起を企て失敗し処刑された事件を指す。アルベルティはその直後、この経緯を友

人に宛てた書簡のかたちをとる《ポルカリの謀叛》[8]で、冷徹な歴史家の筆致で書き記していた。

ポルカリは温厚篤実な人格者であったと言われるが[9]、そうした人物にしてなお、また歴代教皇の中では最も融和的な政策を採ろうと努めていたとされるニコラスに対してさえも、このようなかたちで抵抗を試みなければならなかったというのは、ローマ市民として年来の鬱屈が抑えきれなかったものであろう。「聖年」の催しでは大勢の巡礼者たちからの多額の喜捨がヴァティカンに集まっており、それによって破天荒な事業の計画が可能となっていたのであったが、この富は教皇が重用するメディチを初めとするフィレンツェの金融業者たちや、外国人の聖職者たちと彼らが陣取る修道院などの懐を肥やす方に廻り、ローマ市民にとってはほとんど益にはならず、教皇の都市整備の事業も、却って市民にはヴァティカンがローマ市への支配を強化するための手段と映ってしまうのである。

アルベルティはおそらくポルカリとは面識があり、彼がこのような行動をとるに至った動機やそれが無謀であることも、またそれを弾圧せざるを得ないニコラス側の事情についても、同様に熟知していたはずであって、トゥキディデース風に冷静に、公平・客観的な叙述に徹する以外に途はなかったのであろう。しかし彼の心情がポルカリの立場に同情する方に傾いていたのは明らかであり、それがニコラスの企図に対して批判的な姿勢をとらせたであろうことも、容易に推察されるところである。

一方、C. バロウズは[10]、こうしたタフリの鋭利な歴史的視点を高く評価しつつも、アルベルティが何らかのかたちでニコラスの事業に関わっていた可能性は否定できないとし、当時の複雑な政治状況を踏まえつつ新たな視点からそれらの計画におけるアルベルティの位置を捉え直そうとしている。実際、アルベルティの「曖昧な」政治的立場は、シジスモンド・マラテスタのような施主のための仕事をも拒否することはなかったし、「建築家」という立場に徹しようとするなら、少しでも新たな創意を作品に盛り込む機会が与えられるのであれば、それをみすみす逃すことはなかったであろうとも思われる。タフリはアルベルティがそれらに関わっていたか否

かについての判断を慎重に避けていたが、少なくともヴァザーリの記述を検証するためにも、この問題には触れておかなければならない。

サン・ピエトロ聖堂とボルゴの計画

同時代の記録で唯一アルベルティとニコラスの事業との接点を伝えているのは、例の信憑性に問題があるとされるマッティア・パルミエーリの覚え書きで、それによればアルベルティは、ニコラスが考えていたサン・ピエトロ聖堂の改築計画について構造的に危険であると進言し、そのために計画は取りやめとなったのだとしている[11]。これを信ずるとすれば、彼は少なくともサン・ピエトロ聖堂に関するかぎりは計画立案の主役というよりは、むしろそのブレーキ役であったと考えなければならないが、しかしバロウズも、またルネサンス期ローマの建築についての研究を重ねこの分野での権威と見なされている C. L. フロンメルも[12]、ほぼロッセッリーノとアルベルティの共同による計画の存在を認めているようで、とりわけフロンメルはジァンノッツォ・マネッティの記述する聖堂前広場の計画や二つの塔に挟まれた凱旋門風の教皇宮殿への入口などが、*De re aedificatoria* に記述された古代都市の様子と共通するところがあることなどを挙げて、あたかもアルベルティが教皇の望む権威的表現の獲得に全面的に寄与していたかの如くに述べている。これは後で触れるナポリのカステル・ヌオヴォとアルベルティとの関わりについての彼の最近の論考[13]では更に顕著に表れており、彼によれば、ウィトルウィウスでは全く触れられていなかった凱旋門の成り立ちを初めて明確に記述したのはアルベルティであって、彼を措いてそうした意匠を提案できる人間はいなかったのだと主張する。

フロンメルのこうした見方は、イタリア・ルネサンス建築の真髄は帝政期ローマ建築をそのモデルとする「古典主義」に他ならず、そしてアルベルティこそが帝政期ローマ都市の壮麗さを復活させようとした中心人物なのだというストレートな確信に基づいている。彼によれば *De re aedificatoria* に見る都市(「僭主の都市」も含めて!)の記述はそうした古典主義的「ユートピア」実現のための処方なのであり[14]、そうしたフロンメルの見方の中

fig. 114　1530年ころのヴァティカン風景　ヘームスケルクによるスケッチ（Wien, Albertina）

には、これまで折りに触れて指摘してきたようなアルベルティの政治権力やその表現手段としての建築への懐疑といった問題は、介在すべき余地はないかに見える。彼はタフリの論文を参照しながらもそこに示唆されていたアルベルティの複雑な立場を全く顧慮することなしに、ニコラス五世とアルベルティの活動を盛期ルネサンスの古典主義に至る前哨戦として位置づけるのである。

　これは19世紀以来の「様式史」を軸とする方法が如何に根深く美術史家たちの中に浸透しているかを示すものであるが、この単純な図式的理解は、ルネサンス建築研究における美術史家たちの仕事を、もっぱら作品の様式的手法の出所の詮索とその選択の理由を建築主たちを取り巻く政治的状況と結びつける（イコノロジィ！）ことに限定するのに貢献し、その作品が建築の方法にいかなる革新をもたらしたのかはどこかに置き忘れられ、建築は（そして絵画や彫刻も）その政治的含意によって説明しおおされることとなる。それはブルネッレスキやアルベルティが目指していたであろう自立した技術分野としての建築の追究とは裏腹に、社会の欲求に完全に従属せるものとして建築の姿を描き出してしまう。そして実際にも、アルベルティ以後のルネサンス建築の状況は、そのようなかたちでしか論じることができないようなものとなりつつあり、その意味では一概にはこのような

見方を批判し去ることのできない悲しさがある。

ともあれ、アルベルティにとってもサン・ピエトロ聖堂は後期ローマ時代の重要なモニュメントとして意識されていたことは確かであり、*De re aedificatoria* でも幾度か名を挙げ、その成り立ちについて触れている。Lib. I（cap. 10）[15]では身廊のクリアストーリィの長大な壁が、列柱で支えられるのみでバットレスのような補強がなく、外へ傾いてしまっており何らかの補強が必要であるとしていたし、Lib. II（cap. 6）[16]では正面入口の木製扉について、Lib. VI（cap. 11）[17]ではその屋根材について、Lib. X（cap. 17）[18]では身廊の壁に対する自身の考案した補強策が紹介されていた。これらから見てもアルベルティがニコラスの計画に関心を抱いていなかったはずはなく、さきに紹介したマッティア・パルミエーリの覚え書きにあったような進言を行なっていたとしても不思議はない。特に Lib. X の壁の補強策はかなり具体的なもので、これが果たしてニコラスの計画との関連で考えられたものかどうかは不明だが、アルベルティが積極的にこの聖堂の補修対策を考えていたことを示すものと言える。

マネッティによればニコラスは1451年ころからロッセリーノを招き様々な計画に当たらせていたといい、フロンメルはこれはアルベルティの進言によるものであったろうとしている[19]。一方ヴァザーリは教皇はフィレンツェにおけるロッセリーノの作品、特にサンタ・クローチェ聖堂内に造られたレオナルド・ブルーニのモニュメントに惚れ込んでいて[20]、彼を重用することにしたのだとする。ロッセリーノがサン・ピエトロ聖堂

fig. 115　レオナルド・ブルーニの墓廟　ベルナルド・ロッセリーノ作　フィレンツェ、サンタ・クローチェ聖堂　c. 1446/50

fig. 116　15世紀のサン・ピエトロ聖堂（17世紀に描かれた復原図　Domenico Tasselli 画　Basilica di S. Pietro, Sagrestia）

の計画にどのように関わったのかは他の史料から裏付けることはできないが、ほとんどの研究者はこれもロッセリーノの手になるものと認めているようである。

フロンメルがマネッティの記述に基づいて作成したサン・ピエトロ聖堂の計画推定図[21]からみると、ニコラスの計画は、コンスタンティヌス帝時代の建物の二重側廊の両外側にさらにチャペル群を付け加え、翼廊をすべて交差ヴォールトの架構とし、初期キリスト教時代のアプスの代わり背後に延びる大きな後陣を設け、交差部にはドラムのないドームを冠するというものであった。そしてパルミエーリも記しているごとく、後陣の高さに合わせ身廊もすべて高さを増すことを考えていたと見られる。しかしアルベルティが懸念していた身廊クリアストーリィの壁の補強については、なんら対策がなされていたようには見えない。そして実施されたのはこれらの内の後陣の基礎部分のみで、これはミケランジェロの代になって壮大な集中式聖堂の一部として活かされることとなる。これらの図から感じ取られるかぎりでは、アルベルティの手がそこに加わっていたとは考えにくく、特に翼廊の交差ヴォールトなどはアルベルティが一度も試みることのなかったものであり、おそらくアルベルティはその計画立案に関しては蚊帳の外に置かれていて、ロッセリーノと教皇が二人だけで創り上げたもので、アルベルティは出来上がった案を見て構造的な問題を指摘しその危険な企てを中止させたということだったのではなかろうか。ヴァティカンの会計記録によれば1454年10月に工事請負業者に対して"tribuna"（後陣を指すと思われる）の工事に対し支払がなされており、そ

VII. 建築と政治

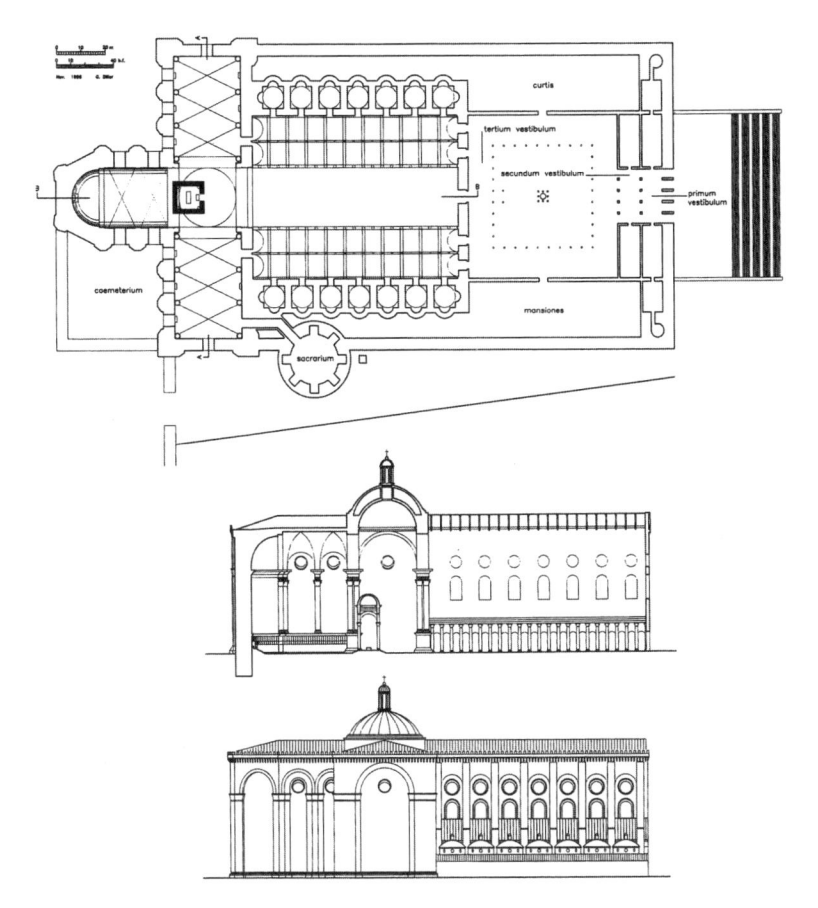

fig. 117 ロッセッリーノによるサン・ピエトロ聖堂計画案推定図（from Frommel）

れが工事停止の時点であったと見られる[22]。

　一方、フロンメルがニコラスの「善き統治」*Buon governo* の試みの一環として高く評価する、ヴァティカン全体を含むボルゴの計画とはどのようなものであったか。実際のところこれはヴァザーリがいみじくも述べている如く、「その事業の眼目はヴァティカン全体を砦と化し、独立した都市に仕立て上げることであった」のであって、最も重視されまた最初に着手

223

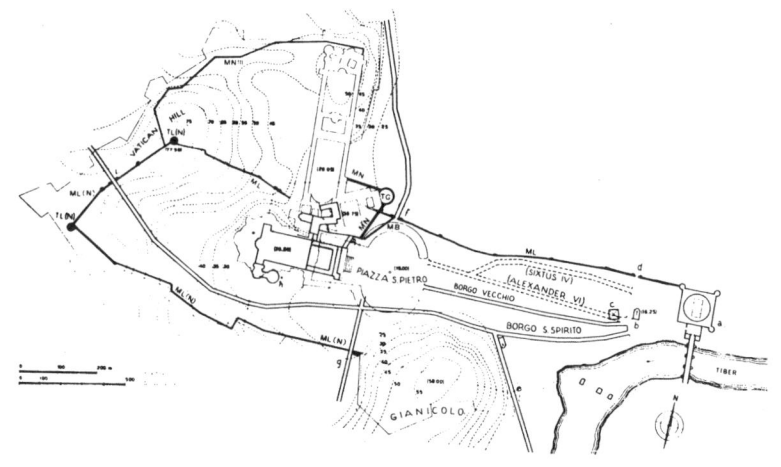

fig. 118　マネッティの記述による「ボルゴ」計画案推定図（from Magnusson）

されたのは、この地区全体を囲繞する城壁の強化と、とりわけローマ旧市街との接点に当たるカステル・サンタンジェロの防備強化であり、これは何よりも旧市街側からの攻撃にそなえたものに他ならない[23]。むしろそれは自治都市ローマを敵と見なすような計画であったと言える。これは中世の封建領主が都市に対してとったのと同様な手法で、都市の城壁のすぐ外側に砦と自らの居城を置いて都市を牽制しようとするものと見なされても致し方ないものであった。そしてその防備を固めたボルゴの内側の計画は、アルベルティが De re aedificatoria で冷徹に叙述していた「僭主の支配する都市」の構成[24]をそのまま再現したようなものであり、この時代の教皇のもう一つの顔である世俗的絶対君主としての力を、むき出しにして見せつけたものと言わざるを得ない。ニコラスとしては、かつてエウゲニウス四世がローマ市民に襲われてその後十年近くローマに戻ることができなかった苦い記憶や、ポルカリの謀叛などの生々しい体験からこうした方策を選ぶこととなったのであろう。彼は死が近づいたとき枢機卿たちを呼び集めて、自分の計画について「これは何よりも諸卿方を守るためであった」と説明していたという。これらの計画へのアルベルティ関与説を支持する研究者たちは、フロンメルも含め、この中のロッジアを建物前面に取り付け

た街路や、聖堂前の長大な広場、とりわけ街路と聖堂の軸線上にオベリスクを置くモニュメンタルな構成、あるいはサンタンジェロ橋の計画[25]に至るまで、それらが De re aedificatoria に記されている内容と合致することをその理由に挙げるのであるが、逆にバーンズは[26]マネッティが記す広場の比例（1:10）はアルベルティの推奨する比例（1:2）[27]とは全く合致しないし、ロッジア付きの街路はかつてパレントゥチェッリが暮らしていたことのあるボローニャの街路[28]をモデルとしたものであったろうとし、そうした見方に疑問符を呈している。しかしこれらどちらの見方についても、相手に対する決定的な反証とはなり得ない。アルベルティがこれらに全く関与しなかったとも言い切れないし、またよしんば関与していたのだとしても、それがアルベルティの本心から出たものだとも断定はできない。むしろその判断は、アルベルティの De re aedificatoria における都市の美観・体裁についての記述[29]（かつて古代ローマ都市ではそうであったということを記しただけなのか、あるいは当代にもかくあるべきだとして述べていたものなのか、曖昧である）をどこまで真に受けるか、またこれらの事業に「都市計画」という概念を当てはめ得ると考えるか否かにかかっているように思われる。

トレヴィの泉：サント・ステファノ・ロトンド聖堂

　アクア・ヴェルジーネ Acqua Vergine とは、ローマ市街に水を供給する多くの水道のうち、BC. 19年にアウグストゥス帝の建設長官 aedile であったアグリッパ Marcus Vipsanius Agrippa（63 BC.-12 AD.）が、カムプス・マルティウス Campus Martius の大浴場に水を引くために建設した Aqua Virgo を指す。ほとんどの水道がかなり遠くの東方の山地から引かれていたのに対し、これだけは北部の比較的近い複数の水源から採られ、ほとんどが地下の水管を通して市街に入り込んでいるために、ローマ帝国崩壊後も幾度か補修されながら中世を通じて水を供給し続けていた。フロンティヌス[30]によれば、この水道はピンチョの丘の麓で地表に姿を表し、そこからは水道橋でパンテオンの近くまで運ばれ、アグリッパの大浴場に水を供給した後、大きな人造湖を経てテヴェーレへ注ぐかたちとなっていたという。

fig. 119　ニコラス五世のトレヴィの泉
　　　　　(from Franzini, *Descriptione di Roma antica e moderna...*, Roma 1643)

　トレヴィの泉 Fontana di Trevi の原形がいつ頃出来上がったものかはよく分かっていないようである。しかし1414年ころのローマの絵地図にはそれらしい姿が現れており、そのすぐそばには水道橋の名残と見られるアーチも描かれていたという[31]。現在の南向きとは違って、水道橋を背にして西に向いて長方形の大きな水槽が設けられていたらしい。「トレヴィ」の名称は、古代からこの場所にあった三叉路 tre vie から出たものであろうとされる。ニコラス五世が造らせたというトレヴィの泉の姿については、それが改造される直前の1643年に出版されたフランツィーニの著書の図[32]を通して知られるのみであるが、ニコラスの時代までは同じく西向きで水道橋アーチもそのままであったと見られる。この泉はベルニーニが南向きに改造し(1643)、さらに18世紀にニコラ・サルヴィ Nicola Salvi（1697-1751）により大規模に拡張され現在の姿となった（1732-62）。

　フランツィーニの図の中に記された銘板の文は "NICOLAVS・V・PON・MAX・／POST・ILLVSTRATAM INSI／GNIBVS／MONVM・VRNEM・／DVCTṼ・AQVE・VIRGINIS／VET・COL・REST・1453" となっているが、これはどうやらフランツィーニが勝手に書き換えつづめてしまったもののようで、本来は年号もローマ数字であったはずである[33]。銘板の上部には教皇の紋章と二つの地区 rione の紋章が配されている。それ以外にはここには装飾らしきものも建築的要素も全く見られず、この図からだけではアルベルティがそこにどのように関わっていたかを判断するのは難しい。もしあったとしても、銘文の選定やその書体について助言をする程度のことに過ぎなかったであったろう。しかしこの図に表れない部分では、たと

えば水路の補修に関わる技術的な側面での進言などはあり得たかも知れない。*De re aedificatoria*, Lib. X, cap. 7では水路の構築に関わる測量技術などが論じられており、また Lib. I, cap. 8 や Lib. II, cap. 13ではフロンティヌスの名を挙げていて、アルベルティがかねてから水利技術に深い関心を寄せ、それがアクア・ヴェルジーネの修復に役立てられたのであろうと考える向きは多い。

　この泉の建設工事に関わる史料としては、1453年6月18日にピエトロ・ディ・ジゥリアーノ Pietro di Giuliano da Chona [sic] という工匠に対して "l'acqua Treio" の工事指揮に関し200ドゥカーティが支払われたというものがある[34]だけで、アルベルティの名はもとより、ロッセッリーノの名も現れてこない。一方バロウズは、史料的典拠を示さないま

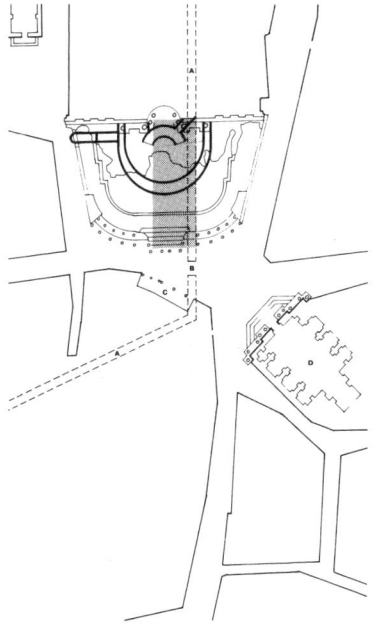

A：Aqua Virgo の水道橋
B：水道橋のアーチ
C：中世のポルティコ
D：SS. Vincenzo e Anastasio
網かけがニコラス時代の泉の範囲　太い黒線はベルニーニによる改造（1643-1732）　細線がサルヴィの泉（1732-62）

fig. 120　トレヴィの広場と泉の変遷図（from J. Pinto）

ま、この工事は教皇が行なったのものではなく、この近傍一帯の地主であったプロスペーロ・コロンナ枢機卿の主導によるものであり、工事に当たった工匠ジゥリアーノはコロンナの領地の同名の村（"Chona" というのは Colonna の書き間違いらしい）の出身であるとし[35]、かねてからコロンナと懇意であったアルベルティがこれに関わっていても不思議はないとする。そしてニコラスは、エウゲニウス四世時代以来教皇と対抗する力を持つと見なされていたコロンナ[36]との仲立ちの役割をアルベルティに託したのであろうと推測している。しかしいずれにせよ、アルベルティがニコラスの事

fig. 121　サント・ステファノ・ロトンド聖堂

業の一端に関わったとしても、その政治的戦略への加担というよりは、ここでも純然たる技術的助言のレヴェルにとどまっていたということになろう。

ニコラスが手がけたとされる多くの作事の中では、特別に詳細な史料が遺されている[37]のが、市街東南部チェリオの丘 Monte Celio（古代の Colis Caelius）に建つ初期キリスト教の遺構サント・ステファノ・ロトンド聖堂 S. Stefano Rotondo の修復事業で、そしてまたロッセッリーノの関与が確実に確かめられるのもこの工事だけである。ニコラスが特にこの聖堂の修復に力を入れたのは、一つにはクラウトハイマーが指摘するような、イェルサレムの「聖墳墓」との関わりを連想させるその形式があり、またこの聖堂の管理をハンガリィのパオリーニ修道会（Ordine di S. Paolo Primo Eremita）に委ねることで、トルコに脅かされている東方のカソリック教会を支えようという意図もあったと見られる。この特異な円形と十字形平面を重ね合わせたような聖堂の当初の姿については多くの疑問が残されており、様々な復原案が提起されているが、どれも決定的なものとはなし難い[38]。ルネサンス期には荒廃していて、フラヴィオ・ビオンドは素晴らしい大理石の円柱やモザイクがあることを挙げながら、それが屋根がなくなっていると記しており[39]、修復は主としてそれに屋根を付けることや床の修繕、外周の壁に採光のための窓を新設することなどであったと見られる。

この工事がアルベルティの指導によるものだとの説は、ヴァザーリ以後多くの研究者たちに信じられてきていて、マンチーニもそれを疑っていなかったし、現代でもゼヴィやボルシ[40]もそうした確信に基づいた叙述をし

ている。しかしアルベルティがこれに関わっていたということを確実に示すような痕跡はどこにも見当たらず、また De re aedificatoria の記述にも、これとの関連を思わせるようなものはない（Lib. VII, cap. 4～5では簡潔に円形神殿のことが取り上げられているが、サント・ステファノのような特異な平面形式への言及はない）。近年のアルベルティ研究の中では、この問題はほとんど正面から取り上げられていないように見えるし[41]、これについては否定的な結論を述べるにとどめておく。

ナポリのカステル・ヌォヴォ

マンチーニは[42]、20世紀初めころから幾人かの人々により提起されていた、アルベルティがナポリのカステル・ヌォヴォの装飾に関わったとする仮説[43]について、「危ういものではあるが」としてその可能性については結論を保留したまま、若干の所見を述べていた。この仮説については全く史料的根拠を欠き、その後しばらくはこれを取り上げた論考は見られなかった[44]のであるが、そうした中でフロンメルの2008年の論文 "Alberti e la porta trionfale di Castel Nuovo a Napoli". in *Annali di architettura* (*op. cit.*) は、工事経過を洗い直すことによりこの問題を正面から取り上げ論じた[45]ものとして注目される。

アンジュー家時代の13世紀後半にナポリ湾に面して造られていたカステル・ヌォヴォは、ルネ・ダンジュー René d'Anjou から1442年に武力でナポリを奪取したアラゴンのアルフォンソ Alfonso d'Aragona ("Alfonse le Magnanime", 1394-1458) が、自らの居城とすべく1446年ころから改造に取りかかり、この城の市街に面する側に、自らの武勲を表す「凱旋門」としての表現を付け加えようとした[46]ものである。工事はアルフォンソの生前には終わらず、次のフェルディナンド一世 Ferdinando I (1423-94) の代の1460年代末までかかっていた。この間にはイタリア中から様々な工匠たちが招請されるが[47]、ルネサンス建築の中にペトラルカ Francesco Petrarca (1304-74) が頌詩 *I Trionfi* の中で示していた、様々な観念（「愛」や「死」etc.）の勝利の形（凱旋）を寓意的に描く "trionfo" の表現を持ち込んだ最初のものと

229

して知られることとなる。

　こうしたtrionfoの表現は絵画やメダルなどの図柄として15世紀初めころからルネサンス美術の中に現れていて、その有名なものとしてはボルソ・デステがフェッラーラの「スキファノイア宮」Palazzo Schifanoiaの中に描かせた壁画[48]があり、またリミニの「テムピオ・マラテスティアーノ」の「聖シジスモンドのチャペル」[49]内浮彫にも、そうしたtrionfoの図柄が見られる。カステル・ヌォヴォでは、アルフォンソの盛大な凱旋行列を表す巨大な浮彫パネルが古代ローマの凱旋門を想わせるアーチ構えの上部に取り付けられることにより、そうしたペトラルカ的trionfoが凱旋門モティーフと初めて結びつけられたところに新しさがあったと言える。実際、これは新たな建築的創意というよりは"trionfo"の表現のための図像的レパートリィを追求することに意が注がれていたのであって、ここでの二本組の円柱をアーチ両脇に配した「凱旋門」的表現（特に下層部）は、フロンメルが指摘しているごとく、イストリア地方ポーラPolaのAD. 1世紀末の凱旋門Arch of the Sergii (Porta Aurea)[50]の構成をそっくり採り入れたものであり、そこに何らかの新たな建築的創意が盛り込まれていたようには見えない。イタリア本土の遺構ではなくわざわざアドリア海対岸にそのソースを求めていたのは、この時期この地方がヴェネツィア共和国の支配下にあり、イタリアの建築家

fig. 122　ナポリのカステル・ヌォヴォ

fig. 123　カステル・ヌォヴォのアーチ上部浮彫
"Trionfo di Re Alfonso"

VII. 建築と政治

たちが数多く派遣されていて[51]、ピエトロ・ディ・マルティノもドゥブロヴニク（ラグーザ）で仕事をしていたことがあった[52]というし、このカステル・ヌォヴォの工事現場には大理石の産地でその扱いに習熟したダルマティア出身の工匠たちが入れ替わり立ち替わり働いていたから[53]、これはさほど異とするには当たらない。この他にもスペイン人（らしき）工匠[54]が招かれていた。これら様々な出自の工匠たちを統括し、指示を与えることが出来たのはアルフォンソ自身を措いては考えられない。これがカムパーニア地方において最初のルネサンス・スタイルを実現して見せたものであり、その後のこの地方におけるそのスタイルの普及に大きな役割を果たしたものであることは否定できないが、しかしそれは芸術的目標を掲げてというよりは、ひたすら権力誇示の手段を美術に求めるものであったとせざるを得ない。

この作事とアルベルティをつなぐ糸としてフロンメルが挙げているのは、アルフォンソが彫刻などについてしばしば意見を求めていたヴァティカンのトレヴィザン枢機卿 Cardinale Trevisan（Ludovico Trevisan, 1401-65）の存在である[55]。パドヴァ大学出身の医師で、教皇エウゲニウス四世の侍医からアルベルティと同様な書記官から司教を経て、やがて教皇代行役 camerlengo の枢機卿に上り詰め、しばしば軍隊を率いて

fig. 124 "Trionfo di S. Sigismondo" リミニのテムピオ・マラテスティアーノ内

fig. 125 ポーラの「ポルタ・アウレア」

231

戦場に立ち多くの戦績を挙げたという、上昇志向の塊のようなこの実力者とアルベルティとがどのような関わりを持っていたかは、実のところあまりはっきりしていない。ヴァティカンの中で二人が接触する機会はかなりあったであろうことは、充分考えられることろではあるが、この軍人枢機卿とアルベルティがこうした芸術・文化的な面での交流があったとするのは、かなり危うい状況証拠に基づく推測に過ぎない。しかしフロンメルはこの推測をもとに、1451年に彫刻家パオロ・ロマーノ[56]をナポリの現場に推薦したのはトレヴィザンかアルベルティであろうとし、またこれらの他にもリミニの「テムピオ・マラテスティアーノ」で働いていたとされるイザィア・ディ・ピサ[57]がナポリにもいて高給を得ていたことなどを挙げ、アルベルティが全体の意匠の決定に大きく関わっていたに違いないと結論づけるのである。その一方で、これまでのカステル・ヌォヴォに関するほとんどの論考でその設計者として名前が挙げられているフランチェスコ・ラウラーナも含め、これら多くの工匠たちがどこまでの範囲を受け持っていたのかについての詳しい説明はなされていない[58]。

　こうした汗牛充棟の状況証拠を並べた上でのフロンメルの推測については、筆者にはその当否を判断する資格はないが、こうした様々な工匠の手になる一貫した手法不在の彫刻群や古典モティーフの脈絡のない寄せ集めと見なされかねないような仕事に、果たしてアルベルティが手を貸したであろうかという漠然たる疑問を感じている[59]。

アルベルティとウルビーノ

　クリストフォロ・ランディーノはウルビーノ公フェデリーコ〔ゴ〕・ダ・モンテフェルトロ Federic[g]o da Montefeltro（1422-82）に献呈したその「カマードリでの談義」（c. 1474）の中で、1468年にカマードリの僧院で行なわれたとする架空の集まりの参加者の一人にアルベルティを登場させ、その口から「むかし歓待を受け、古くから親しい付き合いがあったことでフェデリーゴの人柄はよく知っており、そんなわけで毎年秋になると保養と称してローマを脱出し彼のところへ遊びに出かけているのだが、これは私に

VII. 建築と政治

とっては、サルダナパルスの食卓[60]から脱け出してアルキヌースの宴席[61]に紛れ込み、そこであたかもソクラテスとの対話に付き合うようなものなのだ」と言わせている[62]。

フェデリーコは学芸を愛する英明な君主であると同時に有能な軍人で、教皇やミラノ公、あるいはナポリ王などに、敵味方関係なくその場その場で報酬目当てに傭兵隊長として奉仕しながら、そこから得た富を自らの小都市ウルビーノに注ぎ込み、イタリア随一の文化都市に仕立て挙げていたことで知られるが[63]、アルベルティがいつのころから彼と懇意になっていたものかは

fig. 126 フェデリーコ・ダ・モンテフェルトロ肖像 ピエロ・デッラ・フランチェスカ作 c. 1465 Galleria degli Uffizi

よく分からない。フェデリーコはリミニのシジスモンド・マラテスタを不倶戴天の敵としていたのであったが、その一方では先代からのつながりもあって[64]マラテスタの一族とも縁戚関係を結んでおり、政治的にはまことに狡猾で策謀に長けた人物であったらしい[65]。従ってリミニの宮廷とウルビーノの間でもかなり人の往き来はあったようで、ピエロ・デッラ・フランチェスカなどはそうした一人であったと考えられる。もしアルベルティがリミニでピエロと出会っていたという推測が正しければ[66]、彼を仲立ちとしてアルベルティがウルビーノと関係を持つようになったことも考えられる。

こうしたことから、フェデリーコがウルビーノの支配者となってまもなく構想していたと見られる市中の宮殿パラッツォ・ドゥカーレ Palazzo Ducale の拡張と広場の計画にも、アルベルティが関わっていたのではないかとする推測がある[67]。フェデリーコは1447年ころにはフィレンツェからマソ・ディ・バルトロメオ[68]を招いて、パラッツォ・ドゥカーレと広場を

挟んで向かい合うサン・ドメニコ聖堂 S. Domenico ファサード（入口周りのみ）の工事にかからせており、この工匠は引き続きパラッツォ・ドゥカーレの工事にも関わったと考えられている。

　ウルビーノはすでにローマ時代から名が知られ、ビザンティン期にはその軍事拠点の一つとなっていたというが、その後のランゴバルドの侵入などもあって、都市として自立するのは13世紀以降のことと考えられている。まちは南北に長い尾根の上に展開していて、その尾根が北の方で二つに分かれる地点（現在の Piazza della Repubblica）か

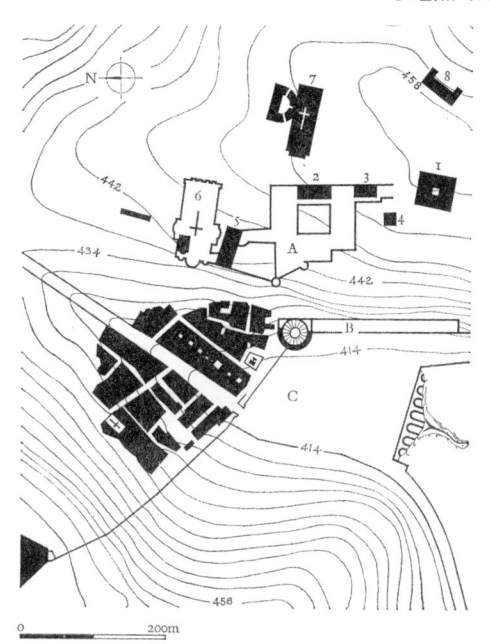

fig. 127　ウルビーノのサン・ドメニコ聖堂正面

1. 　旧領主の館
2. 　パラッツォ・デッラ・イォレ
3, 4. 中世の建物
5. 　"Castellare"
6. 　大聖堂
7. 　サン・ドメニコ聖堂
8. 　サンタ・キアラ修道院
   A. 　新パラッツォ・ドゥカーレ
   B. 　"Data"（厩舎）
   C. 　「メルカテレ」Mercatele

fig. 128　ウルビーノのパラッツォ・ドゥカーレの計画（from Heydenreich）

ら南へ向かって、尾根の西側に古い砦の遺構 "Castellare"、東側にはサン・ドメニコの聖堂、南西寄りに歴代領主の館（現在の Palazzo dell' Unversità の場所、16世紀に改築）などが散在し、尾根の西側の谷状の土地は、商店などが軒を並べる下町を形成していた。フェデリーコのパラッツォ・ドゥカーレは、その Castellare から南へ旧領主の館までの尾根の西側一帯を、一つながりのブロックとして整備することとなるものであった。

パラッツォ・ドゥカーレの工事がいつ着手されたのかは、はっきりしていないが、本格化するのはフェデリーコがナポリ王の傭兵隊長となって多額の報酬を得ることとなる1450年代、それもサン・ドメニコ聖堂の工事が終わる1452年以後と考えられている。この時期の計画が誰の立案によるものかも不明で、一説にはヴァザーリがブラマンテの初期の師であるとしたウルビーノの画家フラ・カルネヴァーレ Fra Carnevale[69]が関与したのではないかとも言われるものの、おそらくはフェデリーコ自らの主導によるところが多かったのであろう。サン・ドメニコの真向かいに当たるパラッツォ・ドゥカーレ東側面二階を占める「イォレの広間」Salone della Iole は、マソとその助手たちによって装飾されたものとされる。この部分は既存の中世の建物の躯体をそのまま利用したもので[70]、ここを起点にして拡張計画がスタートしたものと見られる。この部分の広場（Piazza del Rinascimento）に面する五つの窓は、いずれもパラッツォ・メディチなどに見られるフィレンツェ風の二連窓 bifore で、古い煉瓦の壁体に後から嵌め込まれたものであることが歴然としている。

マソが1456年にダルマティアのラグーザで没した後しばらくは、工事の

fig. 129 「イォレの間」の窓

模様は不明であるが、1468年6月10日になって、スフォルツァに招かれてパヴィアにいたフェデリーコは、ダルマティア出身の建築家ルチアーノ・ラウラーナ Luciano Laurana（c. 1420-79）を、パラッツォ・ドゥカーレにおける作事すべての責任者に任命し、それに関わる全権を賦与するという異例の「特許状」を発している[71]。

　ラウラーナの初期の事績についてはほとんど分かっていない。ヴァザーリにもその名は現れず[72]、おそらくヴェネツィアで修業したのち、マルケ地方などで活動していたものであろう。彼の名が最初に史料に現れるのは、1465年5月にペーザロでスフォルツァの作事に従事していて、まもなくマントヴァに戻る予定であることを表明していたというものである[73]。そして翌年の3月には、フェデリーコの宮宰役を務めていたオッタヴィアーノ・デリ・ウバルディーニ[74]がマントヴァのゴンザーガに対して、ラウラーナをフェデリーコの出張先であるミラノに派遣させることを許可するよう求めており、すでにこのときにはウルビーノでパラッツォ・ドゥカーレの工事に関わっていたことが知られる。従ってこの時期のラウラーナは、スフォルツァ、ゴンザーガ、そしてフェデリーコと三人の君主たちの仕事を掛け持ちしていたことになる[75]。おそらくフェデリーコは1465年にはペーザロでラウラーナと出会ってパラッツォ・ドゥカーレの設計を依頼し、ラウラーナはマントヴァにいる間にすでにその模型を作成していたのだと考えられる。フェデリーコの「特許状」は、地元の工匠たちを新来のラウラーナの指揮に従わせるようにするためのものであったのだろう。

　ラウラーナの参画によってウルビーノの計画は大きく方向転換し、単一のヴォリュームによるモニュメンタリティを追求するのではなく、尾根の西側の地形に沿ってその特徴を際立たせる、土木的スケールで連続するヴォリュームにより都市の外貌を形成するようなかたちを取り始める。内部ではレヴェルの異なる空間が複雑に積み重なり、尾根に当たる部分の懐には広場を囲い込むという、いわば一つの建築がそのまま都市空間を内包するものとなるのである。16世紀、この王宮を拠点として活躍した文人バルダッサーレ・カスティリオーネは次のような言葉を残している、「この

236

VII. 建築と政治

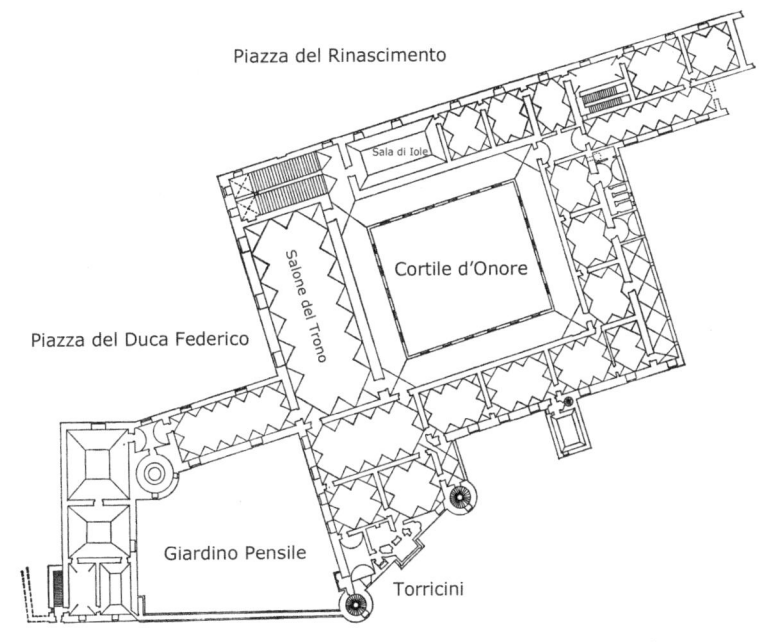

fig. 130 パラッツォ・ドゥカーレ2階平面（after Heydenreich）

人物〔フェデリーコ〕の業績の中でも最も賞賛すべきものは、不規則なウルビーノの土地に一つの宮殿を造ったことで、それは多くの人々が口を揃えて言うごとく、イタリア中で見られる最も美しいものである。しかもそれは実にみごとにすべてがその場に適合するように造られていて、それは一個の宮殿と言うよりは、宮殿のかたちをとった都市のようだ。」[76]

　カスティリオーネのこの言葉は、アルベルティの「都市＝大きな住居、住居＝小さな都市」を想起させる。この構想がフェデリーコ自身によるものなのか、あるいはラウラーナの発案であったのかは分からないが、ラウラーナがマントヴァとも関わりを持っていたとすれば、そこでアルベルティと接触があった可能性が考えられるし、たとい間接的なものであったとしても、その背後にはアルベルティからの示唆があった可能性は充分に考え得る。多くの研究者たちが常にアルベルティとの関わりを念頭にしながらフェデリーコの作事を論じようとしているのは、その意味で当然のこ

fig. 131 「トッリチーニ」

ととも言えよう。

　こうした「都市計画」手法については、1459年に開始されていたピウス二世による「ピエンツァ」の計画が大きな刺激となっていたのであろうとする見方もある[77]。ピウス二世は人文主義者としての自負から、アルベルティに対するある種の対抗意識にかられこの計画に取り組んでいたものと見られ、そのかぎりにおいてはどちらもアルベルティからの影響と言えるが、しかしその目指す都市空間のあり方は全く対照的であって、個々の建築ヴォリュームの完結性を重視しているという点では、ピエンツァの方が「古典主義」的であり、ウルビーノはある意味では自然発生的に形成された中世都市の趣きをも感じさせるところがある。そしてこうした地形と一体化したような建築手法は、ラウラーナの出身地であるダルマティア地方などには古くから見られるものであり、あるいはラウラーナのそれらの記憶がここに活かされていたのかも知れない[78]。

　西側のファサードでひときわ高く立ち上がって、全体のヴォリュームを引き締める役割を負っているのが、4層のロッジャを二つの円形の塔で挟んだ「トッリチーニ」Torricini（二つの小塔の意）である。二つの円筒形のヴォリュームの間にモニュメンタルな門などの意匠を取り付ける手法はすでにナポリのカステル・ヌォヴォでも見られたもので、ほとんどの研究者はそれからの影響を指摘している。この時期フェデリーコがナポリ王に奉仕していたことからして、それは大いにあり得ることではあるが、しかしこちらには軍事的な意味は全くなく、土地の高低差をつなぐ螺旋階段を収めるためのものであり、しかもナポリの場合のような密度の高い彫刻的要

238

素は取り除かれ、ロッ
ジャはそれらの塔から
は明確に切り離されて
いて、フェデリーコの
居室を含む内部の空間
が都市外へと向かって
開く、開放的な「窓」と
して扱われており、威
圧的な相貌は一切見ら
れない。
　ナポリのそれがアル

fig. 132　Piazza del Duca Federico 側ファサード

ベルティの記す「僭主の支配する都市」の象徴であったとすれば、ここに
はそうした外へ向けての暴力的支配力誇示の表現は努めて避けられており、
もしそこからの影響があったのだとしても、むしろそれは否定的媒介とし
てであったと見るべきであろう。同様な開放的性格は都市の内側に向けた
表情にも表れており、宮殿北側のピアッツァ・デル・ドゥカ・フェデリー
コに面するファサードも、広場と同じレヴェルに形も大きさも全く同一の
入口が幾つも開かれ、それらからは直接に宮殿の心臓部である中庭 Cortile
d'Onore や建物東北角を占める大階段へと出入りすることができる。内部
の諸室についてはここで一々取り上げる余裕はないが、すべての評者から
絶賛されている中庭だけに触れておくこととする[79]。
　中庭は5スパン×6スパンの長方形で、円柱とアーキヴォルト、アーキト
レーヴ、窓枠などの白い大理石に対し、スパンドレルや壁面は明るい茶色
の煉瓦で、爽やかな色彩対比で構成される。スパンドレルに配された白い
円盤とフェデリーコを讃えるフリーズの刻銘以外、全く装飾は見られない。
そしてこれもすべての評者が指摘していることだが、四隅の収め方がフィ
レンツェのパラッツォ中庭に見られたような一つの円柱で二方からのアー
チを受けるのではなしに、両端部のアーチを受ける円柱の外側に更に付柱
を取り付け、あたかも回廊のそれぞれの面を互いに独立したもののように

fig. 133　パラッツォ・ドゥカーレ中庭（Cortile d'Onore）

fig. 134　中庭隅の柱の収まり 　　　　　fig. 135　中庭回廊内側角

扱っていることである。それは四隅が弱々しく見えることを避けるという視覚的効果もさることながら、面を構成する部材のまとまりを表現する一種の「文法」のようなものが意識されていて、構築的論理とは別に、建築部材同士の新たな統辞法を創り上げようとしたものと見ることができる。すでにブルネッレスキもオスペダーレ・デリ・インノチェンティやサン・ロレンツォ聖堂身廊のアーケードなどで、アーチ列の端に付柱を置くことを

試みていたが、ここではそれは更に徹底していて、隅で出会う付柱同士を思い切って切り離すことによりそこに奇妙な懐が出来上がってしまうのも意に介していない。そして背後に回ってみると、L字形の壁柱の角から円柱が姿を見せているのである。こうした独自の建築語法への試みは、やがてブラマンテにより更に拡大され、いわゆる「盛期ルネサンス」の古典主義への途を拓くこととなるもので、そこにはアルベルティからの何らかの示唆が働いていたことも考えられるが、それを確かめるすべはない。

1472年、ルチアーノ・ラウラーナは、その頃までにはパラッツォ・ドゥカーレ複合体の輪郭はほぼ決定し終えていたと考えられるものの、多くの未完の部分を残したまま、突然ウルビーノを去ってしまう。その理由は分かっておらず、またその後の足取りについてもはっきりしたことは分からない[80]。一方1477年には、シエナの建築家フランチェスコ・ディ・ジョルジョ・マルティーニ Francesco Maurizio di Giorgio di Martini（1439-1501/2）がパラッツォ・ドゥカーレの工事に関わっていたことが知られる。彼はシエナでは水利・軍事技術などに長けた有能な技術者であると同時に画家・彫刻家・建築家としてすでに高く評価されていた人物であるが、いつ頃からウルビーノと関わりを持つようになったものかははっきりしない。当代随一の軍事戦略家であったフェデリーコがかなり早くからその存在に目を留めていて、ラウラーナが去った直後から彼を呼び寄せていたのではないかとする推測もあるが、史料的な裏付けはない。これまでのところ1474/5年ころには彼はウルビーノで働き出していたであろうとするのが一般的な見方のように思われる。

アルベルティの *De re aedificatoria* に次ぐ重要な建築書の著者であり、後年にはレオナルドやブラマンテとの関わりがあり、初期ルネサンスから盛期ルネサンスの橋渡し役と見なされ、また軍事建築やいわゆる「理想都市」論との関わりでかなめの位置を占めるとされるフランチェスコ・ディ・ジョルジョの事績[81]については、ここでその詳細に触れるいとまはない。それらについては別の機会に譲ることとして、ここではとりあえず

彼のウルビーノにおける建築活動[82]のうちでも、アルベルティとの関わりを感じさせるものについてだけ触れておくこととしたい。

フランチェスコ・ディ・ジョルジオはアルベルティとは対照的な存在で、何よりも実務的経験を重視する生粋の技術者であり、抽象的な理論とはおよそ無縁の人であった。彼は目前の課題に対する技術的解決策と見られるものであれば、それがどのような出自のものであれただちにそれに飛びつき利用しようとする。アルベルティがウィトルウィウスに批判的にアプローチするのに対し、フランチェスコ・ディ・ジョルジオにとってはウィトルウィウスは様々な技術的ヒントを与えてくれる知識の源泉であり、それら個別知識を具体的な絵の形で確認し、それを一般の人々にも分かりやすく提示することが何よりも重要であって、それらが一貫した体系をなすかどうかは問題ではなかった。そして空想的と言ってよいような奔放なイメージを加えてそれらを復原して見せ、またそのイメージを実際の作品にも盛り込もうとした。彼はアルベルティが慎重に避けていた「アントロポモルフィズム」的な解釈を前面に押し出し、都市や建築もすべてそうした絵解きによって説明する。そのような姿勢からして彼はアルベルティの高踏的・学究的態度に対しては批判的であったと見られるが、しかしその反面、彼はアルベルティの建築からも貪欲に多くのものを吸収し、それをもとに独自の建築言語を創り上げてゆくのである。

パラッツォ・ドゥカーレの「トッリチーニ」の中の一郭を占める小礼拝

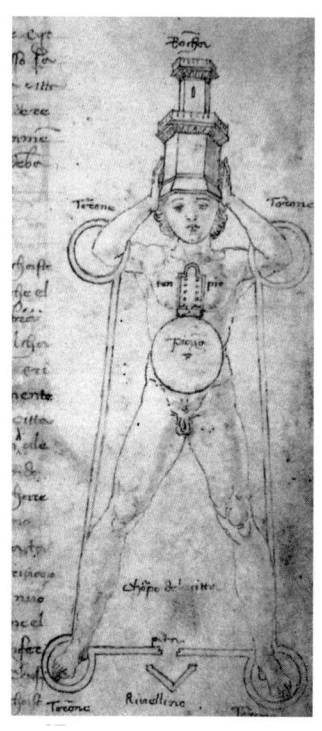

fig. 136　フランチェスコ・ディ・ジョルジオによる都市の模式図（*Cod. Torinese Saluzziano 148*, f. 3）

VII. 建築と政治

堂 Cappella del Perdono は、そうした彼の姿勢を示す好例と言える。これは「トッリチーニ」最上階の騙し絵の寄木細工の壁面で有名なフェデリーコの書斎 Studiolo の下の階にある[83]、幅約1.5 m、奥行き4 mほどの窓のない小部屋で、内部は床から天井に至るまで様々な色石のパネル（中にはアフリカ産の石まで含まれている）で化粧貼りされ、その美しさで有名となっていたものである。その作者については、色石の手法などから、ヴェネツィアでそうした手法を駆使することで有名となっていたピ

fig. 137　Cappella del Perdono

エトロ・ロムバルド Pietro Lombardo（c. 1434-1515）であろうとか、あるいはミラノ出身の工匠でおそらくロムバルドの工房で修業し1472年ころからウルビーノに来ていたアムブロジオ・バロッチ Ambrogio Barocci（生没年不詳）などの名が挙げられる一方[84]、とりわけそのアプスの空間構成がピエロ・デッラ・フランチェスカの絵 Sacra Conversazione に描かれた建築空間と似ていることから、彼の設計であろうという推測や、ブラマンテの作品（ミラノのサンタ・マリーア・プレッソ・サン・サティーロ聖堂の有名な騙し絵の内陣やサンタ・マリーア・デッレ・グラツィエ聖堂内陣など）と共通するものがあるところから、ブラマンテ説も浮上していた。しかしこれの制作年代が1478/80年ころであり、その時期すでにブラマンテはウルビーノを離れていたことから彼の関与の可能性は消え、代わってフランチェスコ・ディ・ジョルジョの名がクローズ・アップされることとなった。

　ブラマンテ説を唱えた A. ブルスキが指摘していたごとく、この空間構

243

fig. 138　建物側面とニッチのスタディ及びローマのウェヌスの神殿平面図（*Cod. Torinese Saluzziano 148*, f. 79r）

fig. 139　スポレトのクリトゥムノの神殿アプスとサン・サルヴァトーレ聖堂ファサード内側（*Cod. Torinese Saluzziano 148*, f. 93r）

成はアルベルティの「聖墳墓」からヒントを得ていた可能性があり、いわばそれを裏返したようなかたちとなっている[85]。一方、彼の *Trattati* のための挿図の中には、これと同様な空間モティーフによる幾つかの古代ローマ建築の復原スケッチ（たとえば、フォロ・ロマーノにあった「ウェヌスの神殿」Tempio di Venere, *Codice Torinese Saluzziano 148*, f. 79r やスポレトの「クリトゥムノの神殿」Tempietto alle fonti di Clitumno, *ibid.*, f. 93r など）があるが、これらはいずれも空想的な復原であり、むしろ「聖墳墓」を手がかりにしてそれらの復原を試みた可能性も考えられる。長方形に半円形のアプスを取り付けた一見単純なこの空間モティーフは、その後の彼の作品の中で更に増幅されることとなるし、またブラマンテの作品の中でも繰り返しヴァリエーションが試みられることとなる。

　1482年のフェデリーコの死の直後、その墓所として市外で東方の谷を隔

VII. 建築と政治

fig. 140　ピエロ・デッラ・フランチェスカ作「聖なる語らい」
Sacra Conversazione, c. 1472-74
Milano, Pinacoteca di Brera

fig. 141　ウルビーノ、サン・ベルナルディーノ聖堂

てる丘の上に建設された厳修派 Minore Osservante のフランチェスコ会修道院とその付属サン・ベルナルディーノ聖堂 S. Bernardino degli Zoccolanti（1482-91）については、従来からブラマンテの作とする説があり、ピエロ・デッラ・フランチェスカの *Sacra Conversazione* が一時この聖堂の祭壇画となっていたこともあり、従って聖堂も1474年ころには出来上がっていたと考えられていたのであったが、バーンズによりフランチェスコ・ディ・ジョルジョの手になる修道院計画の初期案と見られるもの（Biblioteca Laurenziana, *Cod. Ashburnham 1828*, App. ff. 63v-64r；1928, App. f. 87など）が紹介され、その作品であることがほぼ確かめられている[86]。これらの図ではクーポラで覆われる内陣が三方にアプスをそなえる形となっているが、実施されたものでは正面のアプスはなく、アーチ開口の背後にやや深い後陣が造られ、祭壇はその中に収められている。この改変がいつ行なわれたものかは不明であるが、計画案にあった聖堂の両脇や背後の諸室も造られること

245

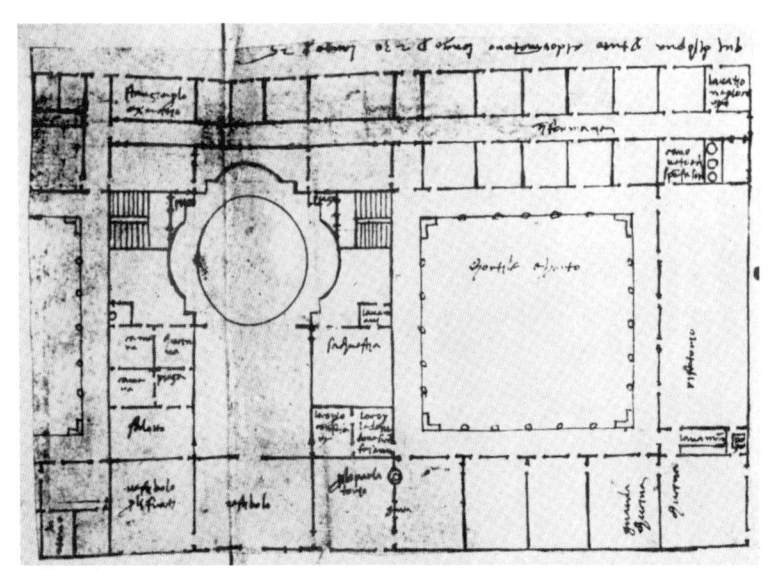

fig. 142　フランチェスコ・ディ・ジョルジォによるサン・ベルナルディーノ修道院計画案 Firenze, Biblioteca Laurenziana, *Cod. Ashburnham 1828*, App. ff. 63v-64r

fig. 143　同上　聖堂内陣部分スケッチ
Cod. Ashburnham 1928, App. f. 87

はなかったから、すでに実施段階で変更されていたのかも知れない。計画案の三弁形平面は、ブルネッレスキのサン・ロレンツォ聖堂旧聖器室の祭室や、アルベルティの「浴場計画案」(第V章参照)などに見られたものだが、ここではそれら三方のアプス前面のペンデンティヴ・アーチを、隅壁に添わせた3本の独立円柱で支えることにより、パラッツォ・ドゥカーレのCappella del Perdonoのアプスの構成を更に複雑化させ展開した形となっている。このように一つの単純なモティーフから出発し

Ⅶ. 建築と政治

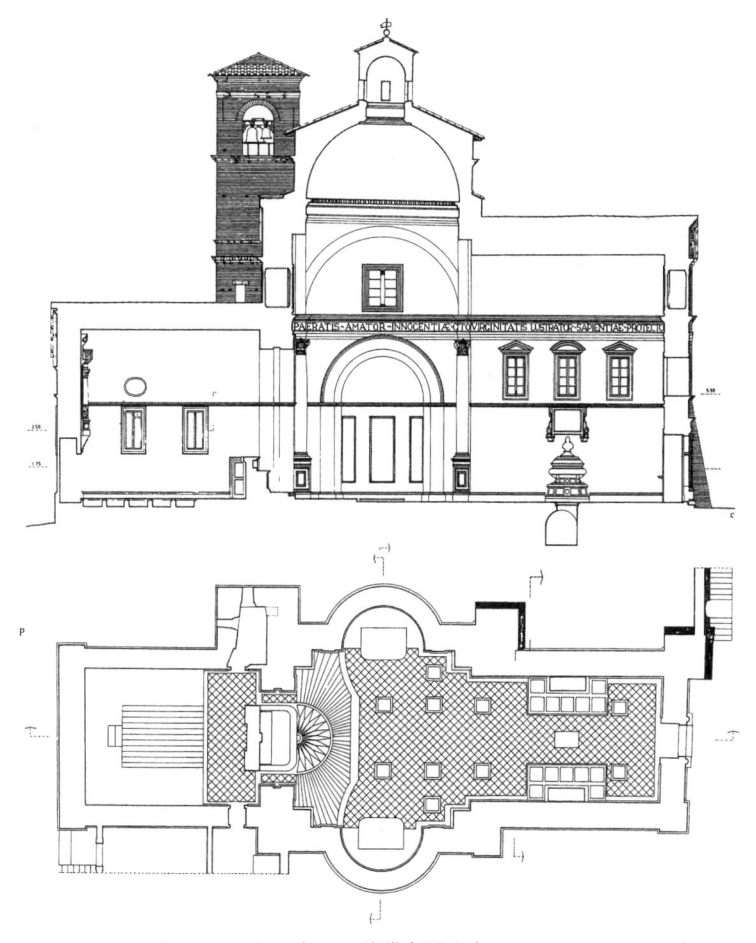

fig. 144　サン・ベルナルディーノ聖堂実測図（from Dalai Emiliani, 1992）

ながらヴァリエーションを試みるのは、フランチェスコ・ディ・ジョルジォの好んで用いた手法であり、またそれはブラマンテに受け継がれてさらに壮大なやり方で発展せられることとなるものである。

　これら内陣の円柱に支えられたエンタブラチュアのフリーズは、建物内部全体にめぐらされ、そこにはアルベルティ風ないしルカ・パチォリ風の書体による銘文が記される。この銘文以外には内部には装飾らしきものは

247

fig. 145　内陣隅壁に添えられた円柱　　　fig. 146　内陣クーポラ見上げ

一切見当たらない。フランチェスコ・ディ・ジョルジォは、その絵画作品ではシエナ派の伝統を引き継いだやや神経質な装飾的作風を見せるが、建築となるときわめて禁欲的に、基本となるモティーフの自律的な論理（幾何学的論理）のみによって空間を展開させようとするのである。この聖堂の内部空間の清澄さは、ほとんどパッラーディオのそれに匹敵するものと言えよう。

　その意味では彼は、アルベルティの手法を採り入れながらもその亜流の装飾的な「古典主義」の呪縛に囚われることなく、ブルネッレスキの系譜を正統に受け継ぐ建築家となり得る存在であったと言えるだろう。しかし彼のもう一方の資質である技術者的才能のおかげで、彼の活動の多くの部分は民生建築よりは軍事建築や水利・土木的事業の方に費やされることとなり、またその一方では通俗的でアントロポモルフィックなそのウィトルウィウス解釈が、アルベルティの目指すものとは裏腹の、「デミウルゴス」的建築家像を普及させることに力を貸してしまうのである。それはまもなく到来するローマの教皇権を中心とした「ユニヴァーサル」な文化を標榜する社会の中で、自らを取り巻く権力構造が自分の技術をどのように利用するかには全く疑いを抱かない、体制派万能タレントとしてのあり方を予告するものであった。フランチェスコ・ディ・ジョルジォは、レオナルドがそうであったように、ルネサンスの分岐点に位置する存在であったと言うべきであろう。

VII. 建築と政治

「理想都市の図」

　ルネサンスのウルビーノの話題で欠くことの出来ないのが、現在パラッツォ・ドゥカーレ内の国立マルケ美術館に、「理想都市」La città ideale の題で展示されている大きな板絵をめぐってなされてきた研究者たちの論争である。この絵が美術史家たちの関心を集めるきっかけとなったのは、1948年のクラウトハイマーの論文「ルネサンスにおける悲劇と喜劇のための背景」[87]であるが、これはこの板絵と、それと同類と思われるボルティモアのウォルターズ美術館 Walters Art Gallery, Baltimore 所蔵の「都市広場の図」View of a city square とを取り上げ、それらがそれぞれウィトルウィウスの記述する古代の劇場における喜劇用背景 scaenae comicae と悲劇用背景 scaenae tragicae[88] を表したものであろうとし、それらが16世紀のセルリオの建築書に掲載されたそれらの図[89]のもととなったとの仮説を提起したものであった。

　この仮説は多くの反響を呼び、ルネサンス絵画と演劇の関係、また建築と演劇あるいは当時の都市のイメージと演劇との関係の見直しなど、多方面にわたる研究に大きな刺激を与えることになるのであるが、同時に全く史料的根拠を欠くこの推測には多くの批判が寄せられ、魅力的ではあるが実証され得ない空想であるとされてきた。その間にはベルリンの美術館 Gemäldegalerie, Berlin にもこれに類するような都市広場の図 Vedute der Architektonische Fantasie が存在することが指摘され、その来歴や作者、制作時期あるいは目的などについて多くの論考が寄せられてきているが、未だに確たる結論は出ていない。

　制作時期については15世紀後半のものであることだけは間違いないとされるものの、1460年代とするものから90年代とするものまでかなりの幅があるし、作者に至っては、ウルビーノのパラッツォ・ドゥカーレの建築家ルチアーノ・ラウラーナやピエロ・デッラ・フランチェスカ、あるいはフランチェスコ・ディ・ジョルジョなどの名が挙げられているが、そのどれについても状況証拠と言えるほどのものすらない、純然たる憶測である。

　センセーション巻き起こした張本人のクラウトハイマーは、半世紀近く

fig. 147　ウルビーノ、国立マルケ美術館蔵の「理想都市の図」

fig. 148　ボルティモア、ウォルターズ美術館蔵「都市広場の図」

の間、この問題については沈黙を守ってきていたのであったが、1994年になってようやく重い口を開き、「ウルビーノ、ベルリン、ボルティモアの絵の再検討」と題する論文を発表している[90]。それによれば彼は、その後の詳細な作品の検討（赤外線調査など）を通じてそれらの制作過程を確かめ、コムパスと定規による正確な透視図法による下描きがなされているが、出来上がった絵は下描きを微修正し、建物の位置などを変え幾度か推敲した跡が見られる（つまり直接の制作者以外にそれに指導助言する人物があった？）ことや、それらがこれまでは大きな衣装箱 cassone などの側面を飾ったものと見られていたが[91]、実際は室内の壁に眼の高さで取り付けられていたらしいことなどを明らかにしている。その上でこれら3点は、大きさもまた描かれた都市空間の構成も異なる[92]ものの、宗教画や歴史画などの背景に描かれる建築描写とは異なりこのように都市空間そのものを主題とし、これほど正確に建築を、しかもいまだ現実には実現されていない建築と都市風景を描いた絵画は他に例がなくきわめてユニークなものであって、同じ

VII. 建築と政治

fig. 149　ベルリン国立絵画館蔵「空想建築風景」

特殊なグループに属するものと考えるべきであろうとする。つまりほぼ同時期に、同一のアトリエないしそのサークル内で制作されたものであろうというのである。

　かつてシャステルは、中世末期以後のイタリアではこうした都市空間や建築を主題とした描写が寄木細工の装飾 tarsia に数多く見られ、とりわけ1460年代以後、透視図法を用いて最新流行の古典風の建築を描くものが現れてきていたと考えられることから、ウルビーノのパネルをはじめとするこれら3点の板絵は、そうした寄木細工からの影響下に作成されたものであろうとし、それゆえこれらの制作年代はかなり遅れるものであろうとの説を提起していたのであったが[93]、クラウトハイマーはこれに反駁し、むしろその逆であって、パラッツォ・ドゥカーレの有名な「書斎」Studiolo の寄木細工の壁面装飾や「玉座の広間」Salone del Trono の扉などは、これら板絵からヒントを得ていたものであろうとするのである。従ってこれら板絵の制作時期は1470年代より遅れることはないだろうとする。

　これらのことからクラウトハイマーは、きわめて慎重な言い回しながら、これらの板絵の制作にはアルベルティの存在が深く関わっており、アルベルティ自身が直接それに関与したとまでは言えないにしても、彼と親密な

251

関係にあったパトロンたち——たとえばフェデリーコ・ダ・モンテフェルトロやあるいはマントヴァのルドヴィーコ・ゴンザーガなど——の身辺で、De re aedificatoria の都市に関する記述を参照しつつ進められたに違いないと結論づける[94]。これら3点の板絵の来歴ははっきりしておらず、ウルビーノの「理想都市の図」だけが一時期ウルビーノのサンタ・キアラ修道院にあったことが知られているのであるが、この尼僧院にはフェデリーコの娘が院長として送り込まれていたこともあり、これが何らかのかたちでウルビーノの宮廷と関わりを有することが考えられ、とすれば同じグループに属するとされた他の2点についても、ウルビーノから出たものであろうということになるのである。そして彼の最初の論文の中心テーマであったはずの、これらが劇場の舞台背景との関わりを持つという点については、論文の末尾でごく控えめに、当時のルネサンス絵画全般が何らかのかたちで劇場との関わりを持たなかったはずはないという主張だけで締めくくっている。結局のところこれらの板絵の素性については、従来の推測以上の新たな手がかりが得られたとは言い難く、その作者や目的などは相変わらず謎に包まれたままである。

　1513年2月6日、ウルビーノのパラッツォ・ドゥカーレ内大広間（おそらく階上の Salone del Trono）で行なわれた新作喜劇「カランドリア」を含む三つの喜劇上演については、バルダッサーレ・カスティリオーネが友人に宛てた書簡や著者不詳の「フランチェスコ・マリーア一世伝」の中の一節などで、その様子がかなり詳しく語られている[95]。カスティリオーネはその舞台については次のように記している——「そして舞台は美しい都市を模したもので、街路やパラッツォ群、聖堂、塔、実際の街路〔登場人物が実際に往き来できる街路の意？〕などをそなえ、すべてが立体的に表されているが、更に美しい絵やよく練られた透視図の風景も加えられている。中でも特筆されるのは、八角形の神殿を半ば立体的に表現したもので、まことに見事な出来映えで、ウルビーノのまち中の職人たちがかかったとしても、これが4ヶ月で出来上がったとは信じられないほどだ。すべてがスタッコで造

VII. 建築と政治

られているが、実に本物らしくできている。アラバスターの窓を模したものもある。梁やコーニスはすべて品の良い金色や紺青で塗られ、要所には宝石を模したガラスがあしらわれ、本物そっくりに見える。円盤の中の人像は大理石を模したもの。巧みをこらした小円柱群など。すべてを語ろうとすると長い話になってしまう。これはその半分くらいのところでしかない。まだ触れておきたいものの一つには凱旋門があり、これは壁から数メートルほどしか離れていないが、そのぎりぎりのところで実に巧みに造られている。その梁やアーチの内側などは大理石を模しているが、実は絵でそこにホラティウス三兄弟の物語が見事に表されている……。」[96]

fig. 150 セルリオによる「悲劇用背景」
Regole Generali, II, 46v (1540)

fig. 151 セルリオによる「喜劇用背景」
Regole Generali, II, 47v

この叙述はまだ延々と続くが、ともかくここで初めて、ウルビーノの *Città ideale* ないしボルティモアの「都市広場の図」に描かれていたのとほぼ同様な（あるいはそれらの内容をつきまぜたような）都市風景が、舞台装置として用いられていたことが確かめられる。おそらくこの装置は、それら

の板絵を手本として製作されたものに違いなく、それらと演劇との関わりを具体的に示したものと言えるだろう。しかしこれはそれらの板絵が最初から舞台背景を意識して描かれたということを保証するものではなく、むしろそれらが後の劇場舞台装置の手本の一つとして用いられたということを示すだけであって、クラウトハイマーの仮説を裏付ける有力な証拠とはなしがたい。しかも板絵が制作された時期からこの舞台装置までは30年近くの年月を経ており、その間にはルネサンス絵画の上でも、また演劇の上演形式の変化にもまだ他に多様なプロセスがあったことが考えられ、それらのつながりを単純な一本の糸で辿ることは不可能である。なおのこと、これより更に四半世紀のちのセルリオにまで繋げるには無理があるのは言うまでもない。いまここでそれらについての考察を展開するいとまはない。とりあえずこれらの板絵と劇場との関わりについては、これ以上は不明としておく[97]。

　問題としたいのは、これらとアルベルティとの結びつけの議論である。*De re aedificatoria* における劇場の話題（Lib. VIII, cap. 7）では、観客席や全体の規模の決め方、その構造などについてはかなり微細な点まで論じられているにもかかわらず、舞台の構成については全くといってよいほど触れられていない。その理由は不明であるが、あるいはウィトルウィウスによる劇場舞台の記述が紛らわしく、背景装置がどこにどのように配置されるのかが明確ではないことから、それには触れないことにしたのかも知れない。《絵画論》でも透視図を舞台背景に応用することについては、何も書いていないに等しい。従ってこれらの板絵をアルベルティの劇場論と結びつけることは不可能である。その一方、これらの主題が当時はまだ実現されていなかったある理念的な都市の姿を描いたものであることは確かで、またそれらがアルベルティが *De re aedificatoria* に記述していた都市像と多くの点で共通するものがあることも間違いない。しかしそのことだけをもってアルベルティがその制作に関与したとは言えないし、必要なのはそれらの来歴の詮索よりは、描かれている建築自体の成り立ちの検討であり、これまで見てきたようなアルベルティの特異な建築作法をそれらが反映している

ものかどうかの判断である。

　それらは確かに、当時「アルベルティ風」と考えられていた手法、あるいはラウラーナやフランチェスコ・ディ・ジョルジォらが採り入れたアルベルティ的手法をそなえているとは言えるが、アルベルティの作品に見るようなある種の「機知」のようなもの、つまり建築各部に与えられていた在来の意味を変換するような、あるいはそれらを「批評」するような様相がこれらの板絵の建築には不在であって、De re aedificatoria に記された文章から想像し得るかぎりの、いわば「演習問題」の解答のようなものであって、絵画としての魅力は別として、建築家が構想したものだとするなら、それらの建築は凡庸の域を出ないものと言わなければならない。それは画家やあるいは建築の素人にとっては「理想都市」と映るかもしれないが、アルベルティ的建築家が目指すべきものではなかったように思われるのである。「理想都市」というすぐれて「政治的」観念は、実はこうした建築技術への内在的問いかけ不在の楽天的な建築が産み出してしまったものであるかも知れない。もしもアルベルティがそれらの制作に手を貸していたのだとするなら、彼は建築の中に「政治」が介入してくる隠微な契機を、これらの魅力的な板絵群から読み取ることを求めていたのではなかろうか。

注

1. Vasari-Milanesi, II, pp. 529-530.
2. フラヴィオ・ビオンド Flavio Biondo を指す。彼については第 III 章の各所で触れてある。アルベルティが彼のつてで教皇に近づいたとするのはヴァザーリの勘違いで、アルベルティとパレントゥチェッリとはボローニャ以来の知己であった。ビオンドは教皇ニコラスの浪費を批判したために教皇からは遠ざけられていたのであって（Mancini, pp. 300-301, n. 6——ポッジョ・ブラッチォリーニの証言に基づく）、彼がそのような仲立ちをしたとは考えられない。おそらくビオンドとプロスペーロ・コロンナ枢機卿との関係を、教皇のそれと取り違えたのであろう（第 V 章の注 9, 11 などを参照）。
3. Vasari-Milanesi, III, pp. 99-102.
4. これは Giannozzo Manetti, Vita di Nicolò V, a cura di A. Modigliani (premessa di M.

Miglio)、Roma 1999に再録されているといわれるが、私はこれを披見する機会がなく、これについての記述は孫引きに頼らざるを得なかったことをお断りしておく。

5. Caroll William Westfall (1937-), *In this Most Perfect Paradise: Alberti, Nicholas V, and the Invention of Conscious Urban Planning in Rome, 1447-1455*, University Park-London, 1974.

6. Manfredo Tafuri (1935-94), "Cives esse non licere. The Rome of Nicholas V and Leon Battisa Alberti : Elements toward a historical revision", in *The Harvard Architectural Review*, pp. 60-75（イタリア語での加筆再録、"Cives esse non licere. Nicolò V e Leon Battista Alberti" in *Ricerca del rinascimento. Principi, città, architetti*, Torino 1992, pp. 32-88）題名に用いられている "Cives esse non licere"（「市民権が否定される」の意）は、ポルカリの言（この後の注8参照）としてアルベルティの著作の中に引かれている言葉。

7. 第II章の注53参照。

8. *De Porcaria coniuratione* (*Lat.* in Mancini, G., *Opera inedita et pauca separatim impressa di Leon Battista Alberti*, Firenze 1890). アルベルティはこの中で、ポルカリが蜂起の数日前に次のように演説していたと記している——「しかしいまや新たなる残虐さのための骨組工事が、敬虔さを自称する人々により創り上げられようとしているのであり、市民権は否定されるのだ。無辜の民がその財産を奪われ、追放され、殺害されるのである。イタリア全土は略奪者により蹂躙され、ローマ市からは市民は不在となり、市中に見られるのは野蛮人たちだけとなる。そして勇敢にも郷土への愛を表明しようとする者は恥知らずとの宣告を受けるのだ。」(Mancini, *cit. sopra*, p. 290. "Sed novum genus crudelitatis ab iis, qui se piussimus dici velint, repertum esse, *cives esse non licere*: proscribi, relegari, necari insontes, totam Italiam refertam esse proscritptorum multitudine. Urbem civibus vacuam factam; nullos videri per Urbem, nisi barbaros; ad flagitium ascribi qui amantissimum patriae profiteri se ausus sit." イタリックは著者。)

9. アルベルティはポルカリの人柄について「至って穏和な心根の持ち主で、当意即妙の話術もあり、ローマでも最も優れた人物の一人であった」と記していた。 cit. Mancini, p. 357.

10. Charles Burroughs, "Alberti e Roma" in Rykwert & Engel (*op. cit.*), pp. 134-157. バロウズはニコラスの事業においてロッセッリーノをはじめとする多くの人材を糾合するための「かなめ」の役割を果たした人物として、マルティヌス五世からパウルス二世にいたるまでの歴代教皇の財務を担っていたフィレンツェ

人銀行家トムマーゾ・スピネッリ Tommaso Spinelli（1398-72）の存在を挙げていて、1453年には教皇によってローマ市街における三つの主要街路整備（これを妨げている住居などの除却も含む）のための役所 Maestri di Strada が設置されるが、これにはスピネッリの意向が強く働いていたとされる。こうしたことからバロウズはスピネッリがアルベルティともつながりを持ち、アルベルティをニコラスの事業に参画させていたのであろうと推測している。これに対しタフリは、アルベルティとスピネッリとの関係については否定的見解を述べている（Tafuri, *op. cit.*, p. 74, n. 31）。スピネッリの mecenato としての活動については、ザールマンの論考 Howard Saalman, "Tommaso Spinelli, Michelozzo, Manetti and Rossellino", in *Journal of the Society of Architectural Historians*, XXV, 1966, pp. 151-164 があり、バロウズの論点はそれに基づくものと見られるが、ザールマンの見方は、ミケロッツォやロッセッリーノら、これまでルネサンス建築では脇役とされてきた人物たちの役割を、ブルネッレスキやアルベルティと同等のものにまで引き揚げたいとするような意図から出ており、ややそれを過大に評価している嫌いがあるように思われる。

11. 「そこで教皇は聖ペテロを顕彰すべく美しい聖堂の建造を思い立ち、壮大な基礎を造らせ、壁を（後陣のアプスの部分のみでも）13ブラッチャ分高めさせたが、しかしこの大工事は、古代のそれにほぼ匹敵するようなそれは、その初期の段階でレオン・バッティスタの助言によって中断され、そして教皇の早逝によって沙汰止みとなってしまった。レオン・バッティスタ・アルベルティは優れた才能と洞察力をそなえた人物で諸芸や科学に通じており、教皇に豊かな博識を盛り込んだ建築書を献呈することとなる。」cit., F. Borsi, p. 31. ただしボルシが引用しているこのくだりは L. von Pastor, *Geschichte der Päpste seit dem Ausgang des Mittelalters*, 1886-1933, vol. I のイタリア語版（1906）からの孫引きで、パルミエーリの文言そのままではないようである。

12. Christoph Luitpold Frommel（1933-）はローマの Biblioteca Hertziana を本拠に活動してきたルネサンス・バロック期の建築研究分野の重鎮で、特にラッファエッロ、ペルッツィ、アントーニオ・ダ・サンガッロ・イル・ジョヴァネなどいわゆる「盛期ルネサンス」建築研究の第一人者と認められている。

13 "Alberti e la porta trionfale di Castel Nuovo a Napoli". in *Annali di architettura*, n. 20, 2008, pp. 13-36.

14. "Roma", in *Storia dell'architettura italiana; Il Quattrocento*（*op. cit.*）, p. 177——"〔*De re aedificatoria*〕descriveva con chiarezza aristotelica l'utopia umanistica di una città, in cui le funzioni moderne si univano alla bellezza normativa dell'antico".

15. Orlandi, p. 75.
16. *ibid.*, p. 123.
17. *ibid.*, p. 511.
18. *ibid.*, p. 999.「ローマのサン・ピエトロの大バジリカでは、その列柱に支持された側壁が傾いて垂直でなくなり、屋根が崩壊する危険が生じているので、次のような補修策を考えた。まずどこでも傾いている壁を円柱一本で支えられている分だけ切り取って外し、その空いたところに壁をきちんと垂直に入れ直すのであるが、その両端を歯形の石と頑丈な締め具で残っていた両側の壁に新たに繋ぎ留めるのである。最後に屋根を支えていた梁については、傾いた壁がその下にあった分は、カプラ capra と称する器械を屋根の上に据えてそれでもって支えさせることにし、その脚の部分は屋根の両端にまたがって屋根や壁のしっかりしている部分に固定するようにする。同様な手順で一つ一つの柱毎に手当をして行くのである。カプラというのは三本の角材で造る船舶用の機具で、それらの材は先端を一つに固く結び合わせてあり、それらの下端は三角形を形作るようにしてある。この機具に滑車や巻き上げ機を取り付ければ、楽に重量物を曳揚げることができる。」
19. Frommel, "Roma", in *Storia dell'architettura italiana*（*op. cit.*）, p. 377.
20. Vasari-Milanesi, III, pp. 97-98. ヴァザーリはおそらくマネッティの記すところをそのまま引いたものであろう。マネッティは同郷人ということでロッセリーノにかなり肩入れした記述をしている可能性があり、その反面、当然彼がヴァティカンで頻繁に接触する機会があったはずのアルベルティの存在は完全に無視している。ブルーニ Leonardo Bruni aretino (m. 1444) のモニュメントの制作年代については諸説があり、1444年から1450年とするものまでかなりの幅がある。しかしロッセッリーノがローマに出てくる以前の作であることは確かであろう。(もっともこのモニュメントの意匠はアルベルティその人のアイデアであったとする大胆な説もある。cf. Poescke, J. *Die Skulptur der Renaissance in Italien, I, Donatello und seine Zeit*, München 1990) これはその後のルネサンスの墓碑のモデルとなった作品として有名なものであるが、アルベルティがパラッツォ・ルチェッライのファサードを手がける以前にロッセッリーノに注目していたかどうかは不明である。むしろ1451年にローマで出会ったのが最初の機会ではなかったかと思われる。一方ニコラスは、若い時期に生活の糧を得るためにパッラ・ストロッツィのもとで家庭教師をしていたことがあり、そのパッラのもとではジョヴァンニ・ルチェッライが働いていて娘婿となっていたのであったから、ルチェッライからの推挙でロッセッ

リーノを呼び寄せることになったと見る方が自然のようにも見える。ジョヴァンニ・ルチェッライが1450年の「聖年」にローマを訪れていたときも、おそらく教皇から特別の計らいを受けて滞在することができたと見られる（アルベルティとも接触した？ F. Borsi はこのときのジョヴァンニの遺跡探訪がきわめて周到に選び出された対象についてなされていて、アルベルティの案内ないしは示唆があったのではないかとしている。*op. cit.*, pp. 33-34）。

21. Frommel, "Il San Pietro di Nicolò V", in *L'Architettura della Basilica di San Pietro. Storia e Costruzione. Atti del Convegno Internazionale di Studi Roma 7-10 Novembre 1995*, Roma 1997（*op. cit.*, "Roma" in *Storia dell'architettura italiana*, p. 378 にも再録）。これ以前にはハイデンライヒによる推定復原図があり、翼廊だけでなく側面チャペルもクロス・ヴォールト架構としていた（W. L. Heydenreich & W. Lotz, *Architecture in Italy, 1400-1600*, Harmondsworth 1974, fig. 12）。

22. Mancini, p. 303.

23. カステル・サンタンジェロ Castel S. Angelo はハドリアヌス帝 Hadrianus（AD. 76-138）が自らの墓として造らせた巨大な円筒形の構造物であったが、3世紀後半にはそれに取り付く橋 Ponte Elio（現在の Ponte S. Angelo）の橋頭堡として砦に改造されていた。6世紀末にグレゴリウス一世がペスト退散を祈願するためにその頂部に天使像を取り付けたことからその名で呼ばれるようになった。その後は牢獄などとしても用いられる。ポルカリは1434年に、ローマ市民を代表してエウゲニウス四世に対し、カステル・サンタンジェロをローマ市民に譲り渡すよう持ちかけていたが、エウゲニウスはこれを拒否していた。そうした経緯があったことも、ニコラスにカステル・サンタンジェロの防備を固める方策をとらせることになったと見られる。Mancini, p. 357.

24. *De re aedificatoria*, Lib. V, cap. 1〜5.

25. Vasari-Milanesi, II, pp. 546-547. "...come di può vedere in alcune carte di sua mano, che sono nel nostro Libro; nelle quali è disegnato il ponte Sant'Agnolo, ed il coperto che col disegno suo vi fu fatto a uso di loggia, per difesa del sole nei tempi di state, e delle pioggie e de' venti l'inverno: la qual' opera gli fece far papa Nicola V, che aveva disegnato farne molte altre simili per tutta Roma: ma la morete vi s'interpose." これから見るとアルベルティは屋根付きのサンタンジェロ橋の図面を描いていて、それをヴァザーリが所持していたということになる。アルベルティは *De re aedificatoria*, Lib. VIII, cap. 6 で橋について論じていて、「橋の中には屋根付きのものもある。ローマにおけるその最も素晴らしいものとしてはハドリアヌスの造ったもの〔= Ponte Elio〕があり、見よ！ その偉容は銘記に値するものだ、

それは廃墟となった姿ですらも畏敬の念を抱かずにはいられないほどだ。それの上には42本の大理石の円柱で支えられた屋根が載っており、それは梁で支えられ、銅板葺きで素晴らしい装飾が施されていた」としていた（Orlandi, p. 711）。ヴァザーリはそのアルベルティの図面はニコラスの求めに応じて作成したものとしているが、むしろアルベルティがニコラスの計画とは無関係に復原を試みた図だった可能性もあるように思われる。

26. H. Burns, *op. cit.*, p. 117.
27. *De re aedificatoria*, Lib. VIII, cap. 5（Orlandi, p. 717）.
28. 第II章の注37を参照。
29. *De re aedificatoria*, Lib. VII～VIII.
30. Sextus Iulius Frontinus（c. 43-103）, *De Aqueductu Urbis Romae*, I, 22.
31. cf. John Pinto, "The Trevi Fountain and its place in the urban development of Rome", in *AA files*, no. 8, Jan. 1985, pp. 9-20.
32. Giovanni Domenico Franzini, *Descrittione di Roma antica e moderna...*, Roma 1643, p. 744.
33. F. Borsi（*op. cit.*）, p. 38にはその全文と見られるものが紹介されている。それは以下の通り。"NICOLAUS V.P.M. ILLUSTRATAM ／ INSIGNIBUS MONUMENTIS URBEM ／ DICTUM AQUAE VIRGINIS VETUSTATE ／ COLLAPSUM SUA IMPRESA IN SPRENDIDIOREM ／ CULTUM RESTITUIT ORNARIQUE MONDOVIT ／ ANNO DNI I. CH. MCDLIII."
34. F. Borsi, *op. cit.*, p. 39, n. 37. これは Müntz, E., *Les arts à la cour des papes pendant le XVe et le XVIe siècle...*, Paris, vol. I, p. 157から引いたもの。Mancini, p. 298, n. 1でも同じ史料が引かれている。
35. Burroughs, *op. cit.*, p. 152.
36. プロスペーロ・コロンナはニコラスが教皇に選出されるコンクラーヴェの折りには、自他共に最有力の教皇候補と見なされており、その後も隠然たる勢力を保っていた。また「ポルカリの謀叛」に際しては、コロンナの一族がそれに関わっていたらしい形跡があり、ニコラスとしても彼との関係を良好に保つことは重要な課題だったのであろう。
37. F. Borsi（*op. cit.*）, pp. 42-50, n. 55, 56, 57, etc. この工事に関しては、ロッセリーノに対し2000フロリンもの金額が支払われている（おそらく資材の代金も含む）。
38. この聖堂についての研究としては R. Krautheimer, "Santo Stefano Rotondo e la chiesa del Sepolcro a Gerusalemme", in *Rivista archeologica cristiana*, n. 12, Roma

VII. 建築と政治

1955, pp. 51-102 ; Rossi, S., "Santo Stefano Rotondo a Roma" in *L'Architettura, Cronache e Storia*, IV, 1959, pp. 774-779 などがある。

39   Flavio Biondo, *Roma instaurata*, Lib. I, cap. 80
40   Bruno Zevi, *voce* "Alberti" in *Enciclopedia Universale dell'Arte*, vol. I, p. 197 ; F. Borsi, *op. cit.*, ibidem.
41   バロウズ（*op. cit.*）もバーンズ（*op. cit.*）もこれには全く触れていない。
42   Mancini, pp. 434-435.
43   マンチーニがその出所として挙げているのは、E. Berteaux, "L'arco e la parte trionfare di Alfonso e di Ferdinando d'Aragone al Castel Nuovo", in *Archivio Storico per le Provincie Napoletane*, XXV, 1900, pp. 30-55 ; E. Bernich, Rolff e Ceci, "Leon Battista Alberti e l'Architetto dell'arco trionfale di Alfonso d'Aragone", in *Napoli Nobilissima*, XXII, 1903, pp. 114, 131 ; Id., XIII, 1904, pp. 148, 171 などである。フロンメルはこの他にも E. R. Driscoll, "Alfonso of Aragon as a patron of art. Some reflections on the decoration and design of the triumphal arch of the Castel Nuovo in Naples", in *Essays in memory of Karl Lehmann* (L. Freeman Sandler, ed.), New York 1964, pp. 87-96 を挙げている（Frommel, *op. cit.*, p. 35 n. 90）。
44   Beyer, Andreas, "Napoli", in *Storia dell'architettura italiana. Il Quattrocento*, Milano 1998, pp. 434-459 でも、アルベルティ関与説には全く触れられていない。
45   この論文におけるカステル・ヌォヴォの工事経過については、Di Battista, Rosanna, "La porta e l'arco di Castelnuovo a Napoli", in *Annali di Architettura*, 10-11, 1998-99, pp. 7-21 によるところが多いように見える。しかし私の見るところ、フロンメル論文は多くの知見が盛り込まれてはいるものの、それらの事実や名前が挙げられた人物などが互いにどのように関連するのかの説明が乏しく、やや叙述が混乱しているように思われる。
46   この計画は、元々はナポリ市民たちが新しい支配者アルフォンソに敬意を表するべく、市中に彼のための凱旋門を建設しようと計画していたことに始まるもので、すでに1443年にはそのためにミラノの工匠ピエトロ・ディ・マルティノ Pietro di Martino（m. 1470）が招かれていたが、アルフォンソはそれをカステル・ヌォヴォの門とすることを望み、改めて1446年から着工されていたものであった。このために市街側（東側）に新しく二つの巨大な円柱形の塔が造られ、その間に「凱旋門」を挟み込むかたちとなる。ピエトロは工事の最終段階まで全体を統括する立場で従事していたと見られる。この工匠についてはヴァザーリの「ジュリアーノ・ダ・マィアーノ伝」に付した Milanesi による補遺の中で幾度か名前が挙げられており、彼はナポリで多くの作事に

携わっていて、アルフォンソが彼を重用し騎士 cavaliere に取り立てていたことなどを記している（Vasari-Milanesi, II, pp. 482-484）。

47. アルフォンソは二つの塔がほぼ完成した1452年には、その間に嵌め込む「凱旋門」の意匠のためにドナテッロを招請しようとしたが、パドヴァで「ガッタメラータ」の制作に関わっていたドナテッロをヴェネツィア共和国が手放さず、実現しなかったという（Frommel, 2008, p. 16）。1456年にはドナテッロの弟子の一人 Andrea dell'Aquilla が現場にいたことが知られている（*ibid.*, p. 21）。

48. cf. 京谷啓徳、「ボルソ・デステとスキファノイア壁画」、中央公論美術出版、2003。

49. 本書第 IV 章参照。

50. この凱旋門は MacDonaldo, William, L., *The Architecture of the Roman Empire*, II, New Haven and London, 1968, p. 94（fig. 91）に簡単に紹介されている。それによればこれは凱旋門としてはやや例外的な構成をそなえるものであるとされる。1460年代以降アルベルティと深い関わりを持つようになるマンテーニャ Andrea Mantegna（1431-1506）は、フランチェスコ・ゴンザーガからの注文で制作した「カエサルの凱旋」*I Trionfi di Cesare* の連作（現在は英国王室所有でハンプトン・コート Hampton Court に置かれている）の一つに、このポーラの凱旋門と見られるものを背景に描いている。フロンメルはこれはアルベルティからの教示によるものであろうとしているが、これらの制作年代は1485～1505年とされており、これはアルベルティの死からは10数年以上後のことである。それについての知識は、何もアルベルティに依らずとも、チリアコ・ダンコーナなどの報告により周知されていたと考えられる。

51. たとえば、ブルネッレスキの後継とされるミケロッツォ・ディ・バルトロメオ Michelozzo di Bartolomeo（1396-1472）も晩年近く、ダルマティア地方で仕事をしていた（拙著「ブルネッレスキ」、p. 249, p. 258 n. 43 参照）。

52. 1443年当時、ピエトロはラグーザ市に雇用されていて、アルフォンソは市に対してピエトロの派遣を要請していた（Frommel, 2008. p. 16）。cf. Gvordanovic, V., "The dalmatian works of Pietro di Martino and the beginnigs of Francesco Laurana", in *Arte Lombarda*, n. 42-43, 1974, pp. 113-223.

53. 塔の工事にはピエトロと同じくラグーザ市の建築家となっていた Onofrio di Giordano という工匠が関わっていた（*ibid.*, p. 15）。

54. 1455年には Pere Johan の名が上がっている（*ibid.*）。おそらくカタルーニャ出身の彫刻家 Pere Joan（c. 1400-?）を指すと思われる。バルセロナやサラゴーサなどで活躍していた。ルネサンスというよりは後期ゴシック的な作風を引

きずる工匠であったと見られる。

55. アルフォンソは1446年にトレヴィザンに凱旋門に取り付ける彫像の件について意見を求めていた (Frommel, 2008, p. 14)。マンテーニャは1459/60年ころにこの枢機卿の肖像を描いている (Gemäldegalerie, Staatliche Museen zu Berlin 蔵)。

56. Frommel, 2009, p. 18. Paolo Romano（生没年不詳）については、Vasari-Milanesi, II, pp. 647-655 に取り上げられており、ピウス二世の作事に関わったことやその人柄がきわめて控えめであったことなどが記されているが、ナポリでの仕事については一行だけで済まされている。

57. Frommel, 2008, p. 19 & p. 36 n 93. Isaia di Pisa（c. 1410-64）については Vasari-Milanesi, II, p. 472, n. 2 ; p. 484 などを参照。

58. Francesco Laurana（o Francesco Azzara, 1430-1502）は1458年にはナポリ、1460年代初めにはフランス次いでシチリア、最後はフランス（プロヴァンス）で没している。彼は一説にはルチアーノ・ラウラーナの弟であろうとする説もあるが、これは確認できない。ヴァザーリ (Vasari-Milanesi, II, p. 484——Giuliano da Maiano 伝への Milanesi による補遺) では Francesco Azzara の名でカステル・ヌォヴォの工匠の一人として挙げられている。大理石による端麗な女性像の作品で有名。

59. 重要なのはアルベルティがこの作事に関わったか否かということよりは、彼がこの最新流行の "trionfo" というような表現形式をどのように見ていたのかということの方であって、これはルネサンス美術全般との関わりの中で考えるべき問題であり、この小論の中で手短かに云々できるような事柄ではないが、とりあえずアルベルティが《モムス》の Lib. I の中で、「美徳」の女神 Virtù がモムスを諫めるために眷属たちを引き連れて地上に降りてくる際のきらびやかな様子を、この言葉で表現している部分があることに触れておきたい。しかしそれはモムスの凌辱行為によって一転して空しい虚飾に過ぎなかったことが明らかにされる (*Momo o del principe*, trad. Consolo, p. 52 & pp. 72-79)。また Lib. II ではユノーのために建造中の美々しい凱旋門が、完成直前に地鳴りと共に粉々に砕けてしまうという逸話によって、そうした虚飾のはかなさを示唆していた (*ibid.*, pp. 154-156)。*De re aedificatoria* の「凱旋門」に関する記述は (Lib. VIII, cap. 6)、古代ローマ都市においてはこうであったということを冷静に記述しているのみで、それを全面的に賛美していたものとは考えられない。

60. Sardanapalus は伝説上のアッシリアの王。酒池肉林に耽って国を滅ぼし、家臣たちを道連れにして自ら死を選んだという。BC. 7世紀ころのアッシリアの王

アッシュルバニパルをモデルにしたものと言われる。

61. Alcinous（Ἀλκίνοος）はギリシア神話に登場するイオニア海の小島コルキュラ Corcyra の王。ナウシカー Nausicāa（Ναυσικάα）の父。寛大な人物で、ホメーロスの「オデュッセイア」では漂泊するオデュッセウスを歓待したことになっている（*Odyseia*, vi〜xiii）。キケロやウィルギリウスをはじめ、古代ローマの作家たちの文章の中にもしばしば取り上げられている。

62. *Disputationes Camaldulenses*, Lib. 4, cit., Mancini, p. 479. 1475年にはフェデリーコはランディーノに返礼の手紙を書いていて「バティスタと私の間の愛情溢れる交友は、いかなる家族や友人との関わりも及ばないものでありました」（"nihil fuit familiarius neque amantius amicitia qua Batista et ego eramus coniuncti"）としていた。Alatri, P., *Lettere di Stato e d'Arte di Federico da Montefeltro*, Roma, p. 102（cit. F. Borsi, p. 193）。ブルスキはアルベルティとウルビーノの具体的な関わりの一例として、1465年にアルベルティがウルビーノに滞在していた可能性を指摘している（Bruschi, A., "Luciano di Laurana. Chi era costui？ Laurana, Fra Carnevale, Alberti a Urbino: Un tentativo di revisione", in *Annali di Architettura*, n. 20, 2008, pp. 37-81。なお私は迂闊にもこの重要な論文を見過ごしていて、発見したのが本稿を書き終えてしまった後だったため、そこに示唆されているアルベルティとウルビーノの関係についての様々な話題に触れることが出来なかった。またこれには多数の最新の研究文献が参照されているが、それらを本書の参考文献にもれなく拾い上げることは断念せざるを得なかった）。

63. ヴェスパシアーノ・ディ・ビスティッチのフェデリーコ伝（*Le Vite, op. cit.*, pp. 355-416）では、その多くの戦歴を列挙した後、彼が軍人には希有な教養人・読書人であったことを述べ、長々と彼の蔵書目録を挙げながら、彼が費用を惜しまずイタリア中の書肆や図書館などの書物の所在を調べ上げ取り寄せては、それらの豪華な写本を作らせ自らの厖大な図書館を創り上げていたことを述べている。ヴェスパシアーノはそれらの価値は30,000ドゥカーティにも上ると見積もっていた。これらの蔵書は1657年にヴァティカンに寄託され *Codices Urbinates* となった。フェデリーコの蔵書目録については、Guasti, C., "Inventario della Libreria Urbinate compilato nel secolo XV da Federigo Veterano", in *Giornale Storico degli Archivi Toscani*, t. VII, 1863, p. 46 sgg., e p. 130 sgg. を参照。そこにはヴェスパシアーノ・ディ・ビスティッチがなぜか挙げていないアルベルティの *De re aedificatoria* も含まれている。

64. グイダントーニオの最初の妻 Rengarda はマラテスタ家の女性であったが、不妊を理由に離縁されていた。二番目の妻も同じくマラテスタ家から迎えてい

る。

65. フェデリーコの「公式の」伝記としては、彼の忠実な秘書であった Pierantonio Paltroni によるものがあり、それではフェデリーコは当時のウルビーノ伯グイダントーニオ Guidantonio の庶子で、母親は不明ということになっている。彼は幼時から父親の外交上、ヴェネツィアやマントヴァに半ば人質として派遣されており、マントヴァではゴンザーガ家の子弟たちとともに、ヴィットリーノ・ダ・フェルトレ（第 II 章の注 17 参照）から教育を受けたと言われる。1444 年にグイダントーニオの後継のオダントーニオ Odantonio（Guidantonio の二番目の妻、シジスモンド・マラテスタの兄弟の娘との間にもうけた）が暗殺されるという事件が起こり、その直後フェデリーコがウルビーノの領主に収まっている。彼がこの事件に絡んでいたのではないかとのかなり濃厚な疑いもあるが、真相は不明。彼は初期にはミラノのスフォルツァの傭兵隊長ニッコロ・ピッチニーノの指揮下で多くの戦闘を体験し、ウルビーノの領主となってからはミラノと敵対する教皇やナポリ王などの傭兵隊長を務め、多額の報酬を得た。ナポリではトーナメントの試合に出場して右目を槍で突かれ一時は生死の境をさまよい（1451）、これ以後の彼の肖像画は左横顔のみとなる。しかしその一年後にはまた戦場に立っており、収入の手だてを得るために必死であったように見える。その一方ナポリに奉仕したことで一時はミラノのスフォルツァから睨まれ、その暗殺まで試みようとしていた彼は、最初の妻と死別した後、1460 年にはスフォルツァの縁続きの女性（Battista Sforza 当時 13 歳。m. 1472）を娶り関係を修復している。1471 年に教皇シクストゥス四世が即位すると、その甥のジョヴァンニ・デッラ・ロヴェーレ Giovanni della Rovere（1457-1501. 後に教皇ユリウス二世となるジュリアーノ・デッラ・ロヴェーレの兄）に娘を嫁がせ、1474 年には公爵位を認められる。さらに 1477 年には、ローマ教会の軍事責任者 Gonfaloniere della Chiesa の称号を受ける。1478 年には教皇がメディチを滅ぼそうと企んだ「パッツィの謀叛」（拙著「ブルネッレスキ」、第 VIII 章の注 19）にも加担したと見られている。このように見てくるとフェデリーコは、少なくとも外に向けてはシジスモンド・マラテスタに劣らぬ貪欲な権力志向の持ち主であったと考えられ、そうした人物が内に向けては善政をしき学芸を愛したというのは、初期ルネサンスの不思議とすべきであろう。

66. 第 IV 章注 31 参照。ピエロがウルビーノにおいて何らかの形で建築にも関わっていたのではないかとの推測は多くの研究者が支持しているようで、彼の絵画の中に描かれている建築――特にその制作年代と内容の解釈をめぐっ

て多くの議論がある「キリストの鞭打ち」*Flagellazione*（マルケ美術館）やミラノのブレラ美術館にあるフェデリーコが聖母子や聖者群像の前に跪く「聖なる対話」*Sacra Conversazione*（1472-74, fig. 140）などに描かれた建築が、アルベルティないしウルビーノの建築との関わりを想わせることがその根拠となっている。cf. Salmi, Mario, *Piero della Francesca e il Palazzo Ducale di Urbino*, Firenze 1945, p. 38 sgg., etc.

67. Benedetto Baldi, "Descrizione del palazzo ducale d' Urbino"（1603）, in *Memorie d' Urbino*, Roma 1724, p. 45（cit. Mancini, p. 479）.

68. Maso di Bartolomeo（c. 1406-56）については、拙著「ブルネッレスキ」、第VII章の注14などで触れてある。マソの助手としてはパスクイーノ・ダ・モンテプルチアーノ Pasquino da Montepulciano、ミケーレ・ディ・ジョヴァンニ・ダ・フィエゾレ Michele di Giovanni da Fiesole などの名が挙げられている（Heydenreich, "Urbino", in *Architeture in Italy, 1400-1600*, Harmondsworth, p. 71）。これらの工匠たちはいずれもドナテッロないしミケロッツォの工房で働いていた人々と見られる。サン・ドメニコ聖堂は1362～65年に建造されたゴシック建築であったが、内部は18世紀に改造されている。入口上部リュネットの彫刻はルカ・デッラ・ロッビア作と考えられている（現地にあるのはレプリカ。実物はパラッツォ・ドゥカーレ内の美術館の方に展示されている）。なおマソ・ディ・バルトロメオは1451/2年にはリミニのテムピオ・マラテスティアーノ内「聖シジスモンドのチャペル」前の勾欄の制作にも関わっていたことが知られている（Vasari-Milanesi, II, pp. 291-2 n）。

69. Vasari-Milanesi, IV, pp. 147-8. フラ・カルネヴァーレ（ヴァザーリは Carnovale と記している）Bartolomeo di Giovanni Corradini, detto Fra Carnevale（1420/25-84）は1445-46年ころにフィレンツェでフィリッポ・リッピ Filippo Lippi（c. 1406-69）のアトリエにいたことが知られており、その後フェデリーコに呼ばれウルビーノに戻り、ドメニコ会に修道士として属しながらフェデリーコの作事に関わったものと見られる。サン・ドメニコ聖堂入口の件でも報酬を受け取っており、パラッツォ・ドゥカーレの「イオレの広間」（下記注参照）の装飾にも関わっていたとされる。彼は透視図法に長けていて、建築家としても仕事をすることがあったらしい。cf. Cleri, Bonita, "Fra' Carnevale e la cultura prospettica urbinate", in Cieri Via, C.（a cura di）. *Città e Corte nell'Italia di Piero della Francesca, Atti Conv. Intern. di Studi Urbino, 4-7 ottobre 1992*, Venezia, pp. 347-358.

70. この部分の改造計画はすでにフェデリーコの先代のグイダントーニオの代に開始されていたのであろうとも言われる。cf. Polichetti, M. L.（a cura di）, *Il*

Palazzo di Federico da Montefeltro, restauri e ricerche, I-II, Urbino 1985, I, p. 136. "Iole"とはヘーラクレースの愛人とされる女性。この部屋の暖炉にそれを表す装飾があることからそのように呼ばれる。

71. "Federico da Montefeltro, Patente a Luciano Laurana", in *Scrittori rinascimentali di Architettura*, Milano 1978, pp. 1-22（pp. 1-18, "Nota introduttiva" da A. Bruschi e Domenico de Robertis）.

72. Vasari-Milanesi, II, p. 385で、ブルネッレスキの弟子の中の一人として "uno Schiavono che fece assai cose in Vinezia" がいるとしていたのが、編者の Milanesi はラウラーナを指す可能性があるとしている（*ibid.*, n. 2）。

73. G. Franceschini, *Figure del Rinascimento urbinate*, Urbino 1959, p. 68 sgg.（cit. de Robertis, "Nota introduttiva" per il "Patento", cit. sopra, p. 21）

74. Ottaviano degli Ubaldini は Bernardo Ubaldini della Carda（グイダントーニオの家臣でフェデリーコの実父ではないかと噂される）の孫。

75. ハイデンライヒによれば（*Architecture in Italy, 1400-1600, op. cit.*, p. 343, n. 19）、ラウラーナはマントヴァで王宮の北に取り付くカステッロ・ディ・サン・ジョルジォ Castello di S. Giorgio の工事に関わっていたとされる。ペーザロでの仕事については港に面する Rocca Costanza（1474着工）が彼の手になるものであろうとされるが、確証はない（拙著「ブルネッレスキ」、p. 177 n. 45参照）。

76. Baldassare Castiglione（1478-1529）, *Il Libro del Corteggiano*, Lib. I, cap. 2――"Questo, tra l'altre cose sue lodevoli, nel l'aspero sito d'Urbino edificò un palazzo, secondo la opinione di molti il più bello che in tutta l'Italia si ritrovi; e d'ogni cosa si ben lo fornì, che non un palazzo, ma una città in forma di palazzo pareva; ..."

77. cf. Heydenreich, *Architecture in Italy, 1400-1600*（*op. cit.*）, pp. 74-75.

78. *ibid.*, pp. 78-79. ダルマティア地方は15世紀初めにはヴェネツィア共和国の支配下にあり、この地方出身の工匠たちの多くは、世紀半ばにはヴェネツィアを経てイタリア各地で活動するようになる。第IV章の注35で触れていたジョルジョ・ディ・セベニコなどもその一人である。ナポリのカステル・ヌォヴォの工事でもフランチェスコ・ラウラーナをはじめとするこの地方の多くの工匠たちが駆り出されていた。おそらく彼らが持ち込んだであろう「東方的」な要素や中世美術の名残りとも見られるような様相が、ウルビーノの建築を際立たせている部分があることはハイデンライヒも指摘しているところであり、まだ中世の技術を引き摺っていたこれらアドリア海対岸地方出身の工匠たちが、初期ルネサンス建築がフィレンツェ的な枠から脱皮するのに一役買っていたのだとすれば興味深いことと言えよう。

79. アーケード上部の二層目はラウラーナがウルビーノを去った時点では未完成で、その後を継いだフランチェスコ・ディ・ジョルジョ（後出）により1475/7年ころに完成した。初層と二層目のフリーズの刻銘も彼によるとされる。なお三層目は16世紀になってからジロラモ・ジェンガ Girolamo Genga（1475-1551）により付加されたものである。
80. 彼は1479年にペーザロで没したとされているが、それ以上のことは全く分かっていないようである。Baldi（*op. cit.*）は彼がナポリでポッジョ・レアーレ Poggio Reale の建設に関わったとしているが、これは全く根拠を欠いている（Vasari-Milanesi, II, pp. 484-485 の Milanesi による補遺参照）。
81. 多方面にわたるフランチェスコの活動を通観した最近の著作としては M. Tafuri & F. P. Fiore（a cura di）, *Francesco di Giorgio architetto*（catalogo di Mostra）, 2 vols, Milano 1993 が現在の研究水準を示すものと言えよう。またその編者の一人 F. P. Fiore による *Storia dell'architettura italiana, Il Quattrocento*（*op. cit.*）中の "Siena e Urbino" の p. 282 sgg. が主としてシエナとウルビーノにおけるフランチェスコの建築を取り上げている。彼の「建築書」*Trattati* は Corrado Maltese（a cura di）, *Francesco di Giorgio Martini. Trattati di architettura ingeneria e arte Militare*, 2 vols, Milano 1967 が決定版とされている。
82. パラッツォ・ドゥカーレにおけるフランチェスコの仕事としては、中庭上層の完成（注79）や、北側の旧「カステッラーナ」との間にできた空間を屋上庭園 Giardino Pensile に整備すること、ピアッツァ・デル・ドゥカ・フェデリーコに面するファサードの意匠、西側麓の厩舎 Data や足下の「メルカテレの広場」Mercatele から「トッリチーニ」に連絡する螺旋階段のための塔、フェデリーコの書斎 Studiolo の寄木細工の装飾（?）、大聖堂の計画などがある。この間には、マルケ地方各地の城砦の建設に関わり、またフェデリーコの命で外交使節的役割を帯びて様々な場所に派遣されていた。大聖堂は19世紀初め、ジュゼッペ・ヴァラディエ Giuseppe Valadier（1762-1839）によってパッラーディオ風に改装され、当初の姿が分かりにくくなってしまっている。ウルビーノ市外東部サン・ベルナルディーノ聖堂については後述する。
83. cf., De Zoppi, Giacomo, "La cappella del Perdono e il tempietto delle Muse nel Palazzo Ducale di Urbino. Analisi e proposta d'attribuzione a Francesco di Giorgio Martini" in *Annali di architettura*, n. 16, 2004, pp. 9-24. この礼拝堂は、「トッリチーニ」に挟まれた不規則な三角形の空間の中で出来上がった隙間を利用して設けられたもので、ロッジアの北側から小さな三角形の前室を経て到達でき、長手方向を東西に向けて配置されている。南隣にもほぼ同じ大きさの Tempietto delle

Muse と呼ばれる部屋があり、こちらはロッジァから直接アクセスできるが、半円のアプスがなく、17世紀の改造で内部の装飾はほとんど失われ、天井以外は無装飾の空間となっている。これらの諸室は、フェデリーコが収集していた聖遺物などを安置するための空間であったと見られるが、1472年のフェデリーコの妻バッティスタ・スフォルツァの死後は、フェデリーコは建築への関心を失ってしまったように見え、また戦争などのために留守がちとなり、宮殿の差配は宮宰のウバルディーニにほとんど一任されていて、彼の指示によって計画が進められていたものと考えられる。

84. P. Rotondi, *Il Palazzo ducale di Urbino*, Urbino 1950-51, pp. 273, 280, 284-87, 322, 325, 326, 329, 359, 36o, 366, 367, 440, 453. 色石パネルの装飾はバロッチによって1480年ころになされたと見られている。

85. Arnaldo Bruschi, *Bramante*, Bari 1990³ (1973, 1985), p. 29.（ブルスキが最初にこの説を提起したのは、この改訂版著作の前の *Bramante architetto*, Bari 1969, pp. 89-99：cf., 1985年版 *Bramante* の邦訳、稲川直樹訳「ブラマンテ——ルネサンス建築の完成者」、中央公論美術出版、2002, pp. 26-29参照）。

86. Burns, H., "Progetti di Francesco di Giorgio per i conventi di San Bernardino e Santa Chiara di Urbino" in *Studi Bramanteschi, Atti del Congresso internazionale, Milano–Urbino–Roma–1970*, Roma 1974, pp. 293-311. この厳修派 Minore Osservante のフランチェスコ会修道院とその付属聖堂については、従来からブラマンテの作とする説があり、ピエロ・デッラ・フランチェスカの "Sacra Conversazione" が一時この聖堂の祭壇画となっていたこともあり、従って聖堂も1474年ころには出来上がっていたと考えられていて、バーンズの論文が掲載されている同じ *Studi Bramanteschi* には、エウジェニオ・バッティスティの、これをブラマンテ作とする前提でピエロの画面にある建築空間と聖堂の空間との関連を論ずる論文が掲載されていた（Eugenio Battisti, "Bramante, Piero e Pacioli ad Urbino", *ibid.*, pp. 267-282）。

87. Krautheimer, R., "The tragic and comic scene of the Renaissance", in *Gazette des Beaux-Arts*, ser. 6, XXXIII, 1948, pp. 327-346. クラウトハイマーはこの論文ではウルビーノのパネルの作者をルチアーノ・ラウラーナに比定していた。

88. Vitruvius, Lib. V, Cap. 6.

89. Serlio, *Regole generali*, Tom. II, 44-47.

90. Krautheimer, R., "Le tavole di Urbino, Berlino e Baltimora riesaminato", in Millon, H. & Lampugnani, V. Magnago (a cura di), *Rinascimento da Brunelleschi a Michelangelo. La rappresentazione dell' architettura*, （catalogo della mostra a Venezia), Milano

1994, p. 233 sgg.
91. 実際、cassone の側面をこうした透視図法を駆使した都市風景で飾った例は、15世紀末から数多く見られる。
92. それぞれの大きさは、ウルビーノのものが 67.5 × 239.5 cm、ボルティモアのものが 80.33 × 219.8 cm、ベルリンのものが 124 × 234 cm となっている。
93. シャステルはこの主張を幾つかの論文で繰り返しているが、とりあえず1974年の "Les vues urbaine peintes et le théâtre", in *Bollettino del Centro Internazionale di Studi di Architettura Andrea Palladio*, XVI, pp. 141-154を挙げておく。
94. すでにガブリエーレ・モロッリは、少なくともウルビーノの *Città ideale* はアルベルティの関与によるものであろうとの推測を提示していた（cf. Morolli, G., "Umanesimo fiorentino e trattatistica architettonica", in *Lorenzo il Magnifico e gli spazi dell'arte*, a cura di F. Borsi, Firenze 1991, pp. 296-297)。クラウトハイマーはこの仮説を「魅力的である」としていたが、モロッリは更に2006年のパラッツォ・ストロッツィでのアルベルティ生誕600年記念展カタログ（*L'uomo del Rinascimento. Leon Battista Alberti e le Arti a Firenze tra Ragione e Bellezza*, 11 marzo/23 luglio 2006）でも同様の主張をしている。
95. カスティリオーネの書簡はヴェローナの貴族でフランソワ一世のフランス宮廷と教皇庁との間の紛争解決のために奔走していた外交官ルドヴィーコ・カノッサ Ludovico Canossa（1475-1532）に宛てたもの。オリジナルは失われてその不完全なものが18世紀編纂のカスティリオーネ著作集に収録されていた。「フランチェスコ・マリーア一世伝」はヴァティカンの *Cod. Urb. ms. 1037*, f. 224で、これらは Antonio Pinelli, Orietta Rossi, *Genga architetto. Aspetti della cultura Urbinate nel primo '500*, Roma 1971, pp. 209-218に再録されている。どちらの文献も装置の作者には触れていないが、セルリオ（*op. cit.,* p. 47v.）によればジロラモ・ジェンガ Girolamo Genga（1476-51）がこの時期ウルビーノの宮廷で働いていて、演劇の装置などを作成していたといい、おそらくこの「カランドリア」も彼の手になるものであろうと推定されている。
96. Pinelli & Rossi（*cit. sopra*), p. 211.
97. この問題についてはかつて簡略ながら触れたことがある（拙著「建築と劇場——十八世紀イタリアの劇場論」、中央公論美術出版、1991, pp. 40-53）ので、関心のある方はそちらを参照されたい。

VIII. アルベルティとヴィッラ

fig. 152　ジュスト・ウテンスによるポッジョ・ア・カィアーノの俯瞰　Museo di Firenze come era

《家族論》Lib. III の中で[1]ジャンノッツォ・アルベルティは、一族の先祖たち、ニッコロやベネデット、それにアントーニオらは皆すばらしいヴィッラを営んでいて、それらの整備に熱心であったことを語っており、ニッコロなどは農園に植えるための松を探しにプーリア地方やシチリアにまで出かけていたと言い、またジャンノッツォ自身もヴィッラを所持していて、そこで採れる果実や葡萄酒の素晴らしさを自慢している。《自伝》の記述から察すると、バッティスタの父ロレンツォもパドヴァ近郊にヴィッラを持っていたらしく、そこで音楽などを楽しんでいたようであり[2]、少年時代のバッティスタにとってヴィッラでの生活の楽しさは忘れがたいものであったに違いない。

ここでのヴィッラの話題は、もっぱら半ば自給自足的なその生活がもたらしてくれる経済的利点と、都会の煩わしい人間関係や劣悪な衛生環境から逃れることができ心身にとっての健全さが得られること、また子女の教育環境として最も望ましい場所であることなど、いわば「ヴィッラのエティカ」とでも呼ぶべき局面に焦点が当てられていて、その建築や農園の空間的な状況についての言及は少ない。一方、1439年ごろの著述とされるごく短い文章《ヴィッラ》Villa は、農園を所有するときの心構えやそれを管理・維持して行く上での注意などを、古代ギリシアの農民詩人ヘシオドスを引きながら（「説教」調に）述べたもので、都市に居住していて農園を購入したいと考えている中産階層の人々を念頭にして書かれたものと思われるが、そこにはペトラルカ的な瞑想生活や造園の楽しさなどは全く触れられておらず、むしろ共和制期ローマ市民のストイシズムを称揚するもののように見える。アルベルティの中では、ヴィッラがもたらしてくれるであろうある種の自由・快楽への憧れと、一方ではそれへの過度の耽溺を戒めなければならないという反省とが同居していて、その両者の間で自らの立ち位置を決めかねていたようなふしが見られる。

これはしかしアルベルティ自身の矛盾というよりは、中世末期以来のイタリア都市が抱えていた矛盾に他ならないのであって、かつての封建領主に代わってコムーネの市場経済を基盤とする都市貴族たちが農村に目を向

fig. 153　アムブロジョ・ロレンゼッティ作　「善き政治」(部分)　1338～39年　シエナ、パラッツォ・プッブリコ　Sala dei Nove の壁画

けたときには、悪化する都市環境から逃避するための「楽園」的イメージをそこに見出そうとする一方で、それをも貪欲に新たな収益源として都市経済の中に取り込もうとする考え方が生まれてくるのは当然であったが、当時のイタリアの「人文主義」はそうした農村をとりまく社会・経済的状況の変化には触れないまま、田園生活を「自然の恵み」としてのみ捉え、牧歌的に謳い挙げようとするのである。シエナのパラッツォ・プッブリコ内のアムブロジョ・ロレンゼッティによるフレスコ「善き政治」*Buon Governo*[3]に描かれた幸福な農村風景は、そうした都市貴族の目から捉えられた農村の「虚像」ないし、はかない願望であったと言えるかも知れない。

　ともあれ、ヴィッラの建築を扱った *De re aedificatoria* の Lib. V, cap. 17 の記述には、少年時代へのノスタルジィやまたメディチのヴィッラなどで歓待をうけた折りの記憶などが入り込んでくるのは避けがたいことであった。前に第Ｖ章でも触れていたごとく、この部分は *De re aedificatoria* の中でも最も活きいきとした生彩に富む語り口となっている。ヴィッラの建築については、ウィトルウィウスによるアトリウムの形式分類に基づく説明[4]があるが、アルベルティはここではほとんどそれに囚われることなく、独自の説明を展開する。用語もウィトルウィウスには従わず、アトリウムに相

VIII. アルベルティとヴィラ

当すると思われる場所には「シヌス」sinus（「ふところ」ないし「湾」の意）の語を充て、ともかく家の中心となるような場所一般を指すものであるかのように記している[5]。この時期古代の住居の遺跡ははっきりとは確認されていなかったから、そこにおけるアトリウムの位置や役割については、文献からの知識以上のものはなかったと見られるし、その一方、当時のイタリアに一般的に見られたヴィラのタイプを念頭にしたものとも思われない[6]。それはアルベルティの空想の中で創り上げられた理想を語るものであり、既存のタイプに囚われない自由なヴィラのあり方を示したものということができるだろう。Lib. IX, cap. 2, 4 でのヴィラの装飾についてのくだりでも、それが都市住宅の場合と違って多くの自由度があり、庭園などの楽しみの要素も重要であるとしている。とりわけ cap. 4 の私邸にも威厳のために神殿風の破風飾りを付してもかまわないとする記述[7]などは、都市貴族たちを大いに勇気づけたはずである。

　アルベルティ自身は実際にヴィラを設計する機会には恵まれなかったし[8]、またこうした記述がその後の「ヴィラ文化」にどのような影響を与えることになるかまでは見通してはいなかったことであろう。しかしそのような自由なヴィラのイメージは、それまではいかめしい中世城郭や見張りの塔 torre をそなえた農家か、さもなくば人里離れた修道院の建築ぐらいしかイメージできなかった人々、とりわけ富裕な支配層には新鮮な刺激として受け取られたであろうと想像される[9]。アルベルティに心酔していたといわれるジョヴァンニ・ディ・コージモ・デ・メディチ Giovanni di Cosimo de' Medici（1421-63）が、1455年ころフィエゾレにヴィラを建設しようとした際に[10]、それを参考にしたことは大いに考えられるところである。また1481年ころからロレンツォ・イル・マニフィーコ Lorenzo di Piero de' Medici, detto il Magnifico（1449-92）は、ジュリアーノ・ダ・サンガッロ Giuliano di Francesco Giamberti, detto da Sangallo（c. 1443-1516）を用いて、ジョヴァンニ・ルチェッライから譲り受けていたフィレンツェ西郊の土地ポッジョ・ア・カイアーノ Poggio a Caiano[11]にヴィラの建設を考え

275

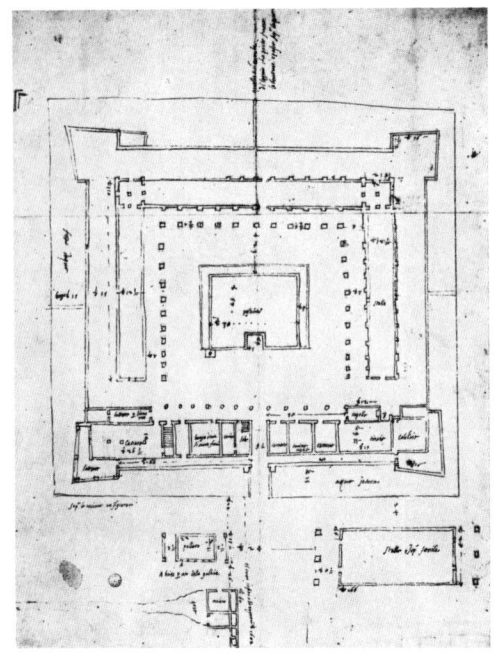

fig. 154　ロレンツォ・イル・マニフィーコの「カシーナ」G. Dosio（1533-1611）によるスケッチ
Firenze, Uffizi, Gabinetto di Disegni e Stampe

ており、ヴィッラ建設のヒントを得るべく、ちょうどそのころ彼の主導により印刷が始められていた *De re aedificatoria* のまだ製本されていない頁を、片端から取り寄せ貪るように読んでいたと言われる[12]。

ロレンツォはすでに1477年には、所有する土地での「農業改良」の事業に取りかかっていて、ヴィッラの建設予定地北方のタヴォラ Tavola の村に「カシーナ」Cascina（農家の意）と名付けた巨大な施設を造っていた[13]。これはほぼ100m四方の土地を濠で囲み、その四隅には城郭風の塔を配し、それに取り付く納屋や小作人たちの住居、獣舎などで広い中庭を囲い込んだもので、15世紀後半の人文主義の洗礼を受けた都市貴族たちが金融経済のみならず農業経営に新たな価値を見出そうとしていたことを示すものであり、このロレンツォの試みはただちにミラノのスフォルツァにも影響を与えたと見られ、ルドヴィーコ・イル・モーロ Ludovico Maria Sforza, detto il Moro（1452-1508）はミラノ西南方のヴィジェーヴァノ Vigèvano の郊外に「ラ・スフォルツェスカ」と名付ける同様な施設を造っていた[14]。

これらの試みは、かつての自給自足的農場経営とは異なる「近代的」な市場原理を農業の中に持ち込もうとするものであって、ヘシオドスの詠ったような「大地に根ざした営み」からはほど遠い、冷徹な経済原理によっ

VIII. アルベルティとヴィッラ

て貫かれたものなのだが、彼らはそれをあたかも「アルカディア」的理想郷の建設であるかのごとく装うべく、ネオプラトニズモ的エピステモロジィをそこに重ね合わせ、新しいヴィッラの主屋をそれを表現するための場と

fig. 155　ポッジョ・ア・カィアーノのヴィッラ・メディチ主屋

して位置づけ、都市住宅とは異なるヴィッラ独自の建築のあり方を誇示しようとするのである。好意的に見るなら、農事は都市文化を支えるための「後背地」の営みではなくそれ自体の中から新たな文化を産み出すべきものでありたいとする願望がそこにはあったとも言えようが、それはかつての自立した自作農民的エティカとは全く異なるものであり、共和制末期以降のローマの大土地所有貴族による荘園経済 Latifundium を形を変えて拡大再生産しようとするものに他ならなかった。ポッジョ・ア・カィアーノのヴィッラは、そうしたルネサンス期都市貴族の想いを初めて具体的な形で表したものと位置づけられる。

　ポッジョ・ア・カィアーノは16世紀以後19世紀に至るまで幾度も手が加えられ、特に主屋ブロックの外側の庭園や果樹園などに充てられていた場所は19世紀にいわゆる Romantic Garden 風に改造されてしまっており、当初の空間構成はほとんど読み取ることはできない。16世紀末に描かれたジュスト・ウテンスによるヴィッラ全体の俯瞰図 (fig. 152) も必ずしも建設当初の姿そのままとは考え難いものの、とりあえずそれを手がかりにして空間配分を読み取ることにすれば、敷地はフィレンツェからピストイアに向かう街道とオムブローネ川 Ombrone とに挟まれた不整形の土地であるが、北西に向かう街道とほぼ直角をなす中央軸線を手がかりにして設定さ

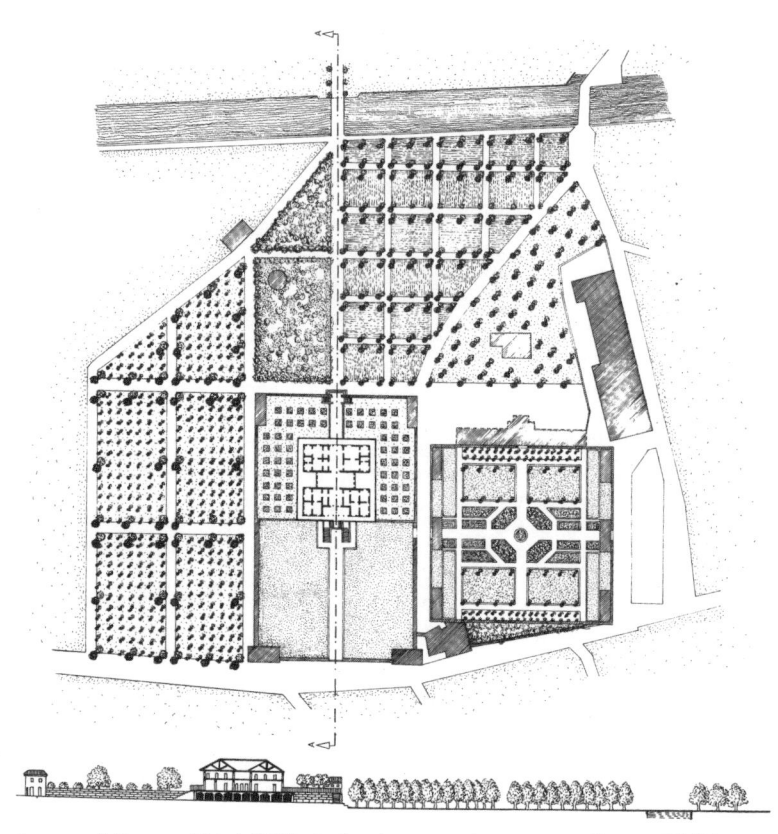

fig. 156　ウテンスの図から復原したポッジョ・ア・カィアーノのヴィッラ配置図　from A. Carnemolla, *Il giardino analogo*, Roma 1989

れた直交グリッドにより、整然と区分されている。主屋ブロックはこの中央軸線の上の街路寄りで敷地の中ではいちばん高い場所に、間口約100 m、奥行き150 mほどの長方形の区画として置かれ、四隅には塔状の建物を配し、四周は城壁で囲まれている。この主屋ブロックの外側の土地はかなり低くなっており、主屋ブロックの3辺は高い擁壁としているので、おそらく盛り土で造成されたものであろう。主屋は広い前庭をとってこのブロックの奥寄りに軸線上に左右対称の形で配置されている。主屋ブロックの向かって左手（北側）の土地は果樹園に充てられ樹木が等間隔に植えられて

いた様子が見える。主屋ブロックの南側は一辺が120 mほどの正方形の区画で、周囲を壁で囲った中に幾何学的に区画した花壇などを作るいわゆる"giardino segreto"（囲われた庭）となる。主屋ブロック背後で中央軸線の左手（北側）は樹林boscoで、右手は菜園であると見られる。敷地の南の道路沿いには大きな厩舎Scuderieがあるが、これは17世紀になってから建設されたものである。オムブローネ川の東の一帯（ウテンスの絵では描かれていない）は広い手つかずの土地となっていて、狩り場などに充てられていたものであろう。このように主屋ブロックだけでなく耕作や森林まで含む広い敷地全体を幾何学的に区画し機能を振り分けるというようなやり方は、この時期のトスカーナ地方はもとよりイタリア全土でも見ることのできなかったものであり、全く新しい様相である。それらの区画は空間的には互いに独立していて、敷地全体を一つのコンセプトでまとめ上げるまでには至っていないが、自然環境をも人工的にコントロールしたいとする意図をそこから読み取ることとができる。

ヴァザーリはこのヴィッラ主屋の計画について次のように記している[15]。

「そうこうするうち、ジュリアーノ〔ダ・サンガッロ〕はロレンツォから非常に高く評価されるようになるのであって、そのロレンツォはフィオレンツァとピストイアの間にあるポッジョ・ア・カィアーノの土地での普請を考えていたのであったが、そのため沢山の模型をフランチォーネやその他の者たちに作らせており、ロレンツォはジュリアーノにもそれを作らせようと考えたのである。そこで彼が作ったものは他の者たちが作ったのとは形が大きく異なっていて、しかもロレンツォの新奇な考え〔capriccio〕に沿ったものであったので、それがいちばん優れているとしてただちに実際に造らせることにしたのである。このため彼への信頼は高まり、以後は常に高給を以て遇されることとなった。そのパラッツォの広間に我々が樽形botteと呼んでいる形のヴォールトを架けようとしたとき、ロレンツォはその幅が広すぎるとしてそれを架け渡すことができるとは信じなかったが、そこでジュリアーノはフィ

オレンツァの自分の家でそれと同様な広間にヴォールトを造って見せ、大ロレンツォを納得させようとした。これによって彼はポッジョで首尾良くそれを実施することができたのである。」

ジュリアーノ・ダ・サンガッロの家は大工で、彼は弟のアントーニオ Antonio（1455-1535. 甥のアントーニオ［1484-1546］と区別するために Il Vecchio と呼ばれる）とともにフランチョーネ Francesco di Giovanni di Francione という木工業者のもとで寄木細工などの技術を身に着け、またそこで透視図風景を描くことを通じて建築にも関心を持つようになったと見られる[16]。彼は1467年ころから72年頃にかけてはフィレンツェやローマなどの様々な建築工事の現場で働くようになっていたといい、またすでに1465年ころから古代建築に関心を持ち、自ら調査したものやチリアコ・ダンコーナのような人々の作成した図などをもとにして大量の建築図集を創り上げていた[17]。ヴァザーリは、ポッジョ・ア・カィアーノが彼の最初の現場でほとんど建築の経験がなかったかの如くに記しているが、実際はその頃までには軍事建築をはじめかなりの建設現場を経験していたと考えられる。しかしこのポッジョのヴィッラが彼の出世作となったことは間違いない。

　工事の正確な経過は分かっていないが、1485年には基礎が出来上がっていたといい[18]、ロレンツォの死の1492年ころには室内の装飾などをのぞけば、おおよその輪郭は出来上がっていたと見られる。シエナ市立図書館のいわゆる *Taccuino senese*（c. 19v）にはジュリアーノ自筆の主屋の初層平面図が遺されており、その後各室の用途の変更にともなう改造や階段の増設などがあるものの、基本的にはこの計画案通りに実施されたと見られる。初層は約55 m角の正方形で、四面すべてが15スパンからなる煉瓦造アーケードとなっている。これが上層部のためのプラットフォームとなり、その上層は初層の部屋割りをそのまま活かしながら、採光のため中央広間の両横にあった部屋を外し、H形平面とする。建物の正面階段は、現在はプラットフォームから張り出したテラスの両側に曲線状に取り付くかたちとなっているが、これは19世紀初めに改造されたもので、それまではこの

VIII. アルベルティとヴィッラ

平面図に描かれた状態のままであった。

　各室はすべて左右対称に配置され、中央部を占める大広間は縦横ほぼ1:2となっており、他の室も正方形ないし1:2の比例となるように考えられている。こうした整然とした平面構成はそれまでのトスカーナの住宅には見られなかったものであり、アッカーマンはこれはアルベルティの説くところに従ったものであろうとしている[19]。そして何よりもアルベルティからの影響を感じさせるのが上層正面のペディメント付きポルティコで、横幅が広く上下に押しつぶされたような比例は、いわゆる「トスカーナ式神殿」[20]を意識したものと思われる。ただし列柱はイオニア式で、全体にあまり洗練された仕上がりとは言い難く、そのおぼつかない手つきは初めてこうした試みに挑戦する心許なさを表しているようにも見える。ファサードの窓配置も左右対称を守ろうとした形跡があるものの、ポルティコ左側の窓がポルティコに寄りすぎて

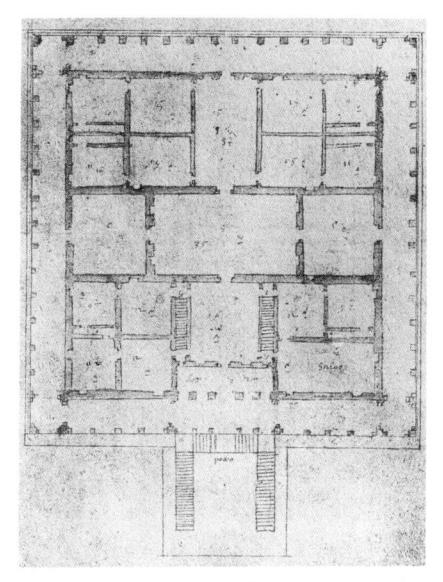

fig. 157　ジゥリアーノ・ダ・サンガッロ　ポッジョ・ア・カィアーノのヴィッラ初層平面図　Siena, Biblioteca Comunale, *Taccuino senese*, c. 19v

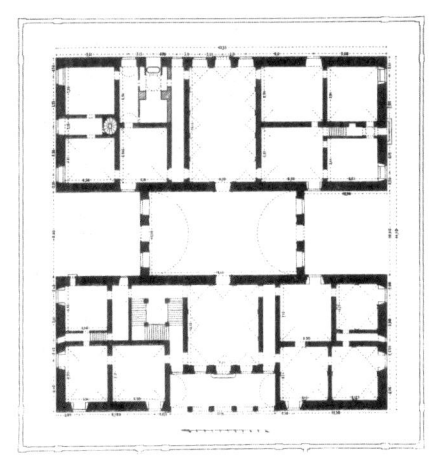

fig. 158　ポッジョ・ア・カィアーノ　2層平面図　from Geymüller

いて、窓庇がポルティコの方のエンタブラチュアに重なってしまうというような不手際も見られる。

ペディメントの中央には巨大なメディチの紋章が取り付けられ、フリーズは青の地に白の浮彫テラコッタで、農事にまつわる営みを表現したらしい古代風の図柄で端から端まで埋め尽くされている[21]。ロレンツォは熱心なネオプラトニストでありまた優れた詩人でもあったから、この装飾には彼の文学的な蘊蓄が盛り込まれていると見られ、ウィルギリウスやオウィディウスらが詠った自然賛歌を想起させようとしたものなのであろう。ヴァザーリがその作事を"capriccio"と表現していたのは、それまで建築に持ち込まれることのなかったそうした新奇な文学的イメージのことを指していたと考えられる。

fig. 159　南側 Giardino segreto から見上げた主屋側面

fig. 160　ポルティコのフリーズ詳細

ポルティコ内側の天井は、古代神殿のプロナオスとは違って半円筒ヴォールトとなっており、これも紋章や果実の図柄などで埋め尽くされたテラコッタのコファリングで仕上げられている。このようにカラフルなテラコッタを用いるという異例の手法は、都市住宅とは異なるヴィッラの建築の自由なあり方を強調しようとする意図から出たものと見られるが、以後これはヴィッラにかぎらずジュリアーノの得意の手法として都市住宅や宗教建築にまで用いられることとなる[22]。壁画にも都市住宅のそれとは異

VIII. アルベルティとヴィッラ

fig. 161　ポルティコ内部

fig. 162　中央広間天井　正面リュネットの壁画はポントルモ Pontormo（1494-1557）による

なる神話的な題材が選ばれる。ポルティコ両袖の壁には、フィリッピーノ・リッピ Filippino Lippi（1457-1504）による「ラオコーンの死」が描かれた[23]。ヴァザーリが記しているヴォールトの件は、上層中央広間の天井のことと見られ、この天井もポルティコ天井と同様なテラコッタの装飾が貼り付けられているが、この装飾は16世紀になってからの仕事である。

　ポッジョ・ア・カィアーノで試みられたこうした様々な新機軸は、その後のヴィッラのみならず都市建築全般の計画に大きな影響を与えて行くこととなる。とりわけ、中央軸線を手がかりとして敷地全体を幾何学的に区画し建物をグリッド上に展開して行く手法は、「古典主義建築」の計画の定跡となるものであった。ジュリアーノ・ダ・サンガッロはこの計画を足掛かりに幾つかの壮大な構想（いずれも実現せず）を描いており、1488年にはロレンツォの薦めで、ナポリ王のために巨大な長方形の中庭を囲んで

283

展開するヴィッラ的な構成の宮殿計画[24]を作成していたし、1512/3年には、これを更に発展させたと見られるヴィッラの計画を、ジゥリアーノ・ディ・ロレンツォ・デ・メディチ Giuliano di Lorenzo de' Medici（1478-1516）のために描いている[25]。それらはルネサンスの考古学がまだその全容を知るには至らなかった帝政期ローマの大規模ヴィッラに、規模・内容ともに肉薄するほどのものであり、アルベルティのごく些細な示唆から

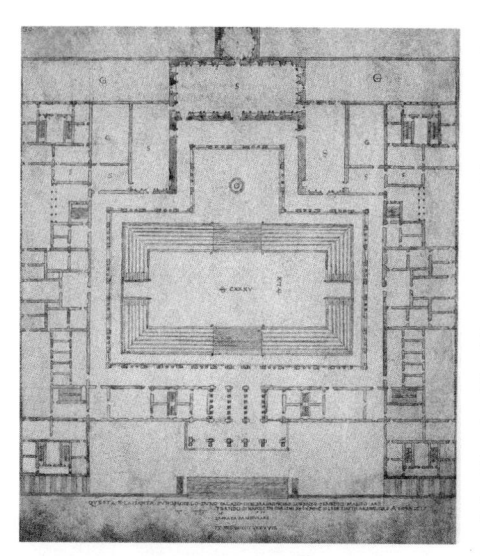

fig. 163　ジゥリアーノ・ダ・サンガッロ　ナポリ王の王宮計画案　Biblioteca Apostolica, *Cod. Barberiniano, lat. 4424*, fol. 39v

スタートした方法が自己増殖を始めたものと言うことができる。

　かくてジゥリアーノ・ダ・サンガッロは、15世紀の初期ルネサンスから16世紀の「盛期ルネサンス」への橋渡し的存在として位置づけられることとなる。それは同郷の先輩ブルネッレスキへの敬慕とアルベルティ（というよりも *De re aedificatoria*）への傾倒、そして彼自身の地道な古典建築研究の積み重ねのおかげであったのだが、しかし上に挙げたような彼のプロジェクトにおける空間の「自己増殖」は、建築的モティーフが導き出したものというより、施主側の要求の自己増殖というべきであって、篤実な実務知識の人であった彼は、フランチェスコ・ディ・ジョルジォのような奔放な建築的ファンタジィを欠いていた。彼は古典建築のモティーフのレパートリィを採り入れることには熱心であったが、アルベルティのごとくそれらの意味の転換を図るクリティカルな態度は見られず、ブルネッレスキ的な潔癖さがミケロッツォ風の無定見に陥るのを辛うじて押しとどめていたのであって、こうした「優等生」的姿勢では、施主の野放図な要求に対抗す

ることは不可能であった。彼の建築にとってはロレンツォ・イル・マニフィーコのような構想力に富む施主が必要であり、二人の共同作業はプラトのサンタ・マリーア・デッレ・カルチェリ聖堂[26]のような佳作を産み出すのではあるが、やがて教皇ユリウス二世のもとでローマの大改造計画が開始されたときには、彼はブラマンテのような新しい才能に取って代わられざるを得なかったのである。

fig. 164　プラトのサンタ・マリーア・デッレ・カルチェリ聖堂

　アルベルティはその後のヴィッラにおいて重要な位置を占めることとなる庭園については、ごく簡単な記述しか遺していない。僅かに興味を惹くのが、ルネサンス庭園の中でも特に人気のある景物の一つとなる洞窟（「グロッタ」grotta）について触れたくだりである。15世紀の間に造営された庭園で「グロッタ」をそなえたものがあったということは確かめられていないようで[27]、おそらくこれは古代文献からの知識とどこかローマ期の庭園遺跡などでアルベルティが目にしたものをもとにした記述であると見られる[28]。

「昔人たちは洞窟や地下廊などの壁を、わざとざらざらした石片で仕上げることを習いとしていたが、これはティブール地方[29]で採れる多孔質の軽石を砕いて貼り付けたもので、オウィディウスが生きた軽石〔pumice vivo〕と呼んだもの[30]であった。また緑色の泥土などで洞窟に付着する柔らかい苔に似せようとしたものも見られたという。洞窟の中でこうしたものを見出すのはまことに楽しいものであり、泉が湧き出てくるのが海の貝殻や蛎殻などを貼

fig. 165 グロッタ天井の貝殻細工 conchiglie カステッロのヴィッラ・メディチ ニッコロ・トリボロ Niccolò Tribolo（c. 1500-50）作

り付けたところであったりするのだが、それらはあるものは裏返しまたあるものは折り重なったりさせながら、様々に楽しく色を取り混ぜ工夫してあった。」

泉の湧き出す洞窟は古代神話の中で聖なる場所、あるいはニンフなどが潜む場所 nympheum などと呼ばれ、すでにローマ時代からそうしたオウィディウスが描写するような自然の洞窟を模したものを庭園に設けることが盛んに行なわれていたのであり、アルベルティの記述は当然それらの知識を踏まえたものであったはずだが、ここではその背景となっていた神話的ないし文学的イメージについては、あえて言及を避けているように見える。あるいはアルベルティは、建築の形態に予め定められていた意味づけをいったん白紙化して取りかかっていたように、庭園の景物についても同様な態度を貫こうとしたのでもあろうか。しかし建築の場合とは違って、それらを再構成する（*concinnitas* の）ための数学的比例などは、ここでは持ち

出すわけには行かない。「様々に楽しく色を取り混ぜ工夫する」"ex colorum varietate inter se artificio sane lepidissimo"という、自然状態の「もの自体」（カント？）が発揮する偶発的な一回限りの魅力的な様相、オウィディウスの言うところの「人の手業によらず、むしろ自然が手業の巧みを模倣したもの」"arte laboratum nulla: simulaverat artem ingenio natura suo"という状態をどのようにすれば獲得できるのか。

　アルベルティは、人々が古来こうした自然を受けとめるための手だてとして神話を利用してきた経緯は、知りすぎるほど知っていたはずである。庭園は洋の東西を問わず、そうした神話的イメージの援けなしには産み出され得なかった。ここにおけるアルベルティのレティサンスは、第Ⅴ章で触れていた「範型としての自然」というトートロジィを前にして、立ち止まらざるを得なかったことを示すもののようにも思われる。しかしアルベルティの困惑を他所に、ルネサンスのヴィッラと庭園は古代神話や伝承などの文学的イメージを貪欲に取り込むことによって、奔放なイマジネーションを展開して行くこととなる。ポッジョ・ア・カィアーノにおける古代風のフリーズ装飾やフィリッピーノ・リッピによる壁画は、その最初の兆候であった。

　1499年、有名なヴェネツィアの書肆アルド・マヌツィオが刊行した豪華な挿絵入りフォリオ版の大冊《ポリフィリウスの夢》*Hypnerotomachia Poliphili*[31]は、その造本史上の画期的な意義[32]と同時に、多数の新奇な建築や庭園の様子を描写した内容によってその後のルネサンス・バロックの建築や庭園に大きな影響を与えたものとされてきている。その著者はフラ・フランチェスコ・コロンナであるとする説が古くからあるが、それがどのような人物であったかについては様々な説がある[33]。エルメティズモないしネオプラトニズモ的アレゴリィで満たされたこの奇妙な夢物語の意図するところやその作者などをめぐっては、すでに18世紀以来多くの議論が積み重ねられてきており、そこに記された建築に関する知識や用語の多くがアルベルティの *De re aedificatoria* に記されたものと合致することなど

fig. 166　*Hypnerotomachia Poliphili* の頁から　ウェヌスの神殿におけるポリフィリウスとポリア（p. 223）

fig. 167　同左　庭園でニンフたちに囲まれるポリフィリウス（p. 378）

　から、これが何らかの形でアルベルティを取り巻く当時の文化的サークルと関わるものと考えられてきており、話題の焦点は常にそこに当てられてきていたように見え、とりわけ近年、デルフト大学の研究者リアーヌ・ルフェーヴルによって、その著者はアルベルティその人に他ならないとする大胆な説[34]が提起されたことで話題を呼んでいる。

　この論考は、初期ルネサンス人文主義におけるアルベルティの位置づけについて私がこれまで述べてきたところと重なる部分もあり、またテキストの解釈についても傾聴に値するものを含んでいるが、これをアルベルティ作とする根拠としてこの著者が最も頼りにしているのは、物語の末尾に1467年という日付がある[35]ことであって、この時点でこれだけの建築的知識とまた古典について自由な見方のできる人物はアルベルティを措いては存在しないとするのであるが、この日付をめぐっては多くの研究者が疑問を呈しているところでもあり[36]、これを疑ってしまうと、あとはアルベ

fig. 168　バッカスの巫女やサテュロスたちの行進　"trionfo"（pp. 176-177）

ルティの著作との照合から導かれる状況証拠しか遺らないこととなってしまう。

　確かにそこには80箇所にも及ぶ *De re aedificatoria* の記述と共通するものが見出され、それが下敷きとなっていたことは疑いないし、とりわけ序文で述べられていた「構築物は命あるものの身体のごときもの」という内容を、様々なアレゴリィを駆使して表現しようとしたらしい[37]形跡が読み取られ、またアルベルティが関心を寄せていたと見られる謎めいた碑文の解釈法[38]と関わる内容も含まれているなど、これがアルベルティの思想に深く馴染み、建築についても相当な知識をそなえた教養人によるものであることが予想されるが、その反面、エロティシズムに触れる際どいアレゴリィや古代の「ミトラの秘儀」のようないかがわしい異教的神秘主義の称揚と見られかねないもの、とりわけ幾度も繰り返し現れるニンフやサテュロスたちによる "trionfo" の描写などは、たとい夢物語という形式をとるも

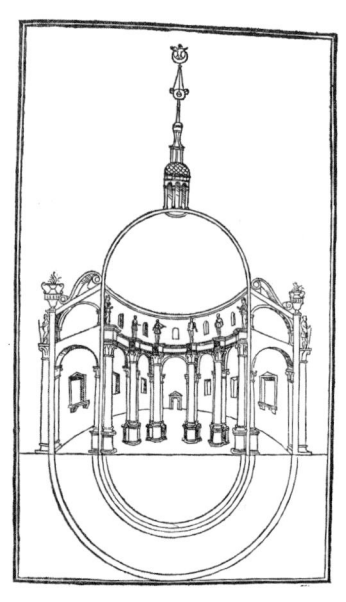

fig. 169　ウェヌスの神殿（p. 206）

のであったにせよ、《モムス》の場合に見られたようなそうした神秘主義に対する揶揄的・批評的姿勢をほとんど感じさせないものであり、しかも文学性が至って低いとされるような叙述を、アルベルティが果たして自らに許したであろうかという基本的な疑問がある。そのようなわけでここでは作者の問題や内容にはあまり関わらないことにするが、当面この著作については、*De re aedificatoria* 初版刊行後、イタリア中に広まっていたアルベルティ再解釈のブームの中での現象の一つとして見ておくのが穏当なところであろう。

そしてアルベルティの言説の曖昧さ・多義的な表現が（政治に対しても、また「自然」についても）、そうした現象を産み出した原因の一端であることは否定できない。これは建築技術の独自性がいまだはっきりと認識されていない社会においては（それは現代でも同様だが）避けがたいことであり、また完全にそれらを否定し去ることのできないものでもあった。むしろこれ以後、とりわけ庭園・ヴィッラを中心として展開されることとなるアナロジカルな認識方法を取り込むことによって、西欧美術はその領域を拡大して行ったのだとも言えよう。しかし一つだけ確かなのは、アルベルティ自身はこうした中にあって、少なくとも建築に関するかぎり、技術の外側からの意味づけによってその形を定着させるというやり方を避ける方途を、懸命に模索していたということである。

注

1. *Della Famiglia*（a cura di Tenenti, *op. cit.*）, p. 237 sgg.

2. 第 II 章参照。
3. Ambrogio Lorenzetti（1290-1348）作、1338〜39年に制作されたとされる。シエナ市庁舎 Palazzo Pubblico, Siena の "Sala dei Nove"（1290年ころから1355年まで市政を司っていた「九地区代議員会」Consiglio dei Nove に因む名）内の壁画。"Sala dei Nove" は 14×7.7 m の広さがあり、"Buon Governo" は北側の長い壁面と東側短手の壁面を占め、向側の南壁面は「悪しき政治の結果」 *Mal Governo e I suoi Effetti* が描かれる。北側壁面の西半に東半の都市風景に続いて、ここに取り上げた市外の平和な農村風景が描かれている。実際には1326年にはシエナは飢饉で苦しみ、またこの後1348年にはペストで人口が半減するという危機に見舞われることとなる。この絵はそうした災厄の間の束の間の平和な時期に描かれたものであった。
4. Vitruvius, Lib. VII, cap. 3.
5. Orlandi, p. 417――「建物のすべての部分のうちでも最重要のものは、建物の中につくられる開けた空間ないしアトリウムなどと呼ばれる場所であるが、我々はそれをシヌスと呼ぶことにしたい。次に位置するのが食堂である。その次が一人ひとりのための個室である。そしてそれに続くのが日常の諸室ということになる。その他のものは用途に応じて設けられる。シヌスは最も重要な部分であるので、そこは家の中での公共の広場のごときものであり、あらゆる細々した要素もそこに関わってくるのであって、具合の良い出入口のみならず、適切な光を導入するためのそなえもなければならない。従ってシヌスは、明らかなことだが、それ自体が広い空間を占め、威厳を示すものであることが要請される。ある人はそれは一ヶ所で充分だといい、またある人は複数つくることを奨めるし、すべての面を高い壁で囲うべきだとする人もあれば、一部の面は壁を高くし一部は低くして囲うのだと言う人もあった。更にまた、そこを屋根で覆うべきだとする者もあれば、それを小分けして一部には屋根をかけ残りは露天とするのがよいという者もあった。柱廊は一面だけに取り付けるべきだとする人もあれば、すべての面に設けるべきだとする人もある。また地面を平らに整地するだけでよいとする者もあれば、下にヴォールトを設けその上の舗装床をこれに充てるのがよいとする者もあった。」
ibid., p. 419――「ここ〔シヌス〕はガラス窓やバルコニィ、柱廊などがあると好都合で、そこから眺望を楽しむこともできるし、季節次第で日射しやそよ風を採り入れることもできる。」
6. 初期ルネサンスのヴィラについては、J. S. Ackerman, "Sources of the Re-

naissance Villa", in *Studies in Western Art: Acts of the Twentieth International Congress of the History of Art*, 2 vols., Princeton 1963, vol. 2, pp. 6-18 (retrieved in Ackerman, *Distance Ponts*, Cambridge, Mass., 1991, pp. 303-324) ; Id., "The Early Villas of the Medici", in *The Villa. Form and Ideology of Country Houses*, Princeton 1990, pp. 63-87 ; Heydenreich, L. H., "La villa: Genesi e sviluppi fino al Palladio", in *Bollettino del Centro Internazionale di Studi di Architettura Andrea Palladio*, XI, 1969, pp. 11-22 ; Bierman, Hartmut, "Lo sviluppo della villa toscana sotto l'influenza umanistica della corte di Lorenzo il Magnifico", *ibidem*, pp. 36-46 などを参照。

7. Orlandi, p. 809 ――「私邸に破風飾りを取り付けたとしても、神殿の威厳と張り合うまでのものとはならないだろう。」

8. しかし「遺言書」(第IX章参照)によれば、彼はボローニャ郊外南部に農園を所持していたことが知られる。ただ彼がそれらの施設を自ら設計していた形跡はない。

9. Orlandi, p. 809 ――「一般市民の私邸に尖塔や矢狭間付きのパラペットなどを取り付けることは推奨しがたい。それらはむしろ僭主のためのものであり、平和な市民やよく統治された社会とは異質のものであって、なぜならそれは恐怖や無法に対するそなえだからである。」――これはあるいはメディチの初期のヴィラなどに見る城郭的様相への批判なのでもあろうか。

10. 拙著「ブルネッレスキ」、pp. 247-248参照。

11. 第VI章の注35参照。cf. Kent, F. W., "Lorenzo de' Medici's Acquisition of Poggio a Caiano in 1474 ; and an Early Reference to His Architectural Expertise", in *Journal of the Warburg and Courtauld Institutes*, XLII, 1979, pp. 250-257. Kent によればこの時期ジョヴァンニ・ルチェッライは財政危機に陥っており、やむなくこれをロレンツォに売却したものという。

12. Ackerman, *The Villa* (*op. cit.*), p. 79.

13. Foster, P., "Lorenzo de' Medici's Cascina at Poggio a Caiano", *Mitteilungen des Kunsthistorischen Institutes in Florenz*, XIV, 1969/70, pp. 47-66. ロレンツォ晩年の収入源の9割は農業によるものであったとも言われる (Ackerman, p. 290, n. 27)。この「カシーナ」の建設にはすでにジュリアーノ・ダ・サンガッロが関与していたのではないかとも考えられるが、確かなことは分からない。その後かなり改造を受けてはいるものの、ある程度原形を残した形で現存し、農業施設として機能している。

14. La Sforzesca は1486年には完成しており、そのための水利工事などにはレオナルドも関与したと考えられている。この施設もほぼ原形を保って生き続け

ている。cf. F. Malaguzzi-Valeri, *La Corte di Ludovico il Moro*, Milano 1913, I, p. 664.
15. Vasari-Milanesi, VI, pp. 270-271.
16. *ibid.*, p. 270. ジュリアーノ・ダ・サンガッロについては G. Marchini, *Giuliano da Sangallo*, Firenze 1942；Borsi, Stefano, *Giuliano da Sangallo : disegni di architettura e dell'antico*, Firenze 1985 などを参照。ジュリアーノに続くサンガッロの一党は、ジュリアーノの息子のフランチェスコ（1494-1576）、甥のバスティアーノ Bastiano da Sangallo, detto Aristotile（1481-1551）など多くの工匠・画家などを輩出している。
17. cf. Brown, Beverly L. & Kleiner, Diana E. E., "Giuliano da Sangallo's Drawings after Ciriaco d'Ancona: Transformations of Greek and Roman Antiquities in Athens", in *Journal of the Society of Architectural Historians*, XLII, n. 4, 1983, pp. 321-335. また彼がブルネッレスキの作品などの図も描き留めていたことは、前著「ブルネッレスキ」の各処で触れてある。彼のノートの主要なものは、ヴァティカン蔵の *Codice Barberiniano, 4424* やシエナ市立図書館蔵の *Taccuino senese* などとなっているが、その他ヴィーンの Albertina などにも彼の作成した図が所蔵されている。
18. ポリツィアーノの友人でわずか19歳で事故死した詩人 Michele Verino（1469-87）の書簡（日付なし）には、「カシーナ」についての記述とともに、ポッジョのヴィッラ主屋については基礎が出来上がっているとの記述があり、これは1485年ころのこととされる（Foster, *op. cit.*, I, p. 68）。
19. アッカーマン（*op. cit.*), pp. 79-80。
20. Vitruvius, Lib. VII, cap. 7；*De re aedificatoria*, Lib. V, cap. 4.
21. アッカーマン（*op. cit.*, p. 82）はこのフリーズ装飾はロレンツォのサークルの一員であった彫刻家ベルトルド・ディ・ジョヴァンニ Bertoldo di Giovanni（c. 1420-91）の手になるものであろうとしている。彼はロレンツォが創設した若手彫刻家育成のためのアカデミィを任され、若いミケランジェロらを指導した。彼はポッジョ・ア・カィアーノでおそらくこのフリーズ制作中に死亡している（Vasari-Milanesi, II, p. 423, n. 1）。フリーズはその後1494年頃までかかって彼の弟子たちの手で完成されたとみられる。一部のガイド・ブックなどでアンドレア・サンソヴィーノ Andrea Sansovino（c. 1467-1529）の作とするものがあるが、あまり根拠はなさそうである。
22. フィレンツェのサント・スピリト聖堂聖器室（1491年。拙著「ブルネッレスキ」第 X 章、p. 196を参照）の前室も同様なテラコッタのコファリングを施

した半円筒ヴォールトとなっている。コファリングを施した半円筒ヴォールトは、アルベルティがマントヴァのサンタンドレア聖堂で試みて以来、「古典的」な空間表現の手段の一つとして、クローズ・アップされることとなるものであり、ジュリアーノ・ダ・サンガッロがこれにこだわったのは、そうした風潮をうけてのことと思われる。

23. Vasari-Milanesi, III, pp. 474-475 ── "Al Poggio a Caiano cominciò per Lorenzo de' Medici un sacrificio, a fresco, in una loggia, che rimase imperfetto." この絵はかなり損傷が激しく、現在は一部切り取って修復しながらもとへ戻す作業が行なわれている。

24. Vasari-Milanesi, IV, pp. 271-272. この図は *Cod. Barberiniano, lat. 4424*, fol. 39 v。

25. Marchini, *op. cit.*, p. 101. オスペダーレ・デリ・インノチェンティの東側で北の市壁まで達する広大な計画であった。この計画案と見られる図(アントーニオ・イル・ヴェッキォの手になる?)が Uffizi, GDS., arch. 282 である。同じ時期、ジュリアーノはローマでメディチのためにピアッツァ・ナヴォーナ Piazza Navona に面する巨大なパラッツォの計画 (Uffizi, GDS., 7949r) も手がけており、これも広場に面して柱廊に囲まれた広い前庭を持つヴィッラ的な構成であった (Marchini, *op. cit.*, pp. 63-64)。

26. S. Maria delle Carceri, Prato. 1483-1491. プラトの市街東部の13世紀建造の城砦 (Castello dell'Imperatore. 神聖ローマ皇帝フリィトリヒ二世 Friedrich II により建造されたもの) のすぐ外に建造された。ギリシア十字の平面で中央にはブルネッレスキ風のクーポラを載せている。その一方ではロレンツォ・イル・マニフィーコは参考にするために、マントヴァにいるルカ・ファンチェッリにアルベルティの設計したサン・セバスティアーノ聖堂 (第 IX 章参照) の模型を送って欲しいと要請していたといい、ブルネッレスキへのオマージュとともにアルベルティ的方法をもそこに盛り込もうとしていたものと見られる (cf., Pacciani, Riccardo, "Firenze nella seconda metà del secolo", in *Storia dell'architettura italiana. Il Quattrocento*, Milano, 1998, p. 355)。

27. 現存が確認される最も初期の例としては、コロンナ枢機卿 Pompeo Colonna (1470-1532) がブラマンテに造らせたとされるジェナッツァーノ Genazzano のヴィッラのなかの「ニンフェオ」ninfeo (1408/10?) が挙げられる。ブラマンテはそれ以前の1504年ころにもヴァティカンのベルヴェデーレの中庭 Cortile del Belvedere にそうした「ニンフェオ」を造っていて、これはその後の改造のため消滅してしまったが、ピーコ・デッラ・ミランドーラ Pico della Mirandola, Giovanni Francesco II (1469-1533. 有名なネオプラトニストのピーコ・デッラ・

ミランドーラ、m. 1496の甥）がそこにあった異教的なウェヌスやニンフの裸像彫刻を見ての驚きを友人宛の書簡（1512, in *De Venere ed Cupidine expellendis*, Roma 1513）に記していたという（cit., Gombrich, E. H., "Hypnerotomachiana", in *Journal of the Warburg and Courtauld Institutes*, XIV, 1951, pp. 120-125）。ベルヴェデーレの中庭については Ackerman, J. S., "The Belvedere as a Classical Villa", in *Journal of the Warburg and Courtauld Institutes*, XIV, 1951, pp. 70-91（retrieved in Id., *Distance Points*, Cambridge, Mass. 1991, pp. 324-359）を参照。

28. *De re aedificatoria*, Lib. IX, cap. 4（Orlandi, p. 805）.
29. Tibur（Tibrus）はローマの東方の地域を指し、ここで採れる石材 lapidis Triburtini は、現在「トラヴァティン」travertine と呼ばれているもので、ローマの建築に多用されていた。この石材は大理石と似ているが、石灰分が浅い海底などに堆積してできたもので、結晶が細かく柔らかくて加工しやすいことでよく用いられた。アルベルティが言うような多孔質のものはおそらくトラヴァティンとは異なる火山性のものと見られる。
30. cf., Ovidius, *Metamorphosis*, Lib. III, 155-164.——"Vallis erat piceis et acuta densa cupressu, ／ nomine Gargaphie succinctae sacra Dianae, ／ cuius in extremo est antrum nemorale recessu ／ arte laboratum nulla: simulaverat artem ／ ingenio natura suo; nam pumice vivo ／ et levibus tofis nativum duxerat arcum; ／ fons sonat a dextra tenui perlucidus unda, ／ margine gramineo patulos incinctus hiatus. ／ hic dea silvarum venatu fessa solebat ／ virgineos artus liquido perfundere rore."
31. *Hypnerotomachia Poliphili, ubi humana omnia non nisi somnium esse docet, atque obiter plurima scitu sane quam digna commenmorat*, Venetis, Mense decembri M.I.D., in aedibus Aldi Manutii, accuratissime. 現代の刊本としては Pozzi, G. & Ciapponi, A.（a cura di）, *Hypnerotomachia Poliphili*, 2 voll., Padova 1964（& 1980）が定本と見なされている。この著作をめぐる詳細な書誌については、Bruschi, A.（a cura di）, *Scrittori rinascimentali di architettura*, Milano 1978中のブルスキによる "Nota introduttiva", pp. 172-180 を参照。物語の筋としては、ポリフィリウスという若者が理想の女性を求めて彷徨い、森の中で昼寝をする間に夢を見、その中で様々な遍歴をしポリア Polia というニンフと出会い、相思相愛の仲になるというところで、夢から覚めたというものである。彼が遍歴の間に出会う様々な新奇な建築や庭園などの描写（それらはすべてネオプラトニズモに基づく性愛へのアレゴリィとして解釈される）が、16世紀以後の建築や庭園に大きな影響を与えたと考えられている。ラテン語からギリシア語、ヘブライ語、果てはアラビア語、ヒエログリフまで入り交じるテキストは、ほとんど翻訳不

可能の代物である。叙述や文体は繰り返しが多くまわりくどいもので、文学としての評価は概して低い。

32. Aldo Manuzio（1449/50-1515. ラテン語風に Aldus Manutius と記す）は、1490年ころからヴェネツィアで多くの人文主義者たちの協力を得て、ギリシア語、ラテン語、ヘブライ語などの文献の出版事業を展開、その過程で活字や造本技術などに多くの革新をもたらした。1496年にピエトロ・ベムボ Pietro Bembo（1470-1547）の著書 *De Aetna* に用いたタイプフェイス「ベムボ」は、フランス出身で同じヴェネツィアの出版業者ジャンソン Nicolas Jenson（1420-80）が作成した活字をもとに、ボローニャ出身の金細工師フランチェスコ・グリッフィ Francesco Griffi[o]（1450-1513）が制作したといわれ、*Hypnerotomachia Poliphili* はその「ベムボ」を用いている。これはその後の「ローマン書体」の元となった。またイタリック体の元祖となった "Aldino"（エラスムスの「痴愚神礼賛」に初めて用いられた）もグリッフィの作とされる。*Hypnerotomachia* はそうしたタイプフェイスの革新と共に、精巧な木版挿図と機知に富んだ文字組の取り合わせにより、造本デザインの世界に全く新たな領域を切り拓いたものとして評価されている。一説にはこれの著者はマヌツィオ自身ではなかったかとも言われている。挿図原画の作者についても、かなり腕が確かでしかも建築についても知識の豊富な画家が起用されたと考えられ、ジョヴァンニ・ベッリーニ Giovanni Bellini（c. 1430-1516）やアンドレア・マンテーニャ Andrea Mantegna（c. 1431-1506）その他考え得るかぎりの当時の画家たちの名が候補に挙げられており、ポッジォ・ア・カィアーノのヴィラのポルティコのフリーズ装飾を手がけたベルトルド・ディ・ジョヴァンニ（前出の注20参照）までも挙げるものもあるが、これまでのところいずれも有力な候補と見なされるには至っていない。

33. Fra Francesco Colonna. 18世紀のヴェネツィアの詩人アポストロ・ゼーノ Apostolo Zeno（1669-1750）が記しているところによれば（*Giornale de' letterati d'Itaia*, XXXV, Venezia 1724, pp. 300-301）、今は失われてしまった1512年の日付のある *Hypnerotomachia* の写本（ヴェネツィアのとある修道院の図書室にあった）中に "Nomen verum auctoris est Franciscus Columna Venetus, qui fuit ordinis praedicatorum, et dum amore ardentissimo cuiusdam Hipolitae tenerentur Tarvisii, mutato nomine, Poliam cam autumat, cui opus dedicat, ut patet: librorum capita hoc ostendunt, pro unoquoque libro prima littera: itaque simul juncae dicunt: / Poliam Frater Franciscus Columna Peramavit / Adhuc vivit Venetiis in S. Johanne & Paulo" という書き込みがあったといい、これはヴェネツィアのサンティ・ジォヴァ

ンニ・エ・パオロ修道院に属したドメニコ会修道士フランチェスコ・コロンナ（1433-1527）を指すものであるとしていた。これを承けてヴェネツィアの建築家トムマーゾ・テマンザ Tommaso Temanza（1705-89）もその "Vita di Fra Francesco Colonna soprannominato Polifilo architetto", in *Vite dei più celebri architetti e scultori veneziani che fiorirono nel secolo decimosesto*, Venezia 1778, pp. 1-53 でこの人物について考証を試みていた。この当時のヴェネツィアのドメニコ修道会は、よく言えば自由な、有り体に言ってかなり乱れた状態であったらしく、このフランチェスコ・コロンナはあまり行状芳しからず、風俗壊乱の咎で二度も追放されかけていたという。19世紀以後の研究者の多くはそのような人物にこれが書けるはずがないとして、この説を却下していた。それ以後はこれを様々な人文主義者に擬する試みがなされてきている。特にマウリツィオ・カルヴェジは、これはアルベルティのパトロンであったプロスペーロ・コロンナ枢機卿の息子でパレストリーナ Palestrina の領主フランチェスコ（1453-1538）を指すとする詳細な考証を展開している（Maurizio Calvesi, *Il sogno di Polifilo prenestino*, Roma 1980 & 1983）。しかしいずれの説も決定的なものとはなしがたい。

34. Liane Lefaivre, *Leon Battista Alberti's Hypnerotomachia Poliphili: Re-considering the architectural body in the Early Italian Renaissance*, Cambridge, Mass. – London, 1997. 不思議なことにこの著者は、Fra Francesco Colonna 作者説のもととなったゼーノの証言については全く触れないままに、この説を否定している。なお、この著者は "Bembo" のタイプフェイスの作者 Griffi を "Biffi" と記しているが、その根拠は不明。

35. "Tarvisii cum decorissimis Poliæ amore lorulis distineretur miselus / Polifilus / MCCCCLXVII. Kalendis Maii" とある。"Tarvisii" というのはヴェネト地方の都市トレヴィーゾ Treviso を指し、物語中の各処にこの名が登場するが、夢の中でポリフィリウスが放浪する場所のほとんどが架空の神話上の土地であるのに、なぜこの実在する特定の場所が物語と結びつけられなければならなかったのかはよく分からない。

36. ブルスキ（*op. cit.*, p. 147）は、大多数の論者が、この日付（物語の終わりの日付なのか執筆完了の日付なのか不明）にもかかわらず、著者が1490年ころまで原稿に手を入れ続けていた形跡があるとしていることを挙げ、これを執筆の日付とすることには疑問を呈している。

37. アルベルティにおけるこうした有機体への比喩をどのように位置づけるべきかは今後の議論に待ちたいが、人間の精神活動を「身体性」との関わりにおい

て捉えようとするフロイトーユンク流の心理学は「ポストモダーン」以後の文化解釈学に大きな影響を与えており、ルフェーヴルの論考もそうした風潮の一つと考えられ、有機体への比喩をただちにそうした「身体性」(とりわけエロティシズムの問題)と結びつけることにより対象の論理的構造を「解体」déconstruction して見せるという、「ポストモダニズム」特有のセンセーショナルな紋切り型解釈に傾いてしまっているように思われる。文化活動のなかにおけるエロティシズムの重要性を否定するつもりはないが、求めるべきはそうしたエロティシズムの構造を論理的に解明することの方であって、「深層心理」や非言語的契機を持ち出すことによりその神秘化に寄与することではないと考える。

38. 1466年頃、アルベルティは *De compendis cifris* と題する碑文解読法ないし暗号文作成法及び活版印刷術などについての著作をものしていた。これはヴァティカンの庭園の中での、友人のレオナルド・ダーティ (c. 1408-72. 第 III 章の注27参照) との対話という形で書かれたもの。

IX. マントヴァとフィレンツェ

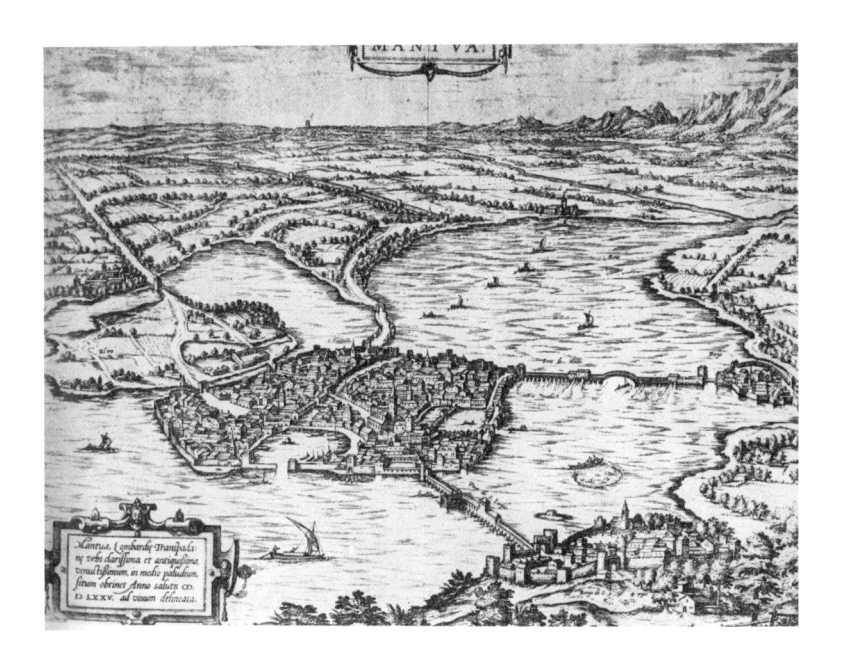

fig. 170　マントヴァ鳥瞰図　Etching by Franz Hogenberg, Köln 1575

IX. マントヴァとフィレンツェ

　《絵画論》の現存するラテン語版写本の幾つか（おそらく1435年よりかなり遅れる時期のもの）は、マントヴァの領主ジァン・フランチェスコ・ゴンザーガ[1]に宛てた献辞を伴っている。マンチーニは、アルベルティがゴンザーガと接触したのは1438年のフェッラーラの宗教会議の折りであったろうとしている[2]が、それより以前からアルベルティとマントヴァ宮廷とは何らかのつながりができていた可能性もある。ジァン・フランチェスコは1423年には、教育者として名声が高まりつつあったヴィットリーノ・ダ・フェルトレを迎え子弟の教育に当たらせており[3]、ヴィットリーノはパドヴァでのアルベルティの師であったガスパリーノ・バルツィッツァ[4]や、同じく教育者としてフェッラーラの宮廷に迎えられていたグアリーノ・ダ・ヴェローナらと深い関係があったから、そうしたつながりからアルベルティはマントヴァに対してもフェッラーラの場合と同様に親近感を抱いていたことが考えられる。

　マントヴァは、ガルダ湖 Lago di Garda から発するミンチオ川 Mincio（ポー川 Po の支流）が屈曲し大きく川幅を広げた中洲の上に出来上がったまちである。ローマ時代にはこの島の東北端の辺りに砦が造られ、それが核となってその後徐々に南へ拡張されたと考えられている。ここは大詩人ウィルギリウスの出身地として知られるが、11世紀末にはカノッサのマティルデ[5]の支配のもと、都市としての体裁を整え始める。またその由来は全く不明ながら、9世紀初めにこの土地の廃墟から（場所は不明）キリストの血が浸みた土を収める容器が「発見」("invenzione")されたとして、特にアルプス以北の人々に名を知られていた。この宝物はその後一旦失われたらしく、2世紀後の1049年に再び「発見」され、市街南部のサンタンドレア修道院に保管されていた。14世紀初めにはゴンザーガ家がマントヴァを中心とする一帯の土地の支配者となり、河港の整備や運河の掘削、防備の強化などに努めることとなる。

　初代侯爵のジァン・フランチェスコはヴィットリーノ・ダ・フェルトレを招請したことにも見られるように学問・文化の振興にも意を注ぎ、ピサネッロを招いて王宮内の壁画を描かせ、また1436年にはどのような目

301

fig. 171　ルドヴィーコ・ゴンザーガ肖像メダル
Bartolomeo Melioli 作（1475）　φ 78 mm
London, British Museum

1. Cattedrale S. Pietro　2. Palazzo Ducale
3. S. Andrea　4. S. Lorenzo
5. S. Sebastiano　6. Casa di Mantegna (c. 1490)
7. Porta Pusterla　8. Palazzo del Te (1525-36)
破線はかつての城壁の位置

fig. 172　マントヴァ市街

的であったかは不明であるが、フィレンツェ市に対してブルネッレスキの出張を要請したりもしていた[6]。二代侯爵のルドヴィーコ Ludovico Gonzaga（1412-78）もその遺志を継いで市街の整備や学芸の奨励に努め、マントヴァをフェッラーラやリミニ、ウルビーノなどと列ぶ文化センターに仕立て上げていた。彼は建築に意を注ぎ、1450年にはコージモ・デ・メディチの計らいでフィレンツェから若干20歳の工匠ルカ・ファンチェッリを招いて、王宮整備を初めとする様々な作事を彼に委ね[7]、1459年にはアントーニオ・マネッティ・チャッケリ[8]を呼んでサンタンドレア聖堂改築計画案を作成させるなどしていた[9]。

　アルベルティが具体的にマントヴァでの建設事業と関わりを持ったことが確かめられるのは、1459年から60年にかけて、教皇ピウス二世がマントヴァで宗教会議を開催した[10]ときからのことである。

IX. マントヴァとフィレンツェ

教皇に随行したアルベルティは、ルドヴィーコ・ゴンザーガからその都市整備についての助言を求められていたと見え、1460年2月、ミラノに出張していたルドヴィーコに宛てて次のような書簡を送っている。

「令名高き殿下の御前に敬意を捧げます。殿下のお手紙に対しては、お申し付けのありました事柄につきましてもまたその他の大事なことにつきましても、直ちに喜んでお答え申し上げることにやぶさかではありません。ですからいま少しお待ちを。しかしこのところあまり体調が良くなかったので、思慮深い友人たちから少し空気を変えた方が良いと忠告され、殿下の秘書であられるピエロ・スパニョロ氏にお願いいたしまして、殿下のヴィラの一つで静養させて頂くことにしました。氏のお考えでも、また私の見るところでも、カヴリアーナ[11]が適しているようで、そこで次の土曜か月曜ころまで過ごすことにします。このことにつきましては殿下のお心遣いに深く感じ入り、感謝申し上げる次第です。またサント・セバスティアーノとサンクト・ラウレンティオ、ロッジァとウェルギリウス〔Vergilius と記す〕などについて私が作成しましたモドニ［modoni］はきっとお気に召すことと存じます。

マントヴァにて、1460年2月27日
殿下の忠実なる僕、バプティスタ・ディ・アルベルティス」[12]

これより少し前、1459年12月13日には、ルドヴィーコはアルベルティに対し、教皇が見たがっているのでウィトルウィウスの *De architectura* 写本を届けて欲しい旨の手紙[13]を送っており、さらに1460年2月22日には、出張先のミラノからアルベルティに対し自分が帰るまでマントヴァで待っていて欲しいと伝えている[14]。宗教会議は1460年1月には終了し、教皇たちはマントヴァを引き払ってしまっていたのだが、おそらくアルベルティはルドヴィーコの要請を承けて、教皇の了承のもとにマントヴァに残っていたものと思われる。

2月27日の手紙にあったサン・セバスティアーノというのは、市街西南部のプステルラ門 Porta Pusterla に近い場所にルドヴィーコが建設を計画

303

していた聖堂を指し、「サンクト・ラウレンツィオ」は、サンタンドレア聖堂のそばにある11世紀建造の円形聖堂サン・ロレンツォ S. Lorenzo のことで、それの改築と周辺整備[15]に関わることと考えられる。「ウェルギリウス」というのはここを郷里とする大詩人のためのモニュメント建設計画を指すのであろう。「ロッジア」についてはどこの場所を指すものかは不明である[16]。「モドニ」の語義については様々な解釈があるが、中世ラテン語の"modamen"、ないし"modanus"から出た語で、"exampler"の意（図面？）であろうと言われる[17]。こうした経緯から察するに、1459年の末頃には教皇とルドヴィーコ、アルベルティの三者の間で、様々な建築計画についての論議が取り交わされていたものと考えられる[18]。

サン・セバスティアーノ聖堂

マントヴァ侯の年代記作者スキヴェノリアの記すところによれば、ルドヴィーコは宗教会議のころ夢を見てこの聖堂の建設を思い立ち、急いで工事に取りかからせたとしている[19]。聖セバスティアーノは疫病退散の力を持つ聖人であると信じられており、戦の神であるとも考えられていたから、市街の南の門を守護するという意味もあったのかも知れない。プステルラ門より南はかつては中洲の南側の流路だったところで、その後は沼沢地となっていた場所であり、ルドヴィーコはこの一帯の環境改善のための排水路工事などとの抱き合わせでこれの建設を考えていた可能性もある[20]。着工だけはかなり素早かったようで、1460年3月、ルカ・ファンチェッリは二通の書簡でルドヴィーコに基礎のための根伐りが完了し、初層の床までの基礎もできていると報告している。

ただしこの間にはファンチェッリとルドヴィーコの間には工事のやり方をめぐる何らかの意見の対立があったかに思われる節もあり、最初の書簡（日付なし）では、ルドヴィーコの不興を買い造っていた模型を燃やしてしまったと言い、そして10年間も仕えてきてこのようなことは初めてであると嘆き、赦しを乞うている。第二の書簡では（3月31日付け）、メディチの銀行から50ドゥカーティを受け取れるようにするとルドヴィーコが約

IX. マントヴァとフィレンツェ

束していたものが、会計係がルドヴィーコからそのような指示はないとして手続きを拒否していることへの処置を要請し、また復活祭をフィレンツェで過ごすため2ヶ月ほど留守にするが、その間に工事に必要な大理石確保の手当をして、戻ったらすぐにサン・セバスティアーノの現場に取りかかるとしている[21]。

fig. 173 サン・セバスティアーノ聖堂

これがどのような行き違いであったのかはよく分からないが、このことと16世紀にアントーニオ・ラバッコが描き遺したこの聖堂の図 (Uffizi, GDS., 1779A)[22]の解釈との兼ね合いで、異例の2層構造のこの聖堂の下層部分は当初の計画には含まれておらず、この間 (アルベルティの意に反して?) 計画を変更し2層としたものではなかったか、あるいは逆にこの下層部分はすでにアルベルティが関わる以前に着工されていたのではないかなどとする説が、マンチーニ以来幾人かの研究者によって提起されていた[23]。

fig. 174　アントーニオ・ラバッコによるスケッチ
　　　　　Uffizi, GDS., 1779A

305

問題はラバッコの図が実施案であるのか、あるいは実施されなかった当初案であるのかという判断と、それに記された姿と現状との違いをどう説明するのか、また工事過程で計画変更と見られるような形跡があるのかどうか、もし変更があったとしてそれがアルベルティ自身の指示によるものであったのか否かという判断とが絡み合い、更にはファサードのポルティコの意匠の問題や聖堂主部の架構（現在はクロス・ヴォールトとなっている）の問題にまで波及し、アルベルティの計画意図をめぐって様々な憶測を誘う複雑な状況となっていることである。

　ラバッコの図は、平面図（上層？）と建物側面を表したと見られる小さな立面図、それに建物各部の寸法のメモを伴っている[24]。しかしこれが上層の平面図であるとすればそのために必要な階段が描かれておらず、また立面図にも下層は描かれていない。前面ポルティコも、現状とは異なり中央部に三つの開口があるだけで、現状に見られる両端のアーチ開口はなく、ポルティコ両側面が開口として描かれていて、あたかもそこから出入りができたかのような表示となっている。立面図に描かれたクーポラは造られることがなかった。一方書き込み寸法については、大まかなところでは現状とほぼ一致する[25]。

　建物は18世紀以後ほとんど補修がなされず荒廃し、19世紀にはオーストリア軍の兵舎に徴用され、ようやく1925年に地元の建築家アンドレア・スキアヴィ Andrea Schiavi[26]によって「復原」され、第一次大戦の戦死者のための記念廟"famedio"に転用された。正面ポルティコの両脇に取り付く階段はそのときに新設されたもので、それまでは左側面に取り付く階段（16世紀に増設）か、あるいは下層内部右手にある小さな階段でしか上層にアクセスすることができなかった。

　聖堂の2層構成が途中の計画変更によるものかどうかの議論については、かなり煩雑なものなのでここでは立ち入ることは控え、とりあえずバーンズによる見解[27]を紹介し、それに賛意を表しておきたい。彼によれば、この2層の構成は湿気の多いこの土地では地下のクリプトは好ましくないとのアルベルティの当初からの配慮によるもので、そのモデルはスポレー

トにあるローマ末期のいわゆる「クリトゥムノの神殿」[28]であろうとし、またラバッコの図に下層聖堂が描かれてないことについては、この図がフリーハンドで描かれていることなどから、ラバッコがたまたま見ることができたアルベルティ自筆の図をその場で急いで描き写したためで、なんら異とするには当たらないという。そしてアルベルティもそれを描いた時点では立面やファサードなどについての細かい点については、まだ検討ができていなかったのであって、完成以前にアルベルティが死去してしまったこともあって、おそらく出来上がったものとはかなり異なるものが考えられていたろうという。

ただし依然として幾つかの疑問は残り、上下層がほとんど完全に切り離された空間構成となっていて、この二つの別々の空間をどのように使用する予定であったのか（実際のところ、下層はクロス・ヴォールトを支えるための大きな角柱が林立し、礼拝に用いることができるような空間ではない）、またファサードの異例の構成（一般には南仏オランジュの凱旋門[29]側面から採られたと考えられている）についても、その付柱の意匠や外壁の仕上げなどが議論の的となる。

fig. 175　修復以前のサン・セバスティアーノ聖堂

fig. 176　パッラーディオ Andrea Palladio (1508-80) によるクリトゥムノの神殿の図　Vicenza, Museo Civico, D. 22r

fig. 177 ジュリアーノ・ダ・サンガッロによるオランジュの凱旋門スケッチ
Biblioteca Apostolica, *cod. Barberiniano 4424*, f. 25r

これらについてはいまだ満足の行く解答が得られる見込みはないが、それらに関わってどのような状況があったのか、あらましを辿っておくこととする。

アルベルティは1460年3月の基礎工事の完了の段階でローマに戻っていたと見られる。そしてまもなくファンチェッリもマントヴァを離れ、1462年の3月ころまでは、フィレンツェ[30]とガルダ湖北端のトルボロ Torbolo の採石場との間を行き来していた模様で、その間のサン・セバスティアーノの工事はジョヴァンニ・アントーニオ・ダレッツォ Giovanni Antonio d' Arezzo やジョヴァンニ・ダ・パドヴァ Giovanni da Padova、ジョヴァンニ・ピエトロ・ダ・フィジーノ Giovanni Pietro da Figino ら、ルドヴィーコの子飼いの工匠たちに委ねられていたようである。この時期ルドヴィーコは、懸案であった街路の舗装工事や居城であるカステッロ・ディ・サン・ジョルジオの改修その他多くの工事を同時並行的に進めていたが、それらはすべてルドヴィーコの専決事項となっており、資材の供給や工費の工面などもその都度、現場から直接ルドヴィーコに要請しなければならなかった。かくてルドヴィーコはほとんど週に一度は、甚だしい場合には連日のように、それらに対する指令や財源の手当のための書簡をしたためるのに追われていた。ルドヴィーコはこれらの工事に必要な資金を予め用意していたようには見えず、しばしばメディチに資金の融通を依頼したりしていたし、1461年7月には妃の宝飾類をユダヤ人商人に質入れしたりまでしている[31]。

IX. マントヴァとフィレンツェ

　1463年の夏頃にアルベルティが現場を訪れるまでの間は、計画に何らかの変更があったような形跡はない[32]。この年の8月にはアルベルティが工匠の一人ジョヴァンニ・ダレッツォに足場のための木材などの手配を直接指示しているし[33]、ファンチェッリがおそらくアルベルティの指摘をうけて、冬の間に傷んでしまっていた壁や床のやり直しが必要であることを報告しているので、アルベルティが頻繁に現場を訪れていたことが確かめられる。この年の暮れ頃までには聖堂本体の初層部分は出来上がっていたものであろう。12月にはこれもアルベルティの指示で床面の嵩上げが必要であるとしている[34]ので、その頃まではアルベルティはマントヴァにとどまっていたと見られる。

　しかしこの年から翌年にかけてマントヴァではペストが発生し、1464年の4月ころには工匠たちもマントヴァから避難しなければならなくなる。5月にはペストは終息に向かい、ルドヴィーコはアルベルティにマントヴァ訪問を要請しているが、その一方では財政難のため6月から8月頃までは進行中のすべての工事を中止させる事態となっており、アルベルティの訪問がなされたかどうかは確認できない。さらに8月14日にはピウス二世が死去し、その後選出されたパウルス二世はその年の12月、教皇庁の大改革を断行し、Abbreviatore Apostolico の職を廃止する指令を出し[35]、アルベルティも教皇庁での職を失ってしまう。

　1465年の1月には、ルドヴィーコは息子の枢機卿フランチェスコに対し、アルベルティに模型（前面ポルティコの模型？）を造ってくれるよう言づてすると同時に、枢機卿を通じて教皇にアルベルティの復職を請願するよう指示した旨をアルベルティに報告している[36]。しかし教皇がこれを受け入れるはずもなく、その後しばらくはアルベルティとの間でどのようなやりとりがあったかは分からない。アルベルティがこの年には数週間マントヴァを訪れていたのではないかとの推測もあるが、確認はできない[37]。それでも1466年12月には、ファンチェッリは「サン・セバスティアーノの工事のために『カ・ゾィオーザ』[38]にあった石材をすべて運び出しました。その工事は正面にとりかかっていて、ポルティコのヴォールトの入口（？

309

"porta della volta del portico")のコーニスの工事をしております」と報告している[39]ので、この間にポルティコの模型は届けられていたのであろう。

1470年10月半ば、領内東南部のゴンザーガにいたルドヴィーコは、ファンチェッリに対し次のような手紙を送っている。

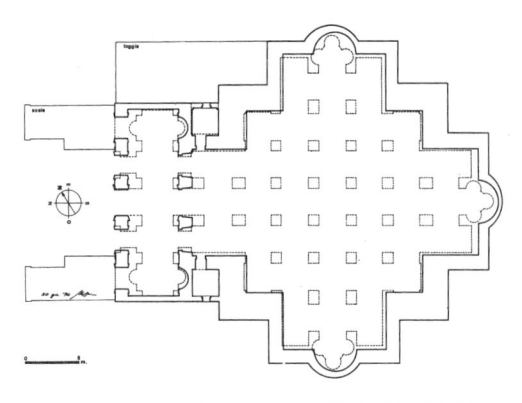

fig. 178　サン・セバスティアーノ聖堂　平面図（点線は初層を示す　from H. Burns）

「そなたがバプティスタ・デリ・アルベルティ先生の意見として、ポルティコの付柱を減らす［el minuire quelli pilastri］と伝えてきた件は、先生がその方がよいと考えられることは我々にとってもよいことなのだから、その通りにすることを強く奨める。金の工面については今すぐにというわけには行かないが、そのうちに追々必要に応じて出来るようにするので、そのようなことはこれまで度々あったのをそなたもおぼえているはずだ。

　　　　　　　　　　　　　　　　ゴンザーガにて、1470年10月14日」[40]

同じ10月にはアルベルティがゴンザーガにいるルドヴィーコにサンタンドレア聖堂の計画について書き送っており[41]、また11月にはルドヴィーコはやはりゴンザーガからアルベルティに対し、アルベルティがさきにマントヴァ領内に数ヶ所の地所を入手したいと申し出ていたらしいことについての返書を送っていること[42]などから、この時期2ヶ月間ほどはアルベルティがマントヴァにとどまっていたことが推察される。それからしばらくして1472年1月には、ファンチェッリから「サン・セバスティアーノの祭典」に用いる緑の枝が届いたことが報告されているので、建物はかなり

IX. マントヴァとフィレンツェ

形をなしそのための何らかの儀式を行なうまでになったものであろうか。しかしこの年の4月19日には、アルベルティはローマで死亡していた[43]。

一方1473年3月、ボローニャにいたフランチェスコ枢機卿からは、次のような書簡が届けられる。

「親愛なる父上へ。父上が聖セバスティアーノに対し赦しを求めるお気持ちが聖ヴィトに対するのに劣らぬものであることについては、決してそれが不思議だと考えている訳ではありませんし、のみならず私といたしまして

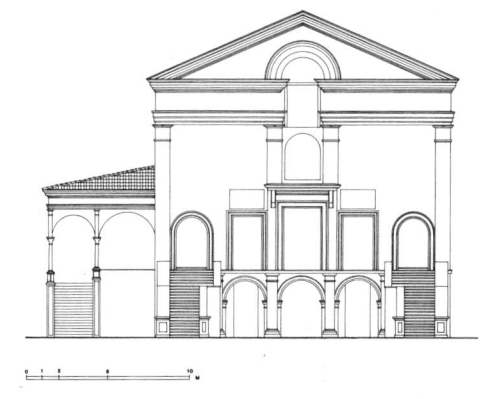

fig. 179　サン・セバスティアーノ聖堂立面図

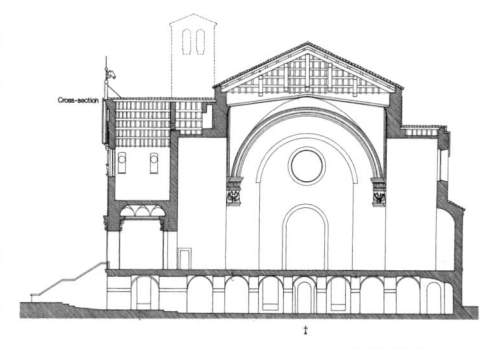

fig. 180　サン・セバスティアーノ聖堂断面図

も、これまでの25年間、それに対し格別の帰依を聖ペテロや聖アンデレと同様に捧げてきたところであります。しかし聖セバスティアーノ聖堂が、そこでいまだに教会の定めるところに従った献堂式や礼拝の儀式が行なうことが出来ずにおりますのは、私の見るところ以下のような理由であるように思われるのです、つまりそのそもそもの始まりからその後の進め方に至るまで、この建物は古代風に装うべく目論まれていて、しかもほとんどバプティスタ・ディ・アルベルティ氏の大胆な奇想に近いものでありまして、私から見ましても、これの意図するところがキリスト教聖堂であるのかあるいはモスクかはたまたシナゴーグか、とも思われてしまうのです。ともあれ、工事

311

が完了しそれが機能することとなったあかつきには、父上のご満足のゆくよう、また私のこの聖人に対する帰依のためにも、それに喜捨しまた装飾を加え、美化に努めることにいたします。

ボローニャにて、1473年3月16日、これを記す。
貴方の忠実なる息子　枢機卿フランチェスコ・デ・ゴンザーガ」[44]

　この皮肉と無理解にルドヴィーコがどのように答えたのかは分からないが、ファンチェッリは度々資材の不足を訴えながらも細々と工事を継続していたようで、1475年6月には〔ポルティコの？〕アーチ二つにとりかかっているが他の分については石が足りないとし、またヴィチェンツァからおそらくファサードのアーチ開口の腰のパネルに用いる石が到着したことなどを報告している[45]。1478年3月には聖堂本体ヴォールトに問題が生じたらしく、これをやり直すべきかどうか伺いをたてている[46]。しかしその5月にはペストが発生しマントヴァの現場は閉鎖されてしまう。さらに6月11日にはルドヴィーコも死亡し、その作事は後継のフェデリーコ（1441/2-84）に引き継がれるが、彼はサン・セバスティアーノの工事についてはあまり熱心だったようには見えない。1479年5月にポルティコのコーニスを仕上げたという報告[47]があった後は、ファンチェッリからのサン・セバスティアーノの工事に関する報告は途絶える[48]。

　この聖堂の異例の2層構成についてはバーンズの見解を採ることでひとまず措くとして、上の経過の中で問題とされているのが、1470年10月14日の書簡にあった「付柱の減少」という文言の意味するところである。ウィットコウアーはこれを「付柱の数の減少」と理解し[49]、アルベルティの1460年段階での当初計画は古典期神殿プロナオスのスタンダードな形式である6本の柱をそなえるものであったろうとし、とすれば階段は前面一杯に広がる形式で、現状のような下層の開口を外に見せるようなものではなかったろうとしてその復原図を作成した。そしてなぜ10年後にその案を放棄したのかについては、この前後に起こり始めていた「意識的な非正統的解釈」

の機運の表れであるとするのである。

　アルベルティの建築作法が常に古典を手本とするところからスタートしたものであると考えるウィットコウアーとしては、これはごく自然な推察であろうし、またそうした立場を認めるかぎりそれなりの説得力を持つものとして受け取り得ると言えるかもしれない。しかしそれならばウィットコ

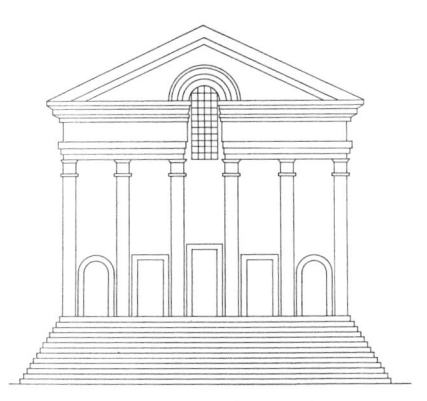

fig. 181　ウイットコウアーによる
　　　　ポルティコ当初案　復原図

ウアー自身もアルベルティの「当初案」と見なしていたラバッコの図になぜ階段が描かれず、その一方でポルティコ両側面に出入り口と見られる開口が描かれていたかが問われなければならないはずだが、彼はその問題に触れることは避けている。また下層部分はすでにアルベルティの存命中に出来上がっていて、彼は1470年にはそれを確認していたはずであり、下層前面アーケードはペッレグリーノ・アルディッツォーニの手によるものだとするウィットコウアーの説は、その根拠が危ぶまれることとなる。

　他方、この "el minuire quelli pilastri" を付柱の（見付け？）寸法の縮小と解釈したとしても、その理由はあまり明快には説明できない。中央の開口を挟む柱間に比して、両脇の柱間はそのほぼ2倍の幅があり、かなり異例と言うべきものであることは間違いない。バーンズは[50]付柱見付け寸法の縮小は、元来はアルベルティがこれを石で造ることを考えていたが、マントヴァでは適当な石材が入手できず、煉瓦で造らざるを得なかったことによるとするものの、両脇柱間の広さの理由には触れていない。これと同様な（中央柱間に比して両脇が広い）現象はサンタ・マリーア・ノヴェッラのファサードでも見られたものであって、アルベルティがウィトルウィウス的比例には全くこだわっていなかったことを示すものであり、結局、この現象を美術史家の好む様式的先例やアルベルティの主張する比例などから説明

しようとしても、解答は見当たらない。

　さらに研究者たちを惑わせているのが、1920年代の修復の際に発見されていたファサードの彩色装飾やスタッコの上に施された目地の痕跡である。壁面には白い枠取りに囲まれた八角形と正方形を交互に配した装飾（色石の化粧貼りを模したものか）があり、フリーズには6個の円盤の中に聖人の像を描いたものをそれぞれの両側からプッティが支えているものがあったし、付柱には石積み目地らしき痕跡があったという[51]。また中央の三つの開口下部に取り付けられた浮彫パネルも、もしこれらがウィットコウアーが主張するような出入り口ではないのだとすれば、当初の計画に含まれていたとしても不思議はない。これらは明らかにアルベルティの死後になされたものではあるが、リミニの「テムピオ・マラテスティアーノ」のファサードにも色石パネルの化粧貼りがあったことや、フィレンツェのサンタ・マリーア・ノヴェッラのファサードやサン・パンクラツィオの「聖墳墓」などの例から見ても、アルベルティは必ずしもそうした装飾手法を拒否していなかったと考えられ、マントヴァの場合でも彼の指示によるものではなかったという保証はない。そしてそれらに基づいて復原してみると、我々の「古典様式」についての常識では考えられない不思議なものとなってしまう。これはとうてい「非正統的な古典解釈」などという説明で片付けられるものではないだろう。もとよりこれらの表層の装飾についてはアルベルティの意図とは関係のない後の仕事として無視することも可能であろうが、しかしこのファサードを含むポルティコ全体の構成については、依然としてあきたりの建築的理解を拒絶するものがある。

　目下のところ私はこれを説明しあぐねており、性急な臆断は避けることとしたいが、この聖堂本体はブルネッレスキのサン・ロレンツォ聖堂旧聖器室の祭室 scarsella[52] ないしはアルベルティ自筆の「浴場計画案」[53] に見られたような、平面・立面共に立方体のヴォリューム各辺にアプスを取り付けたという、内向きの自己完結的な、全く抽象的と言って良いような幾何学的空間であり、この建築はそこに更に外に向けた顔を与えるという難題を伴うものであった。ブルネッレスキはそれへの解決策を示してくれては

いなかったし、この建築はその方途を懸命に模索していたアルベルティの苦闘を物語っているもののように思われる。

いわゆる「集中式聖堂」の玄関 Narthex として全く独立した構造体を取り付ける手法は、初期キリスト教やビザンティン期にその例が見られるものであるが、ラバッコの図に見られるポルティコが聖堂本体からはくびれた形で半ば独立したように付いている姿は、あるいはそれらの先例を意識したものであったかも知れない。しかしそれには

fig. 182　サン・セバスティアーノ聖堂　ポルティコ復原案　from Soggia & Zuccoli

背後の本体の抽象的空間に見合うような、ありきたりの（ウィットコウアーが主張していたような）神殿風プロナオスとは異なる「装置」的な性格が求められていたはずであり、なおかつそれは都市建築としてまた宗教建築としてのある種の物語性を暗示するものでもなければならなかったのである。しかしここではまだ、このポルティコはそうした物語性を担いうるだけの自立した建築システムをそなえていない。この課題は、彼の最後の作品、サンタンドレア聖堂において再び取り組まなければならないものであった。

サンタンドレア聖堂

ベネディクト会サンタンドレア修道院は、1037年以来、市街南部に居を占めこの地区の発展の核となっていたもので、そのすぐ横には初期ロマネスクの円形聖堂サン・ロレンツォもあって、この周囲には13世紀以来商人たちが集まり始め、マントヴァの商業センターとなりつつあった[54]。14世紀の間はこの地区はまだ市域には含まれない「郊外」であったが、1400

年には市域に組み入れられる[55]。初代侯爵のジァン・フランチェスコは修道院の力でこの地区をマントヴァのシヴィック・センターとして整備する狙いで、一族のグイド・ゴンザーガを修道院に送り込んでいた[56]が、1457年には彼は死去してしまい、ルドヴィーコは方針

fig. 183　サンタンドレア聖堂　右手は Piazza delle Erbe, 右下には S. Lorenzo が見える

を転換し、とかく市街整備事業に横やりを入れ障害となっていた修道院を廃絶する方向で教皇庁に働きかけていたと見られる。修道院側は14世紀末以来、僧院や回廊の整備を続けてきており、15世紀初めには鐘楼の建設にも取りかかっていて、グイド・ゴンザーガの死後も修道院の建物整備の工事は継続していたのであったが、1472年の教皇シクストゥス四世の勅書によって修道院は廃絶され、聖堂は参事会の管理するところとなる。

　アルベルティは1470年の秋にはサン・セバスティアーノの工事に関わってマントヴァに滞在していたが、10月20日(?)、ゴンザーガにいたルドヴィーコに対し次のような書簡を送っている[57]。

「令名高き殿下の御前に敬意を捧げます。石工のルカから、殿下の *ad turrium* [58]〔塔について〕と題されたお手紙を見せて貰いました。当面これは *Iterum cogitabimus*〔課題〕ということで心に留めておくことに致します。Ceterum〔その他 or ついでながらの意〕殿下ならびに市民各位が論議しておられるサンクト・アンドレア聖堂の建設についても考えてみました。それはまずなによりも、大勢の人々がキリストの血を拝観できるような大きな空間を考えることです。例のマネッティの模型は見ました。良くできていると思います。しかしこれが殿下の意図されるところに見合うものとは思われません。私がお送

りするものをご覧頂いてご検討頂きたく思います。これならばより永持ちしまた格調高くより好ましいものとなるでしょう。費用ももっと少なくて済むと思います。この神殿の形は *apud veteres*〔古人をして言わしむれば〕*Etruscum sacrum*[59] とでも名付けるべきものです。もしお気に召しましたらきちんと寸法を入れたものを作成いたします。

とりあえずご報告まで。

殿下の忠実なる僕、バプティスタ・デ・アルベルティス」

これに対しルドヴィーコは、興味を持ったがこれだけではまだよく分からないので、マントヴァへ戻ってから話し合うかどうか都合を知らせてくれるように書き送っている。アルベルティがいつ頃までに「寸法を入れた」("modo de rectalo in proportione") 計画案（模型?）を作成していたものかはよく分からないが、1472年4月27日のファンチェッリの書簡[60]では、それを見てこのような素晴らしいものを自分の手で造れるのは望外の喜びだとして絶賛している。しかしこの時点ではアルベルティはすでに他界していた。

着工までには工費の手当や古い聖堂の取り壊しに関わる技術的問題などもあって、かなりの時間を要したらしい。最初の礎石は1472年6月12日に置かれた[61]が、その後の工事の進捗状況は、工人たちへの給料の遅配や人手の不足などもあって、あまりはかばかしいものではなかったように見える。それでも1473年の5月には、ファンチェッリの報告では側面チャペル群が2層目の足場の高さまで建ち上げられていた[62]。1477年9月には「三番目のチャペル」（おそらく西端で鐘楼と接触する部分）まで工事が進んだとしている[63]ものの、この間ファンチェッリと他の職人たちとの間で反目が生じ、またサンタンドレア聖堂工事責任者とも対立する事態が起こり、ルドヴィーコはファンチェッリを「他にかけがえのない存在」だとして擁護するが[64]、当のルドヴィーコもペストの蔓延する中、1478年には死亡してしまう。

工事は後継の侯爵フェデリーコ（1441/2-84）、さらにフランチェスコ（1466-1519）へと引き継がれ、ファンチェッリも1490年までは現場にとどまる[65]。ゴ

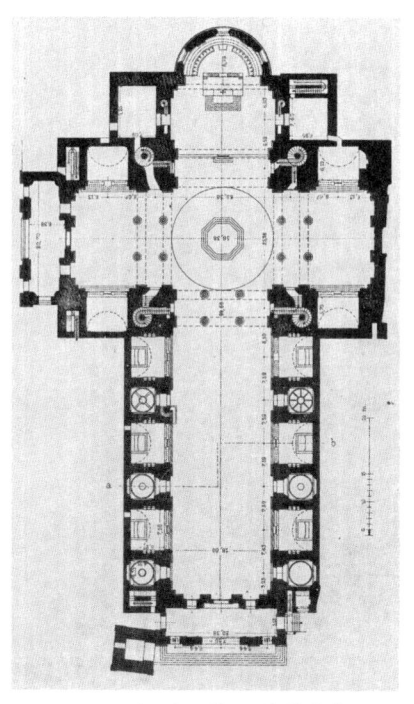

fig. 184　サンタンドレア聖堂平面図
（from Ritscher）

ンザーガ家の年代記作者スキヴェノリアは工事は1494年に完了したとしているが、翼廊と内陣は16世紀半ばころにかけて造られ[66]、また交差部の上に載るクーポラは1732年にフィリッポ・ユヴァッラ Filippo Juvarra（1678-1738）が設計したものである（1782年完成）。

　この経過で問題とされているのが、例の"Etruscum sacrum"の文言の解釈と関わって、翼廊が果たしてアルベルティの当初計画に含まれていたものであったかという疑問である。1960年にミュンヘンで行われたアルベルティ研究に関する国際学会の席上、クラウトハイマーとエリッヒ・フバラの二人の学者から、アルベルティの言う"Etruscum sacrum"が *De re aedificatoria* の説明から推察されるかぎり、マクセンティウスのバジリカのような構造を指していたと考えられるので、現状のようなラテン十字平面ではなかったであろうとの説が提起され[67]、その後ハイデンライヒもこれを支持しており[68]、1970年代半ばころまではこれがほぼ定説となっていた。その後ジョンソンによって新たな史料的検討と遺構の調査を通じて、翼廊も15世紀の計画に含まれていたものであるとの説[69]が提起されるが、その後も依然として翼廊後補説を唱えている研究者もある[70]。それでも少なくともこの交差部の広い空間とその上にクーポラを載せるというアイデアが15世紀の段階で存在したことは確かであり、クラウトハイマーらが主張したほど単純なものではなかったと考えるべきであろう。

IX. マントヴァとフィレンツェ

　もう一つの問題は、ファサードのポルティコ上部にあるほとんど装飾のない半円筒形ヴォールトの開口 "Ombrellone" である。これについては、前面ポルティコの凱旋門風の格調高い「古典様式」に対し全くそぐわない要素であって、これは採光などのために後に付加されたものであろうとする説が支配的であったが[71]、1991年に実施された「発掘調査」によって、この "Ombrellone" が覆っている部分は建設当初から存在しており、内部には祭壇らしきものも設けられていて、「キリストの血」と関わる儀式空間を目的としていたらしいことが明らかにされた[72]。しかしそこが実際にそのような目的のために使用されることがあったかどうかは定かではない。「キリストの血」は身廊地下のクリプトに安置されてきており、キリスト昇天祭などの折りには、身廊内に特別の祭壇が設けられ、拝観できるようになっていたと見られる。ブルガレッリは、この "Ombrellone" を含む西側ポルティコが、聖堂本体とは別スケールで取り付いていること[73]に着目し、これは聖堂本体からは独立した、それ自体が特別な意味を持つ建築として理解すべきだとして、パンテオンなどの場合と同様、象徴的な役割を持つ装置——つまりここが聖なる「キリストの血」を保持する特別な場所であることを示す装置——として考えられたのであって、"Ombrellone" はその「サイン」であったろうとしている[74]。確かに初期キリスト教時代以来、こうした半円筒ヴォールトの覆いは、柩や聖遺物などを内部に収めるために多く用いられていたものであり、この至って抽象的な形態がそうした意味を担うものとして意識されていたことはあったのか

fig. 185　サンタンドレア聖堂ポルティコ

319

も知れないが、同様な抽象的な形態のアーチ開口は「テムピオ・マラテスティアーノ」のファサードでも考えられていた形跡があり[75]、そのことだけでは説明しきれないもののようにも思われる。当面これについては適切な説明は見当たらず、謎としておく他ない[76]。

このように幾つか不明の点は残るものの、この聖堂本体におけるアルベルティのコンセプトは明確であり、構造体の基準グリッドを a｜b｜a｜b｜a... という大小のスパンを交互に並べるかたちで設定し、すべての要素をそのグリッド上にのせて配置するというものであった。これは構造的には、小さな正方形単位（それらも内部に小礼拝堂を収める）が隣り合う大きな礼拝堂の正方形単位に対する「大柱」pier として働き、更にそれら大小の単位がともに身廊の巨大な半円筒ヴォールトを支えるバットレスとして働くという、まことに巧妙なシステムとなっている。それは帝政期ローマのコンクリート造大建築のごとく、完全に一体化したブロックとなっており、柱・梁のような補助的支持材を必要としない構造体なのである。そしてその構造がそのまま、見事にバランスのとれた機能的でかつリズミカルな空間配分を可能としている。同じリズム構成は西側正面のポルティコにもスケールを少し変えながらそのまま応用され、その結果「凱旋門」風の外観を獲得することとなった。

それはある意味ではアルベルティの狡猾な「詐術」とも言えるものであって、全く抽象的な構造＝空間システム（"lineamentum"）を駆使しながら、

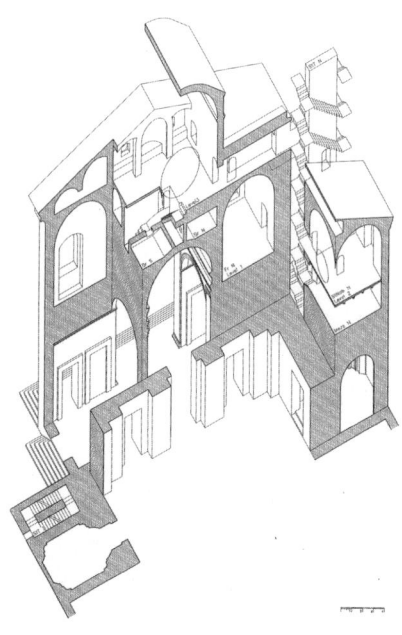

fig. 186　サンタンドレア聖堂　ポルティコの発掘調査による復原図（from Saalman & Ghirardini, Law）

IX. マントヴァとフィレンツェ

それを「凱旋門」という人々に受け入れられ易いモデルに、あるいはそのように見えかねないようなかたちに、「変装」させているのである。1470年にルドヴィーコに提示した最初のスケッチ("Etruscum sacrum")は、おそらくその"lineamentum"のシステムだけを示したものであったと考えられ、ルドヴィーコには理解不能なものであったろう。そして具体的に模型の形で呈示されて[77]初めて、それを「凱旋門」として理解することで、納得することが出来た

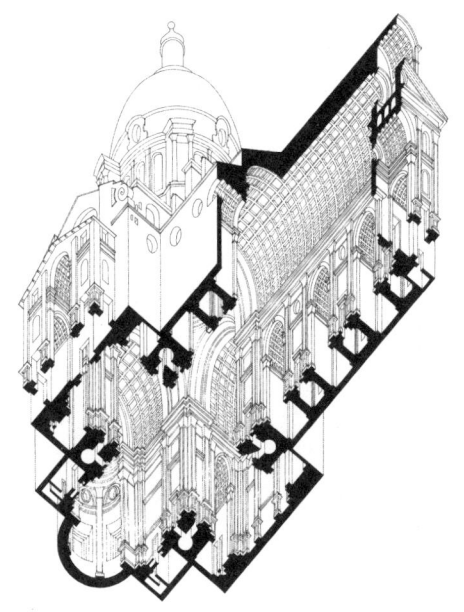

fig. 187　サンタンドレア聖堂アクソメ図 (from F. Borsi)

のではなかったろうか。アルベルティはこれが「凱旋門」から採られたものだなどとは一言も言っていない。それを見た人々が（そして美術史家たちが）、勝手にそのように理解したまでのことなのである。*De re aedificatoria* の言う「コンキンニタス」、つまり「……〔これまで〕三つの枢要な事柄があるとし、それらの上に考察すべきすべての理論が成り立つものとしてきたのであるが、それらは、数値と、finitio〔境界面〕と呼ぶところのもの、そして配置であった。しかしさらにそれらに加えてもう一つの特質が、それらすべての要素が結びついた結果として生じてくるのであり、そのとき驚くべきかたちでその美しさの全容が輝きを増す……」[78]というのは、あるいはそうした詐術的効果（?）のことを指していたのでもあろうか。

　1480年にファンチェッリが現場を直接指揮することができなくなって以後は、身廊のクリアストーリィに取り付くバットレスが下部のチャペル群の壁体の位置と無関係に取り付けられたり、当初考えられていたチャ

fig. 188　サンタンドレア聖堂内部

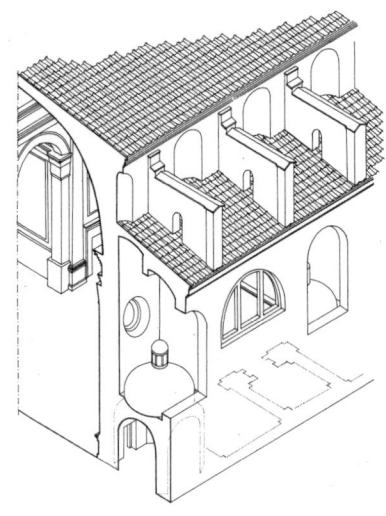

fig. 189　サンタンドレア聖堂　採光システム（from F. Borsi）

ペル群への巧妙な採光システムも残念ながら変更されてしまっている。また身廊内部の装飾の大部分はアルベルティの意図していたであろうものとは全く異なっていると考えられる。しかしその変装の下に隠されている"lineamentum"とそれがもたらすであろう"concinnitas"は、いまでも充分に感じ取ることが出来る。それは実際「奇跡」にも近いものであり、アルベルティにして最後の作品において初めて獲得することができた「コンキンニタス」なのであった。もしこの後もう少し彼に建築活動の時間が許されていたとしても、再びこうした地点に到達できたかどうかは分からない。建築における「コンキンニタス」は、必ずしも理論や経験の導きから計算ずくでたぐり寄せることのできるものではない。常に出発点に立ち戻り建築技術とその歴史について省察し直す営みを繰り返す中で、天啓の如く突如訪れる希な機会であって、座してそれを待ち続ける訳にはゆかない。その間建築家は、与えられた建築技術に疑問と批評を投げかけるという自己

否定的な営みに耐えて行かなければならないのである。20年余りのアルベルティの建築的生涯は、そのことを確認するためのものであったとも言えよう。

アルベルティのマントヴァにおける活動と関わっては、1460年以来ここを本拠として活動していた画家アンドレア・マンテーニャ Andrea Mantegna（1431-1506）との交渉の有無がもう一つの興味深い話題であるが、この小論のなかで扱うには大きすぎ、また目下の私には手に余る問題なのでそれを考えるのは別の機会に待つことにしたい。

フィレンツェのサンティッシマ・アンヌンツィアータ聖堂ロトンダ

ルドヴィーコ・ゴンザーガがアルベルティに託したもう一つの課題が、ミケロッツォが未完のままのこしたフィレンツェのサンティッシマ・アンヌンツィアータ聖堂のロトンダである。これについては前著『ブルネッレスキ』でも触れてあったので[79]、アルベルティが参入する以前と彼の死後の工事の経緯についてはそちらを参照願うとして、アルベルティの関与についてだけここで手短かに述べておく。

美術史家たちがこれを重視するのは、彼らがルネサンス建築における最も重要なテーマの一つであると考える「集中式」建築を、ルネサンス建築最大のイデオローグであるアルベルティが手がけたという点にあると見られる。しかし史料から読み取られるかぎりでは、彼がそこで果たした役割がどの程度のものであったかは甚だ不明確である。

ルドヴィーコ・ゴンザーガは1469年8月にシエナ近郊のペトリオーロの湯治場から足を延ばしてフィレンツェに赴き、ミケロッツォの「ロトンダ」の計画を引き継いだアントーニオ・マネッティ・チャッケリが着工しかかったもののその死後10年近く放置されていた現場を訪れており、その際に修道院に対して工費の追加を申し出て翌年から工事が再開される[80]。しかし工事が始まる前からこの計画に対する反発が起こり始めていたらしく、1470年2月2日、ルドヴィーコと旧知のフィレンツェ商人ジョヴァンニ・

fig. 190　サンティッシマ・アンヌンツィアータ
　　　　　聖堂「ロトンダ」(from F. Borsi)

アルドブランディーニは、それがアルベルティの設計によるものだと聞いて驚いたが、これは全く使い勝手が悪いものであるとする書簡をルドヴィーコに送っている[81]。そしてこれ以後この計画は全面的にアルベルティによるものだとする見方が定着したものらしく、ヴァザーリ[82]もかなりの長きにわたってその欠陥を指摘し酷評する記述を遺している。

　その批判の主なポイントは、既存聖堂内陣大祭壇のすぐ背後に置いた「ロトンダ」を、無理に聖堂本体と繋げようとしたことから生じた難点にかかわるもので、そのことについてはすでにブルネッレスキがそれを予見して批判していた[83]といわれ、そもそもはミケロッツォの当初の計画に胚胎していた問題であって、聖堂から独立した修道士たち専用の勤行の空間を望む修道院側の要求と、それを聖堂の大祭壇を収める内陣として使用したいという信者側からの要望とを調整しないままに計画してしまっていたものと見られる[84]。ミケロッツォの計画がどのようなものであったかははっきりとは確かめられないし、またチァッケリがそれを変更したのかどうかも定かではない。そしてチァッケリの指揮によってすでに基礎の一部は着工されてしまっていたようであり、アルベルティがそれを全面的にやり直した様子も見られない。アルベルティに委ねられたのは、そうしたもともと問題を抱えたミケロッツォ＝チァッケリの計画を引き継ぎ、それにどうにか辻褄のあった形を与

IX. マントヴァとフィレンツェ

えるという作業だったのであって、アルベルティが手を加えることができたのは、聖堂本体との繋ぎの部分の大アーチのために、その両脇に置かれたチャペルを他のものより若干縮めて収めるといった程度のことであったと考えられる。

　アルドブランディーニやヴァザーリの批判の大半は、むしろコージモ＝ミケロッツォの当初計画や、その既存計画の枠内での仕事をアルベルティに強いたルドヴィーコに向けられるべきものであって、アルベルティの「作品」として評価すべきものかどうかも問題であろう。一方ではこの建築がブルネッレスキの大クーポラ以後、フィレンツェではそれに次ぐ大きさのクーポラであり、またアルベルティが「テムピオ・マラテスティアーノ」以来、クーポラの建造にこだわっていたことなどを理由に、出来上がった建物（ほとんどがアルベルティ死後の工事である）からアルベルティのそれへの思い入れを説き明かそうとするのは、こうした経過からしてあまり意味がないと言わざるを得ない。

サン・マルティノ・ア・ガンガランディ聖堂アプス

　1432年以来アルベルティが司祭の職にあったフィレンツェ西郊ラストラ・ア・シーニャのサン・マルティノ・ア・ガンガランディ聖堂は、13世紀建造の小さな単廊式の聖堂である。いつのころかははっきりしないが、アルベルティは自らの設計でこれの内陣に主祭壇を収めるためのアプスを新設する工事に取りかかっていたと見られる。その死の時点ではまだ工事が完了していなかったらしく、彼の遺言書（後述）ではそれの完成のための費用を遺産から支出するように指示していた[85]。

　アプスは完全な半円形で、その内側の壁面はピエトラ・セレーナによる6本のコリント式の付柱で区切られ、その上には銘文[86]を施したフリーズのあるエンタブラチュアをめぐらしている。フリーズの両端の身廊に面する部分にはアルベルティ家の紋章が取り付けられている。正面のアーキヴォルトには燭台を象ったと見られる浮彫模様が施されている。壁面やコンカ（四半球ドーム）は白く塗り上げられ、全く装飾はない。この手法はブ

ルネッレスキ以後のフィレンツェで一般的となっていた手法に倣ったものと見られる。奇妙なことに両端の付柱は垂直ではなく、上に向かって少し外に開いた形となっている。しかもその傾きは左右同じではなく、左の方が傾きが少し大きい。またアプスは聖堂全体の中央軸線からは僅かに右へずれた位置に取り付けられており、これらはおそらく未熟な地元の工匠の不手際によるものと見られるが、柱の傾きについては意図的な部分があるようにも思わる。しかしそれがどのような意図からなされたものかははっきりしない。ボルシはこれについて、《絵画論》[87]に記されている透視図法のメカニズムに基づく何らかの実験を試みたものではなかったかとしているが、内転びならそれも理解できるが、外転びでは逆効果になるように思われ、不思議としか言いようがない。

　これがいつ頃計画されたものかは分かっていない。遺構調査からもそれを判定する手がかりは得られていない。一般にはスタイルから判断してごく初期のものと考えられているようである。そうだとすればそれが30年間も未完の部分を残していたというのはやや理解しにくいところだが、目下のところこれを考えるための材料は存在しない。

＊

　かくてアルベルティは多くの疑問を我々に残したまま、1472年4月19日、ローマの自宅（a Rione di Ponte ＝サンタンジェロ橋の近く）で永眠する。彼の「遺言書」はマンチーニよって紹介されており[88]、それによれば彼は父の墓があるパドヴァのバジリカ・デル・サントに葬られることを望んでいたというが、とりあえずピアッツァ・ナヴォーナの北にあるサンタゴスティーノ修道院 S. Agostino に葬られたとされる。しかしここは改築のため1475年には取り壊されてしまい、その際にアルベルティの遺骸がパドヴァに移されたものかどうかは不明のままである。

　遺言では様々な遺贈が記されており、家令のクラウディオや遺言書作成に関わった公証人にマントを贈ること、フィレンツェのベンチ通りに

あった Torre degli Alberti ("Colonnine")[89] やボローニャ市内の屋敷、郊外の農園などをまたいとこのベルナルド[90]に譲ること、所持していた貴重なプリニウスの「博物誌」写本をジョヴァンニ・フランチェスコ・ディ・アルトビアンコ・アルベルティに託すこと[91]、またアルベルティ一族の子弟でボローニャ大学で学ぼうと望む者のために1000ドゥカーティをもってボローニャ市内に屋敷を確保すること、そしてもしそうした希望者がない場合は貧しい学生のための奨学金に充てることなどが細々と指示されていた。遺言執行人としては、ピストイアのニコロ・フォルテグエッリ枢機卿 cardinale Nicolò Forteguerri (1419-73)、ボローニャの公証人アントーニオ・グラッシ Antonio Grassi (1421-91)、ピサのマッティア・パルミエーリ[92]らが指名されており、特にグラッシは忠実にその遺言の執行に努め、アルベルティを記念する学校の設立などに尽力したと言われる[93]。

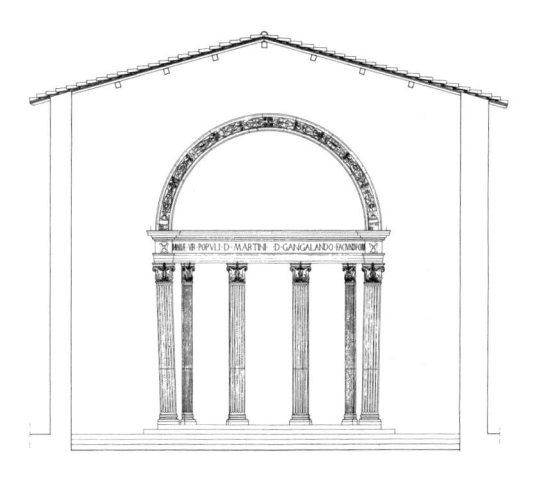

fig. 191 サン・マルティノ・ア・ガンガランディ聖堂アプス（from F. Borsi）

注

1. Gian［Giovan］Francesco Gonzaga（1395-1444）．1407年に僅か12歳でマントヴァの領主の地位を継承し、1432年には神聖ローマ皇帝シギスモンドから侯爵位を認められている。彼は巧妙な軍事・外交政策によって、ミラノとヴェネツィアという二大勢力の間で独立を保ち、フィレンツェ市の傭兵隊長を務めるなどして財をなしマントヴァの繁栄をもたらした。
2. Mancini, p. 388.
3. 第II章の注17参照。彼の学校（Ca' Zoiosa［＝Gioiosa. 楽しい］と名付けられ

ていた）はゴンザーガの子弟のみならず、様々な階層の若者（女性をも含む）を受け入れたと言われる。ジャン・フランチェスコの後継者ルドヴィーコやウルビーノのフェデリーコ・ダ・モンテフェルトロも彼の教え子であった。

4. 第II章の注16参照。
5. grancontessa Matilde di Canossa（1046-1115）. 多くの教皇や皇帝を輩出したカノッサ家の女性で、1076年以後、北イタリア一帯の支配者として君臨していた。
6. フィレンツェ大聖堂工事事務所の工事記録による（cit. Saalman, H., *Filippo Brunelleschi. The cupola of Santa Maria del Fiore*, London 1980, p. 265, doc, 226）。
7. Luca Fancelli（1430-1502 ?）. 彼の初期の事績については史料を欠くが、彼が1460年にルドヴィーコに宛てた書簡の中で「11年間殿下の許で働いてきた」と記していることから1450年ころにはマントヴァに来ていたことが推察され、また1475年のルドヴィーコからロレンツォ・イル・マニフィーコに宛てた書簡の内容などから、ルカがマントヴァに来たのはコージモ・イル・ヴェッキォの推挙によるものであったことが確かめられる。1460年以後、ファンチェッリとルドヴィーコの間では作事の進め方をめぐって多くの書簡が取り交わされており、当時のマントヴァにおける建設事業のありかた、とりわけその地でのアルベルティの作品の建設過程を伝える貴重な史料となっている。マントヴァの古文書館に遺されているそれらの書簡は、Braghirolli, W., "Luca Fancelli, scultore, architetto, idraulico del sec. XV" in *Archivio Storico Lombardo*, Anno III, Milano 1976：Brown, C. M., "Luca Fancelli in Mantua. A Checklist of his 185 Letters to the Gonzaga. With an Appendix on the Dating of Letters Regarding Luca Fancelli and Giovanni Bellini", *Mitteilungen des Kunsthistorischen Institutes in Florenz*, XVI, 1972, n. 2；Vasić Vatovec, Corinna, *Luca Fancelli, architetto. Epistolario Gonzaghesco*, Firenze 1979；Paolo Carpeggiani, Anna Maria Lorenzoni（cura di）, *Carteggio di Luca Fancelli con Ludovico Federico e Francesco Gonzaga marchesi di Mantova*, Mantova 1998（筆者は未見）などに採録されている他、アルベルティのマントヴァでの作品について論じた論文にも拾い上げられている（Braghirolliに収録されたものは不完全であるうえ、かなり不正確である。また Vasić Vatovec のものも不正確なところがあるとされており幾つか欠落もある模様だが、私が当面利用出来るのはこれだけなので、注意しながら引用している）。ルドヴィーコは若いファンチェッリについて「私は彼の生徒」"può dire essere allievato qui" であると持ち上げていたが（1471年12月17日付け、ロレンツォ・イル・マニフィーコ宛て書簡. cit. Vasić Vatovec, p. 53）、実際のところは彼に

IX. マントヴァとフィレンツェ

充分な報酬を与えないまま、次々と任務を与えて酷使していたように見える。
8. Antonio Manetti Ciaccheri (1405-60) については、前著「ブルネッレスキ」の各処で触れているのでそちらを参照されたい。
9. ルドヴィーコの「普請道楽」については第 VI 章の注26に引いたフィラレーテの言葉からも知られるところである。
10. これはピウス二世が、トルコの領土拡大によってバルカン半島のカソリック教会が脅威にさらされていることを懸念し、十字軍を結成しトルコ制圧を企てようとするものであったが、全く成果がなく終わっている。ルドヴィーコ・ゴンザーガにとってはこれを機に列強の中での発言権を増し、特に息子のフランチェスコ (1444-83) を枢機卿としてヴァティカンに送り込むための布石でもあった。フランチェスコは1461年にわずか17歳で枢機卿となっている。宗教会議は1459年3月27日から1460年1月14日まで行なわれた。その経過については Mancini, pp. 382-393参照。
11. カヴリアーナ Cavriana はマントヴァ北方でガルダ湖に近い場所。2月28日にはそこにアルベルティが到着した旨、ルドヴィーコの夫人バルバラが報告している (ASMn [Archivio di Stato di Mantova], Archivio Gonzaga, Busta 2886, libro 37, carta 47 v, n. 1)。
12. ASMn, Archivio Gonzaga, Cass. autografi n. 7, lettera n. 3. これは Calzona, Arturo, "Ludovico Gonzaga, Leon Battista Alberti, Luca Fancelli e il problema delle cripta di San Sebastiano", in Rykwert & Engel (a cura di), *Leon Battista Alberti* (*op. cit.*), p. 272, Documenti 3 に採録されているものによった。この書簡は Grayson, *Opere volgari*, III, p. 293 や Vasić Vatovec (*op. cit.*, p. 86) にも採録されている。ただし Vasić Vatovec のものには "Vergilius" への言及箇所が脱落している。
13. ASMn, Archivio Gonzaga, Busta 2885, libro 31, carta 47r, n. 1 (Calzona, p. 272. Doc. 1)。
14. ASMn, Archivio Gonzaga, Busta 2885, libro 31, carta 51v, n. 5 (Calzona, p. 272. Doc. 2)。
15. サン・ロレンツォは14世紀以後に拡張された新しい市街中心部のピアッツァ・デッレ・エルベ Piazza delle Erbe (サンタンドレア聖堂の横) の一郭を占める。主体は煉瓦であるが基部や一部の付柱には古い石材が用いられており、おそらく同じ場所にあった前身建物 (墓廟か、9世紀頃?) の再建であったと考えられる。この辺りは当時まだ街路の舗装がなされておらず冬期には泥道となってしまい、この地方の寒く湿気の多い気候とともに、宗教会議に参加していた枢機卿たちや各国大使らからは不評で、マントヴァの印象を悪くする

329

一因となっていたらしい。聖堂の改築計画はそのことと関わって浮上しており、1461年には幾度か教皇に改築の許可を申請するが受け入れられた様子はなく、またサンタンドレア修道院や大聖堂の聖職者たち、近傍に店舗などを構えていた住民たちの反対もあって沙汰止みとなってしまう。しかし舗装工事だけは行なわれた。cf., Dall'Acqua, Marzio, "Storia di un progetto albertiano non realizzato : La ricostruzione della Rotonda di San Lorenzo in Mantova", in AA.VV., *Il Sant'Andrea di Mantova e Leon Battista Alberti*, Mantova 1974, pp. 229-241 を参照。

16. マンチーニ (p. 392, n. 2) はこれはプステルラ門に取り付いていて1903年に取り壊されたロッジアを指すものであろうとしているが、もっと市中心部のどこかの建物のものであろうとする説もある。いずれにせよアルベルティの計画が実現したようには見えない。ウィルギリウスのモニュメント建設計画についてもその後は取り上げられた様子はなく、市街北端の Piazza Virgiliana にあるモニュメントは1927年に建設されたもの。

17. Calzona, *op. cit.*, p. 262.

18. ピウス二世はこの時期「ピエンツァ」の計画に取りかかっており、その話題とマントヴァの整備計画とが結びつけて考えられていた可能性がある。教皇がウィトルウィウスを読みたがったというのは、そのことと関連するかも知れない。

19. A. Schivenoglia, *Cronaca di Mantova dal 1445 al 1484* (a cura di Carlo D'Arco, Mantova 1976, p. 27, cit. Calzona, p. 269, n. 16) ―― "Nota che lano 1460 fo principato la gexia [=chiesa] de san Sebastiano in di prade de Redevallo, la qual gexia la fece chomenzare lo marchexo mes. Lodovigo per uno insionio chel se insonie una note et fo principiata tanto in freza che fo tolto predij e giaronij e chalcina che era stato chondute a la porta de la Predela per livrare la rocheta de quela porta."

20. この時期にマントヴァで疫病の発生があったということは知られていないが、この場所が衛生上問題があったことも確かである。しかしそのことだけではスキヴェノリアの言うような緊急を要する案件であったとは考えにくいし、実際には工事はしばしば中断し、正式に聖堂として献堂式が行なわれたのは1530年になってからのことであった。バーンズ (1998 "Alberti", *op. cit.*, p. 145) は、ルドヴィーコはこれを自分と妃のバルバラのための墓所とすることを考えていた可能性も示唆している。

21. ファンチェッリからルドヴィーコ宛て書簡 (ASMn, Archivio Gonzaga, Busta 2397, lettera n. 1297, olim n. 3 及び Busta 2395, lettera n. 4, olim n. 31)、cit. Calzona, p. 273, doc. 5 & 6 ―― Vasić Vatovec は第一の書簡を1462年として、1463年頃

IX. マントヴァとフィレンツェ

まではファンチェッリからサン・セバスティアーノ聖堂の工事についての報告は見当たらないことから、ファンチェッリは2年間現場を離れていたのだとしているが（p. 77, p. 88. この書簡は表裏にわたっているが Vasić Vatovec は裏の基礎完了の報告の部分をカットしてしまっている）、Calzona はこれを否定し1460年の3月10日から31日の間に書かれたと推測している。1460年5月以後は、ジョヴァンニ・ピエトロ・ダ・フィジーノ Giovanni Pietro da Figino とジョヴァンニ・アントーニオ・ダレッツォ Giovanni Antonio d'Arezzo という工匠がこの間の工事の進行状況をルドヴィーコに報告しており、これが彼らがファンチェッリの留守の間その代わりを務めていたことを示すのか、あるいは他に多くの現場を抱えていたファンチェッリを応援していただけなのか、不明である。

22. Antonio Labacco (1495-1570). ヴァザーリには "Antonio l'Abacco" の名でアントーニオ・ダ・サンガッロ・イル・ジョヴァネの助手としてパルマの城砦建設に関わったことを Tom. V (p. 458) に記載している。彼は銅版画師としても知られ、ローマ市中の建築図集 *Libro appartenente a l'architettura nel qual si figurano alcune notabili antiquità di Roma*, 1552 を上梓していた。このウッフィツィの図は、おそらく16世紀前半ころ彼がローマでアルベルティ自筆の図を見て描き写したものと考えられている。

23. Mancini, pp. 397-8；Lamoureux, R. E., *Alberti's Church of San Sebastiano in Mantua*, New York-London 1979；Baldini, G., "L'oscuro linguaggio del tempio di S. Sebastiano in Mantova", *Mitteilungen des Kunsthistorischen Institutes in Florenz*, XXXIII, 1989, pp. 155-205；Calzona, Arturo, "Ludovico Gonzaga, Leon Battista Alberti, Luca Fancelli e il problema delle cripta di San Sebastiano", in Rykwert & Engel (a cura di), *Leon Battista Alberti* (*op. cit.*), pp. 252-275；Tavernor, "I Gonzaga committenti dei progetti albertiani per San Sebastiano e Sant'Andrea a Mantova e per la tribuna della Santissima Annunziata a Firenze", in *op. cit.*, p. 383；Böckmann, Barbara, "Il San Sebastiano di Leon Battista Alberti a Mantova. Progetto originale e modifiche successive", *Arte Lombarda*, III, 2005, pp. 61-73（私はこの論文については確認するに至っていない）。

24. 図中の書き込み文字は以下の通り――（平面図の中央）"a mantova di mano / di mesere batista alberti"；（左下）"largeza de la cupola è braccia 34 / cioè per in fino a dove comincia / la volta delle capelle bracia 56 2/3 / e dele tre lunete bracia 8 large alteza bracia 33 1/3 / la stanza e lato alti in largeza bracia 20 / alteza bracia 33 1/3 / e entrata di mezo bracia 4 4/5 alta bracia 8 / el portico è largo bracia 10 e alto bracia

331

16 1/3 / la cornice che [?] ala porta sopra el cardinale / el s... è posta a l'alteza de l' imposta de la / volta item largeza sono a una p[er]posicione"
25. cf. Claudio Bassani, Alfonso Galdi, Adolfo Poltronieri, "Analisi per il restauro del Tempio di San Sebastiano in Mantova", in AA.VV., *Il Sant'Andrea di Mantova* (*op. cit.*), pp. 243-263.
26. スキアヴィはこの復原工事について1924, 1925, 1932年と3度にわたり報告書を著しており、最終の1932年のものは Il restauro della chiesa di S. Sebastiano di L. B. Alberti in Mantova, Mantova となっている。この復原工事への批判についてはC. Bassani, A. Galdi, A. Poltronieri, (*op. cit.*), pp. 251-257を参照。
27. H. Burns (1998, "Alberti", *op. cit.*), pp. 144-149.
28. Tempio di Clitumno. 中部イタリアのスポレート Spoleto 北方の泉のほとりにある河神を祀ったとみられるローマ末期の小神殿。その特異な姿はかなり早くからルネサンス期の建築家たちから注目されていたと見られ、フランチェスコ・ディ・ジョルジョもその図を描き遺している（第 VII 章の fig. 139参照）。
29. ティベリウス帝時代（after AD. 21）の建設で、後の凱旋門のスタンダードとなる3連形式の最も初期の例とされる。そのリッチな浮彫彫刻もさることがなら、両側面の水平のアーキトレーヴを中央で分断しそこにアーチを挿入する、後にいわゆる「セルリアーナ」モティーフ Serliana として知られることとなるもの（ポムペイ壁画の「第三様式」に現れている）の存在で有名。アルベルティが果たしてこれを知っていたかどうかは不明であるが、一般にはこれがそのソース候補として最も頻繁に挙げられている。
30. ファンチェッリはフィレンツェ近傍のセッティニャーノの出身で、本籍はフィレンツェに置いたままで、若干の不動産などもそこに遺しており、フィレンツェ市から資産報告と納税を要求され、しばしばルドヴィーコに窮状を訴えフィレンツェ市に働きかけてくれるよう要請していた。この問題は最晩年まで尾を引いていたと見られる。
31. 1461年7月30日、ルドヴィーコの財政責任者 Albertino Pavesi のルドヴィーコ宛て書簡（ASMn, Busta 2395. cit., Guidetti, Guido, "Leon Battista Alberti, direttore della fabbrica di San Sebastiano", in *La Sant'Andrea di Mantova e Leon Battista Alberti, op. cit.*, p. 237）。
32. この間のアルベルティとルドヴィーコとのやりとりとしては、1460年5月17日のルドヴィーコからアルベルティ宛て書簡（ASMn, Busta 2885, libro 31, carta 59 v n.2. cit. Calzona, *op. cit.*, p. 272）があり、これはアルベルティが空席となっていたマントヴァのサン・サルヴァトーレ聖堂の司祭職を望んだことへの丁

IX. マントヴァとフィレンツェ

重な拒否回答で、これがこの時期アルベルティが経済的に困っていたことを示すものなのか（ルドヴィーコはそれまでサン・セバスティアーノの件でアルベルティに報酬を支払っていたような形跡は見られない）、あるいはマントヴァに本拠を移すつもりでそのような希望を伝えたのかは不明である。同じ年の6月23日には、アルベルティがおそらくファンチェッリの留守の間の現場担当者としてニッコロという工匠を推薦してきたことへの返書があり、これにもその必要はないと答えている（ASMn, Busta 2885, libro 31, carta 66r, n. 5. cit. Calzona, p. 272）。

33. 1463年8月21日、ゴンザーガにいるルドヴィーコ宛て（ASMn, Busta 2398, cit. Guidetti, pp. 239-240；Vasić Vatovec, p. 89）。ジョヴァンニはアルベルティのような高名で偉い人物から、直接このような工事段取りに関する具体的指示をうけたことにかなり驚いた様子で、報告している。
34. 1463年12月27日（ASMn, Busta 1100, c. 26, cit. Vasić Vatovec, p. 91）。
35. 第II章の注51参照。
36. 1465年1月11日の書簡（ASMn, Busta 2889, libro 52. cit. Vasić Vatovec, p. 97）。
37. Vasić Vatovec はこの年の10月にファンチェッリがローマを訪れ、アルベルティからサン・セバスティアーノについて指示をうけたとするが、典拠は示していない（p. 80）。
38. 前出、注3参照。
39. 1466年12月12日（ASMn, Busta 2405, cit. Vasić Vatovec, p. 98）。
40. ASMn, Busta 2891, libro 66. cit. Vasić Vatovec, p. 100.
41. これについては後述するが、手紙には日付がなく20〜23日ころのことと思われる。
42. cit. Vasić Vatovec, p. 101. アルベルティは1469年の2月19日にルドヴィーコに対して、「さきに申し出た」ことについてそのための費用の手当はしてあるので、検討をお願いする旨の書簡を送っており（Cecyl Grayson, *Opere Volgari*, III, p. 294）、これはその地所の件に関するものであったと考えられる。
43. これは遺言書にあった日付で、おそらく公証人が記したものであろう。4月25日にはアルベルティが司祭職を占めていたフィレンツェのサン・マルティノ・ア・ガンガランディ聖堂のポストが空いたことが公にされており、それから逆算すればこれが死亡の日付でほぼ間違いないであろうとされている。遺言書については後述。
44. Vasić Vatovec, pp. 102-103. 枢機卿フランチェスコは教皇パウルスのお気に入りで、常に教皇の意に従うことを心掛けていたようで、アルベルティを奉る

父のやり方にはあまり理解を示さなかったらしい。その一方、若くして父の許を離れた彼はかなり奔放な振る舞い（というよりも乱行というべきか）で知られ、ローマ市民の顰蹙を買っていたと言われる。cf. Mancini, pp. 410-411.
45. 1475年6月24日（ASMn, Busta 2416, c. 979. cit. Vasić Vatovec, pp. 103-104）。
46. 1478年5月30日（ASMn, Busta, 2422. cit. Vasić Vatovec, pp. 106-107）。バーンズ（1998, *op. cit.*, p. 148）は、これは聖堂中央のヴォールトではなくどれか翼部の一つのヴォールトを指すのであろうとしている。アルベルティの初期の計画とは異なりクロス・ヴォールトで造られた中央部の架構は、1499～1512年にこれを完成させた地元の建築家ペッレグリーノ・アルディッツォーニ Pellegrino Ardizzoni の仕事とされる（cf. Calzona, *Mantova città dell'Alberti di S. Sebastiano: tomba, tempio, cosmo*, Parma 1979, pp. 50-52）。
47. 1491年5月25日（ASMn, Busta, 2422. cit. Vasić Vatovec, p. 107）。
48. 1470年代末ころからルドヴィーコとファンチェッリとの関係は冷え始めており、それは永年の忠勤に対して充分な報酬が与えられず、しかも工費の不足から工事がしばしば中断する状態に不満を抱いていたと見られるし、また彼自身がフィレンツェ市との間で抱えていた税金問題について、ルドヴィーコがほとんど力にならなかったということもあったのであろう。しかし他所での働き口はそれほど簡単には見つからなかったらしく、ルドヴィーコの死後も後継のフェデリーコのもとで新宮殿 Domus Nova の工事を引き受けている（1480-83）。1491年になってフィレンツェ大聖堂の Capomaestro の地位を得、マントヴァを離れることができた（Vasić Vatovec, pp. 64-65）。
49. Wittkower, *Architctural Principles*（*op. cit.*）, chap. II-4.
50. H. Burns, 1998, *op. cit.*, p. 148.
51. Soggia, Roberto & Zuccoli, Noris, "Finiture di facciata nei costrutti albertiani. San Sebastiano e Sant'Andrea a Mantova", in Rykwert & Engel（a cura di）, *Leon Battista Alberti*（*op. cit.*）, pp. 392-401.
52. 拙著「ブルネッレスキ」、第VI章参照。
53. 本書第V章参照。
54. Marani, E., "Tre chiese di Sant'Andrea nella storia dello svolgimento urbanistico mantovano", in AA. VV. *Il Sant'Andrea di Mantova*, 1974（*op. cit.*）, pp. 71-109.
55. マントヴァ市域は11世紀以来15世紀までの間に2度にわたって拡張されており、その様子は「三つの円環」tre cerchie と表現されている。サンタンドレア修道院はその第二の円環の核となっていた。cf. Marani, E, "Le tre cerchie di Mantova (Una città in espansione nel tardo Medioevo)", in *Civiltà mantovana*, n. 20,

1969。

56. Nicolini, Gianna Suitner, "Il monastero benedettino di Sant'Andrea in Mantova: L'evoluzione dell'organismo ed il suo ruolo nella formazione della città medievale", in *Il Sant'Andrea di Mantova*（*op. cit.*), p. 49 グイドは必ずしも直接に修道院の監督をする立場ではなかったらしいが、マントヴァ領内の修道院の改革に取り組んでいて、その活動を通じてサンタンドレアにも影響力を行使していたものであろう。

57. この書簡（Vasić Vatovec, pp. 119-120；Cecyl Grayson, *Opere volgari*, III, p. 295) には日付がないが、10月22日にはルドヴィーコがゴンザーガからアルベルティ宛てにこの書簡に対する返書と見られる書簡（Vasić Vatovec, p. 120) を送っているので、それより以前で、かつ10月14日にはファンチェッリ宛てにサン・セバスティアーノの件に関する例の "el minuire quelli pilastri" についての書簡（Vasić Vatovec, p. 100) を送っているので、14日から22日までの間のことと考えられる。なおバーンズがこのアルベルティの書簡の日付を10月23日としているのは（Burns, 1998, *op. cit.*, p. 149)、もし Vasić Vatovec の日付の記載が正しければ、辻褄が合わないことになる。ルドヴィーコは10月23日に妃のバルバラに宛てて、明日にでもアルベルティがゴンザーガに来ることになっていると知らせており、アルベルティは10月22日のルドヴィーコからの書簡を受け取ってすぐにルドヴィーコにそちらに赴くと告げる書簡（23日？）を出していたものと見られ、その日付と混同したもののようにも見える。しかし F. Borsi (*op. cit.*, p. 231) は Braghirolli から引いたとして、ルドヴィーコがゴンザーガからアルベルティに宛てた書簡の日付を10月12日としているので、ますます混乱してしまう。これらの正しい日付順はいずれ Carpeggiani & Lorenzoni (1998, *op. cit.*) で確かめる必要があるが、当面はおぼつかないことを承知のうえで Vasić Vatovec の日付順に従っておく。

58. これはサンタンドレア聖堂と広場 Piazza delle Erbe を隔てて建てられていた Palazzo del Podestà（その後 Palazzo della Giustizia と改称）に取り付く時計塔のことで、ファンチェッリが1462年頃からかかっていたものを指している。これは時計塔に取り付ける、「円盤」（文字盤？）と銘板の文章ないし書体のデザイン（ルドヴィーコの返書では "quello tondo et lettere" と記している）を依頼されていたものと見られる。時計塔は1473年頃に完成。

59. この "Etruscum sacrum" の語は、後に触れるようにアルベルティの当初計画の姿をめぐって様々な論争を惹き起こすきっかけとなったものであるが、実際のところアルベルティがどのような実例を念頭にして言っていたものかは

よく分からない。*De re aedificatoria*, Lib. VII, cap. 4（Orlandi, pp. 555-557）には "Etruscorum more"（エトルリア〔＝トスカーナ地方〕の習わしでは）神殿側面にアプスではなく小部屋群をとりつけるとの記述があり、また Lib. VIII, cap. 10（Orlandi, p. 769──大浴場について）では、「建物の中央には、広い堂々としたアトリウムがあり、それには屋根が架けられ、また我々が前にエトルリア式神殿と呼んだものにみられたような側面の小部屋群が取り付く」としている。これはまるでローマのマクセンティウスのバジリカを想わせる記述で、ウィトルウィウスの言う「トスカーナ式神殿」（Lib. IV, cap. 7）とはかなり様子が異なる。

60. cit. F. Borsi（*op. cit.*）, p. 231 & 365. これは Braghirolli, pp. 21-22 から引いたものとしている。Vasić Vatovec はこの書簡は採録していない。
61. Vasić Vatovec, p. 110.
62. 5月13日付けルドヴィーコ宛て（ASMn, Busta 2416, c. 475. cit. Vasić Vatovec, p. 132）。
63. 9月24日付けルドヴィーコ宛て（ASMn, Busta 2418. cit. Vasić Vatovec, p. 141）。
64. 1477年9月20日、シエナ地方のペトリオーロで湯治中のルドヴィーコは、妃のバルバラに宛てて、一旦は妃から働きかけて工事責任者にファンチェッリと和解させるよう依頼するが、追伸では思い直して、これは解決が難しいから今年中は工事を一旦中止することにしようと伝えていた（Vasić Vatovec, pp. 139-140）。
65. 1480年以後はファンチェッリは現場責任者としての地位を離れてしまったように見え、それ以後の工事は枢機卿フランチェスコ・ゴンザーガとルドヴィーコの後継のフェデリーコが、必ずしもアルベルティの計画に従うことなく工事を進めてしまったらしい。このことに関しては Volpi Ghirardini, Livio, "Sulle tracce dell'Alberti nel Sant'Andrea a Mantova. L'avvio di un'analisi archeologica e iconometrica", in Rykwert & Engel, *Leon Battista Alberti*（*op. cit.*）, pp. 224-241 を参照。
66. 19世紀末、この聖堂の修復に関わった E. Ritscher は、これらの部分の工事は1597～1600年になされたとしていたが（Ritscher, E., "Die Kirche S. Andrea in Mantua", in *Zeitschrift für Bauwesen*, 49, 1899, p. 181 sgg.）、北側翼廊のヴォールトに1550年という年代と "Bernardino Giberto" という落書があったことを確認しており、その後の史料との照合作業から、これらの工事は1530年代初めから1565年ころにかけて行なわれたものとされている（cf., Johnson, Eugene J., "New Information on the Date of the Latin Cross Plan of Sant'Andrea in Mantua", in

AA. VV., *Il Sant'Andrea di Mantova, op. cit.*, pp. 275-276)。

67. Krautheimer, R., "Alberti's Templum Etruscum", in *Münchener Jahrbuch der Bildenden Kunst*, 3, XII, 1961, pp. 65-72 ; Hubala, Erich, "L. B. Albertis Langhaus von Sant' Andrea in Mantua" in *Festschrift für Kurt Behrendt*, 1961, p. 83 sgg.

68. Heydenreich, W. L., "Alberti", in Heydenreich & Lotz (ed.), *Architecture in Italy 1400-1600*, 1974（*op. cit.*), p. 36. ハイデンライヒは、内陣は「テムピオ・マラテスティアーノ」の実現しなかったそれと同様な円形の「ロトンダ」であったろうとしていた。

69. Johnson, *op. cit.*, pp. 275-281 & Id., *S. Andrea in Mantua. The building History*, University Park-London 1975.

70. Tavernor, R., "I Gonzaga committenti dei progetti albertiani per San Sebastiano e Sant' Andrea a Mantova e per la tribuna della Santissima Annunziata a Firenze", in Rykwer & Engel, *Leon Battisa Alberti*, 1994, *op. cit.*, pp. 387-389.　タヴァーナーの所説は、ジョンソンの幾つかの史料の読み誤りの指摘と、北側翼廊に取り付く未完成のポルティコの工事時点に触れていないことなどを根拠としているようであるが、ジョンソンが指摘する交差部の大柱（内部に身廊側と翼廊側の二面からアクセスできる二重の螺旋階段を収める）がすでに15世紀に造られていて後に改造されているという問題や、その大柱の構成が側面の小チャペルのそれをなぞったものだという点には触れていないのは、やや不審である。バーンズは翼廊が当初計画に含まれていたことを認めた上で、しかしそれは現状よりも短いもので、聖堂側面のチャペル群と同じ奥行きのもの（従って建物ヴォリュームとしては翼部のない長方形となる）だった可能性もあるとしている（H. Burns, 1989, *op. cit.*, p. 152)。筆者もその辺りのところが妥当な判断であろうと考える。いずれにせよ、16世紀の段階で聖堂の拡張工事が行なわれたことは確かであり、北側翼廊に取り付けられたポルティコなどはその時期のものと考えられる。

71. この"Ombrellone"の奥の身廊と接する面には巨大な円形窓があって、身廊への採光の役割を果たしているが、これは1778年から1822年にかけて、マントヴァの美術アカデミィが行なった修復・美化の事業の際に設けられたもので、18世紀末の工事の際にはこの"Ombrellone"は無用の長物として一旦は撤去が検討されたらしいが、結局そのまま残され、内部からのアクセスはブロックされてしまっていたものであった。1991年の調査を「発掘」と表現しているのは、実際そこをブロックしていた材を取り除いて、隠されていた空間を「掘り出す」ことをしなければならなかったためである。この時期の聖堂修復

事業の詳細については Martelli, Donatella, "La Basilica di Sant'Andrea in Mantova dal 1778 al 1822: Indagine archivistico bibliografica", in AA.VV., *Il Sant'Andrea di Mantova*, 1974 (*op. cit.*), pp. 381-407を参照。Wittkower (*Architectural Principles, op. cit.*, Chap. II-4) も1949年版ではこれは18世紀の仕事としていたが、その後の版では16世紀初めと変更している。この他、Lorenz, H., *Studien zum architektonischen und architekturtheoretischen Werk L. B. Albertis*, Wien 1971 や Johnson (1975, *op. cit.*) もこれを後補であるとしていた。

72. Saalman, H., Volpi Ghirardini, L., Law, L., "Recent excavation under the ombrellone of Sant'Andrea in Mantua: a preliminary report" in *Journal of the Society of Architectural Historians*, 51, 1992, pp. 357-376
73. 一般にはこれは左手の鐘楼を避けるための措置と考えられている。
74. cf. Bulgarelli, Massimo, "Alberti a Mantova. Divagazioni intorno a Sant'Andrea", in *Annali di Architettura*, 15, 2003, pp. 8-35.
75. 第IV章参照。
76. このポルティコの装飾についても、サン・セバスティアーノの場合と同様な幾何学的彩色文様の痕跡があったといい、これに基づく復原案が提起されているが、これがアルベルティの指示によるものかどうかは不明である (Soggia, Roberto & Zuccoli, Noris, "Finiture di facciata nei costrutti albertiani. San Sebastiano e Sant'Andrea a Mantova", *op. cit.*)
77. 1472年1月2日ルドヴィーコの枢機卿フランチェスコに宛て書簡 (Vasić Vatovec, pp. 121-122) には "secondo uno modello ch'è facto" と模型の存在が明記されている。
78. 第V章 (注31) 参照。
79. 「ブルネッレスキ」、第XI章 (pp. 220-223)。
80. 1470年9月7日には修道院とルドヴィーコの代理人のフィレンツェ商人ピエトロ・デル・トヴァリアとの間で工事契約が交わされている (これに立ち会った公証人ピエトロ・ディ・ヴィンチ Pietro di Vinci はレオナルド・ダ・ヴィンチの父であった。Mancini, p. 469)。
81. F. Borsi, *op. cit.*, p. 278. 同じ年の3月23日にもアルドブランディーニはもっと激しい批判を記した書簡を送り、ラテン十字の平面に変更すべきだとしていた (*ibid.*)。一方ピエトロ・デル・トヴァリアは1471年4月27日付けルドヴィーコ宛て書簡で、「アルベルティ氏は〔後陣を〕円形にすればきっと素晴らしいものになると言われた」と報告している (cit. F. Borsi, *Leon Battisa Alberti, op. cit.*, p. 364)。

82. Vasari-Milanesi, II, pp. 543-545. ヴァザーリの批判は、「ロッジァ・ルチェッライ」の場合（第VII章参照）と同様、アルベルティを現場経験がない素人建築家の仕業と決めつけるものである。
83. 拙著「ブルネッレスキ」p. 222に引いた、1471年のドメニコ・ダ・ガイオーレがルドヴィーコに宛てた書簡の言葉（「ミケロッツォが設計した建物は、私どもの師であるフィリッポがそのやり方を批判していたものでありますが、その理由は多々あり、まずこれが聖堂のすぐそばに造られてしまったため、聖堂にとって都合の良い交差部のため余地がなくなっていることです。……」）。
84. ミケロッツォの計画の時点ではサンティッシマ・アンヌンツィアータ聖堂についてはコージモ・デ・メディチが管理権を抱えていて、この計画は彼の指示によってなされたと考えられることからすれば、大本の責任はコージモにあったとすべきであろう。
85. これについては F. Borsi, *Leon Battista Alberti*, 1975（*op. cit.*）, pp. 288-291によった。
86. 銘文は以下の通り "OPA D. MARIAE VIR POPVLI D MARTINI GANGALANDO FACIVNDI CVRAVIT"（「サン・マルティノ・ア・ガンガランディ教区の民衆より慎んで処女マリアに捧げる」の意か。cit. F. Borsi, p. 288）。
87. *De pictura*（Cecyl Grayson, *Opere volgari*, III）, pp. 29-43.
88. Mancini, "Il testamento di Leon Battista Alberti", in *Archivio Storico Italiano*, Roma LXXII, 1914, II, 3, pp. 20-52. 近年 Enzo Bentivoglio 編の新たな刊本が出ている（Bentivoglio, Enzo, a cura di, *Il testamento di Leon Battista Alberti, i tempi, i luoghi, i protagonisti : il manoscritto Statuti Mss. 87 della Biblioteca del Senato della Repubblica, trascrizione critica dell'edizione integrale e nota al testo di Giuliana Crevatin ; testi di Marcello Ciccuto*, Roma 2005）というが、筆者は未見。
89. 第II章参照。
90. 第V章の注7参照。
91. フィレンツェで銀行業を営んでいたフランチェスコ・ディ・アルトビアンコ Francesco di Altobianco degli Alberti（m. 1479）を指すと思われる。フランチェスコは1441年の "Certame coronario"（第IV章参照）の際にも自作の詩を朗読しており、教皇エウゲニウス四世とも近しく、かなりの教養人であったらしい（Mancini, *Vita*, pp. 210-211）。
92. 第V章の注3参照。マンチーニ（*Il testamento*, p. 28）によれば、彼はあまり忠実にこの任務を果たそうとしなかったらしい。
93. Mancini (*Vita*), p. 496.

X. 建築家像を求めて

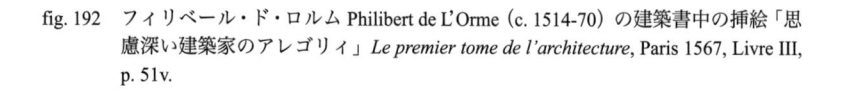

fig. 192　フィリベール・ド・ロルム Philibert de L'Orme（c. 1514-70）の建築書中の挿絵「思慮深い建築家のアレゴリィ」*Le premier tome de l'architecture*, Paris 1567, Livre III, p. 51v.

X. 建築家像を求めて

アルベルティは *De re aedificatoria* 序章[1]において、建築家とはいかなる人間とすべきかに触れ、次のように言う。

「言うまでもないことだが、建築職人がそれに当たると考えている訳ではないのであって、他のより高度な職業に比肩するものと見なすよう提起しているのである。職人は建築家にとっての道具にすぎないのだ。私は建築家を次のような資質をそなえた人間であると考えたい、すなわち、優れた判断力や断固たる決断力を有し、それらをのびのびと発揮させて物事をなしとげるすべをわきまえ、あるときは重量物を動かしまた物体同士を結び合わせ、それらを組織化することによって人々の重要な目的に適うものを創り出すことのできる人物である。これが可能であるためには、彼はその高貴なる職業についての最も高度な理解力と知識を有しなければならない。そうした人物が建築家なのだ。」

そして Lib. IX, cap. 10, 11[2] では、そうした建築家に必要な教養・知識やまた職業上の心得が述べられている。ウィトルウィウスと違って、アルベルティは建築家にスーパーマン的・百科全書的知識は要求しない。絵画と数学が建築家の必須の素養であるとするが、それはゼウクシスのごとく優れた画家やアルキメデースのような数学者たれということではない。劇場の音響を考えなければならないからといって音楽家である必要もないし、日照や風向を考えなければならないからといって天文学者や気象学者である必要もないとする。求められるのはその基礎——彼の言うのはそれらを通じて得られる柔軟な抽象能力、つまり対象を "lineamentum" として把握する能力のことと考えられる——であって、それを臨機応変に駆使しつつ、随時判断を重ねてゆく能力を指している。彼は建築家に「デミウルゴス」的構想力を求めたりはしない[3]。また建築家のなすべきことはあくまでも与えられた課題への適切な解決策を見出すことであって、いわゆる「企画」は建築家の権能の外にある政治的行為であり、その方策選択の可否はユーザーの判断に委ねられるべきもので、建築家はそのための判断材料（ない

し批評）を示し調停することを役割とする、と彼は考えている。そしてそうした建築家の助言は、飽くまでも施主に利益をもたらすためである以上、それに見合っただけの充分な報酬が与えられて当然であるとしていた[4]。

　アルベルティが想定するこのような「建築家」を、法律家や医師と同様な自立した社会的職能として、当時の社会の中に位置づけることが実際に可能であると彼が考えていたかは、議論の余地を残している。それはいまだ実現し得ない理想であり、建築の大半は未だ職人たちの手になるものであった。それを彼らの手から奪取するためには、何らかの別の手だてが必要であり、それには彼らの伝統的技能では手に負えないような、彼らの知らない新しい建築の形態、つまり古典主義の権威を持ち出すことであった。アルベルティ自身が古典建築を準拠すべき唯一の形態と考えていたわけではなかったことは、これまでにも繰り返し述べてきたところであるが、しかし彼が考えるような「建築家」の必要性を社会に認めさせるためには、それを隠れ蓑として、あるいは当面の戦術（詐術？）として利用するしかなかったのである。

　しかしこの戦術は裏目に出る。古典建築の表層的形態（様式）のみが準拠すべき指針とみなされ、彼が目標とした建築発想のプロセス――「リネアメントゥム」の発見から「コンキンニタス」の模索へ――は顧みられず、またそのプロセスに要求される建築家たるべき高い資質をいかにして獲得するかという課題は、どこかに置き忘れられてしまう。職人たちや画家あるいは彫刻家たちも、幾ばくかの古典建築の形態的レパートリィを身に着けるだけでただちに「建築家」を名乗ることができ、あとはそれらの形態をどれだけ考古学的正確さで再現できるかが建築の目標となってしまうのである。建築は依然として職人ないし画家や彫刻家たちの手業の世界を離れることはなかった。

　アルベルティの主張する建築発想のプロセスは、この時代にあってはまことに希有な、社会的にもまた精神的にも「アウトサイダー」であるというアルベルティの立場によって、初めて可能となった面があることは否定で

きない。彼はヴァティカンの中枢にあって、教皇とも親しく接触できる位置にありながら、人文主義者としての盛名のためもあって、そこに渦巻く権力闘争の局外に身を置くことが出来、また世俗の君主たちとも利害関係を抜きに対等に付き合うことが認められていたのであった。そのような微妙な立ち位置を保つことが出来たのは、彼一流の「仮面」のおかげであったのだが、そのアウトサイダーの彼が社会との積極的な接点を保つことを保証したもう一つの仮面が、「建築家」という顔（あるいは称号）であったとも言える。それは仮面である以上、経済的自立を保証してくれるものとはならない。建築家はそのサーヴィスに対して正当な報酬を受けるべきだとする *De re aedificatoria* の記述にもかかわらず、彼自身が予め報酬を得ることを約束してから仕事を引き受けたような様子も、また実際にどれほどの収入を得ていたかも、史料からは一切読み取ることが出来ない。全く無報酬ということはなかったであろうが、それは正当な報酬というよりは一種の「恩賞」であって、施主の寛大さに期待するしかないものであったろう。おそらくアルベルティのような立場は貴族に類する階級と見なされていて、彼の施主となっていた君侯たちからすれば、彼の「建築家」としての営為は一種の "noblesse oblige"（貴族の責務）であって、無償の行為と考えられていたのかも知れないのである。

　その一方では、彼が建築の究極的目標に据える「コンキンニタス」を、実際には経済合理性の判断まで包含する複雑なこの綜合概念を、対社会との矛盾を回避すべくあたかも審美的規範の如く扱い、その根拠を「自然」というドグマに求めることにより更に大きな矛盾に逢着してしまう[5]。これは解決不能のディレンマであって、そのような中で建築家の採り得る途は、与えられた建築技術に対して疑いの目を向け、それを「批評」し続けるしかない。そしてその批評の姿勢を緩めたり放棄したりするときには、ナポリのカステル・ヌォヴォのごとく──あるいは厳しすぎる言い方かも知れないがウルビーノの「理想都市の図」のようなものですらも──否応なしにある種の政治的立場ないしは社会の欲望の力学の中に取り込まれてしまい[6]、自立した職能としての根拠を失うこととなる。

第I章で紹介した《モムス》の教訓——君主の施策として採りうる方途は三つしかなく、民衆から歓迎されるような施策のみをとるか、あるいは悪意を以て厳しく治めるか、はたまた善か悪かの判断のつかぬ施策で結果は「運命」Fortuna の女神の気まぐれに任せるかという判断は、実は君主のみに課せられたことではなく、建築家自身が直面する課題なのでもあった。アルベルティはそこでは一切のイデオロギッシュな判断の可能性を否定している。聖職者の身でありながらその宗教に判断を委ねることすらしていない。その判断は問題の局外に身を置いてそれを客観的に眺めるときにのみ、そして歴史的見識に照らして見つめ直す（つまり「リネアメントゥム」として把握する）ことによってのみ、可能となる。しかしそこから「コンキンニタス」に到達する方途は、必ずしも保証されていない。

　かくてアルベルティ的建築家像は、一種の悲劇的な（見方によっては喜劇的な）相貌を帯びることとなる。自らは絶えず自虐的な自己否定（一人相撲）を繰り返しつつ、その作品を社会の中に定着させるためには、当の社会の外側に身を置くアウトサイダー的な永遠の批評者を装わなければならないのである。こうした認識がどの程度まで当時の建築家たち（ないしはそれを自称する人々）の間に共有されたかは分からない。むしろ彼らは身過ぎのために進んでインサイダーとなるべき途を求めて苦闘していたのであり、アルベルティのようなスタンスをとる余裕などは考えられないことであっただろう。それでも De re aedificatoria よりも一世紀余りのち、フランスの建築家フィリベール・ド・ロルム[7]の著した建築書 Le premier tome de l'architecture, Paris 1567中の挿絵（fig. 192）には、なにがしかアルベルティのそうした悲劇的建築家像の反映と見られるものが読み取られる。建築家は洞穴から出て（あるいはプラトーンの「洞窟の比喩」から思いついたものか）、コンパス——それには知恵の象徴である蛇が絡みついている——を頼りに人間界に入っていこうとするのであるが、その足許には沢山の棘が落ちていて、その行く手の多難さを表しているのである。建築家を取り巻く状況はほとんど変わっていなかったのであろう。

X. 建築家像を求めて

fig. 193　チェザリアーノ版ウィトルウィウス挿図 「オーダーの6種類」　Lib. IV, p. LXIII

　アルベルティはその著作と幾つかの実践とを通して、きたるべき「建築家」のイメージを提示した。しかしそれはいわば「理念的定義」の段階であって、それを実際に社会に根付かせるための社会的・経済的前提を度外視したものであった。それでも建築家には手仕事の技能的修練とは異なる何らかの学問的素養が必要であるということだけは、人々に強く印象づけることに成功したと言える。問題はそのための具体的カリキュラムであって、本来は *De re aedificatoria* はその基礎となるべきはずのものであったが、その初版刊行はアルベルティの死後しばらく経ってからで、イタリア語版

刊行は16世紀半ばまで待たなければならなかった。その間にはウィトルウィウスの翻訳ないし注解が、スルピツィオ・ダ・ヴェロリによるもの[8] (1486) やファビオ・カルヴォによる翻訳[9] (c.1500. 刊行されず)、フラ・ジョコンドによる挿絵入り刊本[10] (1511)、チェザリアーノによる豪華な注釈本[11] (1521)、ギヨーム・フィランデルの注釈本[12] (1543) などが次々と現れ、またその抄訳本や通俗解説などが多数上梓されることにより、「建築学」の基本はむしろウィトルウィウスであるということになってしまう。さらにセルリオ以後は、いわゆる「五つのオーダー」と比例論がクローズアップされ[13]、それが「建築学」の代名詞とされるまでになる。「古典主義建築理論」は、こうして方法論ぬきのまま、「古典」というドグマに基づくマニュアルとして、19世紀に至るまでの西欧建築に君臨することとなるのである。そして私たちは今なお、そうした19世紀以来のルネサンス観を完全には払拭出来ずにおり、「建築家」もまた、「プロフェッショナル」としての実質を伴わない「称号」(ないしタレント) に過ぎないものとなりつつある。アルベルティはその仮面の下で、彼の死後、このような成り行きとなることを果たして予見していたのであろうか。

注

1. Orlandi, pp. 7-9.
2. *ibid.*, pp. 853-867.
3. *ibid.*, p. 859. ──「ネロは建築家を用いるに当たって、奇想天外な着想の持ち主で人間には不可能なことを考えるような人物を選んだと言われる。これは非難されるべきことと考える。 私の考えでは建築家はそうではなく、常にあらゆることについて有用性と実用性を優先させていると見られるようであって欲しいのだ。それのみか、そのすべてが装飾を目的とするような仕事であったとしても、それが有用性を心掛けた結果であることが否定できないようなまでに仕立て上げなければならないのだ。また新奇な工夫であっても、それが古人が認めていた道理に適うやり方で、かつそこに新たな創意も欠けていないものであるならば、大いに歓迎する。」
4. Orlandi, p. 865. ──「建築家たるものは、建築したいと考えている者に対して誰彼かまわず自ら進んでサーヴィスを提供しようとすべきではない、なぜな

ら中には虚栄のため競い合っているような者たちがあるからで、幾度も幾度も依頼してくるまで待つ方が良いのではないかと考える。そうした人々ならばこちらを信頼して助言を望んでくるものだからである。そもそもそのような素人を信用して、わざわざ自分の貴重な知見を何の見返りもなしに提供しようとすることなどあってよいだろうか。もしこちらをその分野に通じたものとして高く評価し信用して助言を受けることで、出費を軽減し快適さが保証されるのだとしたら、少なからぬ報酬があって当然ではないか！　助言を受けたことがその威厳を保つことに役立ったのであって、信頼すべき助言とすぐれたリネアメントゥム〔図面の意か？〕によって、よりよい結果を得たのであるから。」マンチーニによれば、アルベルティの失われた著作の中には *Quid conferat architectus in negotio*（建築家のなりわい *or* いかにして建築家の稼業は成り立つのか？）と題するものがあったという（Mancini, p. 133）。

5. 第 V 章参照。
6. 第 VII 章参照。
7. Philibert de L'Orme (1505-70)．最初のフランス生え抜きの建築家。石工の出身であるが、ブラマンテらのイタリア・ルネサンス建築手法を学び、独自のフランス的ルネサンス様式を創り上げたとされる。彼の作品のほとんどはその後取り壊され現存しないが、アネのシャトォ Château d'Anet (1549-52) の一部が辛うじて遺っている。彼は 1533 年から 3 年間ほどローマに滞在して、古典建築や最新のイタリア建築事情などの研究にいそしんでいたらしい。そのころローマに来ていたフランソワ・ラブレー François Rablais (1494-53) と親しくなり、ラブレーが秘書として仕えていたベレィ枢機卿にも引き合わされる。そうしたつながりによって帰国後は次々と大きな仕事を与えられており、アネのシャトォもその一つであった。生前に二冊の建築書を出版しており、最初の「安価によい建物を造るための新しい提案」*Nouvelles inventions pour bien bastir et a petits fraiz*, Paris 1561 は木造でヴォールトを架ける方法を自分の経験に基づき図示している。その 6 年後に刊行された「建築第一巻」*Le premier tome de l'architecture*, Paris 1567 はより系統的に建築全般について述べているが、いわゆるオーダーなど古典建築手法の問題よりは、「建築家」という新しい職能について、施主や社会とのあるべき関係について熱く語っているのが興味深い。これらの著作はいずれもド・ロルムが施主との関係がこじれてしばらく現場を離れざるを得なくなった時期に執筆されており、そうした状況が叙述に垣間見える。*Le premier tome* は題名からすると第二巻以降も出版するつもりであったらしいが、晩年は再び建築の仕事に恵まれたこともあって、結局

刊行されずに終わった。

8. Giovanni Sulpizio da Veroli, *Vitruvii Pollionis ad Caesarem Augustum de Architectura liber primus*（*et sequentes IX*）*ex rec. Joan. Sulpitii Verulani*, Roma 1486.

9. Fabio Calvo (1450-27), *De architectura di Vitruvio nella traduzione inedita di Favio Calvo ravennate* (ms.), c. 1500. カルヴォはラヴェンナ出身の古典学者で、これはラッファエッロの求めに応じて作成されたものであった（V. Fontana & P. Morachielo による *Vitruvio e Raffaello. Il "De architectura" di Vitruvio nella traduzione inedita di Fabio Calvo ravennate*, Roma 1975 に採録）。

10. Fra Giocondo (c.1433-1515), *M. Vitruvii per Jocundum solito castigator factus cum figuris et tabula ut jam legi et intelligi possit*, Venezia 1511. フラ・ジォコンドはヴェローナ出身のドメニコ会修道士で古典研究者として有名であったが、水利技術や軍事技術などの専門家としてフランスにも招かれ、晩年にはヴァティカンのサン・ピエトロ聖堂再建にも関与している。

11. Cesare Cesariano (1475-1543), *De Lucio Vitruvio Pollione de Architectura libri decem traducti de latino in vulgare, affigurati, commentati e con mirando ordine insigniti...*, Como 1521（ed. facsimile, 1981, a cura di A. Bruschi, Milano）。ミラノのチェザリアーノは初期にはブラマンテに師事していた可能性があり、また晩年にミラノのドゥオモの工事に関与した形跡があるが、建築家としての実績はほとんど知られていない。この著作は大型のフォリオ版で豊富な挿図があり、当時の木版本としては最も豪華な造本としても有名なものである。その挿図はその後のヨーロッパ中で試みられるウィトルウィウス翻訳書に剽窃あるいは流用された。彼の建築理解はロムバルディア地方特有の後期ゴシック風を抜け切っていなかったと考えられる。しかし彼による膨大な注記には、彼自身の身辺に関わることや当時のロムバルディア地方の状況などに関する記述が含まれており、そうした意味での史料として興味深い。

12. Guillaume Philander (1505-63), *Guglielmi Philandri Castilionii, Galli, civis ro［mani］in decem libros M. Vitruvii Pollionis de architectura* (solo testo), Strasbourg 1543. フィランデルはフランスの駐ヴェネツィア大使の秘書として1536年ころからイタリアに来ており、ローマで古典研究者のサークルに仲間入りしていた。この翻訳は1542年にローマで Claudio Tolomei（1492-1555/7）が中心となって結成された "Accademia della Virtù" の企画による出版事業であった。

13. 第Ⅴ章の注41参照。

資料

アルベルティ年譜

1369 c.	レオナルド・ブルーニ Leonardo Bruni（m.1444）生まれる
1374	ペトラルカ Francesco Petrarca（n. 1304）没。
1375	ボッカッチョ Giovanni Boccaccio（n. 1313）没。
1377	フィリッポ・ブルネッレスキ生まれる（m. 1446）。
1378.6.24~8.30	フィレンツェの下級労働者「チオムピの叛乱」 *Tumulto dei Ciompi* 起こる。有力貴族のベネデット・アルベルティ Benedetto Alberti はこのとき労働者たちに加担したかどで公職から解かれ、10年間の追放となり、1388年にロードス島で没する。息子や一族の他の者たちはしばらくフィレンツェに留まることを許されていたが、1412年ころまでにはすべてフィレンツェから追放され、ヨーロッパ各地に亡命する。
1378	カソリック教会の大分裂 Scisma Occidentale ——南仏アヴィニョン Avignon とローマでそれぞれ別々に教皇を選立。
1378	ロレンツォ・ギベルティ生まれる（m. 1455）。
1380	人文主義者ポッジョ・ブラッチォリーニ Gianfrancesco Poggio Bracciolini（m. 1459）生まれる。
1383 c.	画家マソリーノ Masolino da Panicale（m. 1447 c.）生まれる。
1383/86	ドナテッロ Donato di Niccolò di Betto Bardi, detto il Donatello（m. 1466）生まれる。
1386	人文主義者でカマードリ修道会の総帥となるアムブロジオ・トラヴェルサリ Ambrogio Traversari（m. 1439）生まれる。
1389	コージモ・デ・メディチ（イル・ヴェッキオ Cosimo de' Medici, "Il Vecchio", m. 1464）生まれる。
1390	ボローニャのサン・ペトローニオ聖堂建設開始（完成は16世紀）。
1392	人文主義者フラヴィオ・ビオンド Flavio Biondo（m. 1463）生まれる。
1395 c.	ピサネッロ Antonio di Puccio Pisano, detto Pisanello（m. 1455）生まれる。
1396	ミケロッツォ Michelozzo di Bartolomeo（m. 1472）生まれる。
1397	パオロ・ウッチェッロ Paolo di Dono, detto il Uccello（m. 1475）生まれる。
1397~1400	ギリシア人古典学者マヌエル・クリソロラス Manuel Chrysoloras（c. 1355-1415）フィレンツェ来住。

1397	数学者パオロ・トスカネッリ Paolo dal Pozzo Toscanelli (m. 1482) 生まれる。
1400	ルカ・デッラ・ロッビア Luca della Robbia (m. 1482) 生まれる。
1400 c.	フィラレーテ Antonio Averlino, detto il Filarete (m. c. 1470) 生まれる。
1401	ベネデット・アルベルティの5人の息子のうちロレンツォ Lorenzo (レオン・バッティスタの父) はジェノヴァに亡命。
1401～2	フィレンツェの輸入繊維商組合 Arte di Calimala は洗礼堂北側入口扉のためのブロンズ浮彫競技設計。ギベルティの当選が決まる。
1401	マザッチォ Tommaso di ser Giovanni di Simone Cassai, detto il Masaccio (m. 1429) 生まれる。
1402～9	この間ブルネッレスキはドナテッロとともにローマの古代遺跡を調査 (?)
1403	レオナルド・ブルーニ、《都市フィレンツェ頌》*Laudatio florentinae urbis* 執筆。
1404.2.14	レオン・バッティスタ・アルベルティ Leon Battista Alberti (Leon は後に自分で勝手に名乗ったもの) ジェノヴァに生まれる。母はビアンカ・フィエスキ Bianca Fieschi というジェノヴァ在住の未亡人であった (1406年病没)。
1408	バッティスタ・アルベルティの父ロレンツォは同じくフィレンツェから亡命してきていた貴族の娘マルゲリータ・ベニーニ Margherita Benini と結婚。
1409	ピサの宗教会議で教皇グレゴリウス十二世 Gregorius XII (Angelo Correr, m. 1417) の廃位を決定し、アレクサンデル五世 Alexander V (Pietro Philarghi, m. 1410) を選立。反対派はこれに対抗してヨハネス二十三世 Johannes XXIII (Baldassarre Cossa, m. 1419) を擁立しようとする。アレクサンデルは翌年には死去しグレゴリウスが復権するが、メディチ家の後押しで1410年にはヨハネスが教皇に選出され、アヴィニョンのベネディクト十三世 Benedict XIII とあわせ、三人の教皇が併立する異常な事態となる。
1409	ベルナルド・ロッセッリーノ Bernardo di Matteo Gamberelli, detto il Rossellino (m. 1464) 生まれる。
1414	対立教皇の一人ヨハネス二十三世はベネデット・アルベルティの息子のリッチァルディ (ボローニャを本拠に銀行業を営んでいた) に8万フロリンの緊急融資を要請。リッチァルディは弟のロレンツォ (レオ

年譜

ン・バッティスタ・アルベルティの父）と協力し、5日後には要請されていた金額を届けていた。

1414〜17　コンスタンツ Konstanz の宗教会議。神聖ローマ皇帝の仲介により、三人の併立教皇を廃し、1417年にマルティヌス五世 Martinus V（Oddone Colonna, m. 1431）を選出。

1414　ポッジョ・ブラッチョリーニがウィトルウィウスの《建築論》De architectura の完全な写本を発見（?）。

1415　バッティスタ・アルベルティはパドヴァの古典学者ガスパリーノ・バルツィッツァ Gasparino Barzizza（c. 1360-1431）が開いていた寄宿学校に預けられる。ここでフランチェスコ・フィレルフォやヴェネツィアの人文主義者フランチェスコ・バルバロ、パレルモ出身のアントーニオ・ベッカデッリ（「パノルミタ」）らと交友する。

1416 c.　ピエロ・デッラ・フランチェスカ Piero della Francesca（m. 1492）生まれる。

1416　ピエロ・ディ・コージモ・デ・メディチ Piero di Cosimo de' Medici（detto il Gottoso）生まれる。（m. 1469）

1417〜34　リナルド・アルビッツィ Rinaldo degli Albizzi（1370-1442）やパッラ・ストロッツィ Palla Strozzi（1372-1462）らによるフィレンツェ寡頭支配。

1418 c.　バッティスタ・アルベルティはボローニャで教会法・民法などを学び始める。

1418.8.19　フィレンツェ大聖堂クーポラの競技設計公示される。

1420.4.16　ブルネッレスキとギベルティがフィレンツェ大聖堂クーポラ工事監理者に指名。

1421 c.　画家アンドレア・デル・カスターニョ Andrea del Castagno（m. 1457）生まれる。

1421.3.28　ロレンツォ・アルベルティ没。彼は遺産と息子たちの後見を兄リッチャルディに託する。しかしリッチャルディも翌年には没し、その息子たちはロレンツォから託されていた遺産譲渡を渋り、カルロとバッティスタ・アルベルティ兄弟は貧困生活を余儀なくされる。この問題をめぐる係争は1430年代まで続いた。

1424　ギベルティ、洗礼堂の最初の扉完成。

1424〜27　マソリーノとマザッチョ、サンタ・マリーア・デル・カルミネ聖堂内ブランカッチ礼拝堂のフレスコ制作。

355

1424 c.	このころアルベルティは過労と身辺の不如意が重なったため発病、法律の勉強から離れ芸術や科学の方に関心を移し、レピドゥス Lepidus という実在しない古代ローマの詩人の名を騙り、ラテン語の喜劇「フィロドクセオス」 Philodoxeos を執筆。これは10年後にアルベルティがそれへの校訂・注釈を公表するまでの間、古代の作品と信じられていた。ボローニャでは司教アルベルガーティの秘書となっていた人文主義者トムマーゾ・パレントゥチェッリ Tommaso Parentucelli (da Sarzana, 1397-1455. 後に教皇ニコラス五世となる) の知己を得る。
1425	ギベルティ、フィレンツェ洗礼堂の二つ目の扉製作の契約 (「天国の門」 Porta del Paradiso ―― ミケランジェロによる命名、1455完成)。
1425.5~6	ブルネッレスキは洗礼堂の透視図を作成したか?
1425/26	マザッチョ、フィレンツェのサンタ・マリーア・ノヴェッラ聖堂内「三位一体」 La Trinità 制作
1427~44	レオナルド・ブルーニ、フィレンツェ市書記官長を務める (二度目)。
1428	ドナテッロとミケロッツォ、プラト大聖堂の説教壇 Pergamo del Sacro Cingolo, Duomo di Prato 受注 (1434完成)。
1428~31	ボローニャの騒乱。学業を終えたアルベルティはボローニャを離れる。一説にはトムマーゾ・パレントゥチェッリのつてで、当時ボローニャに教皇代理として教会の監督に派遣されていたアルル大司教アレマン Tommaso Aleman の秘書となり、次いでボローニャ司教アルベルガーティ Albergati (のちに枢機卿となる) の秘書となって、彼が外交任務のためアルプス以北の国々を歴訪するのに従ったとされるが、これを裏付ける史料はない。
1428.11.22	教皇マルティヌス五世のとりなしによりアルベルティ一族の追放は解除される (正式の市民権回復は1434年10月6日)。
1428~29	アルベルティはフィレンツェを訪問?。 De commodis literarum atque incommodis や Ecatonfilea, Deiphira などを執筆。
1429夏	マザッチョ、ローマで死去。
1431	画家マンテーニャ Andrea Mantegna (m. 1506) 生まれる。
1431	バーゼル宗教会議を招集。その直後マルティヌス五世は死亡し、教皇生前から後継者に指名されていたエウゲニウス四世 Eugenius IV (Gabriele Condulmer, m. 1447) が即位。しかし宗教会議は教皇と対立、またエウゲニウスは前教皇の出身一族であるコロンナ家とも対立し、教皇の身辺はきわめて不安定となっていた。

1431	ルカ・デッラ・ロッビア、フィレンツェ大聖堂内聖歌隊席 cantoria 制作に着手。
1431	アルベルティ、グラード大司教ビアジョ・モリン Biagio Molin, Patriarca di Grado の秘書となり、彼の推挙により教皇庁書記官 Abbreviatore apostolico となる。さらに1432年の10月には庶子が聖職に就くことを禁ずる勅令が廃され、アルベルティはフィレンツェ西郊ラストラ・ア・シーニャ Lastra a Signa の教区聖堂サン・マルティノ・ア・ガンガランディ S. Martino a Gangalandi の主任司祭職が与えられる。
1432〜33	ドナテッロとミケロッツォ、ローマへ赴く。アルベルティと接触したか?
1433.9	リナルド・アルビッツィを中心とする反メディチ政権はコージモ・デ・メディチを追放。ミケロッツォも共に1434年までヴェネツィアで亡命生活を送る。
1433	人文主義者マルシリオ・フィチーノ Marsilio Ficino (m. 1499) 生まれる。
1433 c.	ビアジョ・モリンの求めによりアルベルティは *Vita Sancti Potiti* (《聖ポティトゥス伝》) を執筆。この頃、主著の一つとされる *Della famiglia* (《家族論》) の最初の三書を執筆。また *De pictura* (《絵画論》ラテン語版) の執筆も開始。
1434.5〜6	ローマの騒乱。6月4日、教皇エウゲニウス四世は辛うじて脱出、フィレンツェでアルベルティらと落ち合う。アルベルティは1436年ころまでフィレンツェに滞在。この間、ブルネッレスキ、ドナテッロをはじめ、風刺詩人のブルキエッロ Domenico di Giovanni, detto il Burchiello (1404-49)、ピエロ・ディ・コージモ・デ・メディチ Piero di Cosimo de' Medici (1416-69)、レオナルド・ブルーニ、アムブロジョ・トラヴェルサリ、カルロ・マルスッピーニ Carlo Marsuppini (1399-1459)、ポッジョ・ブラッチョリーニ、レオナルド・ダーティ Leonardo Dati (c. 1408-72) らの人文主義者たちと交友。
1434.6.12	フィレンツェ大聖堂クーポラ完成。
1434.10.6	コージモ・デ・メディチがフィレンツェに帰還。11月には実質的にメディチ支配の政権樹立。アルビッツィ一族、ブランカッチ一族亡命。バルバドーリ一族、ペルッツィ一族は10年間の追放、パッラ・ストロッツィは5年間追放でパドヴァに亡命。
1435	アルベルティ、ラテン語版《絵画論》 *De pictura* 完成。

1435	ヴェロッキォ Andrea di Cione, detto il Verrocchio（m. 1488）生まれる。
1436.3.25	教皇エウゲニウス四世によりフィレンツェ大聖堂の献堂式行なわれる。
1436	ミケロッツォ、メディチの命によりフィレンツェのサン・マルコ修道院の建設着手。このころ同じくメディチのためにトレッビオ Trebbio やカレッジ Careggi のヴィラを改造？。
1436	アルベルティ、《絵画論》イタリア語版 Della Pittura にブルネッレスキへの献辞を記す。この他、友人としてドナテッロ、ギベルティ、ルカ・デッラ・ロッビア、マザッチォらの名を挙げる。
1436	ウッチェッロ、フィレンツェ大聖堂内の壁画「ジョヴァンニ・アクート騎馬像」制作。
1436～37	アルベルティは教皇に随行しボローニャ滞在。
1437.9.30	アルベルティは友人の求めに応じて口述筆記により De iure を20時間で完成。
1437.10	アルベルティは一族のアルベルト・アルベルティ Alberto Alberti（?-1455）のマルケ地方カメリーノ Camerino 司教への叙任式に出席するため、ペルージアに赴く。またこのボローニャ滞在期間中にヴェネツィア訪問の機会を得たとも言われる。10月半ばには四日間で Pontifex（「聖職者論」）を執筆。Sofrona, Apologi などもこの時期の産物。
1438.1～39.1	東西教会の統合を論議するためのフェッラーラ宗教会議開催。アルベルティも1438年1月にはフェッラーラに赴く。エステ家のレオネッロ・デステ Leonello d'Este（1407-51）と親交を深める。
1439.1.22	教皇エウゲニウス四世は宗教会議の場所をフェッラーラからフィレンツェに移す（1443.3.7まで）。アルベルティも随行。この間著述活動に励む。Uxoria, Theogenius, Villa などを執筆。
1439	フランチェスコ・ディ・ジョルジオ Francesco Maurizio di Giorgio di Martini（m. 1501/02）シエナに生まれる。
1440.6.29	アンギアリの戦い La Battaglia di Anghiari（ミラノのヴィスコンティとフィレンツェ、ヴェネツィア、教皇の連合軍との衝突）。フィレンツェ側の勝利。
1440～43？	ドナテッロがフィレンツェのサン・ロレンツォ聖堂旧聖器室の装飾を行なう。
1441.10	アルベルティはピエロ・ディ・コージモの援助を得て、フィレンツェ

	大聖堂において *Certame Coronario*（volgare による詩の朗読競技会）を主宰。古代のやり方に倣って、優勝者には月桂冠が与えられることになっていた。主題は「友情について」*De amicizia*。これを期に草した文が *Della famiglia* の Lib. IV となる。
1442.6.2	ナポリ王ルネ・ダンジュー René d'Anjou がアルフォンソ五世の侵略を逃れてフィレンツェに来る。
1442/3	アルベルティは *Musca* を執筆。*Canis, Passer, Profigiorum ab Ærumna* などもこの時期の産物。
1443〜45	アルベルティはこのころ *De re aedificatoria* の第 V 書までを執筆。
1443〜54/56	ドナテッロはパドヴァに滞在。「ガッタメラータ騎馬像」やバジリカ・デル・サント Basilica del Santo 内祭壇のブロンズ浮彫などを手がける。
1443 c.	ジュリアーノ・ダ・サンガッロ Giuliano da Sangallo（Giuliano Giamberti, detto da Sangallo, m. 1516）生まれる。
1443.9	フィレンツェでの宗教会議は失敗に終わり、アルベルティも教皇に従ってシエナを経てローマに戻る。
1444 秋	ミケロッツォがサンティッシマ・アンヌンツィアータ聖堂のロトンダを設計。
1444	ブラマンテ Donato Bramante（m. 1514）ウルビーノに生まれる。
1444/46	ミケロッツォがパラッツォ・メディチの建築家となる。
1445/6?	アルベルティ、フェッラーラのレオネッロ・デステから招請される。レオネッロの父、ニッコロ Niccolò III d'Este（m. 1441）を記念する騎馬像 Arco del Cavallo の建設に助言。また大聖堂鐘楼の再建にも関与か（?）。
1445/6?	このころ *De equo animante*（レオネッロ・デステに献呈）を執筆。
1446.4.15	ブルネッレスキ死去。
1446	アルベルティはコロンナ枢機卿に依頼され、エスクイリーノのローマ時代の遺跡発掘に関わる。
1446	ナポリ王アルフォンソ、カステル・ヌォヴォの建設開始（アルベルティが助言?）。
1447〜53	ジョヴァンニ・ルチェッライはヴィーニャ通りの隣の家を買い取り、それらを統合し中庭を新設する工事をベルナルド・ロッセッリーノに依頼。
1447 c.	ギベルティが *Commentarii* の執筆を始める（その死に至るまで。未完）。
1447	コロンナ枢機卿の領地であるアルバニ山中の小さな湖ネミ湖から

	ローマ時代の船が発見され、アルベルティはその考証に関わる。
1447	教皇エウゲニウス四世死去。アルベルティ旧知の人文主義者トムマーゾ・パレントゥチェッリが教皇ニコラス五世 Nicholas V となる。
1447	アンドレア・デル・カスターニョによるフィレンツェ旧サンタポローニア修道院食堂内の「最後の晩餐」。
1447/50	アルベルティは *Momus, Grammatica della lingua toscana, De lunurarum quadratura, Descriptio Urbis Romae, Ludi rerum mathematicarum* などを執筆。
1448	ジョヴァンニ・ルチェッライはサンタ・マリーア・ノヴェッラ聖堂ないしサン・パンクラツィオ聖堂内にキリストの墓「聖墳墓」を模した墓所を造ることを計画。
1448.12.7	アルベルティ、ムジェッロのサン・ロレンツォ聖堂 S. Lorenzo の司祭に任命。またフィレンツェ大聖堂の参事会員にも指名。
1449	ロレンツォ・ディ・ピエロ・デ・メディチ(「イル・マニフィーコ」) Lorenzo di Piero de' Medici (detto il Magnifico) 生まれる (m. 1492)。
1450	キリスト生誕を記念する Giubileo (聖年) の行事始まる。ジョヴァンニ・ルチェッライがローマを訪れ、遺跡などを見学 (アルベルティが案内?)。
1450.7/8	ローマでペスト発生。教皇たちはアペニン山中のファブリアーノに避難 (アルベルティも同行?)。
1450 c.	リミニの領主シジスモンド・パンドルフォ・マラテスタ Sigismondo Pandolfo Malatesta (1417-68) のために、サン・フランチェスコ聖堂 (テムピオ・マラテスティアーノ S. Francesco di Rimini, "Tempio Malatestiano") 設計。工事はマッテオ・デ・パスティ Matteo di Pasti (1420-67/68) が監督、彫刻はアゴスティーノ・ディ・ドゥッチォが担当。工事は1460年ころには中断、未完成に終わる。1451年にはピエロ・デッラ・フランチェスカが聖シジスモンドのチャペルのフレスコを制作。
1450.12.19	Giubileo に訪れていた参詣客たちがサンタンジェロ橋付近で混雑しパニックが起こり、172人が死亡。
1451/2	*De re aedificatoria* (建築論) 完成。教皇ニコラス五世に献呈 (?)。
1451〜55	ニコラス五世によるヴァティカンのサン・ピエトロ聖堂改築計画とその周囲の「ボルゴ」地区 Rione di Borgo の再開発計画 (建築家はベルナルド・ロッセッリーノ。アルベルティが助言していた?)。
1452	レオナルド・ダ・ヴィンチ Leonardo da Vinci (m. 1519) 生まれる。

1452	このころウルビーノ公フェデリーコ・ダ・モンテフェルトロ Federico da Montefeltro (1422-82) によるウルビーノ王宮建設開始（マソ・ディ・バルトロメオが工事に関わる）。
1453	トルコによりコンスタンティノープル陥落。東ローマ帝国の滅亡。
1453	ステファノ・ポルカリ Stefano Porcari (c. 1400-53) による対教皇謀叛事件。アルベルティはその経緯を記した De Porcaria coniuratione を執筆。
1453	ローマのトレヴィの泉修復（アルベルティが関与？）
1453/55	このころアルベルティはジョヴァンニ・ルチェッライのヴィーニャ通りのパラッツォのファサード設計か。
1455	ミケロッツォがフィエゾレにメディチ家のヴィラを設計。ルネサンス風ヴィラの嚆矢とされる（あるいはアルベルティが助言？）。
1457	教皇ニコラス五世没、カリストゥス三世 Callixtus III（Alfonso Borgia, m. 1458）即位。
1458.8.19	教皇ピウス二世 Pius II（Enea Silvio Piccolomini, 1405-64. 人文主義者で教皇秘書官であった）選出。
1458	ルカ・ピッティがアルノ川対岸の丘の麓にパラッツォ・ピッティの建設開始（ヴァザーリによれば基本計画はブルネッレスキで、施工はルカ・ファンチェッリとしている。アルベルティの関与説もある。）。
1458/59	ジョヴァンニ・ルチェッライはサンタ・マリーア・ノヴェッラ聖堂ファサードの完成工事に着手。アルベルティに設計を依頼したと考えられる。
1458/9～67	アルベルティ、サン・パンクラツィオ聖堂 S. Pancrazio のルチェッライ家礼拝堂内「聖墳墓」Santo Sepolcro の設計に関与。
1459	アントーニオ・マネッティ・チャッケリ、マントヴァ侯ルドヴィーコ・ゴンザーガ Ludovico Gonzaga (1412-78) の招請によりマントヴァに赴き、サンタンドレア聖堂の計画作成、実現せず。
1459～60	マントヴァの宗教会議。教皇に随行していたアルベルティはルドヴィーコ・ゴンザーガの依頼でサン・セバスティアーノ聖堂を設計。施工はルカ・ファンチェッリ（未完に終わる）
1459	ベルナルド・ロッセッリーノ、教皇ピウス二世の郷里の小村コルシニャーノ Corsignano を理想都市「ピエンツァ」Pienza に改造する工事に着手。ベルナルド・ロッセッリーノに工事を担当させる。
1460	Trivia senatoria を執筆。ロレンツォ・イル・マニフィーコに献呈。

1460 c.~70	フィラレーテ、アルベルティの理論をもとにしたと称する理想都市「スフォルツィンダ」*Sforzinda* の記述を中心とした建築書執筆。
1460 ss.	*Istorietta amorosa fra Leonora de' Bardi e Ippolito Bondelmonti* を執筆（?）。
1460～62	*Cena familiaris* を執筆。
1462	*Sentenze pitagoriche* を執筆。
1464.8.14	教皇ピウス二世没。パウルス二世 Paulus II（Pietro Barbo, m. 1471）を選出。この年の12月 Abbreviatore apostolico の役職は廃止され、アルベルティも職を解かれる。
1464	コージモ・デ・メディチ没。
1466 c.	*De compendis cifris* を執筆。
1468	*De Iciarchia* を執筆。
1468	ウルビーノ公フェデリーコ・ダ・モンテフェルトロは建築家ルチアーノ・ラウラーナに王宮建設工事に関する全権を賦与する特許状を発する。
1469	ピエロ・デ・メディチ没。
1469/71	アルベルティはルドヴィーコ・ゴンザーガからミケロッツォが未完のまま遺したフィレンツェのサンティッシマ・アンヌンツィアータ聖堂のロトンダの完成を依頼される。
1470	アルベルティ、マントヴァのサンタンドレア聖堂 S. Andrea 設計。このころマントヴァに移住を検討か？ 施工はルカ・ファンチェッリ。未完に終わる。
1471	アルブレヒト・デューラー Albrecht Dürer（m. 1528）生まれる。
1471	教皇シクストゥス四世 Sixtus IV（Francesco della Rovere, m. 1484）即位。
1471	シクストゥス四世の即位式に訪れたロレンツォ・イル・マニフィーコやベルナルド・ルチェッライらのローマの遺跡見学をアルベルティが馬で案内。
1472.4.19	アルベルティ、ローマで没。
1472	ルチアーノ・ラウラーナはウルビーノを去り、1475年ころからはフランチェスコ・ディ・ジョルジョ・マルティーニが王宮建設工事に関わる。
1474	マンテーニャによるマントヴァ王宮内「婚礼の間」Camera degli Sposi の壁画。
1475	ミケランジェロ Michelangelo Buonarroti（m. 1564）生まれる。
1478～68	ブラマンテはミラノのサンタ・マリーア・プレッソ・サン・サティー

	ロ聖堂の設計に関与。
1480	ジュリアーノ・ダ・サンガッロ、ロレンツォ・イル・マニフィーコのためにフィレンツェ西郊ポッジョ・ア・カィアーノ Poggio a Caiano にヴィラを設計。庭園・農場と一体に設計された初めての本格的古典様式のヴィラとされる。
1480 c.	このころ、フランチェスコ・ディ・ジョルジョは建築書を執筆。
1482	レオナルドがミラノに招かれる。
1483	ラッファエッロ Raffaello Sanzio（m. 1520）ウルビーノに生まれる。
1483	フランチェスコ・ディ・ジョルジョ、ウルビーノのサン・ベルナルディーノ修道院と聖堂の計画。
1484 c.	アントーニオ・ディ・トゥッチョ・マネッティが「ブルネッレスキ伝」を執筆。
1484	ジュリアーノ・ダ・サンガッロ、「集中式」のプラトのサンタ・マリーア・デッレ・カルチェリ聖堂 S. Maria delle Carceri, Prato を設計。
1484	教皇インノケンティウス八世 Innocentius VIII（Giovanni Battista Cybo, m. 1492）即位。
1485	フィレンツェでアルベルティの *De re aedificatoria* 初版刊行。
1486	スルピツィオ・ダ・ヴェロリ編ウィトルウィウスの *De architectura* 刊行。
1487〜90	ミラノのドゥオモの"tiburio"（頂塔）の構法に関して、ルカ・ファンチェッリ、フランチェスコ・ディ・ジョルジョ、レオナルド、ブラマンテらが招請され、それぞれ意見を述べる。
1492	教皇アレクサンデル六世 Alexander VI（Rodorigo Borgia, m. 1503）即位。
1492	ブラマンテ、ミラノのサンタ・マリーア・デッレ・グラツィエ聖堂内陣設計。
1493	レオナルド、サンタ・マリーア・デッレ・グラツィエ修道院食堂の「最後の晩餐」に着手。
1499	ルドヴィーコ・イル・モーロの失脚に伴い、ブラマンテとレオナルド、ミラノを離れる。
1500	ブラマンテ、ローマのサンタ・マリーア・デッラ・パーチェ修道院中庭設計（「盛期ルネサンス」の幕開け）。

アルベルティ参考文献目録

＊　アルベルティに関する文献目録としては、評伝や各種研究論文、展覧会カタログに付されたものや Web 上に公開されているもの（アミアン大学のミシェル・パオリ Michel Paoli による —— http://alberti.wordpress.com/bibliografia/ は1951年から現在までのほとんどすべてを拾い上げており、日々更新中。ただし多少の遺漏・誤りも散見する）などもあり、それらは厖大な量となっている。しかもアルベルティの活動は多岐にわたるため、研究文献も様々な分野に及んでいて、ここで網羅することは不可能である。私が披見し得たのはそのごく一部にすぎない。以下は、特に建築・美術分野と関わると見られるものに限って、私の恣意的判断で選び出し主題別に並べ直してみたものである。ルネサンス文化一般や美術に関する概説等は、前著「ブルネッレスキ」の参考文献目録を参照されたい。

《アルベルティの著作》

アルベルティの著作には多くの刊本があるが、必ずしも全著作を網羅しておらず、専門誌などに個別に採録されたテキストしか利用できないものもある。新たな全集の企画（たとえば Polistampa 社の *Edizione Nazionale opere di Leon Battista Alberti*, diretta da Roberto Cardini, 7 voll., 2004-.　私は怠慢にしてまだ現物を見ていない）もあるが、全巻刊行には至っていない。現在 Web 上では "Progetto Manuzio" によるアルベルティの著作の幾つかが upload されており（http://www.liberliber.it/biblioteca/a/alberti/)、自由に閲覧・コピィが可能となっているが、それらのほとんどは Cecyl Grayson 編の *Opere volgari*（3 voll., Bari, 1960-73）の中のテキスト部分だけを PDF ないし HTML の形式としたものである。採録元の原著とは頁区切りが異なっているうえ注は省かれているので、典拠として引用するのはやや憚られる。以下に付記した刊本は、主として私が披見し得たもので、それらが最も権威あるテキストと言うわけではない。

1424　　*Philodoxeos*（*Lat.* 恋愛喜劇。架空の古代ローマの作家 Lepidus 作として流布した。A. Bonucci, *Opere volgari*, I, Firenze 1843, pp. CXXVIII-CLXV. この Bonucci の *Opere Volgari*, I は Web 上［google books］でファクシミリ版を閲覧できる）

1429-30　*De commodis literarum atque incommodis*（*Lat.*「文学の利益と不利益」。兄のカルロに献呈。G. Farris, ed., *L. B. Alberti, De commodis litterarum et imcommodis ; Defunctus*, Milano 1971）

1429 c.　*Amator*（*Lat.*「愛人」。Mancini, G., *Opera inedita et pauca separatim impress di Leon Battista Alberti*, Firenze 1890. 兄のカルロの手によりイタリア語に翻訳され、*Euphoebia* の題で公表。A. Bonucci, *Opere volgari*, V, 1849）

1429-30 c.　*Deiphira*（*Lat.* 不幸な恋愛を避ける方法について。Cecyl Grayson, *Opere volgari*, vol. III, Bari 1973, pp. 221-246）

　　　Ecatonfilea（*Lat.* 女性の恋愛と貞節についての論議。Cecyl Grayson, *ibid.*, pp. 195-219）

　　　Poesie（*it. Agiletta, Mirzia*, etc. Cecyl Grayson, *Opere volgari*, II, Bari 1966）

1433　*Vita Sancti Potiti*（*Lat.*「聖ポティトゥス伝」。in Cecyl Grayson, ed., *Opusculi inediti, Musca, Vita S. Potiti*, Firenze 1954）

1433 c.　*Della famiglia*（*it.*「家政論」ないし「家族論」、Lib. I〜III。Lib. IV は1441年にアルベルティが主宰した詩の朗読会（*Certame coronario*, 於フィレンツェ大聖堂）のために執筆したものをもとにしている。Cecyl Grayson, *Opere volgari*, I, Bari 1960；Romano, R. & Tenenti, A., *Leon Battista Alberti. I Libri della Famiglia*, Torino, 1969 : in *Progetto Manuzio* ただし Grayson による Lib. I のテキストのみ；邦訳は戦前のものもあるが、最近のものとしては、池上俊一・徳橋曜「家族論」、講談社、2010がある）

1434　*Commentarium Philodoxo fabulae*（*Lat. Philodoxeos* への自注。フェッラーラのレオネッロ・デステに宛てた書簡が付される。Bonucci, *Opere volgari*, vol. I, pp. CXXI- CXXV）

1435　*De pictura*（*Lat.*「絵画論」ラテン語版。下記参照）

1436　*Della pittura*（*it.* Cecyl Grayson, ed., *Opere volgari*, vol. III, Bari 1973, pp. 5-107：三輪福松訳「絵画論」、中央公論美術出版、1992）

1436 c.　*Elementi di pittura*（*it.*「絵画の初歩」Cecyl Grayson, ed., *ibid*, pp. 109-129 : in *Progetto Manuzio,* テキストのみ：邦訳、森雅彦編著「アルベルティ 芸術論」、中央公論美術出版、1992, pp. 67-77）

1436-37?　*Elementa picturae*（*Lat.* version of above, Cecyl Grayson, ed., *ibid.*）

1437　*De amore*（*Lat.*「恋愛論」。ボローニャの友人 Paolo Codagnello 宛ての書簡体。Cecyl Grayson, ed., *Opere volgari*, vol. III, Bari 1973, pp. 249-264）

　　　Sofrona（*it., De amore* の内容について、Sofrona という婦人との対話。Cecyl Grayson, ed., *Opere volgari*, vol. III, pp. 265-271）

　　　De iure（*Lat.*「法について」。ボローニャ滞在中の1437年9月30日に、友人の求めに応じて僅か20時間で書き上げたという。権力者による恣意的な裁判や偏った政治的見方による裁判を弾劾し、残酷な刑罰や非人道的な監

獄のあり方を否定するという主張。G. Massaini, *Leon Battista Opera*, Firenze 1499. 現代の刊本は見当たらず）

Pontifex（*Lat.* 聖職者論。これもボローニャで10月13日から17日までの間に書き上げたもの。兄のカルロに献呈。Mancini, G., *Opera inedita et pauca separatim impress di Leon Battista Alberti*, Firenze 1890. 現代の刊本は見当たらず）

Apologi Centum（*Lat.*「百の寓話集」──イソップに倣い様々な動物に語らせたアフォリズム集、*Leon Battista Alberti, Apologi ed elogi*, a cura di Rosario Contarino, Genova 1984, pp. 44-77）

Versione volgare della "Dissuasio Valerii" di Walter Map（*it.*「ウァレリウスの回答」、結婚生活についての諧謔的な論議。Walter Map は12世紀の英国の聖職者で、当時の宮廷生活のゴシップなどを書き留めた著者として知られる。ここで名が挙げられている Valerius が誰を指すのかは明らかではない。これは13, 14世紀を通じて広く流布していたものらしい。Cecyl Grayson, *Opere volgari*, II, Bari 1966, pp. 369-80）

1438　***Uxoria***（*Lat.* 結婚生活について。Cecyl Grayson, *Opere volgari*, II, Bari 1966, pp. 303-343）

1438 ss.　***Lettere sull' amore***（*it.* P. Codagnello 宛て , *Lettera consolatoria, Avvertimenti matrimoniali*, trad. in volgare dell' *Uxoria*, in A. Bonucci, *Opere volgari*, I, pp. 185-210；Cecyl Grayson, *Opere volgari*, II, Bari 1966, pp. 289-295）.

1439 c.　***Intercoenales***（*Lat.*「食間対話集」。すでに初期のボローニャでの就学中の1420～21年ころから書き始めていたもので、フィレンツェ滞在中に完成。幾つかの草稿のうちの一つにはトスカネッリへの献辞がある。in *Leon Battista Alberti, Apologi ed elogi*, a cura di Rosario Contarino, *op. cit.*, pp. 79-139）

Villa（*Lat.* ヴィッラの経営について。Cecyl Grayson, *Opere volgari*, I, Bari 1960, pp. 359-360）

1441-42　***Musca***（*Lat.*「蠅」。ルキアノスの文をもとにした風刺短編。クリストフォロ・ランディーノに献呈。*Leon Battista Alberti, Apologi ed elogi, op. cit.*, pp. 171-195）

Canis（*Lat.*「犬」。愛犬への追悼。*ibid*, pp. 141-169）

1442　***Theogenius***（*it.*「テオゲニウス」。古代のアテネ市民テオゲニウスとミクロティロスの対話による幸福論、レオネッロ・デステへ献呈されたもの。Cecyl Grayson, *Opere volgari*, II, Bari 1966, pp. 55-104. in *Progetto Manuzio*, テキストのみ）

1442c.　***Profigiorum ab Ærumna Libri III***（*Lat.*「苦悩からの脱却」。フィレンツェ大聖堂内でのアルベルティとニッコラ・ディ・ヴェッリ・デ・メディチとアニョロ・パンドルフィニの三人の対話。この中での対話者の一人ニッ

コラに献呈されている。Cecyl Grayson, *Opere volgari*, II, Bari 1960, pp. 107-183：これは後に兄カルロの手によってイタリア語訳され、「魂の平安について」*Della tranquilita dell' animo* の題で公表された ── A. Bonucci, *Opere volgari*, I, pp. 5-59）

1445/6 **De equo animante**（Lat.「生気溢れる馬について」。馬についての生態学的・博物学的考察。レオネッロ・デステに献呈されたもの。Mancini, G., *Opera inedita et pauca separatim impress di Leon Battista Alberti*, Firenze 1890：Antonio Videtta, *De equo animante – Il cavallo vivo di Leon Battista Alberti*, Napoli 1991[2]：in *Progetto Manuzio*, Videtta による詳細な考証と注釈がそのまま再録されている）

1447/50 **Momus**（Lat.「モムス」。オリュムポスの神々の中での問題児モムスの乱行・愚行を語るなかで、権力者や哲学者たちの無能ぶりを痛烈に風刺したもの。Leon Battista Alberti, *Momo o del principe*, ediz. critica e traduz. a cura di Rino Consolo, Genova 1986）

1450 c. **Grammatica della lingua toscana**（it.「トスカーナ方言の文法」、Cecyl Grayson, ed., *Opere volgari*, vol. III, Bari 1973, pp. 175-193）

De lunurarum quadratura（Lat. 円の面積計算法。Mancini, *Opera inedita et pauca separatim impressa di L. B. Alberti*, Firenze 1890：in *Progetto Manuzio*, 挿図とテキスト）

Descriptio Urbis Romae（Lat.「都市ローマ記」。ローマ市域の実測法、G. Orlandi, "Leonis Baptistae Alberti, Descriptio Urbis Romae", in *Quaderni dell'Istituto di Elementi di Architettura e Rilievo dei Monumenti di Genova*, I, 1968, pp. 81-88：邦訳、森雅彦編著「アルベルティ 芸術論」、中央公論美術出版、1992, pp. 39-64, 解題、pp. 193-208）

1450 c. **Ludi rerum mathematicarum**（Lat.「数学遊戯」。レオネッロ・デステの兄メリアドゥーセに献呈。Cecyl Grayson, ed., *Opere volgari*, vol. III, Bari 1973, pp. 131-173）

1450/60 c. **De statua**（Lat.「彫刻論」。従来はマンチーニらの説により1430年代── 1434-36？とされてきたが、近年ではかなり後期の著作とする見方が有力となっている。Cecyl Grayson, ed., *L. B. Alberti, on Painting and on Sculpture*, London 1972：邦訳、森雅彦編著「アルベルティ 芸術論」、中央公論美術出版、1992,「彫刻論」、pp. 5-38）

1452 **De re aedificatoria**（Lat. 1443～45年ころに Lib. V まで書き進められたところで一時中断、その後1447～52年にかけて書き継がれたと見られる。教皇ニコラス五世に献呈？。アルベルティの死後1485年にロレンツォ・イル・マニフィーコの援助で初版が刊行された。Leon Battsita Alberti, *L'architettura*, trad. & comment. da G. Orlandi, Ediz. Polifilo, Milano 1980：

Rykwert, Joseph & Leach, Neil & Tavernor, Robert, *Leon Battista Alberti; On the Art of Building in Ten Books*, Cambridge, Mass., 1988 ; Simoncini, Giorgio, a cura di, *L'architettura di Leon Battista Alberti nel commento di Pellegrino Tibaldi*, Roma 1988：邦訳、相川浩訳《アルベルティ、「建築論」》、中央公論美術出版、1980。これはやや難解で誤訳と見られる箇所も散見し、内容の理解に必要な注釈も少ないので、Orlandi 対訳本——これのイタリア語訳もかなりの意訳である——と対照の上利用される方がよいであろう。

1453　　　*De Porcaria coniuratione* (*Lat.*「ポルカリの謀叛」。1453年に起こった教皇に対する謀叛事件の記録。Mancini, G., *Opera inedita et pauca separatim impressa di Leon Battista Alberti*, Firenze 1890)

1460 c.　　*Trivia senatoria* (*Lat.* 弁論術について。ロレンツォ・イル・マニフィーコに献呈。in G. Massaini, *Leon Battista Opera*, Firenze 1499. 現代の刊本は見当たらず)

1460-62　　*Cena familiaris* (*it.* 家族が食卓を共にすることに関わり家族の結びつきを論ずる。A. Bonucci, *Opere Volgari*, I, pp. 161-183 ; Cecyl Grayson, *Opere Volgari*, I, Bari 1960, pp. 345-56)

1460 ss.　　*Istorietta amorosa fra Leonora de' Bardi e Ippolito Bondelmonti* (*it.* Cecyl Grayson, ed., *Opere Volgari*, vol. III, Bari 1973, pp. 273-287——Grayson は1960年の *Dizionario Biografico degli Italiani* ではこれをアルベルティ作か疑わしいとしていたが、ここでは各種手稿や刊本の詳細な異同の検討にもとづき、問題点を示しつつ収録している)

1462　　　*Sentenze pitagoriche* (*it.*「ピュタゴラスの託宣」。Cecyl Grayson, *Opere Volgari*, II, Bari 1966, pp. 299-300)

1462-65 c.　*Epistulae septem Epimenides nomine Diogeni inscriptae* (*Lat.* BC. 7世紀ころの「七賢人」の一人エピメニデースの書簡とされるものの翻訳。Mancini, G., *Opera inedita et pauca separatim impressa di Leon Battista Alberti*, Firenze 1890)

　　　　　Epistula Leonem ad Cratem philosophum (*Lat.* BC. 4〜3世紀のいわゆる「犬儒学者」で粗衣粗食を説いた Crates of Thebes に寄せたもの。その出典については未確認。Mancini, *ibid.*)

1466 c.　　*De compendis cifris* (*Lat.*「記号論」or「暗号論」——印刷術について、碑文の解読法、暗号文の作成法など。in A. Meister, *Die Geheimschrift im dienste der papstlichen Kurie*, Paderborn 1906, pp. 125-141)

1468　　　*De Iciarchia* (*it.* 市民的倫理と政治についての対話。Cecyl Grayson, *Opere volgari*, II, Bari 1966, pp. 187-286)

1470 c.　　*Naufragus* (*Lat.* ある船の難破事故の記録。Cecyl Grayson, *Opere volgari*, II, Bari 1966, pp. 347-365)

年代不詳（おそらく *Interconeles* の一部となるべきもの？）
Defunctus（「脱却」、断簡。in G. Farris, ed., *L. B. Alberti, De commodis litterarum et imcommodis; Defunctus*, Milano 1971）
Anuli（紋章 *impresa* を付した指輪ないしメダルの起源にまつわる物語。in Mancini, G., *Opera inedita et pauca separatim impressa di Leon Battista Alberti*, Firenze 1890）
Epistola Consolatoria（*it.* 魂の慰めについて。in Cecyl Grayson, *Opere volgari*, I, Bari 1960）

この他にも幾つか、失われてしまって題名だけが知られているものがある。
Passer（「雀」、1441-2）
Navis（アルバニ山中ネミ湖で発見されたローマ時代の船の復原、1447）
Fatum et Fortuna（「予言と幸運」？）
De motibus ponderis（重量物の運搬法？）
Aeraria（銅＝貨幣・メダルなどの鋳造法？）
Historia numeri et linearum（数字の歴史？）
Quid conferat architectus in negotio（建築家のなりわい or いかにして建築家の稼業は成り立つのか？）

アルベルティ作が疑われるもの
I cinque ordini dell' architettura（？）（*it.* AA.VV., *Studi e documenti di architettura*, n. 1, Firenze, Dec. 1972, pp. 119-130：邦訳、森雅彦「アルベルティ芸術論」、中央公論美術出版、1992,「建築の5つのオーダー」、pp. 283-308）
Della prospettiva（？　パオロ・トスカネッリ著とする説あり。現代の刊本は見当たらず）
Vita anonima di Leon Battista Alberti（自伝？ 1440年代前半か）, (*Lat.* A. Bonucci, *Opere volgari.*, vol. I, Firenze 1843, pp. LXXXIX-CIX：Fubini, R.. & Menci Gallorini, A., "L'autobiografia di Leon Battista Alberti. Studio ed edizione", in *Rinascimento*, 1972, 12, pp. 229-336）

《伝記・評伝》

1869　Passerini, L., *Gli Alberti di Firenze, Genealogia, storia, documenti*, Firenze 1869-70, vol. II, p. 131 sgg.

1882　Mancini, G., *Vita di Leon Battista Alberti*, Firenze (2nd ed. rev. & add., Firenze 1911, ristampato 1967)

1907	Suida, W., s.v. 《Alberti》 in U. Thieme-F. Becker, *Allgemeine Lexicon der bildenden Künstler*, Leipzig, vol. 1, pp. 196-211
1914	Mancini, G., "Il testamento di Leon Battista Alberti", in *Archivio Storico Italiano*, LXXII, II, 3, pp. 20-52
1917	Ricci, C., *Leon Battista Alberti architetto*, Torino
1929	Schlosser-Magnino, J. von, "Ein Kunstlerproblem der Renaissance: Leon Battista Alberti", in *Sitzungsberichte der Wiener Akademie Phil. Hist. Kl.*, Wien
1930	Michel, P. H., *Un idéal humaine au XV siècle : la pensée de Leon Battista Alberti*, Paris
1948	Ceschi, C., "La madre di Leon Battista Alberti", in *Bollettino d'Arte*, XXXIII, II, pp. 191-192
1957	Watkins, R., "The authorship of the vita anonyma of Leon Battista Alberti" in *Studies in the Renaissance*, IV, pp. 101-112
1958	Zevi, Bruno., s.v. 《Alberti》 in *Enciclopedia Universale dell'Arte*, Venezia-Roma, Vol. 1
1960	Grayson, C., s.v. 《Alberti》 in *Dizionario Biografico degli Italiani*, vol. 1, pp. 702-709
1960	Argan, G. C., s.v. 《Alberti》 in *Dizionario Biografico degli Italiani*, vol. 1, pp. 709-713
1966	Tenenti, A., *Leon Battista Alberti*, Roma
1969	Gadol, Joan, *Leon Battista Alberti; Universal Man of the Early Renaissance*, Chicago-London
1972	Garin, E., "Il pensiero di Leon Battista Alberti e la cultura del Quattrocento", in *Belfagor*, XXVII, n. 5
1972	Garin, E., "Il pensiero di Leon Battista Alberti: caratteri e contrasti", in *Rinascimento*, XII, pp. 3-20
1972	Morolli, G., "Saggio di bibliografia albertiana", in *Studi e Documenti di Architettura*, 1, Firenze, pp. 11-56
1975	Borsi, Franco, *Leon Battista Alberti*, Milano (ristampa con aggiunte, 1986, 2010)
1979	Grayson, Cecil, "Leon Battista Alberti, Architect," in *AD Profiles*, Vol. 49, Nos. 5-6, pp. 7-17
1981	Mülmann, H., *Ästhetische Theorie der Renaissance, Leon Battista Alberti*, Bonn
1989	Jarzombeck, M., *On Leon Battista Alberti. His Literary and Aesthetic Theories*, Cambridge, Mass. (ed. it., Milano 1996)
1995	Gadol, Joan, *Leon Battista Alberti, homme universel des débuts de la Renaissance*, Paris
1995	Cardini, Roberto, "Attualità dell'Alberti", *Professione architetto*, n° 2, pp. 6-13

1998	Burns, Howard, "Leon Battista Alberti", in *Storia dell'architettura italiana; Il Quattrocento* (a cura di Francesco Paolo Fiore), Milano, pp. 114-165
2000	Boschetto, Luca, *Leon Battista Alberti e Firenze. Biografi, Storia, Letteratura*, Firenze
2000	Grafton, Anthony, *Leon Battista Alberti: Master builder of the Italian Renaissance*, New York
2004	Paoli, Michel, *Leon Battista Alberti 1404-1472*, Paris
2005	Grassi, Giorgio e Patetta, Luciano (a cura di) *Leon Battista Alberti architetto*, Firenze
2005	Bentivoglio, Enzo, a cura di, *Il testamento di Leon Battista Alberti, i tempi, i luoghi, i protagonisti : il manoscritto Statuti Mss. 87 della Biblioteca del Senato della Repubblica* (trascrizione critica dell'edizione integrale e nota al testo di Giuliana Crevatin ; testi di Marcello Ciccuto), Roma
2006	Borsi, Franco & Borsi, Stefano, *Alberti: une biographie intellectuelle*, Paris
2007	Ferlisi, Gianfranco, *Leon Battista Alberti: uomo universale*, Mantova
2007	Frommel, Chritoph Luitpold, *Architettura e committenza da Alberti a Bramante*, Firenze
2008	Burgarelli, Massimo, *Leon Battista Alberti 1404-1472: architettura e storia*, Milano

《*De re aedificatoria*・アルベルティの建築手法・古典建築研究、etc.》

1941	Wittkower, R., "Alberti's approach to antiquity in architecture", in *Journal of the Warburg and Courtauld Institutes*, IV, 1-2, pp. 1-18
1943	Eden, W. A., "Studies in urban theory : the 'De Re aedificatoria' of L. B. Alberti", in *Town Planning Review*, 19, pp. 10-28
1949	Wittkower, R., *Architectural principles in the age of humanism*, London（再版多数）
1956	Lotz, Wolfgang, "Das Raumbild in der Italienischen Architekturzeichnungen der Renaissance", in *Mitteilungen des Kunsthistorischen Institutes in Florenz*, 7, pp. 193-326（tr. engl., "The Rendering of the Interior in architectural Drawings of the Renaissance", in *Studies in Italian Renaissance Architecture*, MIT Press, Cambridge, Mass. -London 1977, pp. 1-65）
1957	Gosebruch, M., "'Varietas' bei L. B. Alberti und der wissenschaftliche Renaissancebegriff", in *Zeitschrift für Kunstgeschichte*, pp. 229-238
1957	De Zurko, E. R., "Alberti's theory of Form and Function", in *The Art Bulletin*, XXXIX, 2, pp. 142-145

1957 Schädlich, C., "L. B. Albertis Schönheitsdefinition und ihre Bedeutung für die Architekturtheorie", in *Wissenschaftliche Zeitschrift der Hochschule für Architektur und Bauwesen Weimar*, V, 4, pp. 217-284

1960 Ciapponi, L. A., "Il 'De Architectura' di Vitruvio nel primo Umanesimo", in *Italia Medioevale e Umanistica*, III, pp. 39-99

1960 Grayson, C., "The Composition of L. B. Alberti's Decem Libri de Re Aedificatoria" in *Münchener Jahrbuch der bildenden Kunst*, III, 11, pp. 152-161

1960 Zoubov, V., "Quelques aspects de la théorie des proportions esthétiques de Leon Battista Alberti", in *Bibliothèque d'Humanisme et Renaissance*, p. 54 sgg.

1961 Bruschi, Arnaldo, "Osservazioni sulla teoria architettonica rinascimentale nella formulazione arbertiana", in *Quaderni dell'Istituto di Storia dell'Architettura*, Roma, 31-48, pp. 115-30

1961 Krautheimer, R., "Alberti and Vitruvius", in *Acts of the 20th International Congress of the History of Arts*, II (1961, Princeton), New York, pp. 42-52

1963 Lang, S., " 《De Lineamentis》, L. B. Alberti's use of a technical term", in *Journal of the Warburg and Courtauld Institutes*, XXVIII, pp. 331-335

1966 Portoghesi, P., "Leon Batista Alberti, l'《Architettura》 (*De re Aedificatoria*)", Milano (introduzione e note, Testo latino e traduzione di G. Orlandi, pp. xi-xlvii)

1972 Begliomini, L., "Note sull'opera dell'Alberti: il 'Momus' e il 'De re aedificatoria'", in *Rinascimento*, XII, pp. 267-283

1975-79 Lüke, H. K., *Index verborum zu De re aedificatoria*, 5 voll., München (with facsimile of 1485 ed.)

1978 Bruschi, Arnaldo, "Nota sulla formazione architettonica dell'Alberti" in *Palladio*, serie 3a, XXV, n. 1, pp. 6-44

1979 Damisch, Hubert, "The Column and the Wall," in *AD Profiles*, Vol. 49, Nos. 5-6, pp. 18-25

——Choay, Françoise, "Alberti and Vitruvius," *ibid.*, pp. 26-35

——Tafuri, Manfredo, "Discordant Harmony from Alberti to Zuccari," *ibid.*, pp. 36-44

——Burns, Howard, "A Drawing by L. B. Alberti," *ibid.*, pp. 45-56

1980 Choay, Françoise, *La règle et le modèle. Sur la théorie de l'architecture et de l'urbanisme*, Paris (édition revue et corrigée, 1996)

1980 Burns, Howard, "Un disegno architettonico dell'Alberti e la questione del rapporto Brunelleschi e Alberti", in AA.VV., *Filippo Brunelleschi. La sua opera e il suo tempo, Atti del Congresso Internazionale del 16-22, ottobre 1977*, 2 voll., Firenze, p. 105 sgg.

1990 Cardini, Roberto, *Mosaici: Il nemico dell'Alberti*, Roma

参考文献目録

1994	Rykwert, Joseph e Engel, Anne (a cura di), *Leon Battista Alberti* (catalogo della mostra a Mantova), Milano e Ivrea
1996	Bulgarelli, M., Ceriana, M., *All'ombra delle volte. Architettura del Quattrocento a Firenze e Venezia*, Milano
1996	Volpi Ghirardini, Livio, "The Numberable Architecture of Leon Battista Alberti as a universal Sign of Order and Harmony", in *Nexus: Architecture and Mathematics*, a cura di K. Williams, pp. 147-166
1996	March, Lionel, "Renaissance mathematics and architectural proportion in Alberti's De re aedificatoria", *Architectural research quarterly*, II, pp. 54-65
1997	Biermann, Veronica, *Ornamentum. Studium zum Traktat De re aedificatoria des Leon Battista Alberti*, Hildesheim
1997	Klotz, Heinrich, "L. B. Albertis 'De re aedificatoria' in Theorie und Praxis", in Id., *Architektur*, pp. 130-141
1998	Thoenes, Christof, "Vitruvio, Alberti, Sangallo. La teoria del disegno architettonico nel Rinascimento", in Id., *Sostegno e adornamento. Saggi sull'architettura del Rinascimento: disegni, ordini, magnificenza*, intr. di J.S. Ackerman, ("Documenti di architettura" n°116) Milano, pp. 161-175 [Ed. orig. in German : 1993]
1998	Tavernor, Robert, *On Alberti and the Art of Building*, New-Haven – London, Yale University Press
1998	Van Eck, Caroline, "The Structure of De re aedificatoria Reconsidered", *Journal of the Society of Architectural Historians*, LVII, pp. 280-297
2000	Fedozzi, Isabella, "Il concetto di spazio nel Rinascimento: osservazioni sulla terminologia riguardante il concetto e la connotazione di spazio nella trattatistica di Leon Battista Alberti", *Annali dell'Università di Ferrara. Sezione Lettere*, n.s., I (2000), pp. 119-137
2000	Venturelli, Piero, "Alle radici dell'utopia. Spirito architettonico e 'città ideale' in L.B. Alberti", in *Architetture utopiche*, a cura di Gianfranco Bertagni, Santarcangelo di Romagna, pp. 19-29
2001	Wulfram, Hartmut, *Literarische Vitruvrezeption in Leon Battista Albertis 'De re aedificatoria'*, (Beiträge zur Altertumskunde, Band 155)
2003	Pearson, Caspar, *Visions of the City in Leon Battista Alberti's De re aedificatoria*, Essex, University of Essex
2004	Pintore, Angela, "Musical Symbolism in the Works of Leon Battista Alberti: from De re aedificatoria to the Rucellai Sepulchre", *Nexus Network Journal*, vol. 6 no. 2 (Autumn 2004). pp. 49-70
2004	Rinaldi, Rinaldo, "L'intero separato. Conservazione e controllo nel 'De re

aedificatoria'", *Lettere italiane*, n° 2, pp. 190-224

2006 Borsi, Stefano, "Alberti e le antichità romane: elaborazione di un metodo archeologico", in *Das alte Rom und die neue Zeit: Varianten des Rom-Mythos zwischen Petrarca und dem Barock*, a cura di Martin Disselkamp, Tübingen, pp. 45-90

2010 Terzoglou, Nikolaos-Ion, "Leon Battista Alberti and the concept of lineamentis", in *The Humanities in Architectural Design. A Contemporary and Historical Perspective*, a cura di Soumyen Bandyopadhyay, Jane Lomholt, Nicholas Temple, Renée Tobe, London, pp. 136-146

《アルベルティとローマ》

1880 Dehio, G., "Die Bauprojekte Nikolaus V und Leon Battista Alberti", in *Repertorium für kunstwissenschaft*, III, pp. 241-75

1886-1933 Von Pastor, L., *Geschichte der Päpste seit dem Ausgang des Mittelalters*, Roma

1878-82 Müntz, E., *Les arts à la cour des papes pendant le XVe et le XVIe siècle...*, Paris, vol. I, pp. 139-143

1939 Gengaro, M. L., "L'architettura romana nell'interpretazione teorica di Leon Battista Alberti", in *Boll. dell'Ist. di Archeologia e Storia dell'Arte*, IX, pp. 37-42

1954 Magnusson, T., "The project of Nicolas V for rebuilding the Borgo Leonino in Roma", in *The Art Bulletin*, XXXVI, pp. 89-115

1959 Rossi, S., "Santo Stefano Rotondo a Roma" in *L'Architettura, Cronache e Storia*, IV, pp. 774-779

1960 Lehman-Brockhaus, O., "Albertis 'Descriptio Urbis Romae'", in *Kunstchronik*, XIII, pp. 345-348

1963 Urban, G., "Zum Neubau von St. Peter unter Papst Nikolaus V" in *Festschrift für Harald Keller*, Darmstadt, pp. 131-173

1968 Orlandi, G., "Leonis Baptistae Alberti. Descriptio Urbis Romae", in *Quaderni dell'Istituto di Elementi di Architettura e Rilievo dei Monumenti di Genova*, I, pp. 81-88

1968 Vagnetti, L., "La 'Descriptio Urbis Romae' di L. B. Alberti" *ibid.*, pp. 23-80

1974 Westfall, Caroll William, *In this Most Perfect Paradise: Alberti, Nicholas V, and the Invention of Conscious Urban Planning in Rome, 1447-1455*, University Park-London

1985 Fagiolo, M., "Architettura e città nel 'piano' di Nicolò V", in M. Fagiolo e M. L. Madonna (a cura di), *Roma 1300-1875. La città degli Anni Atlante*, Milano, p. 88 sgg.

参考文献目録

1987　Tafuri, Manfredo, "Cives esse non licere. The Rome of Nicholas V and Leon Battisa Alberti: Elements toward a historical revision", in *The Harvard Architectural Review*, pp. 60-75 (イタリア語での増補・再録、"Cives esse non licere. Nicolò V e Leon Battista Alberti" in *Ricerca del rinascimento. Principi, città, architetti*, Torino, 1992, pp. 32-88)

1990　Burroughs, Charles, *From Sign to Design: Environmental Process and Reform in Early Renaissance Rome*, Cambridge, Mass.

1994　Burroughs, Charles, "Alberti e Roma", in Joseph Rykwert e Anne Engel (a cura di), *Leon Battista Alberti* (catalogo della mostra a Mantova), Milano e Ivrea, pp. 134-157

1995　Gargano, Maurizio, "Roma nel XV secolo: topografia e architettura", *Roma nel Rinascimento*, pp. 39-47

1997　Cassani, Alberto Giorgio, "Libertas, frugalitas, aedificandi libido. Paradigmi indiziari per Leon Battista Alberti a Roma", in *Le Due Rome del Quattrocento. Melozzo, Antoniazzo e la cultura artistica del '400 romano* (Atti del Convegno internazionale di studi, Roma, 21-24 febbraio 1996), a cura di Sergio Rossi e Stefano Valeri, Roma, pp. 296-321

1997　Frommel, Christoph L., "Il San Pietro di Niccolò V", in G. Spagnesi (a cura di), *L'architettura della Basilica di San Pietro, Storia e costruzione, Atti del convegno* (Roma, 7-10 novembre 1955), Roma, pp. 103-110

1998　Frommel, Christoph L., "Roma", in *Storia dell'architettura italiana ; Il Quattrocento*, Milano, pp. 174-433

1998　Frajese, Vittorio, "Leon Battista Alberti e la renovatio urbis di Nicolò V. Congetture per l'interpretazione del Momus", *La cultura*, XXXVI, pp. 241-262

2002　Di Teodoro, Francesco Paolo, "Leon Battista Alberti, Descriptio urbis Romae", scheda in *Nel segno di Masaccio. L'invenzione della prospettiva*, a cura di F. Camerota, (catalogo della mostra a Firenze, 16 ottobre 2001-20 gennaio 2002), Firenze

2003　Borsi, Stefano, *Leon Battista Alberti e Roma*, Firenze

2003　Villa, Claudia, "Cronache di architettura: 1458-1464. Alberti e Bernardo Rossellino nei Commentarii rerum memorabilium quae temporibus suis contingerunt di Enea Silvio Piccolomini" in *Letteratura e Arte*, n°1, pp. 127-133

2005　Fiore, Francesco Paola, *La Roma di Leon Battista Alberti. Umanisti, architetti e artisti alla scoperta dell'antico nella città del Quattrocento*, Milano

2005　Röll, Johannes, "Alberti: Rome", *The Burlington Magazine*, CIII, n°1232, pp. 775-777

2007　Grassi, Giorgio, *Leon Battista Alberti e l'architettura romana*, Milano

375

2009 Richardson, Carol M., *Reclaiming Rome. Cardinals in the Fifteenth Century*, Leiden

《ナポリのカステル・ヌォヴォ》

1836 D'Ayala, M., "Dell'Arco trionfale di re Alfonso d'Aragona in Castelnuovo", in *Annali civili del Regno delle due Sicilie*, XII, pp. 34-45
1900 Berteaux, E., "L'arco e la parte trionfare di Alfonso e di Ferdinando d'Aragona al Castel Nuovo", in *Archivio Storico per le Provincie Napoletane*, XXV, pp. 30-55
1903 Bernich, E., Rolff e Ceci, "Leon Battista Alberti e l'Architetto dell'arco trionfale di Alfonso d'Aragona", in *Napoli Nobilissima*, XXII, pp. 114, 131
1933 Planiscig, L., "Ein Entwurf für den Triumphbogen am Castelnuovo zu Neapel", in *Jahrbuch der Preussischen Kunstsammlungen*, LIV, pp. 16-24
1936 Filangeri, R., "Rassegna critica per le fonti di Castelnuovo, Parte prima. Il castello angioiono", in *Archivio Storico per le Provincie napoletane*, XXI, pp. 309-310
1977 Kruft. H. Wolfgang & Malmanger, M., *Der Triumphbogen Alphosos in Neapel. Das Monument und seine politische Bedeutung*, Tübingen
1987 Bologna, F., "L'arco di Alfonso d'Aragona nel Castelnuovo di Napoli", in *L'arco di trionfo di Alfonso d'Aragona e il suo restauro*, Roma, pp. 13-19
1973 Hersey, G. L., *The Aragonese Arch at Naples 1443-1475*, Yale, pp. 25-27
1998-99 Di Battista, Rosanna, "La porta e l'arco di Castelnuovo a Napoli", in *Annali di Architettura*, n. 10-11, pp. 7-21
2008 Frommel, C. L., "Alberti e la porta trionfale di Castel Nuovo a Napoli". in *Annali di architettura*, n. 20, pp. 13-36

《フェッラーラ》

1864 Cittadella, I. N., *Notizie amministrative storico-artistiche relative a Ferrara*, Ferrara
1914 Venturi, A., *Un'opera sconosciuta di Leon Battista Alberti*, in 《*L'Arte*》, XVII, p. 153 sgg.
1937 Pardi, G., a cura di, *Diario ferrarese dall anno 1409 al 1502 di autori incerti*, Bologna
1960 Zevi, Bruno, *Biagio Rosetti architetto ferrarese : il primo urbanistica europeo*, Torino
1963 Baxandall, M., "A dialogue on art from the court of Leonello d'Este", in *Journal of the Warburg and Courtauld Institutes*, 26, pp. 304-326

1991	Videtta, Antonio, "Il monument ferrarese: Sue vicende──Problemi di forma de urbanistica e di cronologia", in *De equo animante──Il Cavallo vivo di Leon Battista Alberti*, a cura di A. Videtta, Napoli (nel *Progetto Manuzio*, PDF. pp. 40-54)
1992-94	Kehl, Pia, "La Piazza Comunale e la Piazza Nuova a Ferrara", in *Annali di Architettura*, N. 4-5, pp. 178-189
1994	Rykwert, Joseph, "Leon Battista Alberti a Ferrara", in Joseph Rykwert e Anne Engel (a cura di), *Leon Battista Alberti* (catalogo della mostra a Mantova), Milano e Ivrea, pp. 158-161
1998	Kehl, Pia, "Ferrara", in *Storia dell'architettura italiana ; Il Quattrocento*, Milano, pp. 242-255
2003	京谷啓徳、「ボルソ・デステとスキファノイア壁画」、中央公論美術出版

《リミニ》

1893	Seitz, F., *San Francesco in Rimini*, Berlin
1904	Kuzmany, K. M., "Malatesta Tempel in Rimini", in *Neues Wiener Tageblatt*, Mai
1908	Grigioni, G., "I costruttori del Tempio Malatestiano", in *Rassegna Bibliografica dell'arte italiana*, Ascoli Piceno, anno XI, n. 7-8
1915	Orsini, L., *Il Tempio Malatestiano*, Milano
1924	Ricci, C., *Il Tempio Malatestiano*, Milano-Roma (ristampa con appendice di P. G. Pasini, *Cinquanta anni di studi sul Tempio Malatestiano*, Rimini 1974), cap. V, p. 73 sgg.
1928	Del Piano, G., *L'enigma filosofico del Tempio Malatestiano*, Bologna
1938	Milan, G.B., *Agostino di Duccio architetto e il Tempio Malatestiano in Rimini*, Roma
1950	Lavagnino, S., "Restauro del Tempio Malatestiano" in *Bollettino d'Arte*, s. IV, XXV, aprile-giugno, p. 176 sgg.
1951	Ravaioli, G., "Il Malatestiano: studi, realizzazioni e proposte", in *Studi Romagnoli*, I, Faenza, pp. 121-36
1951	Romagnoli, C., "Agostino di Duccio a Rimini" in *Studi Romagnoli*, II, p. 113 sgg.
1951	Garattoni, D., *Il Tempio Malatestiano, leggende e realtà*, Bologna
1951	Salmi, Mario, "Il Tempio Malatestiano di Rimini" in *Atti dell'Accademia Nazionale di San Luca*, n.s., I. pp. 56-73 (ristampato in *Studi Romagnoli, Faenza*, II, 1952, pp. 151-167)
1956	Brandi, Cesare, *Il Tempio Malatestiano*, Torino
1957	Grayson, C., *Alberti and the Tempio Malatestiano: an autograph letter from Leon

Battista Alberti to Matteo de' Pasti, New York

1958   Soergel, G. "Die Harmonien in L. B. Albertis Tempio Malatestiano", in *Untersuchungen über den theoretischen Architekturentwurf von 1450-1500 in Italien*, Köln, pp. 8-22

1966   Portoghesi, P., *Il Tempio Malatestiano*, Firenze

1970   Arduini, F & Menghi, G. S. & Rosati, F. Pavini & Pasini, P. G. & Sanpaolesi, P. & Vasina, A. (a cura di), *Sigismondo Malatesta e il suo tempo. Mostra storica*, Vicenza

1970   Pasini, P. G., "Il Tempio Malatestiano", in *Catalogo della Mostra su Sigismondo Pandolfo Malatesta e il suo tempo*, Rimini, p. 125 sgg.

1974   Jones, P. J., *The Malatesta of Rimini and the Papal State. A Political History*, London-New York

1992   Hope, C., "The Early History of the Tempio Malatestiano" in *Journal of the Warburg and Courtauld Institutes*, 55, pp. 51-154

1994   Rykwert, Joseph, "I committenti e i loro edifici. Sigismondo Malatesta di Rimini e il Tempio Malatestiano", in Joseph Rykwert e Anne Engel (a cura di), *Leon Battista Alberti* (catalogo della mostra a Mantova), Milano e Ivrea, pp. 378-381

1995   Bacchiani, Augusto, "Sul completamento del Tempio Malatestiano: l'ipotesi di due progetti dell'Alberti", *Romagna. Arte e storia* 15, n°44, pp. 73-76

1995   Canali, Ferruccio, "'Prede et marmore de più fine'. Per il Tempio Malatestiano di Rimini: nuove testimonianze e nuove ipotesi critiche", *Studi Romagnoli*, XLVI, pp. 288-355

1997   Calzona, Arturo, "Leon Battista Alberti e l'immagine di Roma fuori di Roma: il Tempio Malatestiano", in *Le Due Rome del Quattrocento. Melozzo, Antoniazzo e la cultura artistica del '400 romano* (Atti del Convegno internazionale di studi, Roma, 21-24 febbraio 1996), a cura di Sergio Rossi e Stefano Valeri, Roma, pp. 346-363

1999   Canali, Ferruccio, "Michelozzo di Bartolomeo e Leon Battista Alberti a Firenze e in Adriatico. Addenda inedite di Corrado Ricci al suo Tempio Malatestiano (1924-1934). Nuove marginalia sulle architetture", in *Bollettino della Società di Studi fiorentini*, IV, pp. 9-37

1999   March, Lionel, "Proportional design in L.B. Alberti's Tempio Malatestiano, Rimini", *Architectural Research Quarterly*, III, pp. 259-269

1999   Spagnesi, Gianfranco, "Note sul Tempio malatestiano a Rimini", in Id., *Progetto e architetture del linguaggio classico (XV-XVI secolo)*, Milano, Cap. III, pp. 87-116

1999   Ugolini, Andrea, "Il rilievo geometrico del paramento lapideo del tempio malatestiano", *'ANAGKH*, VII, n. 27-28, pp. 68-83

参考文献目録

2000　　Muscolino, Cetty, *Il Tempio Malatestiano di Rimini*, Ravenna
2000　　Turchini, Angelo, *Il tempio malatestiano, Sigismondo Pandolfo Malatesta e Leon Battista Alberti*, Cesena
2007　　Muscolino, Cetty & Canali, Ferruccio (a cura di), *Il Tempio della Meraviglia. Gli interventi di restauro al Tempio Malatestiano per il Giubileo (1999-2000)*, Rimini
2010　　Paolucci, Antonio (a cura di), *Il Tempio Malatestiano a Rimini*, Modena

《パラッツォ・ルチェッライ》

1960　　Perosa, A. (a cura di), *Giovanni Rucellai e il suo Zibaldone*, London
1963　　Sanpaolesi, P., "Precisazioni sul Palazzo Rucellai", in *Palladio*, I-IV, gennaio-dicembre, p. 61 e sgg.
1972　　Kent, F. W., "The Rucellai Family and its Loggia", in *Journal of the Warburg and Courtauld Institutes*, 35, pp. 397-401
1974　　Charles R. Mack, "The Rucellai Palace: Some New Proposals", *The Art Bulletin*, 56, pp. 517-529
1976　　Preyer, B., *Giovanni Rucellai and Rucellai Palace*, Ph. D. Diss., Harvard Univ.
1977　　Preyer, B., "The Rucellai Loggia", in *Mitteilungen des Kunsthistorischen Institutes in Florenz*, 21, pp. 183-198
1981　　Kent, F. W., "Making of a Renaissance Patron of the Arts", in *Giovanni Rucellai e il suo Zibaldone. II. A Florentine Patrician and his Palace. Studies by F.W. Kent, Alessandro Perosa, Brenda Preyer, Piero Sanpaolesi e Roberto Salvini, with an Introduction by Nicolai Rubinstein (Studies of the Warburg Institute*, a cura di J. B. Trapp, vol. 24, II), pp. 9-95
1996　　Tarr, Roger, "Giovanni Rucellai's comments of art and architecture", *Italian studies*, n° 51, pp. 58-95
1999　　Bracciali, Simonetta, "La facciata di palazzo Rucellai: conoscenza e conservazione", *'ANAGKH*, VII, n. 27-28, pp. 38-67
1999　　Dezzi Bardeschi, Marco, "Leon Battista Alberti e Giovanni di Paolo Rucellai: il sodalizio e le opere fiorentine", *'ANAGKH*, VII, n. 27-28, pp. 10-19
2004　　Bracciali, Simonetta & Succi, Carlo, "Palazzo Rucellai: restauro come atto conoscitivo", *Bollettino degli Ingegneri*, 7, pp. 3-22 ; 8-9, 2004, pp. 3-22
2006　　Bracciali, Simonetta, *Restaurare Leon Battista Alberti. Il Caso di Palazzo Rucellai: contributi e ricerche in corso*, Firenze
2006　　Bulgarelli, Massimo, "Stabili e irrequiete : le facciate di Palazzo Rucellai e di Santa Maria Novella", in *Casabella*, anno LXX, n° 747, aprile, pp. 44-55

《サンタ・マリーア・ノヴェッラ聖堂ファサード》

1919　　Venturi, Adolfo, "Intarsi marmorei di Leon Battista Alberti", in *L'Arte*, XXII, pp. 34-36

1970　　Dezzi-Bardeschi, Marco, *La facciata di Santa Maria Novella a Firenze* (Collana di rilievi architettonici a cura dell'Istituto del Restauro de Monumenti dell' Università di Firenze), Pisa

1975　　Id., "Sole in Leone. Leon Battista Alberti: astrologia, cosmologia e tradizione ermetica nella facciata di Santa Maria Novella", in *PSICON*, 1, pp. 33-67

2003　　Id., "Leon Battista Alberti e la facciata di Santa Maria Novella a Firenze : nuovi documenti, e L'occhio profondo : il dettaglio e l'intreccio ; cosmologia ed ermetismo nella cultura di Leon Battista Alberti: il 'Canis'", in *Oltre l'architettura*, a cura di Gabriella Guarisco, Firenze, pp. 105-117 e pp. 137-146

2003　　Lunardi, Roberto, "Santa Maria Novella. Un percorso icono-teologico alle radici dell'Umanesimo", in *Alla riscoperta delle chiese di Firenze. 2. Santa Maria Novella*, a cura di T. Verdon, Firenze, pp. 9-27

2003　　Morolli, Gabriele, "'Tutta quella musica'. Alberti e 'le misure et proportioni' della facciata di Santa Maria Novella", *ibid.*, pp. 29-77

2007　　Boschetto, Luca, "'Chi dubiterà appellare questo tempio nido delle delizie?'. Leon Battista Alberti e Santa Maria Novella", in *Medioevo e Rinascimento*, N.S., XVIII (2007), pp. 141-168

《サン・パンクラツィオ聖堂ルチェッライ家礼拝堂、聖墳墓》

1899　　Guasti, C., *La Cappella Rucellai in San Pancrazio*, Firenze

1934　　Neri, D., *Il Santo Sepolcro nella Cappella Rucellai*, Firenze

1961　　Heydenreich, L. H., "Die Cappella Rucellai von San Pancrazio in Florenz", in *De Artibus opuscula XL: Essays in Honour of E. Panofsky* (M. Meiss, ed.), New York, pp. 219-229

1963　　Dezzi-Bardeschi, Marco., "Nuove ricerche sul Santo Sepolcro nella Cappella Rucellai a Firenze", in *Marmo*, 2, pp. 135-161

1989　　Sperling, C. M., "Leon Battista Alberti's Inscriptions on the Holy Sepulchre in the Cappella Rucellai, San Pancrazio, Florence", in *Journal of Warburg and Courtauld Institutes*, LII, pp. 221-228

1994　　Tavernor, Robert, "Giovanni Rucellai e il suo complesso architettonico a Firenze", in Joseph Rykwert e Anne Engel (a cura di), *Leon Battista Alberti* (catalogo della mostra a Mantova), Milano e Ivrea, pp. 368-377

1994	Id., "I caratteri albertiani dell'iscrizione del sepolcro Rucellai a Firenze", in *ibid.*, pp. 402-407
1996	Dezzi-Bardeschi, Marco, "Il complesso monumentale di S. Pancrazio a Firenze", *Quaderni dell'Istituto di Storia dell'Architettura*, pp. 73-78
1999	Petrini, Gastone, "Firenze, la cappella del Santo Sepolcro in San Pancrazio: il cantiere di studio e di restauro", *'ANAGKH*, VII, n. 27-28, pp. 20-37
2002	Mele, Caterina, "Il Sacello del Santo Sepolcro nella Cappella Rucellai", in *Postgotico e Rinascimento*, a cura di G. Rocchi Coopmans de Yoldi, Firenze, pp. 209-231

《サンティッシマ・アンヌンツィアータ聖堂のロトンダ》

1879	Braghirolli, S., "Die Baugeschichte der Tribuna der S.S. Annunciata in Florenz", in *Repertorium für Kunstwissenschaft*, II, pp. 259-279
1930	Heydenreich, L. H., "Die Tribuna der S.S. Annunziata in Florenz", in *Mitteilungen des Kunsthistorischen Institutes in Florenz*, III, pp. 268-295
1971	Roselli, P., *Coro e Cupola della S.S. Annunziata a Firenze*, Pisa
1973	Id., *Rilievo della tribuna e Coro della S.S. Annunziata*, Pisa
1980	Carpeggiani, P., "La fortuna di un mito: artisti e modelli fiorentini nell'architettura mantovana dell'Umanesimo (e nuovi documenti per la Tribuna dell'Annunziata)", in AA.VV., *Filippo Brunelleschi. La sua opera e il suo tempo, Atti del Congresso Internazionale del 16-22, ottobre 1977*, 2 voll., Firenze, pp. 829-837
1981	Brown, B. L., "The patronage and building history of the Tribuna of S.S. Annunciata in Florence: a reappraisal in light of new documentation" in *Mitteilungen des Kunsthistorischen Institutes in Florenz*, 25, pp. 59-146
1994	Tavernor, Robert, "I Gonzaga committenti del progetto albertiani per San Sebastiano e Sant'Andrea a Mantova e per la tribuna della Santissima Annunziata a Firenze", in Joseph Rykwert e Anne Engel (a cura di), *Leon Battista Alberti* (catalogo della mostra a Mantova), Milano e Ivrea, pp. 382-391
2005	Morolli, Gabriele, "Il 'tondo' dell'Annunziata : Michelozzo, Manetti, Alberti e Salomone", in *Santissima Annunziata*, a cura di Timothy Verdon, Firenze, 2005, pp. 77-119

《サン・マルティノ・ア・ガンガランディ聖堂》

1895	Carrocci, G., *Il Comune di Lastra a Signa*, Firenze, p. 10 sgg.

1972	Moretti, L., e Pica, A., *Celebrazioni di Leon Battista Alberti 1404-1472, Mostra documentaria*, Roma, p. 22 sgg.
1975	Spallanzani, M., "L'abside dell'Alberti a San Martino a Gangalandi", in *Mitteilungen des Kunsthistorischen Institutes in Florenz*, 19, pp. 241-250
2001	Morolli, Gabriele, "San Martino a Gangalandi: tra un Brunelleschi apocrifo e un Alberti postumo", in *San Martino a Gangalandi*, a cura di R. Caterina Proto Pisani e G. Romagnoli, Firenze, pp. 25-50
2001	Proto Pisani, Rosanna Caterina & Romagnoli, Gioia, *San Martino a Gangalandi*, Firenze

《アルベルティとウルビーノ》

1724	Baldi, B., *Vita e fatti di Federico da Montefeltro*, Roma
1945	Salmi, Mario, *Piero della Francesca e il Palazzo Ducale di Urbino*, Firenze, p. 38 sgg.
1948	Krautheimer, R., "The tragic and comic scene of the Renaissance", in *Gazette des Beaux-Arts*, ser. 6, XXXIII, pp. 327-346
1950	Rotondi, P., *Il Palazzo Ducale di Urbino*, 2 vols., Urbino
1951	Zambetti, P., *Il Palazzo Ducale di Urbino*, Roma
1958	Michelini Tocci, L., "I due manoscritti urbinati dei privilegi dei Montefeltro con un'appendice lauranesca" in *La Bibliofila*, LX, pp. 206-257
1958	Marchini, G., "Il Palazzo Ducale di Urbino", in *Rinascimento*, IX, p. 43 sgg.
1959	Franceschini, G., *Figure del Rinascimento urbinate*, Urbino
1967	Heydenreich, L. H., "Federico da Montefeltro as a Building Patron", in *Studies in Renaissance and Baroque Art presented to Anthony Blunt*, London, p. 1 sgg.
1971	Saalman, H., "The Ducal Palace of Urbino", in *The Burlington Magazine*, n. 814, pp. 46-51
1974	Heydenreich, L. H., "Urbino", in Heydenrich & Lotz, *Architecture in Italy, 1400-1600*, Harmondsworth, pp. 71-79
1974	Chastel, André, "Les vues urbaine peintes et le théâtre", in *Bollettino del Centro Internazionale di Studi di Architettura Andrea Palladio*, XVI, pp. 141-154
1978	Bruschi, A., "Nota introduttiva a Federico da Montefeltro. Patente a Luciano Laurana" in Scritti rinascimentali di architettura, Milano, pp. 1-17
1991	Morolli, G., "Umanesimo fiorentino e trattatistica architettonica", in *Lorenzo il Magnifico e gli spazi dell'arte*, a cura di F. Borsi, Firenze
1993	Fiore, Francesco Paolo, "Il Palazzo Ducale di Urbino", in M. Tafuri & F. P. Fiore (a cura di), *Francesco di Giorgio architetto* (catalogo di Mostra), Milano, pp.

164-189
1994　　Krautheimer, R., "Le tavole di Urbino, Berlino e Baltimora riesaminato", in Millon, H. & Lampugnani, V. Magnago (a cura di), *Rinascimento da Brunelleschi a Michelangelo. La rappresentazione dell' architettura*, (catalogo della mostra a Venezia), Milano, p. 233 sgg.
1994　　Tönnesmann, A., "Le Palais ducale d'Urbino. Humanisme et réalité sociale", in J. Guillaume (ed.), *Architecture et vie sociale*, Paris, pp. 137-153
1995　　Tönnesmann, A., "Il Palazzo Ducale di Urbino: economia e committenza", in Esch, A. & Frommel, C. L. (a cura di), *Arte, committenza ed economia a Roma e nelle corti del Rinascimento (1420-1530)*, Torino, pp. 399-411
1996　　Cieri Via, C. (a cura di). *Città e Corte nell'Italia di Piero della Francesca, Atti Conv. Intern. di Studi Urbino, 4-7 ottobre 1992*, Venezia

　　──Bruschi, Arnaldo, "Urbino. Architettura, pittura e il problema di Piero architetto", pp. 265-300

　　──Morolli, Gabriele, "Federico da Montefeltro e Salomone. Alberti, Piero e l' ordine architettonico dei principi-costruttori ritrovato", pp. 319-346

　　──Cleri, Bonita, "Fra' Carnevale e la cultura prospettica urbinate", pp. 347-358

1998　　Fiore, Francesco Paolo, "Siena e Urbino", in *Storia dell' architettura Italiana, Il Quattrocento*, Milano, pp. 288-313
2002　　Biermann, Hartmut, "War Leon Battista Alberti je in Urbino？", *Zeitschrift für Kunstgeschichte*, n° 65, pp. 493-521
2004　　De Zoppi, Giacomo, "La cappella del Perdono e il tempietto delle Muse nel Palazzo Ducale di Urbino. Analisi e proposta d'attribuzione a Francesco di Giorgio Martini" in *Annali di architettura*, n. 16, pp. 9-24
2008　　Bruschi, Arnaldo, "Luciano di Laurana. Chi era costui？ Laurana, Fra Carnevale, Alberti a Urbino: Un tentativo di revisione", in *Annali di Architettura*, n. 20, pp. 37-81

《マントヴァ》

1882　　Intra, G. B., *La Basilica di Sant'Andrea in Mantova*, Milano
1899　　Ritscher, E., *Die Kirche Sant'Andrea in Mantua*, Berlin
1904　　Fabriczy, C., "Die Baugeschichte von San Sebastiano in Mantua", in *Repertorium für Kunstwissenschaft*, XXVII, pp. 84-85
1932　　Schiavi, A., *Il restauro della chiesa di San Sebastiano di Leon Battista Alberti*, Mantova
1955　　Amadei, F., *Cronaca universale della città di Mantova*, vol. II, Mantova, p. 49 sgg.

1961	Hubala, Erich, "L. B. Albertis Langhaus von Sant'Andrea in Mantua" in *Festschrift für Kurt Behrendt*, p. 83 sgg.
1961	Krautheimer, R., "Alberti's Templum Etruscum", in *Münchener Jahrbuch der Bildenden Kunst*, 3, XII., pp. 65-72
1965	Muraro, M., "Mantegna e Alberti" in AA. VV., *Arte pensiero e cultura a Mantova nel primo Rinascimento in rapporto con la Toscana e con il Veneto, Atti del VI Convegno Internazionale di Studi sul Rinascimento, 1961*, Firenze, pp. 103-132
1965	Sanpaolesi, P., "Il tracciamento modulare armonico del Sant'Andrea in Mantova", *ibid.*, pp. 95-101
1971	Carpeggiani, P., "Luca Fancelli architetto civile nel contado Gonzaghesco", in *Arte Lombarda*, XVI, Milano, pp. 37-44
1972	Brown, C. M., "Luca Fancelli in Mantua", in *Mitteilungen des Kunsthistorischen Institutes in Florenz*, XVI, 2, pp. 153-166
1974	AA.VV., *Il Sant'Andrea di Mantova e Leon Battista Alberti, Atti del convegno di studi organizzato dalla Città di Mantova con la collaborazione dell'Accademia Virgiliana nei quinto centenario della basilica di Sant'Andrea e della morte dell'Alberti 1472-1972.*, Mantova
1975	Johnson, Eugene J., *S. Andrea in Mantua. The building History*, University Park-London
1977	Chambers, D. S., "Sant'Andrea at Mantua and Gonzaga Patronage" in *Journal of the Warburg and Courtauld Institutes*, 40, pp. 99-127
1979	Calzona, A., *Mantova città dell'Alberti. Il San Sebastiano: tomba, tempio, cosmo*, (*Quaderni di Storia dell'Arte*, 12), Parma
1979	Lamoreux, R. E., *Alberti's church of San Sebastiano in Mantua*, New York-London
1979	Rykwert, J. & Tavernor, Robert, "Church of S. Sebastiano in Mantua. A tentative restoration," in *AD Profiles*, Vol. 49, Nos. 5-6, pp. 86-95
1979	Vasić Vatovec, Corinna, *Luca Fancelli-architetto. Epistolario gonzaghesco*, Firenze
1981	Chambers, D., Martineau, J., ed., *Splendours of the Gonzaga* (catalogo della mostra, Victoria and Albert Museum), London
1985	Saalman, Howard, "Alberti's San Sebastiano in Mantua", in *Renaissance Studies in Honour of Craig Hugh Smyth*, Firenze, pp. 643-652
1989	Baldini, G., "L'oscuro linguaggio del tempio di S. Sebastiano in Mantova", *Mitteilungen des Kunsthistorischen Institutes in Florenz*, XXXIII, pp. 155-204
1992	Restani, Bruna, "Un'idea da Santarcangelo per il S. Sebastiano di Mantova: nuove ipotesi sulle architetture albertiane", *Studi romagnoli*, n°43, pp. 307-317
1992	Saalman, H., Volpi Ghirardini, L., Law, L., "Recent excavation under the

ombrellone of Sant'Andrea in Mantua: a preliminary report" in *Journal of the Society of Architectural Historians*, 51, pp. 357-376

1994 Rykwert, Joseph e Engel, Anne (a cura di), *Leon Battista Alberti* (catalogo della mostra a Mantova), Milano e Ivrea

1994 Calzona, A. & Ghirardini, Volpi, *Il San Sebastiano di Leon Battista Alberti*, Firenze

1997 Hollingsworth, Mary, "Alberti: A Courtier and his Patrons", in *La corte di Mantova nell'età di Andrea Mantegna 1450-1550, Atti Conv. Londra e Mantova, marzo 1992*, a cura di C. Mozzarelli, R. Oresko e L. Ventura, Roma, pp. 217-224

1997 Onians, John, "Leon Battista Alberti.The Problem of Personal and Urban Identity", *ibid.*, pp. 207-216

1998 Paolo Carpeggiani, Anna Maria Lorenzoni (cura di), *Carteggio di Luca Fancelli con Ludovico Federico e Francesco Gonzaga marchesi di Mantova*, Mantova

1999 Böckmann, Barbara, "Eine neue Sicht auf die Kirche San Sebastiano in Mantua : Albertis Urentwurf und seine Änderungen", *Mitteilungen des Kunsthistorischen Institutes in Florenz*, XLIII, pp. 606-627

2002 Volpi Ghirardini, Livio, "La presenza di Ludovico II Gonzaga nei cantieri delle chiese albertiane di San Sebastiano e di Sant'Andrea", in *Il Principe architetto, Atti del Convegno Internazionale (Mantova, 21-23 ottobre 1999)*, a cura di A. Calzona, F. P. Fiore, A.Tenenti, C. Vasoli, Firenze, pp. 279-296

2003 Bulgarelli, Massimo, "Alberti a Mantova : divagazioni intorno a Sant'Andrea", *Annali di architettura*, n°15, pp. 9-35

2003 Cantore, Flavia, "Leon Battista Alberti e Mantova : proposte architettoniche al tempo della Dieta", in *Il sogno di Pio II e il viaggio da Roma a Mantova*, Firenze, pp. 443-455

2005 Böckmann, Barbara, "Il San Sebastiano di Leon Battista Alberti a Mantova. Progetto originale e modifiche successive", *Arte Lombarda*, III, pp. 61-73

《アルベルティとヴィッラ・庭園・*Hypnerotomachia Poliphili*》

1951 Gombrich, E. H., "Hypnerotomachiana", in *Journal of the Warburg and Courtauld Institutes*, XIV, 1951, pp. 120-125

1963 Ackerman, J. S., "Sources of the Renaissance Villa", in *Studies in Western Art: Acts of the Twentieth International Congress of the History of Art*, 2 vols., Princeton, vol. 2, pp. 6-18 (retrieved in Ackerman, *Distance Ponts*, Cambridge, Mass., 1991, pp. 303-324)

1964 Pozzi, G. & Ciapponi, A. (a cura di), *Hypnerotomachia Poliphili*, 2 voll., Padova

385

1969/70	Foster, P., "Lorenzo de' Medici's Cascina at Poggio a Caiano", *Mitteilungen des Kunsthistorischen Institutes in Florenz*, XIV, pp. 47-66
1969	Heydenreich, L. H., "La villa: Genesi e sviluppi fino al Palladio", in *Bollettino del Centro Internazionale di Studi di Architettura Andrea Palladio*, XI, pp. 11-22
1969	Bierman, Hartmut, "Lo sviluppo della villa toscana sotto l'influenza umanistica della corte di Lorenzo il Magnifico", *ibidem*, pp. 36-46
1978	Bruschi, A., "Nota introduttiva" per Hypnerotomachia Poliphili, in Bruschi, A., a cura di, *Scrittori rinascimentali di architettura*, Milano, pp. 172-180
1979	Kent, F. W., "Lorenzo de' Medici's Acquisition of Poggio a Caiano in 1474; and an Early Reference to His Architectural Expertise", in *Journal of the Warburg and Courtauld Institutes*, XLII, pp. 250-257
1980	Calvesi, Maurizio, *Il sogno di Polifilo prenestino*, Roma (2° ediz., 1983)
1981	Silvestro, Bardazzi, *La Villa Medicea di Poggio a Caiano*, Prato
1982	Agriesti, Luciano, *Memoria, paesaggio, progetto: le Cascine di Tavola e la Villa medicea di Poggio a Caiano dall'analisi storica all'uso delle risorse*, Roma
1990	Ackerman, J. S., "The Early Villas of the Medici", in *The Villa. Form and Ideology of Country Houses*, Princeton, pp. 63-87
1992	Foster, Philip Ellis, *La Villa di Lorenzo de' Medici a Poggio a Caiano*, Poggio a Caiano
1997	Lefaivre, Liane, *Leon Battista Alberti's Hypnerotomachia Poliphili: reconsidering the architectural body in the early Renaissance*, Cambridge (Mass.)
2001	Anibarro, Miguel Angel, "L. B. Alberti y la invención del jardín clásico", *Goya*, 2001, pp. 3-14
2002	Miotto, Luciana, "Natura, campagna e paesaggio nella teoria albertiana dell'architettura", in *La campagna in città : letteratura e ideologia nel Rinascimento; scritti in onore di Michel Plaisance*, a cura di Giuditta Isotti Rosowsky, Firenze, Cesati, pp. 11-29
2004	Borsi, Stefano, "Francesco Colonna lettore e interprete di Leon Battista Alberti : il tempio di Venere Physizoa", *Storia dell'arte*, n°109, pp. 99-130
2004	Mazzini, Donata & Martini, Simone, *Villa Medici a Fiesole : Leon Battista Alberti e il prototipo di villa rinascimentale*, Firenze

索 引

* これらの項目は、本文と注、及びアルベルティの著作目録にあるものから選び出している。
参考文献目録のみに現れるものは対象としていない。

ア

アヴィニョン Avignon　　　47, 60, 62, 353, 354
アヴェッリ avelli　　　181, 182, 183, 188, 206
アウロラ Aurola　　　76, 91
アクート、ジョヴァンニ →ホゥクウッド
アグリッパ Agrippa, Marcus Vipsanius　　　225
アゴスティーノ・ディ・ドゥッチォ Agostino di Duccio　　　108, 113, 118, 122, 129, 130, 134, 360
脚付きアーチ stilted arch　　　123
アストロラーベ astrolabe　　　87
アッカーマン Ackerman, James S.
　　　281, 291, 292, 293, 295, 373, 385, 386
アッカデーミア・プラトニカ Accademia Platonica　　　19
アッカデーミア・ロマーナ →ラエトゥス
アックルージオ・ダ・バニョロ Accrusio da Bagnolo　　　58
アッシュルバニパル Ashurbanipal　　　264
アッシリア Assyria　　　263
アッチァイウオーリ Acciaiuoli, Donato　　　70, 89
アッピア街道 →ローマ
アド・クァドラトゥム ad quadratum
　　　152, 162, 163, 175
アトリウム atrium
　　　161, 162, 274, 275, 291, 336
アネのシャトォ Château d' Anet　　　349
アペニン Appennini　　　35, 108, 360
アベラルドゥス Abaelardus, Petrus　　　27
アラゴン Aragon　　　22, 229
──アルフォンソ Alfonso d'Aragona
　　　229, 230, 231, 261, 262, 263, 359

──フェルディナンド一世 Ferdinando I d' Aragona　　　229
──ベアトリーチェ Beatrice d'Aragona　　　22
アラトリ Alatri, P.　　　264
アリオスト Ariosto, Ludovico　　　125
アリストクセノス、「ハルモニア原論」 Aristoxenus　　　114, 115, 133
アリストテレース Aristoteles　　　114, 115, 124
アルカディア Arcadia　　　277
アルガン Argan, Giulio Carlo
　　　83, 92, 93, 95, 370
アルキヌース Alcinous　　　233, 264
アルキビアデース Alcibiades　　　25
アルキメデース Alchimedes　　　343
アルクトゥールス Arcuturus　　　76
アルディーノ Aldino　　　296
アルディッツォーニ Ardizzoni, Pellegrino
　　　313, 334
アルド・マヌツィオ Aldo Manuzio
　　　41, 57, 287, 296
アルドブランディーニ Aldobrandini, Giovanni
　　　324, 325, 338
アルバニ (山塊) Monte Albani　　　139, 359, 369
アルビッツィ (家) Albizzi
　　　35, 36, 51, 55, 167, 355, 357
アルフォンソ (アラゴンの) →ナポリ王
アルベルガーティ Niccolò Albergati
　　　45, 47, 59, 356
アルベルティ Alberti
　　──アルベルティ家紋章　　　34, 35, 36, 325
　　──アルベルティ商会　　　35, 37, 50, 53
　　──トッレ・デリ・アルベルティ Torre degli Alberti　　　35, 327

387

──アドヴァルド Adovardo　　　25
──アルベルト Alberto（カメリーノ司教・
　枢機卿）　　40, 47, 52, 59, 90, 125, 358
──アントーニオ Antonio　　　36, 52
──カルロ Carlo（バッティスタの兄）
　　　36, 38, 40, 52, 60, 355, 365, 366, 367
──ジャンノッツォ Giannozzo　　144, 273
──ジョヴァンニ・ディ・アルトビアンコ
　Giovanni di Francesco di Altobianco
　　　　　　　　　　　　　　327, 339
──ニッコロ Niccolò（バッティスタの曾祖
　父）　　　　　　　　　　　36, 50, 273
──ピエロ Piero di Bartolomeo　　53
──ベネデット Benedetto（バッティスタの
　祖父）　　　36, 50, 51, 60, 273, 353, 354
──ベネデット Benedetto（バッティスタの
　甥）　　　　　　　　　　　　　　60
──ベルナルド Bernardo（バッティスタの
　またいとこ）　　　　　　139, 156, 327
──ヤーコポ Jacopo　　　　　　35, 36
──リッチァルディ Ricciardi（Riccardi バ
　ッティスタの伯父）
　　　　　　　37, 40, 52, 53, 156, 354, 355
──レオナルド Leonardo fu Nerozzo　59
──ロレンツォ Lorenzo（バッティスタの
　父）　　36, 37, 38, 39, 40, 41, 52, 53, 54,
　　　　　　　　　156, 161, 273, 354, 355
──レオン・バッティスタ Leon Battista
　──生母ビアンカ・フィエスキ Bianca
　　Fieschi　　　　　　37, 50, 52, 53, 354
　──継母マルゲリータ・ベニーニ
　　Margherita Begnini　　　37, 53, 354
　──Leon の名の由来
　　　　　　　　　　　13-15, 20, 28, 29, 30
　──肖像　　　　　　　　　14, 16, 130
　──Certame coronario
　　　　　　　　23, 26, 30-75, 90, 339, 359, 365
　──著作
　　──《フィロドクセオス》Philodoxeos
　　　　　　　　　　41, 56, 88, 356, 364, 365

　　──《文学の利益と不利益》De commodis
　　　literarum atque incommodis
　　　　　　　　　　　43, 58, 356, 365
　　──《エカトンフィレア》Ecatonfilea
　　　　　　　　　　107, 128, 356, 365
　　──《聖ポティトゥス伝》Vita Sancti
　　　Potiti　　　　　　49, 62, 357, 365
　　──《フィロドクセオス注釈》
　　　Commentarium Philodoxo fabulae
　　　　　　　　　41, 56, 100, 356, 365
　　──《家族論》Della famiglia　　9, 10,
　　　15, 16, 25, 26, 28, 35, 39, 49, 50, 52,
　　　53, 67, 73, 141, 144, 161, 201, 273,
　　　　　　　　　　　　　　357, 365
　　──《絵画論》De pictura（it. Della
　　　pittura）　7, 19, 24, 59, 71, 75, 77,
　　　78, 79, 80, 83, 91, 93, 254, 301, 326,
　　　　　　　　　　339, 357, 358, 365
　　──《絵画の初程》Elementi di pittura
　　　（lat. Elementa picturae）　　91, 365
　　──《恋愛論》De amore　　　　365
　　──《ソフローナ》Sofrona　61, 358, 365
　　──《法について》De iure　161, 358, 365
　　──《食間対話集》Intercoenales　73, 366
　　──《ヴィッラ》Villa　73, 273, 358, 366
　　──《蠅》Musca　23, 73, 359, 365, 366
　　──《犬》Canis　53, 73, 91, 205, 359, 366
　　──《テオゲニウス》Theogenius
　　　　　　　　56, 73, 99, 100, 217, 358, 366
　　──《苦悩からの脱却》Profugiorum ab
　　　Ærumna　　12, 18, 19, 27, 73, 87, 91,
　　　　　　　　　　　92, 217, 359, 366
　　──《生気溢れる馬について》De equo
　　　animante　73, 99, 100, 101, 102, 124,
　　　　　　　　　　　　126, 359, 367
　　──《モムス》Momus　　17-18, 30, 31,
　　　32, 55, 141, 144, 145, 151, 159, 217,
　　　　　　　　　263, 290, 346, 360, 367
　　── De lunurarum quadratura
　　　　　　　　　　　　71, 360, 367

—《都市ローマ記》 *Descriptio Urbis Romae* **67-70**, 86, 87, 89, 360, 367
—《聖職者論》*Pontifex* 358, 366
—《数学遊戯》*Ludi rerum mathematicarum* 68, 71, 88, 124, 137, 360, 367
—《彫刻論》*De statua* 7, 24, 68, 71, 72, 88, 89, 93, 116, 132, 161, 187, 367
— *De re aedificatoria* (Orlandi 校注本への言及を含む) 5-9, 11, 17, 21, 22, 23, 24, 25, 27, 29, 31, 45, 59, 69, 71, 75, 78, 83, 87, 92, 105, 115, 116, 127, 133, **135-164**, 172, 174, 175, 187, 202, 204, 208, 219, 221, 224, 225, 227, 229, 241, 252, 254, 255, 257, 259, 260, 263, 264, 274, 276, 284, 287, 289, 293, 295, 318, 321, 336, 343, 345, 346, 347, 348, 359, 360, 363, 367-374
—写本 4, 6, 22, 23, 24, 91, 136, 138, 155, 156
—カウシディカ *causidica* 160
—コンキンニタス *concinnitas* 132, 143, **149-153**, 155, 161, 163, 181, 182, 189, 191, 208, 286, 321, 322, 344, 345, 346
—サルコファグス *sarcofagus* 24
—シヌス *sinus* 275, 291
—フィニティオ *finitio* 149, 321
—リネアメントゥム *lineamentum* 7, 23, 143, **147-150**, 320, 321, 322, 343, 344, 346, 349
—《ポルカリの謀叛》*De Porcaria coniuratione* 217, 218, 256, 361, 368
—《レオノーラとイッポリトの恋物語》*Istorietta amorosa fra Leonora de' Bardi e Ippolito Bondelmonti* 42, 57, 362, 368
—《記号 (or 暗号) 論》*De compendis*

cifris 134, 298, 362, 368
—*De Iciarchia* 51, 75, 91, 362, 368
—*Anuli* 31, 369
—*Aeraria* 369
—*De motibus ponderis* 139, 369
—*Defunctus* 365, 369
—*Epistola Consolatoria* 369
—*Navis* 139, 369
—*Naufragus* 368
—*Passer* 359, 369
—*Quid conferat architectus in negotio* 349, 369
—遺言書 325, 326, 292, 333
—自 伝 *Vita anonima di Leon Battista Alberti* 21, 26, 38, 39, 43, 49, 54, 55, 56, 62, 76, 83, 159, 273, 369
—《建築の五つのオーダー》*I cinque ordini dell'architettura* 164, 369
—建築作品
—サン・パンクラツィオ聖堂ルチェッライ家礼拝堂・聖墳墓 →フィレンツェ
—サン・マルティノ・ア・ガンガランディ聖堂アプス →フィレンツェ
—サンティッシマ・アンヌンツィアータ聖堂のロトンダ →フィレンツェ
—パラッツォ・ルチェッライ →フィレンツェ
—ロッジア・ルチェッライ →フィレンツェ
—アルコ・デル・カヴァッロ →フェッラーラ
—サン・セバスティアーノ聖堂 →マントヴァ
—サンタンドレア聖堂 →マントヴァ
—テムピオ・マラテスティアーノ →リミニ
—浴場計画案 148, 163, 246, 314
アレッツォ Arezzo 36

アレマン（アルル大司教）Tommaso Aleman
　　　　　　　　　　　　　　45, 356
アンギアリの戦い La Battaglia di Anghiari
　　　　　　　　　　　　　　73, 358
アンコーナ Ancona　　　　　　131
アンジュー（家）Anjou　　　　229
——シャルル・ダンジュー Charles d'Anjou
　　　　　　　　　　　　　　　61
——ルネ・ダンジュー René d'Anjou
　　　　　　　　　　　　229, 359
アントーニオ・ディ・ヴィンチェンツォ
　Antonio di Vincenzo　　　　58
アントーニオ・ディ・クリストフォロ
　Antonio di Cristoforo　　101, 126
「アントーニオ・ビッリの書」Libro di Antonio
　Billi　　　　　　　　　170, 178
アンドレア・デッラクイラ Andrea dell'Aquilla
　　　　　　　　　　　　　　262
アンドレア・デル・カスターニョ Andrea del
　Castagno　　　82-84, 94, 126, 355, 360
アントロポモルフィズム anthoropomorphism
　　　　　　　　　　72, 161, 242, 248

イ

イートン・カレッジ Eaton College
　　　　　　　　　　　　137, 155, 156
イェルサレム Jerusalem
　　　　　　　　　191, 192, 193, 197, 228
イオレ Iole　　　　　234, 235, 266, 267
怒りの日 Dies irae　　　　　15, 16, 30
イコノロジィ iconology　　　　220
イザィア・ディ・ピサ Isaia di Pisa　263
イシドールス Isidorus Hispaniensis　161
イストリア Istoria　　60, 103, 131, 230
イゾッタ・デリ・アッティ Isotta degli Atti
　　　107, 108, 109, 112, 113, 118, 120, 128, 130
イタリア式柱頭 capitulum italicus
　　　　　　　　　　　　127, 154, 164
五つのオーダー →オーダー
インプレーザ impresa

　　　　　　　　10, 13, 121, 142, 260, 369

ウ

ヴァールブルク Warburg, Abby　　16
ヴァザーリ、ジョルジォ Vasari, Giorgio
　　50, 51, 60, 81, 92, 94, 126, 134, 167, 178, 179,
　　181, 182, 193, 201, 203, 205, 206, 209, 213,
　　216, 217, 219, 221, 223, 228, 235, 236, 255,
　　258, 259, 260, 261, 262, 263, 266, 267, 268,
　　279, 280, 282, 283, 293, 294, 324, 325, 331,
　　　　　　　　　　　　　　339, 361
ヴァシッチ・ヴァトヴェチ Vasić Vatovec,
　Corinna　　328, 329, 330, 331, 333, 334, 335,
　　　　　　　　　　　　　　336, 338, 384
ウァッロ、「農学書」Varro, M. Terentius, De re
　rustica　　　　　　　　　　　24
ヴァティカン →ローマ
ヴァニェッティ Vagnetti, L.　69, 70, 87, 89, 374
ヴァラディエ Valadier, Giuseppe　　268
ヴァリエタス varietas　　　80, 92, 371
ヴァルトゥリオ Valturio, Roberto
　　　　　107, 118, 122, 127, 128, 129, 132, 134
ヴァン・エック Van Eck, Caroline　25, 373
ヴィーン、アルベルティーナ Albertina, Wien
　　　　　　　　　　　　　　220, 293
ヴィジェーヴァノ、ラ・スフォルツェスカ
　Vigèvano, La Sforzesca　　　276, 292
ヴィスコンティ家 Visconti　54, 56, 90, 358
——フィリッポ・マリーア Filippo Maria
　　　　　　　　　　　　　　　54
ヴィチェンツァ Vicenza　　112, 132, 312
——バジリカ Basilica　　　　112, 132
ウィットコウアー Wittkower, Rudolf
　22, 27, 114, 132, 163, 183, 186, 187, 191, 206,
　207, 208, 312, 313, 314, 315, 334, 338, 371
ヴィットリーノ・ダ・フェルトレ Vittorino da
　Feltre　　　　　　　　54, 265, 301
ヴィデッタ Videtta, Antonio
　　　　　　　　　124, 125, 126, 127, 367, 377
ウィトルウィウス Vitruvius　5, 6, 21,

索引

72, 78, 92, 114, 115, 123, 133, 134, 142, 143,
144, 145, 149, 150, 152, 153, 154, 156, 160,
161, 162, 164, 188, 189, 204, 208, 219, 242,
248, 249, 254, 269, 274, 291, 293, 303, 313,
330, 336, 343, 347, 348, 350, 355, 363
ウィ[ェ]リギリウス Vi[e]rgilius
16, 30, 264, 282, 301, 303, 304, 329, 330
ウィルトゥス（女神）Virtus（Virtù） 17, 263
ウィント Wind, Edgar 16, 30
ウェーバー、マクス Weber, Max 26
ウェストフォール Westfall, Caroll William
217, 256, 374
ヴェスパシアーノ・ディ・ビスティッチ
Vespasiano di Bisticci 86, 87, 264
ウェヌスタス venustas 143, 144, 151
ヴェネツィア Venezia 23, 26, 30, 37, 38,
40, 41, 44, 49, 53, 55, 59, 86, 109, 126, 127,
129, 131, 161, 163, 230, 236, 243, 262, 265,
267, 287, 296, 297, 327, 350, 355, 357, 358
——コッレオーニ騎馬像 126
——サン・バルナバ聖堂 S. Barnaba 53
——フォンダメンタ・アルベルティ
Fondamenta Alberti 53
——サンティ・ジョヴァンニ・エ・パオロ
修道院 SS. Giovanni e Paolo 296
——サン・マルコ図書館 Biblioteca Nazionale
Marciana 23
——ドルソドゥーロ地区 Dorsoduro 53
ヴェネト（地方・方言）Veneto 37, 39, 54, 297
ヴェリーノ、ミケーレ Verino, Michele 293
ヴェローナ Verona 14, 103, 104, 110, 131,
270, 350
——ヴェローナ産大理石 103, 104, 110, 131
ヴェッロッキオ Verrocchio, Andrea del
126, 358
ヴェントゥーリ Venturi, Adolfo
104, 127, 376, 380
ヴォルガーレ（トスカーナ方言）volgare
23, 24, 27, 67, 73, 74, 75, 79, 84, 90, 91, 359,
366

ヴォルピ・ギラルディーニ Volpi Ghirardini,
Livio 336, 338, 373, 384, 385
ウッチェッロ Uccello, Paolo 94, 126, 353, 358
ウティリタス utilitas 143, 144, 145, 151, 153
ウテンス Utens, Giusto 272, 277, 278, 279
ウバルディーニ Ubaldini, Ottaviano degli
236, 267, 269
ウルビーノ Urbino 22, 75, 86, 128, **232-
255**, 264, 265, 266, 267, 268, 269, 270, 302,
328, 345, 359, 361, 362, 363, **382-383**
——カステッラーレ Castellare 234, 235
——サン・ドメニコ聖堂 S. Domenico
234, 235, 266
——サン・ベルナルディーノ修道院
Convento degli S. Bernardino Zoccolanti
244-248, 268, 269, 363
——サンタ・キアラ修道院 Convento di S.
Chiara 234, 252
——パラッツォ・ディ・イオレ Palazzo di
Iore 234
——パラッツォ・デッラ・ウニヴェルシタ
Palazzo della Università 235
——パラッツォ・ドゥカーレ Palazzo Ducale
233-244, 246, 249, 252, 266, 268, 269,
361, 362
——イオレの広間（パラッツォ・ディ・
イオレ）Salone della Iore（Palazzo di
Iore） 234, 235, 266
——カペッラ・デル・ペルドーノ
Cappella del Perdono
243-244, 246, 268-269, 383
——ストゥディオーロ Studiolo
243, 251, 268
——トッリチーニ Torricini
238-239, 242, 243, 268
——屋上庭園 Giardino Pensile 268
——玉座の間 Salone del Trono 251, 252
——中庭（コルティレ・ドノーレ）Cortile d'
Onore **239-241**, 268
——ピアッツァ・デッラ・レプッブリカ

391

Piazza della Repubblica　　　　234
──ピアッツァ・デル・ドゥカ・フェデリ
　ーコ Piazza del Duca Federico　239, 268
──ピアッツァ・デル・リナシメント
　　Piazza del Rinascimento　　235
──メルカテレ Mercatele　　234, 268
──厩舎 Data　　　　　　　234, 268
──大聖堂　　　　　　　　234, 268
──国立マルケ美術館
　　──「理想都市の図」Città ideale
　　　　　249-255, 265, 269, 270, 345
　　──ピエロ・デッラ・フランチェスカ「キ
　　　リストの鞭打ち」Flagellazione　266
ウルビーノ公（モンテフェルトロ家）
　　　　　　　　　22, 232, 361, 362
──オダントーニオ Odantonio　　265
──グイダントーニオ Guidantonio
　　　　　　　　　264-265, 266, 267
──フェデリーコ・ダ・モンテフェルトロ
　　Federic[g]o da Montefeltro
　　22, 86, 232, 233, 235, 236, 237, 238, 239,
　　241, 243, 244, 252, **264-267**, 268, 269, 328,
　　　　　　　　　　　　　　361, 362
ウンケオラエ unceorae　　　　　　89

エ
エウリュトミア eurythmia　　143, 149
エクセンペダ exenpeda　　72, 88, 89, 187
エクフラシス ecphrasis　　　　　　21
エステ家 Este（フェッラーラの領主）
　　　　　　　　6, 54, 125, 127, 358
　──ニッコロ三世 Niccolò III（侯爵）
　　100, 101, 102, 104, 124, 125, 126, 359
　──レオネッロ Le[i]onello（侯爵）
　　　56, 73, 88, 99, 100, 101, 105, 124, 125,
　　　137, 142, 155, 358, 359, 365, 366, 367
　──ボルソ Borso（初代公爵）
　　　100, 101, 104, 105, 125, 126, 230, 262, 377
　──エルコレ一世 Ercole I（公爵）
　　　　　　　　　　100, 103, 105, 125

──ウーゴ Ugo　　　　　　　　124
──メリアドゥーセ Meriaduse
　　　　88, 100, 105, 124, 137, 155, 367
エトルスクム・サクルム Etruscum sacrum →
　　マントヴァ、サンタンドレア聖堂
エトルリア Etruria　　　　154, 336
エラスムス Erasmus von Rotterdam　296
エルメティズモ Ermetismo
　　　　　　　18, 19, 31, 205, 287

オ
オウィディウス Ovidius
　　　　　　282, 285, 286, 287, 295
オーダー order
　　12, 154, 164, 174, 347, 348, 349, 369
──イオニア式
　　　95, 143, 153, 154, 174, 176, 281
──イタリア式（コムポジット式）
　　　　103, 126, 127, 154, 155, 164
──コリント式
　　127, 143, 154, 174, 176, 182, 183, 195, 325
──ドーリス式　　143, 154, 174, 182
──トスカーナ式
　　　　　143, 154, 174, 176, 281, 336
──五つのオーダー　　　　154, 348
オクスフォード、ボドレィアン・ライブラリ
　イ Oxford, Bodleian Library　　71
オスティア Ostia　　　　　　　　49
オデュッセウス Odysseus　　　　264
オノフリオ・ディ・ジョルダーノ Onofrio di
　Giordano　　　　　　　　　262
オプス・レティクラトゥム opus reticulatum
　　　　　　　　　172, 173, 204
オムブレッローネ →マントヴァ、サンタン
　ドレア聖堂
オムブローネ川 Ombrone　　277, 279
オランジュ Orange　　　　307, 308
オリオン Orion　　　　　　　76, 91
オルシーニ（家）Orsini　　　48, 62
オルシーニ Orsini, L.　　　　　377

索 引

オルランディ Orlandi, Giovanni　22, 24, 29, 87, 89, 156, 157, 160, 161, 162, 163, 164, 202, 204, 208, 258, 260, 291, 292, 295, 336, 348, 367, 368, 372, 374
音楽　5, 24, 38, 39, 52, 106, 114, 132, 273, 343

カ

凱旋門　65, 100, 102, 109, 110, 114, 116, 117, 121, 127, 131, 132, 143, 219, 229, 230, 253, 261, 262, 263, 307, 308, 319, 320, 321, 332
カウシディカ causidica →アルベルティ、*De re aedificatoria*
カヴリアーナ Cavriana　303, 329
カエキリア・メテッラ Caecilia Metella　65, 85
カエキリウス Caecilius, Caius　204
カエサル Caesar, Julius　85, 262
カスティリオーネ Castiglione, Baldassare　236, 237, 252, 270
仮装（仮面）　76, 141, 145, 146, 147, 158, 172, 345, 348
カタスト catasto　168
ガッディ、タッデオ Gaddi, Taddeo　51
カテナイア Catenaia　35
カノッサ、ルドヴィーコ Canossa, Ludovico　270
カノッサ家 Canossa　328
──マティルデ・ディ・カノッサ Matilde di C.　301, 328
カプラ capra　258
ガボール Hajinoczi, Gabor　30
カマードリ Camaldori　232
カマードリ修道会 ordine Camaldorese　353
カムパーニア地方 Campania　157, 231
カムピドリオ（カピトリウム）→ローマ
カメラ・オッティカ camera ottica　77
カメラ・オブスクーラ camera obscura　77, 91
カメリーノ Camelino　52, 90, 358
カメルレンゴ camerlengo　231
カメレオン cameleon　9, 25, 141

カランドリア *Calandria*　252, 270
ガリン Garin, Eugenio　54, 158, 370
カルヴォ、ファビオ Calvo, Fabio　348, 350
カルキディクム chalcidicum　160
カルゾーナ Calzona, Arturo　329, 330, 331, 332, 333, 334, 378, 384, 385
ガルダ湖 Lago di Garda　301, 308, 329
ガルディ Galdi, Alfonso　332
カルヴェジ Calvesi, Maurizio　297, 386
カルペッジャーニ Carpeggiani, Paolo　328, 335, 381, 384, 385
カレッジ →フィレンツェ、近郊
カロリ、ジョヴァンニ Caroli, Giovanni di　181, 206
カロン Charon　141, 159
カンチェッレリア →教皇庁、尚書院

キ

喜劇用背景 scaenae comicae　249, 253
キケロ Cicero, Marcus Tullius　6, 8, 15, 16, 27, 30, 40, 54, 92, 264
ギベリン Ghibelin　51
ギベルティ、ロレンツォ Ghiberti, Lorenzo　7, 60, 72, 79, 353, 354, 355, 356, 358, 359
旧約聖書、列王記　ソロモンの神殿　21
教皇庁　31, 40, 46, 47, 49, 59, 60, 62, 65, 69, 72, 73, 74, 84, 90, 128, 216, 270, 309, 316, 357
──尚書院 Cancelleria　60, 61
──書記官 Abbreviatore apostolico　46, 49, 59, 60, 73, 74, 94, 128, 231, 309, 357
教皇
──アレクサンデル五世 Alexander V（Pietro Philarghi）　53, 354
──アレクサンデル六世 Alexander VI（Rodorigo Borgia）　363
──インノケンティウス八世 Innocentius VIII（Giovanni Battista Cybo）　363
──ウルバヌス四世 Urbanus IV（Jacques Pantaléon de Troyes）　61
──エウゲニウス四世 Eugenius IV（Gabriele

393

Condulmer)　　22, 31, 46, 48, 59, 60,
　　61, 72, 74, 90, 124, 128, 140, 157, 180, 217,
　　224, 227, 231, 259, 339, 356, 357, 358, 360
――カリストゥス三世 Callixtus III（Alfonso
　　Borgia）　　　　　　　　　　　361
――グレゴリウス一世 Gregorius I（聖グレ
　　ゴリウス）　　　　　　　　214, 259
――グレゴリウス十二世 Gregorius VII
　　（Angelo Correr）　　　　　53, 354
――シクストゥス四世 Sixtus IV（Francesco
　　della Rovere）　　　89, 265, 316, 362
――シクストゥス五世 Sixtus V（Felice
　　Peretti）　　　　　　　　　　　85
――ニコラス五世 Nicholas V（Tommaso
　　Parentucelli da Sarzana）　 31, 45, 59,
　　67, 86, 107, 108, 128, 130, 137, 140, 156,
　　203, 212, **213-229**, 255, 356, 360, 361, 367
――パウルス二世 Paulus II（Pietro Barbo）
　　　　30, 61, 125, 127, 199, 256, 309, 362
――ピウス二世 Pius II（Enea Silvio
　　Piccolomini）　　 42, 57, 61, 84, 119, 120,
　　127, 134, 203, 238, 263, 302, 303, 304,
　　　　　　　　　309, 329, 330, 361, 362
――マルティヌス五世 Martinus V（Oddone
　　Colonna）　　46, 48, 53, 54, 59, 60, 124,
　　　　　　　　　　　　157, 256, 355, 356
――ユリウス二世 Julius II（Giuliano della
　　Rovere）　　　　　　　 217, 265, 285
――対立教皇ヨハネス二十三世 anti-pope
　　Johannes XXIII（Baldassarre Cossa）
　　　　　　　　　　　　　 37, 53, 54, 354
京谷啓徳　　　　　　　　　 125, 262, 377
ギリシア（語・人）　 21, 24, 31, 55, 59, 72,
　　77, 86, 88, 90, 91, 112, 132, 133, 143, 154,
　　　　　　160, 264, 273, 294, 295, 296, 353
キルクス circus　　　　　　　　　　143

ク
クーポラ cupola　　 74, 93, 105, 106, 109,
　　122, 123, 130, 187, 196, 245, 248, 294, 306,

　　　　　　　　　　　　318, 325, 355, 357
グアスティ Guasti, C.　　　　　 264, 380
グアリーノ・ダ・ヴェローナ Guarino da
　　Verona　　　　　　　 54, 55, 124, 301
クイド・トゥム quid tum　 13, 14, 15, 19, 30
グィドッティ、アントーニオ Guidotti,
　　Antonio di Migliolino　　　　 178, 205
クイント・アクート quinto acuto　　 123
グヴォルダノヴィチ Gvordanovic, V.　262
グエルフ Guelf　　　　　　　　　　　51
クラウトハイマー Krautheimer, R.
　　156, 160, 228, 249, 251, 254, 260, 269, 270,
　　　　　　318, 337, 372, 382, 383, 384
グラッシ、アントーニオ Grassi, Antonio　327
グラッシ、ジョルジオ Grassi, Giorgio
　　　　　　　　　　　　　　　371, 375
クラッスス、マルクス・リキニウス Crassus,
　　Marcus Licinius　　　　　　　　　85
グラベール、ラウール Graber, Raoul　5, 21
グリジオーニ Grigioni, G.　　　 129, 377
クリソロラス、マヌエル Chrysoloras, Manuel
　　　　　　　　　　　　　　　 55, 353
グリッフィ、フランチェスコ Griffi[o],
　　Francesco　　　　　　　　　296, 297
クリプト crypt　　　　　　　　 306, 319
グリマルディ家 Grimaldi　　　　　　52
グレイソン Grayson, Cecyl　 27, 32, 56, 57,
　　61, 88, 91, 92, 95, 127, 155, 329, 333, 335, 339,
　　364, 365, 366, 367, 368, 369, 370, 372, 377
クレイナー Kleiner, Diana E. E.　　 293
グレゴロヴィウス Gregorovius, Ferdinand　62
クロス・ヴォールト（交差ヴォールト）cross
　　vault　　　　　113, 222, 259, 306, 307, 334
クロツ Klotz, Heinrich　　　　　 27, 373
グロッタ grotta　　　　　　　　 285, 286

ケ
ゲーベル Goebel, Gerhard　　　　　　25
ケール Kehl, Pia　　　　　　　 125, 377
劇場（舞台装置・背景）　 12, 65, 82, 114,

141, 143, 172, 180, 204, 214, 249, 252, 253, 254, 270, 343
ゲラストゥス Gelastus　　　　　　*159*
ゲラルド・ディ・プラト Gherardo di Prato　*52*
ケント Kent, F. W.　*205, 208, 209, 292, 379, 386*

コ

ゴシック Gothic　　*5, 22, 45, 80, 100, 109, 112, 113, 117, 171, 181, 182, 188, 197, 262, 266, 350*
コスマーティ cosmati　　　　　　　*80*
古代エジプト　　　　　　　*15, 29, 31*
コダニェッロ Codagnello, Paolo　*365, 366*
古典主義　　*6, 7, 10, 11, 20, 80, 116, 121, 146, 147, 151, 152, 153, 188, 219, 220, 238, 241, 248, 283, 344, 348*
コファリング coffering　　*85, 282, 294*
コムポジット式 →オーダー
コラ・ディ・リエンツォ Cola di Rienzo
62, 217
コリント式 →オーダー
コルヴィーノ、マッテア →ハンガリィ王
コルキュラ島 Corcyra　　　　　　*264*
コルシニャーノ →ピエンツァ
コルトナ Cortona　　　　　　　　*207*
ゴルニ Gorni, Guglielmo　　　　*16, 30*
コロッセオ →ローマ
コロンナ（家）Colonna
48, 49, 62, 157, 260, 356
――オッドーネ Oddone（教皇マルティヌス五世）→教皇
――フランチェスコ Francesco　　*297*
――プロスペーロ（枢機卿）cardinale Prospero
139, 157, 227, 255, 260, 297, 359
――ポムペオ（枢機卿）cardinale Pompeo
294
コロンニーネ Colonnine →フィレンツェ、トッレ・デリ・アルベルティ
コンカ concha　　　　　　　　　*325*

コンキリエ（貝殻細工）conchiglie　*285, 286*
コンキンニタス →アルベルティ、De re aedificatoria
コンクラーヴェ conclave　　　*214, 260*
コンコルド神殿 →ローマ、フォロ・ロマーノ
ゴンザーガ Gonzaga（地名）
310, 316, 333, 335
ゴンザーガ家 Gonzaga　*265, 301, 328*
――ジャン・フランチェスコ（初代侯爵）Gian Francesco　　*301, 316, 328*
――ルドヴィーコ（二代目侯爵）Ludovico
236, 252, 302-325, 328, 329, 330, 331, 332, 333, 334, 335, 336, 338, 339, 361, 362
――フェデリーコ（三代目侯爵）Federico
312, 317, 334, 336
――フランチェスコ（四代目侯爵）Francesco　　　　　　*262, 317*
――フランチェスコ枢機卿 cardinale Francesco
309, 311, 312, 329, 333, 336, 338
――グイド Guido　　　　　*316, 335*
コンスタンツ Konstanz　*48, 53, 54, 355*
コンスタンティノポリス（コンスタンティノープル）Constantinopolis　*21, 55, 361*
――アヤ・ソフィア大聖堂 Hagia Sophia
21
コンタリーノ Contarino, Rosario　*53, 366*
コンテ、ルチド Conte, Lucido　　*61*
ゴンファロニエーレ gonfaloniere　*51, 265*
ゴンブリッチ Gombrich, E. E.　*295, 385*

サ

ザーラ Zara　　　　　　　　　　*60*
ザールマン Saalman, Howard
163, 203, 257, 320, 328, 338, 382, 384
サイソン Syson, Luke　　　　　　*31*
サラマンカ Salamanca　　　　　　*56*
サルヴィ、ニコラ Salvi, Nicola　　*226*
サルコファグス →アルベルティ、De re aedificatoria

サルダナパルス Sardanapalus 233, 263
サルミ、マリオ Salmi, Mario
　　　　　　　　　　　　203, 266, 377, 382
サレルノ Salerno 30
サン・ジミニャーノ San Gimignano 201
サンガッロ（一族）I Sangallo 280, 293
——アントーニオ・ダ、イル・ヴェッキオ
　　Antonio da, il Vecchio 280
——アントーニオ・ダ、イル・ジョヴァネ
　　Antonio da, il Giovane 257, 280, 331
——ジュリアーノ・ダ Giuliano da（Giuliano di Gianberti） 190, 205, 208, 275, **279-285**, 292, 293, 294, 308, 359, 363
——サント・スピリト聖堂　聖器室 →フィレンツェ
——プラト、サンタ・マリーア・デッレ・カルチェリ聖堂 →プラト
——ポッジォ・ア・カイアーノ、ヴィッラ・メディチ →フィレンツェ
——ナポリの王宮計画案 284
——ジュリアーノ・デ・メディチのヴィッラ計画案 284
——バスティアーノ Bastiano da（detto il Aristotile） 293
——フランチェスコ Francesco 293
サンガッロ（地区）→フィレンツェ
サンソヴィーノ、アンドレア Sansovino, Andrea 293
サン・ドニ修道院聖堂 Abbeye de St-Denis 5, 22
サンパオレジ、ピエロ Sanpaolesi, Piero
　　　　　　　　　171, 202, 205, 378, 379, 384

シ
ジァルディーノ・セグレート giardino segreto 279, 282
ジュスト・ディ・コンティ Giusto de' Conti 128, 132
ジュリアーノ・ダ・マィアーノ Giuliano da Maiano 195, 261, 263

シェクスピア Shakespeare 57
シエナ Siena 55, 57, 119, 126, 128, 134, 241, 248, 268, 274, 280, 291, 293, 323, 336, 358, 359
——パラッツォ・プッブリコ Palazzo Pubblico 274, 291
——「タックイーノ・セネーゼ」 Taccuino senese（Biblioteca Comunale）
　　　　　　　　　　　　　　280, 281, 293
ジェナッツァーノ、ニンフェオ Ninfeo di Genazzano 294
ジェノヴァ Genova 33, 36, 37, 52, 53, 354
ジェンガ、ジロラモ Genga, Girolamo 268, 270
ジョヴァンニ・アントーニオ・ダレッツォ Giovanni Antonio d'Arezzo 308, 309, 331
ジョヴァンニ・ダ・パドヴァ Giovanni da Padova 308
ジョヴァンニ・ダ・ファノ Giovanni da Fano（G. di Bartolo Bettini） 122
ジョヴァンニ・ダ・フィジーノ Giovanni da Figino 308, 331
ジォットー Gitto di Bondone 19, 51
ジォルジ、フランチェスコ Giorgi, Francesco 163
ジォルジォ・ディ・セベニコ Giorgio di Sebenico 131, 267
視覚矯正 123
視錐 piramide visiva 95
シチリア Sicilia 263, 273
シャステル Chastel, André 251, 270, 382
ジャルツォンベック Jarzombeck, Mark 158, 370
シャルル・ダンジュー →アンジュー家
ジャンソン、ニコラス Jenson, Nicolas 296
宗教会議 31, 47, 48, 49, 72, 84, 126, 143, 301
——コンスタンツ 48, 53, 54, 355
——バーゼル 48, 90, 356
——ピサ 53, 354
——フィレンツェ 31, 72, 73, 74, 124, 126,

396

索引

　　　　　　　　　　　130, 137, 180, 358, 359
——フェッラーラ　　　29, 31, 49, 55, 59,
　　　　　　　　88, 90, 91, 100, 124, 130, 301, 358
——ボローニャ　　　　　　　　　　49, 90
——マントヴァ　　　302, 303, 304, 329, 361
十字軍　　　　　　　　126, 197, 216, 329
シュジェール Abbé Suger「献堂記」　5, 21-22
ジュネーヴ Genève　　　　　　　　　　36
シュムメトリア symmetria　　　　143, 149
ショエ Choay, Françoise　　　27, 85, 372
ジョスカン・デプレ Josquin Deprez　　125
ジョンソン Johnson, Eugene J.
　　　　　　　　　　318, 336, 337, 338, 384
神聖ローマ皇帝　　　　　47, 62, 130, 355
——シギスモンド Sigismond von Luxemburg
　　　　　　　　　　　　　　　　94, 327
——フリィトリヒ二世 Friedrich II　　294
——フリィトリヒ三世 Friedrich III　　125
新ピュタゴラス派　　　　　　　　　　115
人文主義（者）　　　5, 8, 10, 13, 18, 22, 23,
　　　24, 40, 41, 42, 43, 45, 47, 50, 54, 55, 61, 65,
　　　66, 68, 72, 84, 85, 89, 90, 94, 120, 124, 127,
　　　128, 138, 140, 146, 151, 152, 156, 157, 215,
　　　217, 238, 274, 276, 288, 296, 297, 345, 353,
　　　　　　　　　　　355, 356, 357, 360, 361

ス

スカリア Scaglia, Gustina　　　　　　86
スキアヴィ Schiavi, Andrea　　306, 332, 383
スキヴェノリア Schivenoglia　304, 318, 330
スキピオ・アフリカヌス Scipio Africanus
　　　　　　　　　　　　　　　　　119
ズッコリ Zuccoli, Noris　　315, 334, 338
ストロッツィ Strozzi
　　——アレッサンドロ Strozzi, Alessandro　86
　　——パッラ Strozzi, Palla
　　　　　　　55, 86, 167, 205, 258, 355, 357
スピネッリ Spinelli, Tommaso　　203, 257
スピネッロ Spinello Aretino　　　36, 37, 51
スフォルツァ（家）Sforza　　　　236, 265

——バッティスタ Battista（フェデリーコ・
　　ダ・モンテフェルトロの妃）　265, 269
——フランチェスコ・マリーア Francesco
　　Maria　　　　　　　　　　　　　126
——ルドヴィーコ・マリーア（イル・モーロ）
　　Ludovico Maria（detto il Moro）　276
スフォルツィンダ →フィラレーテ
スペンサー Spencer, J. R.　　　　　　202
スポレト、クリトゥムノの神殿 Spoleto,
　Tempio di Clitumno　　　244, 307, 332
スルピツィオ・ダ・ヴェロリ Sulpizio da
　Veroli, Giovanni　　　　　348, 350, 363

セ

盛期ルネサンス　　82, 220, 241, 257, 284, 363
聖アウグスティヌス　　　　　　　　　212
聖アンデレ（アンドレア）　　　　　　311
聖ヴィト　　　　　　　　　　　　　　311
聖グレゴリウス →教皇グレゴリウス一世
聖ゲオルギウス（ジョルジョ）　　　　126
聖シジスモンド
　　　　　　108, 109, 118, 119, 130, 230, 266, 360
聖セバスティアーノ　　　　　　　304, 311
聖ペテロ　　　　　　　　　　　　257, 311
聖ペトローニオ　　　　　　　　　　　58
聖ベネディクト　　　　　　　　　　　36
聖ポティトゥス　　　　　　49, 62, 357, 365
聖年 Giubileo　　　　130, 216, 218, 259, 360
ゼヴィ Zevi, Bruno
　　　　　　　　104, 127, 228, 261, 370, 376
ゼウクシス Zeuxis　　　　　　　　　343
ゼウス Zeus　　　　17, 18, 31, 106, 141, 159
セネカ Seneca　　　　　　　　　　　　6
ゼーノ、アポストロ Zeno, Apostolo　296, 297
セッティニャーノ →フィレンツェ、郊外
セルリアーナ serliana　　　　　　　　332
セルリオ Serlio, Sebastiano
　　　　　　44, 76, 164, 249, 253, 254, 269, 270, 348
僭主 tyrannus　　105, 143, 144, 219, 224, 239, 292
占星術、獅子座　　　　　　　　　　15, 29

397

ソ

ソクラテス Socrates　　　　　　233
ソッジア Soggia, Roberto　　315, 334, 338
ゾムバルト Sombart, Werner　　　26

タ

ダーティ、レオナルド Dati, Leonardo
　　　　　　　　　　72, 89, 298, 357
大分裂（教会）Scisma Occidentale
　　　　　　　　　　40, 47, 48, 353
タヴァーナー Tavernor, Robert　　29, 116,
　132, 200, 208, 209, 210, 331, 337, 368, 373,
　　　　　　　　　　　　　380, 381, 384
タヴォラ Tavola →フィレンツェ、郊外
タキトゥス Tacitus　　　　　　　8, 66
ダジャンクール D'Agincourt
　　　　　　　　　115, 193, 194, 209
脱構築（解体）déconstruction　174, 298
タッコラ Taccola, Mariano di Jacopo, detto il T.
　　　　　　　　　　　　　　　128
タックイーノ・セネーゼ →シエナ、市立図
　書館
タッセッリ Tasselli, Domenico　　222
タットル Tuttle, Richard I.　　　　58
ダッラクア Dall'Acqua, Marzio　　330
タフリ Tafuri, Manfredo　　86, 217, 218,
　　　　　220, 256, 257, 268, 372, 375, 382
騙し絵　　　　　　　　　　77, 83, 243
ダルマティア Dalmatia
　　　84, 131, 231, 235, 236, 238, 262, 267
タレントゥム Tarentum　　　　　133

チ

チャッケリ、アントーニオ・マネッティ
　Ciaccheri, Antonio Manetti
　　　　　　128, 205, 302, 323, 324, 329, 361
チェザリアーノ、チェーザレ Cesariano,
　Cesare　　　　　　　　347, 348, 350
チェスキ Ceschi, C.　　　　50, 52, 370
チェルターメ・コロナリオ Certame coronario
　→アルベルティ、レオン・バッティスタ
チオムピの叛乱 Tumulto dei Ciompi
　　　　　　　　　　　36, 50-51, 353
チッタデッラ Cittadella, N.　　126, 376
チリアコ・ダンコーナ Ciriaco d'Ancona
　　　84, 86, 88, 90, 157, 262, 280, 293

テ

デ・サンクティス De Sanctis, Francesco
　　　　　　　　　　　　　19, 32
デ・ゾッピ De Zoppi, Giacomo　268, 383
ディ・グラド Di Grado, Antonio　　55
ディ・バッティスタ Di Battista, Rosanna
　　　　　　　　　　　　　261, 376
ディアーナ（女神）Diana　　157, 158
ディアパゾン diapason　　　　　132
ディアペンテ diapente　　　　　132
ディジョン、サン・ベニーニュ修道院聖堂
　Dijon, St-Bénigne　　　　　　　5
ティスキエヴィッツ Tyszkiewicz, Maryla　203
ディスポシティオ dispositio　　　143
ティブール（地方）Tibur　　285, 295
ティブリオ tiburio　　　　　　295
デッツィ-バルデスキ Dezzi-Bardeschi, Marco
　　　　31, 182, 205, 206, 208, 379, 380, 381
デッラ・ロヴェーレ Della Rovere
　　　　　　　　　　　　　89, 265
——ジュリアーノ Giuliano →教皇ユリウス
　二世）
——ジョヴァンニ Giovanni（ウルビーノ公）
　　　　　　　　　　　　　　　265
——フランチェスコ Francesco →教皇シク
　ストゥス四世
テネンティ Tenenti, A.
　　　25, 26, 50, 52, 53, 161, 290, 365, 370, 385
テマンザ Temanza, Tommaso　　297
デミウルゴス demiurgos　　　248, 343
デューラー（「人体均衡論四書」）Dürer, Albrecht
　　　　　　　　　　　　　89, 362
テラコッタ terracotta　　282, 283, 293

索 引

ト
トゥキディデース Tucidides　　　　218
透視図法　7, 24, 71, 75, 76, 77, 78, 80, 82, 83,
　　　95, 180, 188, 250, 251, 266, 270, 326
ドゥブロヴニク（ラグーザ）Dubrovnik
　（Ragusa）　　　　　　　231, 235, 262
トスカーナ・ロマネスク　　　　188, 204
トスカーナ式神殿　　　　　143, 281, 336
トスカーナ大公 →メディチ
トスカーナ方言 volgare　23, 24, 27, 67, 73,
　　　　　74, 75, 79, 84, 90, 91, 359, 365, 366
ドナテッロ Donatello　　7, 10, 53, 60, 72, 79,
　　80, 81, 86, 92, 93, 94, 95, 118, 126, 129, 134,
　　154, 176, 203, 262, 266, 353, 354, 356, 357,
　　　　　　　　　　　　　　　　　358, 359
──弟シモーネ Simone（実在せず）　134
ドメニコ・ヴェネツィアーノ Domenico
　Veneziano　　　　　　　　　　94, 201
ドメニコ・ダ・ガイオーレ Domenico da
　Gaiole　　　　　　　　　　　205, 339
ドメニコ・ダ・コレッラ Domenico da Corella
　　　　　　　　　　　　　　　　　185
トラヴァティン travertine　　　　85, 295
トラヴェルサリ、アムブロジオ Traversari,
　Ambrogio　　61, 72, 87, 89, 90, 353, 357
トリオンフォ trionfo　229, 230, 231, 263, 289
ドリスコル Driscoll, E. R.　　　　　261
トリノ王立図書館 Torino, Biblioteca Reale
　（Cod. Torinese Saluzziano 148）　242, 244
トルコ　122, 126, 129, 132, 216, 228, 329, 361
トルボーロ Torbolo　　　　　　　　308
トレヴィーゾ Treviso　　　　　　　297
トレヴィザン枢機卿 Cardinal Trevisan
　　　　　　　　　　　　　231-232, 263
トレッピオ →フィレンツェ、近郊
トレンティーノ Tolentino　　　　　　40
トロメイ Tolomei, Claudio　　　　　350

ナ
ナウシカー Nausicāa　　　　　　　264

ナポリ Napoli
　　125, 229-232, 261, 262, 263, 265, 345
──カステル・ヌオヴォ Castel Nuovo
　219, **229-232**, 238, 239, 257, 261, 263, 267,
　　　　　　　　　　　　345, 359, 376
──ポッジョ・レアーレ Poggio Reale　268
──王宮計画案　　　　　　　283, 284
──王　　48, 55, 62, 127, 233, 235, 238, 265,
　　　　　　　　　　　　　283, 284, 359
──ラディスラオ Ladislao　　　　　53
──シャルル・ダンジュー Charles d' Anjou
　→アンジュー家
──ルネ・ダンジュー René d' Anjou →ア
　ンジュー家
──アルフォンソ Alfonso d' Aragona →ア
　ラゴン家
──フェルディナンド一世 Ferdinando I d'
　Aragona →アラゴン家
ナポレオン Napoleon　　　　　100, 209
ナルテクス narthex　　　　　　　　315

ニ
ニーム、メゾン・カレ博物館 Nîmes, Maison
　Carée　　　　　　　　　　　　　111
ニコリーニ Nicolini, Gianna Suitner　335
ニッコロ・ダ・トレンティーノ Niccolò da
　Tolentino　　　　　　　　　　　126
ニコロ Nicolò　　　　　　　　　　126
ニュクス（女神）Nyx　　　　　　　31
ニョリ、ドメニコ Gnoli, Domenico　　89
ニンフェウム（ニンフェオ）nympheum
　（ninfeo）　　　　　　　　　286, 294

ネ
ネオ・ゴシック Neo-Gothic　　　　　100
ネオプラトニズモ Neoplatonismo
　10, 13, 15, 18, 19, 42, 115, 118, 119, 121, 127,
　　　　132, 145, 146, 184, 277, 287, 295
ネミ湖 Lago di Nemi（Nemorensis）
　　　　　　　　　139, 156, 157, 359, 369

399

ノ

覗きからくり camera ottica　　　　　77
ノレ Nollet, J. A.　　　　　　　　　77

ハ

バーゼル Basel　　　　　48, 90, 157, 356
バート Badt, K.　　　　　　　　　　28
バーンズ、ハワード Burns, Howard
　25, 27, 111, 128, 129, 131, 132, 134, 149, 156,
　161, 162, 163, 204, 206, 209, 225, 245, 260,
　261, 269, 306, 310, 312, 313, 330, 332, 334,
　　　　　　　　　　335, 337, 371, 372
バイアー Beyer, Andreas　　　　　261
ハイデンライヒ Heydenreich, Ludwig
　110, 131, 234, 237, 259, 266, 267, 292, 318,
　　　　　　　　　337, 380, 381, 382, 386
パヴィア Pavia　　　　　　　　54, 236
パヴェージ Pavesi, Albertino　　　　332
パオリ、ミシェル Paoli, Michel　60, 364, 371
パオリーニ修道会 Ordine di S. Paolo Primo
　Eremita　　　　　　　　　　　228
パオロ・ロマーノ Paolo Romano　232, 263
バシーニ Basini, Basinio　　　122, 129, 132
──「ヘスペリス」Hesperis　　122, 129, 134
バジリカ basilica　　　　112, 126, 132, 143,
　　　　　　　160, 190, 258, 318, 326, 336, 359
パスクイーノ・ダ・モンテプルチアーノ
　Pasquino da Montepulciano　　　266
パストール Pastore, N.　　　　　　91
パダニタ padanità　　　　　　　　134
パチョリ、ルカ Pacioli, Luca
　　　　　　26, 199, 200, 209, 210, 247, 269
──「神聖比例」De divina proportione
　　　　　　　　　　　　199, 200, 209
バッサーニ Bassani, Claudio　　　　332
パッセリーニ Passerini, L.　　28, 158, 369
パッチアニ Pacciani, Riccardo　　　294
「パッツィの謀叛」Congiura di Pazzi　265
バッティスティ Battisti, Eugenio　93, 269
パッラーディオ Palladio, Andrea
　　　　　　　　55, 112, 132, 146, 248, 268, 307
パドヴァ Padova
　　　　　　18, 37, 40, 44, 55, 273, 301, 355, 357, 359
──「ガッタメラータ」騎馬像
　　　　　　　　　　　　126, 262, 359
──バジリカ・デル・サント Basilica del
　Santo　　　　　　　126, 326, 359
──パラッツォ・デッラ・ラジォーネ
　Palazzo della Ragione　　　　18, 19
──大学　　　　　　　　54, 55, 231
パドヴァ平原 Pianura padana　　　134
パノフスキィ Panofsky, Erwin　　22, 78
パノルミタ（アントーニオ・ベッカデッリ）
　Panolmita（Antonio Beccadelli, detto il P.）
　　　　　　40, 41, 42, 55, 57, 85, 355
──「ヘルマフロディトゥス」
　Hermaphroditus　　　　　　41, 55
バビロン、アポローン寝殿 Babylon　24
バフチーン Bachtin, Michael　　26, 27
ハムプトン・コート Hampton Court　262
パリ
──国立図書館 Paris, Bibliothèque Nationale
　　　　　　　　　29, 86, 122, 134
──サント・ジュヌヴィエーヴ図書館
　Bibliothèque Sainte-Geneviève　212
バルセロナ Barcelona　　　　　36, 262
バルツィッツァ Barzizza
──ガスパリーノ Gasparino
　　　　　　　40, 54, 55, 301, 355
──グイニフォルテ Guiniforte　　54
バルディ、ベネデット Baldi, Benedetto
　　　　　　　　　　　266, 268, 382
バルディ（家）Baldi　　　　　　57
バルディーニ Baldini, G.　　　331, 384
バルデージ（家）Baldesi　　　180, 181
バルディオリ Bardioli, Lorella　　　57
バルトリ、コージモ Bartoli, Cosimo
　　　　　　　　　23, 136, 153, 154
パルトローニ Paltroni, Pierantonio　265
バルバラ Barbara del Brandenburgo（ルドヴィ

ーコ・ゴンザーガの妃）　329, 330, 335, 336
バルバロ Barbaro
　——ダニエーレ Daniele　55
　——フランチェスコ Francesco　40, 55, 355
パルミエーリ、マッティア Palmièri, Mattia
　　137, 156, 219, 221, 222, 257, 327
パルミエリ、マッテオ Palmieri, Matteo　156
パレストリーナ（プラエネステ）Palestrina
　（Praeneste）　297
バレンシア Valencia　35
バレントゥチェッリ・ダ・サルザーナ、トム
　マーゾ →教皇ニコラス五世
バロウズ Burroughs, Charles　130, 156, 158,
　　218, 219, 227, 256, 257, 260, 261, 375
バロッチ Barocci, Ambrogio　243, 269
バロンチェッリ Baroncelli, Niccolò　101, 126
ハンガリィ Hungary　228
ハンガリィ王マッテア・コルヴィーノ
　Colvino, Mattea　6, 22, 23
パンテオン →ローマ
パンドルフィニ Pandolfini, Agnolo di Filippo
　　28, 366

ヒ

ビアロストツキ Bialostocki, Jan　160
ピーコ・デッラ・ミランドーラ Pico della
　Mirandola, Giovanni Francesco II　294
ビールマン Bierman, Hartmut
　　292, 373, 383, 386
ピエデ piede（pl. piedi）　133
ピエトラ・セレーナ pietra serena
　　182, 184, 185, 325
ピエトラ・フォルテ pietra forte　173
ピエトロ・ディ・ジュリアーノ Pietro di
　Giuliano　227
ピエトロ・ディ・マルティノ Pietro di
　Martino　231, 261, 262
ピエトロ・ディ・ヴィンチ Pietro di Vinci
　　338
ピエトロ・デル・トヴァリア Pietro del
　Tovaglia　338
ピエトロ・デル・マッサイオ Pietro del
　Massaio　64, 66, 86
ピエロ・デッラ・フランチェスカ Piero della
　Francesca　76, 107, 108, 131, 233, 243, 245,
　　249, 265, 269, 355, 360
ピエンツァ（コルシニャーノ）Pienza
　（Corsignano）　57, 170, 171, 172, 175, 203,
　　238, 330, 361
　——パラッツォ・ピッコローミニ Palazzo
　　Piccolomini　170, 171, 175, 203
ビオンド、フラヴィオ Biondo, Flavio
　　65, 68, 69, 73, 84, 85, 86, 88, 90, 157, 213,
　　228, 255, 261, 353
　——「ローマの復原」Roma instaurata
　　65, 84, 85, 157, 261
　——「イタリア図鑑」Italia illustrata　157
東ローマ　84, 90, 91, 216, 361
悲劇用背景 scaenae tragicae　249, 253
ピサ Pisa　49, 53, 156, 327, 354
ピサネッロ Pisanello（Antonio di Puccio
　Pisano）　28-29, 48, 100, 129, 301, 353
ビザンティン Byzantine
　　5, 21, 121, 123, 134, 234, 315
ピストイア Pistoia　277, 279, 327
ピッコローミニ、エネア・シルヴィオ →教
　皇ピウス二世
ピッチニーノ Piccinino, Niccolò　90, 265
ピッティ、ルカ Pitti, Luca　167, 179, 361
ピティリアーノ Pitigliano　134
ピニ Pini, Antonio Ivan　58
ピネッリ Pinelli, Antonio　270
「ヒュプネロトマキア・ポリフィリ」（ポリフ
　ィリウスの夢）Hypnerotomachia Poliphili
　　287-290, 295, 296, 297, 385, 386
ピュタゴラス（派）Pythagoras、「ハルモニア
　論」（調和音程理論）
　　71, 114, 115, 132, 152, 162, 163
比例　24, 71, 78, 88, 92, 103, 106, 114,
　　115, 116, 127, 131, 132, 133, 138, 143, 147,

149, 150, 151, 152, 154, 155, 162, 163, 171, 172, 174, 175, 185, 186, 187, 189, 191, 198, 200, 208, 225, 281, 286, 313, 348
ピッロッタ Pirrotta, Nino 24
ピント Pinto, John 227, 260
ピンホール・カメラ pin-hole camera (camera obscura) 77, 91

フ

ファーマ（女神）Fama 18
ファネッリ Fanelli, Giovanni 50
ファブリアーノ Fabriano 108, 216, 360
ファンチェッリ、ルカ Fancelli, Luca
　294, 302, 304-321, 328, 329, 330, 331, 332, 333, 334, 335, 336, 361, 362, 363, 384, 385
フィエスキ、ビアンカ Fieschi, Bianca →アルベルティ生母
フィエゾレ →フィレンツェ、近郊
フィエラヴァンテ Fi[o]eravante, Fieravante 59
フィオーレ Fiore, Francesco Paola
　25, 268, 328, 371, 375, 382, 383, 385
フィチーノ Ficino, Marsilio 19, 357
フィニティオ finitio →アルベルティ、De re aedificatoria
フィラレーテ Averlino, Antonio, detto il Filarete　6, 23, 154, 161, 163, 168, 176, 202, 204, 329, 354, 362
　――スフォルツィンダ Sforzinda 362
フィランデル Philander, Guillaume 348, 350
フィリベール・ド・ロルム Philibert de L'Orme 342, 346, 349
フィルミタス firmitas 143, 144
フィレルフォ Filelfo, Francesco
　31, 40, 55, 57, 59, 355
フィレンツェ Firenze 9, 23, 28, 31, 35, 36, 37, 39, 46, 49, 50, 52, 55, 57, 59, 60, 65, 70, **72-84**, 85, 86, 89, 90, 91, 101, 108, 124, 126, 128, 129, 130, 133, 137, 156, 161, **167-210**, 213, 215, 218, 221, 233, 235, 239, 256, 266, 267, 277, 280, 302, 305, 308, **323-326**, 327, 332, 334, 338, 339, 353, 354, 355, 356, 357, 358, 359, 363, 366
――ポポロ・グラッソ popolo grasso 51
――アルノ川 Arno 361
――ヴィーニャ通り Via della Vigna Nuova
　168, 177, 178, 193, 204, 359, 361
――ゴリ通り Via dei Gori 179
――スカラ通り Via della Scala 201
――スパダ通り Via della Spada
　193, 194, 202
――パルケッティ通り Via dei Parchetti
　168, 174
――フェデリギ通り Via dei Federighi
　193, 194
――プルガトリオ通り Via del Purgatorio
　177
――ベンチ通り、トッレ・デリ・アルベルティ Via dei Benci, Torre degli Alberti ("Colonnine") 35, 326-327
――サンタ・クローチェ地区 Borgo [Isola di] S. Croce 35, 50
――洗礼堂 Battistero
　53, 175, 188, 354, 355, 356
――大聖堂 Duomo 23, 26, 28, 45, 58, 73, 74, 93, 123, 126, 128, 158, 187, 328, 334, 355, 357, 358, 359, 360, 365, 366
――サンタポローニア修道院食堂 82, 360
――サン・パンクラツィオ聖堂ルチェッライ家礼拝堂「聖墳墓」S. Pancrazio, Cappella Rucellai 167, 185, **191-201**, 208, 209, 244, 314, 361, **380-381**
――サン・マルコ修道院 Convento di S. Marco 358
――サン・ミニアート・アル・モンテ聖堂 S. Miniato al Monte
　36, 37, 81, 175, 188, 189, 204
――「十字架のチャペル」Cappella del Crocifisso 81
――聖器室 Sagrestia 36, 37, 51
――サン・ロレンツォ聖堂 S. Lorenzo

索 引

　　　　　　　　　　　81, 184, 185, 205
——旧聖器室 Sagrestia Vecchia
　　　　92, 93, 162, 195, 196, 246, 314, 358
——身廊　　　　　　　　　　　　240
——サンタ・クローチェ修道院聖堂 S.
　　Croce　　36, 79, 80, 180, 184, 207, 221
——サンタ・マリーア・ノヴェッラ修道院
　　聖堂 S. Maria Novella　　89, 201, 360
——ファサード　166, 167, **180-191**, 192,
　　193, 195, 197, 199, 200, 206, 207, 313,
　　　　　　　　　　　　314, 361, **380**
——説教壇　　　　　　　　　181, 201
——マザッチォの「三位一体」 La Trinità
　　　　　　　　　　　82, 93, 95, 356
——サンティッシマ・アンヌンツィアータ
　　聖堂 SS. Annunziata
　　　　　　　　317, 185, 323, 324, 325
——テムピエット Tempietto　　　185
——ロトンダ
　　　　　　167, **323-325**, 338, 339, 359, 362
——サント・スピリト聖堂 S. Spirito
　　　　　　　　　　　　184, 205, 293
——聖器室 Sagrestia　　　　　　293
——ブランカッチ礼拝堂 Cappella Brancacci
　　　　　　　　　　　　　　60, 355
——オスペダーレ・デリ・インノチェンティ
　　Ospedale degli Innocenti　175, 240, 294
——パラッツォ・ストロッツィ Palazzo
　　Strozzi　　　　　　　　　　　270
——パラッツォ・ディ・パルテ・グエルフ
　　ァ Palazzo di Parte Guelfa　　　175
——パラッツォ・ピッティ Palazzo Pitti
　　　　　　　　　　　　169, 202, 361
——パラッツォ・メディチ Palazzo Medici
　　　　　　127, 169, 176, 179, 202, 235, 359
——パラッツォ・ルチェッライ Palazzo
　　Rucellai　89, 167, **168-177**, 178, 179,
　　184, 188, 193, 202, 203, 258, 359, 361,
　　　　　　　　　　　　　　379-380
——ロッジア・ルチェッライ Loggia Rucellai

　　　167, **177-180**, 193, 202, 204, 339, **379-380**
——近郊
——カステッロ Castello　　　　　286
——カレッジ Careggi　　　　89, 358
——セッティニャーノ Settignano　332
——タヴォラの「カシーナ」Cascina a
　　Tavola　　　　　276, 292, 293, 386
——トレッビオ Trebbio　　　　　358
——フィエゾレ、ヴィッラ・メディチ
　　Fiesole, Villa Medici
　　　　　　　　　　　81, 275, 361, 386
——ポッジォ・ア・カイアーノ、ヴィッラ・
　　メディチ Poggio a Caiano, Villa Medici
　　　　181, 191, 192, 205, 272, **275-283**, 287,
　　　　　　292, 293, 294, 296, 363, 386
——ムジェッロ、ボルゴ・サン・ロレン
　　ツォ Mugello, Borgo S. Lorenzo
　　　　　　　　　　　　　　158, 360
——ラストラ・ア・シーニャ、サン・マ
　　ルティノ・ア・ガンガランディ聖堂
　　Lastra a Signa, S. Martino a Gangalandi
　　　　　　　46, 158, **325-327**, 333, 357
——ウッフィツィ Uffizi
——画廊 Galleria　　　　　　　233
——Gabinetto Disegni e Stampe（GDS）
　　　　　　　　　　276, 294, 305, 331
——国立中央図書館 Biblioteca Nazionale
　　Centrale　　　　　　　　16, 23, 29
——バルジェッロ美術館 Museo del Bargello
　　　　　　　　　　　　　　　129
——ラウレンツィアーナ図書館 Bibl.
　　Laurenziana　　　86, 148, 245, 246
——大学　　　　　　　　23, 35, 90
プーリア地方 Puglia　　　　　　273
フェッラーラ Ferrara　29, 31, 49, 54, 55, 56,
　　　　59, 75, 88, 90, 91, **99-105**, 107, 124, 125,
　　　　127, 128, 130, 137, 139, 301, 302, 358, 359,
　　　　　　　　　　　　　365, **376-377**
——アッディツィオーネ・エルクレア
　　Addizione Erculea　　　　　　125

403

――アッディツィオーネ・ボルサ Addizione Borsa 125
――アルコ・デル・カヴァッロ（ニッコロ三世騎馬像）Arco del Cavallo 100-103, 126, 127, 139, 359
――パラッツォ・コムナーレ Palazzo Comunale 100, 125
――パラッツォ・スキファノイア Palazzo Schifanoia 230
――パラッツォ・デッラ・ラジォーネ Palazzo della Ragione 125
――ピアッツァ・コムナーレ Piazza Comunale 125
――ボルソ・デステ記念柱 Colonna di Borso d'Este 100, 101, 125
――大聖堂 Duomo 100, 125, 126
――大聖堂鐘楼 104, 359
――領主 →エステ家
フェデリーコ・ダ・モンテフェルトロ →ウルビーノ公
フェルディナンド一世 →ナポリ王
フォスター Foster, P. 292, 293, 386
フォルテグエッリ枢機卿 cardinale Niccolò Forteguerri 327
フォロ・ロマーノ（フォルム・ロマヌム）→ローマ
複式簿記 26
フス、ヤン Fuss, Jan 53
プトレマイオス Ptolemaeus（it. Tolomeo） 64, 86, 115, 133
フバラ Hubala, Erich 318, 337, 384
フラ・カルネヴァーレ Fra Carnevale 235, 264, 266, 283
フラ・コロンナ Fra Francesco Colonna 287, 296, 297
フラ・ジォコンド Fra Giocondo 348, 350
フラウディス（女神）Fraudis 17
プラウトゥス Plautus 42
ブラウン Brown, C. M. 328, 384
ブラウン、ビヴァリィ Brown, Beverly 293, 381
ブラギロッリ Braghirolli, Wilelmo 328, 335, 336, 381
ブラッチァーノ湖 Lago di Bracciano 204
ブラッチォ braccio（pl. braccia） 133, 204, 237, 331
ブラッチォリーニ Bracciolini, Poggio 60, 61, 65, 66, 67, 68, 69, 73, 84, 85, 88, 90, 100, 124, 125, 255, 353, 355, 357
――「ローマの遺跡」Ruinarum Romae 65, 84
プラト Prato
――サンタ・マリーア・デッレ・カルチェリ聖堂 S. Maria delle Carceri 285, 294, 363
――カステッロ・デッリムペラトーレ Castello dell'Imperatore 294
――大聖堂説教壇 Pergamo di sacro Cingolo 129, 356
プラトーン Platon 7, 9, 31, 32, 346
プラニツィヒ Planiscig, Leo 203, 376
ブラマンテ Bramante, Donato 82, 84, 199, 235, 241, 243, 244, 245, 247, 269, 285, 294, 349, 350, 359, 362, 363
フランクル Frankl, Paul 163
フランス 47, 53, 59, 61, 62, 86, 263, 296, 346, 349, 350
フランス国王 21, 127, 270
フランチェスキーニ Franceschini, G. 267, 382
フランチェスコ・ディ・ジォルジォ・マルティーニ Francesco di Giorgio Martini 154, 161, **241-248**, 249, 255, 268, 269, 284, 332, 358, 362, 363
フランチォーネ Francione, Francesco di Giovanni 279, 280
フランツィーニ Franzini, Giovanni Domenico 226, 260
プリシアニ Prisciani, Pellegrino 127
プリニウス、「博物誌」Gaius Plinius Secundus, Historia Naturalis 24, 327

索引

ブリュノ Brunot, Ferdinand　27
ブルージュ Bruges　35
ブルーニ、レオナルド Bruni, Leonardo
　　72, 89, 221, 258, 353, 354, 356, 357
ブルガレッリ Bulgarelli, Massimo
　　319, 338, 373, 379, 385
ブルキエッロ Domenico di Giovanni, detto il
　Burchiello　357
ブルゴーニュ Bourgogne　130
ブルスキ Bruschi, Arnaldo　93, 94, 243, 264,
　　267, 269, 295, 297, 350, 372, 382, 383, 386
フルタス Frutaz, A. P.　89
プルタルコス(「アラトゥス伝」) Plutarchus　24
ブルネッレスキ Brunelleschi, Filippo
　　5, 6, 10, 21, 22, 24, 26, 52, 53, 60, 61, 72, 74,
　　75, 77, 79, 80, 89, 91, 92, 93, 94, 95, 121, 123,
　　126, 128, 129, 134, 147, 162, 175, 180, 181,
　　184, 188, 201, 202, 203, 205, 206, 220, 240,
　　246, 248, 257, 262, 265, 266, 267, 284, 292,
　　293, 294, 302, 314, 323, 324, 325, 329, 334,
　　338, 339, 353, 354, 355, 356, 357, 358, 359,
　　361, 363
プレイアデース Pleaiades　76
プレイヤー Preyer, Brenda　202, 203, 205, 379
ブレシア Brescia　127
プレトーン、ゲミストス Plethon, Gemistus
　　132
フロイト-ユンク Froid=Jung　298
プロコピウス、「ペリ・クティスマトーン」
　Procopius of Caesarea, Peri ktismaton　5, 21
プロティロ protiro　126
プロナオス pronaos　143, 190, 282, 312, 315
フロンティヌス Frontinus, Sextus Iulius
　　225, 227, 260
フロンメル Frommel, Christoph Luitpold　219,
　　221, 222, 223, 224, 229, 230, 231, 232, 257,
　　258, 259, 261, 262, 263, 371, 375, 376, 383

ヘ
ベアトリーチェ・ダラゴーナ →アラゴン

ペーザロ Pesaro　236, 267, 268
ヘームスケルク Heemskerck, Maarten van
　　48, 66, 220
ヘーラクレース Heracles　267
ヘシオドス Hesiodus　31, 273, 276
ペスト(疫病) pesto　37, 85, 90, 95, 108, 201,
　　216, 259, 291, 304, 309, 312, 317, 330, 360
ベッカデッリ →パノルミタ
ベックマン Böckmann, Barbara　331, 385
ベッリーニ、ジョヴァンニ Bellini, Giovanni
　　296, 328
ペデス(古代ローマ尺) pedes　133
ペトラルカ Petrarca, Francesco
　　18, 42, 85, 229, 230, 273, 353
ペトリオーロ Petriolo　323, 336
ベニーニ、マルゲリータ Begnini, Margherita
　　→アルベルティ　継母
ベムボ Bembo (活字書体)　296, 297
ベムボ、ピエトロ Bembo, Pietro　296
ペルージア Perugia　52, 90, 129
　　──サン・ベルナルディーノ聖堂 Oratorio
　di S. Bernardino　129
　　──ポルタ・ディ・サン・ピエトロ Porta di
　S. Pietro　129
ベルガモ Bergamo　54, 100
ペルッツィ(家 フィレンツェ貴族)　357
ペルッツィ、バルダッサーレ Peruzzi,
　Baldassarre　257
ベルティーノ、ジョヴァンニ Bertino,
　Giovanni　185, 197, 207
ベルトォ Berteaux, E.　261, 376
ベルトルド・ディ・ジョヴァンニ Bertoldo di
　Giovanni　293, 296
ベルニーニ Bernini, Gianlorenzo　226, 227
ヘルメス・トリスメギストゥス Hermes
　Trismegistus, Corpus hermeticum　19, 31, 32
ベルリン
　　──Staatliche Museen Preussischer Kulturbesitz
　　　48, 66
　　──絵画館 Berlin, Gemäldegalerie

405

249, 251, 263
ペレ・ヨハン Pere Johan（Pere Joan） 262
ペレネー Pellenē 24
ペローザ Perosa, Alessandro
　　201, 202, 205, 207, 208, 379
ベンティヴォリオ Bentivoglio, Enzo 339, 371
ペンデンティヴ pendentive 246

ホ

ホゥクウッド、ジョン John Hawkwood（it.
　　Giovanni Acuto） 126, 358
ポーウェルス Pauwels Y. 126
ポー川 Po 301
ポーラ Pola 60, 230
──ポルタ・アウレア Porta Aurea（Arch of
　　the Sergii） 230, 231, 262
ポストモダニズム 174, 298
ポッジョ・ア・カィアーノ →フィレンツェ、
　　近郊
ボドナー Bodner, E. 88
ボニータ Bonita, Cleri 266, 383
ボヌッチ Bonucci, A. 49, 56, 57, 58, 62, 91,
　　124, 159, 364, 365, 366, 367, 368, 369
ポムペイ壁画　第三様式 332
ホメーロス Homerus 24, 76, 91, 264
ポリケッティ Polichetti, M. L. 266
ホリゾン horizon 68, 87, 88
ポリツィアーノ Poliziano, Angelo
　　7, 24, 156, 293
「ポリフィリウスの夢」→「ヒュプネロトマ
　　キア・ポリフィリ」
ポルカリ、ステファノ Porcari, Stefano
　　217, 218, 224, 256, 259, 260, 361, 368
《ポルカリの謀叛》→アルベルティ、著作
ボルシ Borsi
──ステファノ Stefano
　　293, 371, 374, 375, 386
──フランコ Franco 23, 29, 102, 115, 123,
　　132, 134, 156, 164, 170, 177, 179, 183,
　　187, 192, 194, 196, 205, 206, 207, 228,

257, 259, 260, 261, 264, 270, 321, 322,
324, 326, 327, 335, 336, 338, 339, 370,
　　371, 382
ボルティモア、ウォルターズ美術館
Baltimore, Walters Art Gallery、「都市広場の
図」 249, 250, 253, 270
ポルトロニエリ Poltronieri, Adolfo 332
ボローニャ Bologna 37, 39, **40-46**, 47,
　49, 52, 53, 55, 56, 58, 59, 73, 90, 124, 140,
　161, 225, 255, 292, 296, 311, 312, 327, 353,
　　354, 355, 356, 358, 365, 366
──サン・フランチェスコ聖堂 S. Francesco
　　58
──サン・ペトローニオ聖堂 S. Petronio
　　44, 58, 353
──パラッツォ・コムナーレ Palazzo
　　Comunale 45
──パラッツォ・デッラ・メルカンツィア
　　Palazzo della Mercanzia 58
──ピアッツァ・ディ・ポルタ・ラヴェニ
　　ャーナ Piazza di Porta Ravegnana 58
──ピアッツァ・マッジョーレ Piazza
　　Maggiore 44, 58
──騒乱 45, 56, 356
──大学 40, 44, 52, 56, 58, 327, 356
ホワイト、ジョン White, John 58, 163
ボンデルモンティ家 Bondelmonti 57
ボンフィニ Bonfini, Antonio 23

マ

マーカム・シュルツ Markham Schulz, A. 203
マエケーナス Gaius Cilinius Maecenas
　　139, 157
マキァヴェッリ、ニッコロ Machiavelli,
　　Niccolò 50, 140
マグヌッソン Magnusson, T. 224, 374
マザッチォ Masaccio
　7, 48, 60, 79, 82, 93, 94, 95, 354, 355, 356, 358
マソ・ディ・バルトロメオ Maso di Bartolomeo
　　233, 235, 266, 361

406

マック Mack, Charles R. 202, 203, 379
マックドナルド MacDonald, William 262
マッセリツィア masserizia 10, 44
マッテオ・デ・パスティ Matteo de' Pasti
　13, 14, 28, 105, 107, 108, 109, 113, 114, 122,
　　　123, 127, 128, 129, 130, 131, 148, 360
マティルデ・ディ・カノッサ →カノッサ家
マネッティ、アントーニオ・ディ・トゥッチオ Manetti, Antonio di Tuccio
　　　　　　77, 79, 82, 91, 93, 94, 363
マネッティ、ジャンノッツォ Manetti, Giannozzo
　　　128, 215, 219, 221, 222, 224, 225, 258
マラーニ Marani, E. 334
マラグッツィ Malaguzzi, F. 293
マラテスタ家 Malatesta 119, 233, 264, 265
　──シジスモンド・パンドルフォ Sigismondo Pandolfo
　　　105, *107-122*, 127, 128, 129, 130, 131,
　　　　132, 134, 158, 218, 233, 265, 360
マルケ（地方）Marche 40, 236, 268, 358
「マルコによる福音書」 209
マルスッピーニ、カルロ Marsuppini, Carlo
　　　　　　　　　　　　　23, 357
マルテッリ、ドナテッラ Martelli, Donatella
　　　　　　　　　　　　　　　338
マルテッリ、ロベルト Martelli, Roberto 216
マンチーニ、ジロラモ、「アルベルティ伝」
　　Mancini, Girolamo, *Vita di Leon Battista Alberti* 19, 24, 25, 32, 50, 51, 52, 53,
　　54, 56, 57, 58, 59, 60, 61, 62, 84, 85, 86,
　　87, 90, 91, 124, 129, 131, 132, 134, 158,
　　161, 185, 201, 206, 207, 208, 228, 229,
　　255, 256, 259, 260, 261, 264, 266, 301,
　　305, 326, 327, 329, 330, 331, 334, 338,
　　　　　　　　　　339, 349, 367, 369
　──「アルベルティ伝」以外の著作
　　　256, 326, 365, 366, 367, 368, 369, 370
マンテーニャ Mantegna, Andrea
　　　　　82, 262, 263, 296, 302, 323, 356, 362
マントヴァ Mantova 13, 24, 28, 29, 54, 75,

82, 90, 117, 130, 133, 167, 177, 236, 237, 252,
265, 267, 294, 300, **301-323**, 327, 328, 329,
330, 331, 332, 333, 334, 335, 337, 361, 362,
　　　　　　　　　　　　　　383-385
　──「カ・ゾィオーザ」Ca' Zoiosa
　　　　　　　　　　　309, 327-328
　──サンタンドレア聖堂 S. Andrea
　　117, 133, 294, 301, 302, 304, 310, **315-323**, 329, 330, 334, 335, 336, 337, 362
　──オムブレッローネ Ombrellone
　　　　　　　117, 319-320, 337-338
　──エトルスクム・サクルム Etruscum
　　sacrum 317, 318, 335-336, 337
　──サン・セバスティアーノ聖堂 S.
　　Sebastiano 302, 303, **304-315**, 331, 335
　──モドニ modoni 304
　──カステッロ・サン・ジョルジォ Castello
　　S. Giorgio 267, 308
　──パラッツォ・ドゥカーレ（王宮）
　　Palazzo Ducale 82, 267, 302, 362
　──ドムス・ノヴァ Domus Nova 334
　──プステルラ門 Porta Pusterla
　　　　　　　　302, 303, 304, 330
　──サン・ロレンツォ聖堂 S. Lorenzo
　　　　　　302, 303, 304, 315, 316, 329
　──ピアッツァ・デッレ・エルベ Piazza
　　delle Erbe 316, 329, 335
　──パラッツォ・デル・テ Palazzo del Te
　　　　　　　　　　　　　302
　──ピアッツァ・ヴィルジリアーナ Piazza
　　Virgiliana 330
　──サン・サルヴァトーレ聖堂 S. Salvatore
　　　　　　　　　　　　　332
　──パラッツォ・デル・ポデスタ Palazzo
　　del Podestà 335
　──マンテーニャの家 Casa di Mantegna
　　　　　　　　　　　　　302
マントヴァ侯 →ゴンザーガ家

407

ミ

ミケーレ・ディ・ジョヴァンニ・ダ・フィエ
ゾレ Michele di Giovanni da Fiesole 266
ミケーレ・ディ・ランド Michele di Lando
51
ミケランジェロ Michelangelo Buonarroti
205, 222, 293, 356, 362
ミケロッツォ Michelozzo di Bartolomeo
10, 53, 79, 81, 82, 94, 127, 129, 154, 176,
185, 202, 257, 262, 266, 284, 323, 324, 325,
339, 353, 356, 357, 358, 359, 361, 362
ミッチェル Mitchel, C. 88
ミトラの秘儀 289
ミュンヘン München 318
ミラネージ Milanesi, Gaetano
126, 261, 263, 267, 268
ミラノ Milano 44, 45, 53, 54, 55, 56, 58, 90,
233, 236, 243, 261, 265, 276, 303, 327, 350,
358, 363
——サンタ・マリーア・デッレ・グラツィ
エ聖堂 S. Maria delle Grazie
209, 243, 363
——サンタ・マリーア・プレッソ・サン・
サティーロ聖堂 S. Maria presso S. Satiro
243, 363
——大聖堂 Duomo 45, 58, 350, 363
——ブレラ美術館 Pinacoteca di Brera
245, 266
ミリオ、Miglio, M. 86, 256
ミンチオ川 Mincio 301

ム

ムジェッロ →フィレンツェ、近郊

メ

メソポタミア Mesopotamia 31, 72
メタモルフォーズ 76
メディチ Medici 19, 27, 28, 46, 51, 53, 55,
72, 91, 167, 169, 178, 202, 205, 216, 218, 265,
274, 282, 292, 294, 304, 308, 354, 357, 361,
362
——銀行 216, 304
——コージモ・デ Cosimo de' 46, 51, 85,
167, 201, 202, 302, 339, 353, 357, 358, 362
——サルヴェストロ・デ Salvestro de' 51
——ジュリアーノ・ディ・ロレンツォ・デ
Giuliano di Lorenzo de' 284
——ジョヴァンニ・ディ・コージモ・デ
Giovanni di Cosimo de' 81, 275
——ニッコロ・ディ・ヴェッリ・デ Niccolò
di Verri de' 27-28, 366
——ピエロ・ディ・コージモ Piero di
Cosimo de' 19, 72, 73, 170, 185, 201,
202, 276, 355, 357, 358, 362
——ロレンツォ・イル・マニフィーコ
Lorenzo di Piero de'(detto il Magnifico)
19, 167, 205, 275-285, 360, 361

モ

モデナ、エステ家図書館 Modena, Biblioteca
Estense 4, 22
モデュール module 132, 133, 143, 187
モドニ →マントヴァ、サン・セバスティア
ーノ聖堂
森雅彦
22, 50, 87, 88, 91, 124, 164, 365, 367, 369
モリン、ビアジォ Molin, Biagio
46, 47, 49, 60, 61, 62, 90, 357
モロッリ Morolli, Gabriele
93, 94, 270, 370, 380, 381, 382, 383
モンテ・カッシーノ大修道院 Abbazia di
Monte Cassino 36

ヤ・ユ・ヨ

ヤーコポ・ディ・アンジェロ・スカルペリア
Jacopo di Angelo Scarperia 86
山本建郎 133
ユヴァッラ、フィリッポ Juvarra, Filippo
318
ユートピア Utopia 27, 219, 257, 373

有翼の目 occhio alato　　13, 14, 15, 18, 19, 30
ユスティニアヌス Justinianus　　21
ユノー（女神）Juno　　263
ユリウス・カピトリヌス Julius Capitolinus
　　24
寄木細工 tarsia　　36, 243, 251, 268, 280

ラ
ラ・スフォルツェスカ →ヴィジェーヴァノ
ラヴェンナ Ravenna　　131, 350
　――サンタポリナーレ・イン・クラッセ聖堂 S. Apollinare in Classe　　131
ラウス（女神）Laus　　17
ラウラーナ Laurana
　――フランチェスコ Francesco
　　232, 263, 267
　――ルチアーノ Luciano　　**236-241**,
　　249, 255, 263, 267, 268, 269, 362
ラエトゥス、ポムポニウス Laetus, Pomponius
　　29, 30
ラオコーン Laocoon　　283
ラグーザ →ドゥブロヴニク
ラディウス radius　　68, 87, 88
ラディスラオ →ナポリ王
ラティフンディウム latifundium　　277
ラテン十字 Latin cross　　58, 318, 338
ラバッコ、アントーニオ Labacco, Antonio
　　305, 306, 307, 313, 315, 331
ラッファエッロ Raffaello Sanzio
　　82, 152, 257, 350, 363
ラブレー Rablais, François　　26, 27, 349
ラポ・ダ・カスティリオンキオ Lapo da Castiglionchio, il Giovane　　45, 59, 61, 90
ラムルー Lamoureux, R. E.　　331
ランゴバルド Langobard　　234
ランディーノ、クリストフォロ Landino, Cristoforo
　　7, 8, 23, 24, 25, 73, 138, 181, 264, 366
　――「カマードリでの談議」Disputatio camaldolense　　232
　――「ダンテ頌」Apologia di Dante　　23, 156

リ
リウィウス Livius　　66
リクワート、ジョセフ Rykwert, Joseph
　　25, 28, 29, 31, 86, 127, 130, 132, 134, 156,
　　158, 162, 208, 210, 256, 329, 331, 334, 336,
　　368, 373, 375, 377, 378, 380, 381, 384, 385
リゴリオ、ピッロ Ligorio, Pirro　　204
理想都市
　　57, 161, 203, 241, **249-255**, 345, 361, 362
リッカルディ Riccardi, Gabriello　　169
リッチ（家）Ricci　　35, 51
リッチャー Ritscher, E.　　318, 336, 383
リッテルトン Lyttelton, Margaret　　204
リッピ、フィリッピーノ Lippi, Filippino
　　201, 266, 283, 287
リッピ、フィリッポ Lippi, Filippo　　201, 266
リネアメントゥム →アルベルティ、De re aedificatoria
リベラル・アーツ　　40, 54
リミニ Rimini　　14, 29, 75, 98, **105-123**, 127,
　　128, 129, 130, 131, 132, 133, 148, 233, 302,
　　360, **377-379**
　――アウグストゥスの凱旋門 Arco di Augusto　　109, 110, 131
　――サン・フランチェスコ聖堂（「テムピオ・マラテスティアーノ」 Tempio Malatestiano）　14, 29, 98, **105-123**,
　　127, 128-132, 140, 191, 230, 231, 232, 266,
　　314, 360
　――ティベリウスの橋 Ponte di Tiberio　　131
　――マレッキァ河 Marécchia　　131

ル
ルイス、ダグラス Lewis, Douglas　　30, 31
ルーマニア Rumania　　62
ルカ・デッラ・ロッビア Luca della Robbia
　　72, 79, 134, 266, 354, 357, 358
ルキアノス Lucianus Samosatensis

409

　　　　　　　　　　　17, 23, 31, 59, 73, 366
ルチェッライ Rucellai
── ジョヴァンニ Giovanni
　　89, 167-202, 204, 207, 208, 209, 258, 259,
　　　　　　　　275, 292, 359, 360, 361
　　── Zibaldone quaresimale　　　167,
　　185, 201, 202, 204, 205, 207, 208, 258, 379
　　── パンドルフォ Pandolfo　　　179
　　── ベルナルド Bernardo
　　　　　　　70, 89, 169, 178, 201, 362
　　── De Urbe Roma　　　　　　　89
　　── パラッツォ・ルチェッライ → フィレ
　　　ンツェ
　　── ロッジア・ルチェッライ → フィレンツ
　　　ェ
　　── ルチェッライ家礼拝堂 → フィレンツ
　　　ェ、サン・パンクラツィオ聖堂
　　── ルチェッライ家庭園 Orti Oricellari →
　　　フィレンツェ
ルドヴィーコ・イル・モーロ → スフォルツ
　ァ
ルフェーヴル Lefaivre, Liane
　　　　　　　　　288, 297, 298, 386

レ

レヴァント地方 Levanto　　　　　　　36
レオナルド・ダ・ヴィンチ Leonardo da Vinci
　　　82, 126, 241, 248, 292, 338, 360, 363
レオネッロ・デステ → エステ家
レッジョ・エミリア Reggio Emilia　　23
レピドゥス Lepidus（アルベルティの筆名）
　　　　　　　　　　　　　41, 356, 364

ロ

ロードス島 Rhodos　　　　　　　36, 353
ローマ Roma　　　26, 29, 30, 39, 44, 47-49,
　　53, 55, 59, 60, 61, 62, 64, **65-72**, 75, 80, 85, 86,
　　87, 88, 89, 90, 93, 94, 105, 107, 124, 126, 130,
　　132, 133, 137, 139, 157, 158, 180, 190, 201,
　　204, 210, 212, **213-229**, 232, 248, 256, 257,

　　258, 259, 280, 285, 294, 295, 308, 311, 326,
　　331, 332, 333, 334, 349, 350, 353, 354, 356,
　　357, 359, 360, 361, 362, 363, 367, **374-376**
　　── エスクイリーノ Esquilino
　　　　　　　　　　　　139, 157, 359
　　── クイリナーレ Quilinare　　　　47
　　── チェリオ（カエリウス）の丘 Monte
　　　Celio（Colis Caelius）　　　　　228
　　── ピンチォの丘 Pincio　　　　　225
　　── テヴェーレ河 Tevere　　　49, 225
　　── アッピア街道 Via Appia　　　　85
　　── アクア・ヴェルジーネ Acqua Vergine
　　　（Aqua Virgo）　　　　　　213, 225
　　── アグリッパの大浴場 Terme di Agrippa
　　　　　　　　　　　　　　　　　225
　　── 大浴場（全般）　　　105, 143, 336
　　── パンテオン Pantheon
　　　47, 66, 105, 182, 190, 204, 225, 319
　　── カムピドリオ（カピトリウム）
　　　Campidoglio（Captolium）
　　　　　　　　　　　47, 65, 70, 85
　　── フォロ・ロマーノ（フォルム・ロマヌム）
　　　Foro Romano（Forum Romanum）
　　　　　47, 66, 65, 85, 190, 208, 244
　　── ウェヌスの神殿 Tempio di Venere
　　　　　　　　　　　　　　　　　244
　　── バジリカ・アエミリア Basilica
　　　Aemilia　　　　　　　　　　　190
　　── マクセンティウスのバジリカ Basilica
　　　di Massentio　　　　　　318, 336
　　── コンコルドの神殿 Tempio di
　　　Concordo　　　　　　　　65, 85
　　── セプティミウス・セウェルスの凱旋
　　　門 Arco di Settimio Severo　　　132
　　── コンスタンティヌスの凱旋門 Arco di
　　　Constantino　　　　　　　　　132
　　── パラティノ Palatino　　　　　　47
　　── セプティゾニウム Septizonium
　　　　　　　　　　　　　　174, 204
　　── ピアッツァ・ナヴォーナ Piazza Navona

410

索 引

          294, 326
——ラテラン広場 Piazza del Laterano *48*
——カエキリア・メテッラの墓 Mausoleum of Caecilia Metella *65, 85*
——カステル・サンタンジェロ Castel S. Angelo *213, 224, 259, 326, 360*
——サンタンジェロ橋 Ponte S. Angelo（Ponte Elio) *216, 225, 259*
——カンポ・マルツォ（カンプス・マルティウス）Campo Marzo（Campus Martius) *47, 225*
——コロッセオ（コロッセウム）Colosseo（Colosseum) *66, 174, 204*
——サンティ・アポストリ聖堂 SS. Apostoli *214*
——サン・ジョヴァンニ・イン・ラテラーノ聖堂 S. Giovanni in Laterano *214*
——サン・テオドーロ聖堂 S. Teodoro *214*
——サン・パオロ・フォリ・レ・ムーラ聖堂 S. Paolo fuori le Mura *214*
——サン・ピエトロ・イン・ヴィンコリ聖堂 S. Pietro in Vincoli *214*
——サン・ロレンツォ・フォリ・レ・ムーラ聖堂 S. Lorenzo fuori le Mura *214*
——サンタゴスティーノ修道院 Convento di S. Agostino *326*
——サンタ・マリーア・イン・アラコエリ聖堂 S. Maria in Aracoeli *94*
——サンタ・マリーア・デッラ・パーチェ修道院 Convento di S. Maria della Pace *363*
——サンタ・マリーア・デル・ポポロ聖堂 S. Maria del Popolo *209*
——サンタ・マリーア・（イン・）トラステヴェーレ聖堂 S. Maria (in) Tratestevere *214*
——サンタ・プレセダ聖堂 S. Preseda *214*
——サンタ・マリーア・マッジョーレ聖堂 S. Maria Maggiore *213, 214*
——サンティ・ヴィンチェンツォ・エ・アナスタジオ聖堂 SS. Vincenzo e Anastasio *227*
——サント・ステファノ・ロトンド聖堂 S. Stefano Rotondo *214, 225, 228-229*
——ヴァティカン Vatican *22, 50, 61, 65, 86, 124, 130, 203, 205, 214, 217, 218, 220, 222, 223-225, 231, 232, 258, 264, 298, 329, 345, 350, 360*
——サン・ピエトロ聖堂 Basilica di S. Pietro *22, 47, 86, 94, 214, 215,* **219-223**, *257, 258, 259, 350, 360*
——ニコラスの塔 Torrione di Nicolò V *214*
——ベルヴェデーレ中庭 Cortile del Belvedere *294*
——図書館 Biblioteca Apostolica *22, 158, 205, 264, 270, 293*
——ボルゴ地区 Rione di Borgo *130, 203, 214, 216, 219, 223-225, 360*
——トレヴィの泉 Fontana di Trevi *213,* **225-228**, *361*
——ポンテ地区 Rione di Ponte *326*
——Biblioteca Nazionale Centrale *9*
——Biblioteca Herziana *257*
ローマ教会（カソリック教会） *40, 47, 48, 62, 90, 119, 215, 228, 265, 311, 329, 353, 358*
ローマ皇帝 *131*
——アウグストゥス Augustus *109, 110, 131, 157, 225*
——アントニヌス・ピウス Antoninus Pius *62*
——カリグラ Caligula *157, 158*
——コンスタンティヌス Constantinus *132, 222*
——セプティミウス・セウェルス Septimius Severus *132*
——ティベリウス Tiberius *24, 131, 332*
——トライアヌス Trajanus *157*
——ネロ Nero *348*
——ハドリアヌス Hadrianus *259*
ローマ（時代、建築、数字、帝国、風)

411

18, 24, 29, 65, 67, 70, 80, 82, 84, 92, 93, 103, 116, 121, 128, 131, 133, 139, 154, 156, 157, 158, 164, 172, 190, 219, 221, 225, 226, 230, 244, 263, 264, 273, 284, 285, 286, 301, 307, 320, 332, 356, 359, 360, 364
ローマン書体（オールド・ローマン）
112, 184, 195, 200, 296
六進法 72
ロッシ Rossi, Sergio 261, 374, 375, 378
ロッシ、オリエッタ Rossi, Orietta 270
ロッセッティ、ビアジォ Rossetti, Biagio
125, 127
ロッセッリーノ Rossellino
——アントーニオ Antonio 203, 213
——ベルナルド　Bernardo di Matteo Gamberelli, detto il R.
202, 203, 257, 258, 354, 359, 375
——レオナルド・ブルーニのモニュメント 221, 258
——パラッツォ・ルチェッライ
170-175, 203, 258, 359
——ピエンツァの計画
170, 171, 172, 203, 361
——ローマの計画 203, **213-219**, **221-228**, 256-257, 260, 360
ロッツ Lotz, Wolfgang 131, 259, 337, 371, 382
ロトンディ Rotondi, P. 269, 382
ロマーノ Romano, R.
25, 26, 50, 52, 53, 161, 365
ロマンティック・ガーデン Romantic Garden
277
ロムバルディア（地方）Lombardia 350
ロムバルディア・ロマネスク Lombardia Romanesque 104
ロムバルド、ピエトロ Lombardo, Pietro 243
ロレンゼッティ、アムブロジォ Lorenzetti, Ambrogio 274, 291
ロレンツ Lorenz, Hellmut 27, 338
ロレンツォ・イル・マニフィーコ →メディチ

ロンギ、ロベルト Longhi, Roberto 131
ロンドン London 35, 38
——ヴィクトリア・アンド・アルバート博物館 Victoria and Albert Museum
14, 28, 384
——大英博物館 British Museum 15, 302

ワ

ワイス、ロベルト Weiss, Roberto 88
ワシントン、ナショナル・ギャラリィ Washington D. C., National Gallery of Art
16, 28, 29
ワトキンス Watkins, R. 28, 370

あとがき

　建築家の在り方を通して西洋建築史を見直すというテーマは、大学院生時代、遊び回ってばかりいた私を見兼ねて、指導教官であられた故稲垣栄三先生が与えてくださったものである。ようやく勉強の手がかりを得た私は、ヴィクトリア朝建築家たちの職能組織設立経過についての社会学者による研究報告や、この時期の建築家たちの事績に関する著作などを読みあさるが、その過程で、「プロフェッショナル」派の建築家たちが頼りとしていたのがルネサンス以来のマニュアル的「古典主義」であり、ペヴスナーによって「モダン・デザインの先駆者」であるとされたラスキンやモリスらがそうした建築家たちの職能確立の動きへの反対者であったことを知って、「建築家」概念のややこしさ（あるいはいかがわしさ）、また「モダニズム」の成立過程でのそれにまつわる様々な論理のねじれ現象にはじめて思い至らされることとなる。同時にそれを「プロフェッション」か「芸術」かという19世紀的な概念の対立構造で捉えようとする視点や、その「プロフェッション」の基礎となるべき「建築学」なるものの成り立ち、そして「プロフェッション」の社会学による規定自体に対しても、漠然とした疑問を感じることとなった。

　その後パラディアニズムからその大本であるパッラーディオへ、さらに劇場建築へと関心を移した私は、方法的手がかりを見失っていたこともあり、ほとんど問題意識もなしに、洋の東西を問わず手当たり次第に興味を惹く建築現象をあさり歩いていて、しばらくのあいだ「建築家」の問題に正面から取り組むことを避けていたような気がする。しかしその後、建築教育の現場でそれに関わる疑問にしばしば逢着し、脈絡なしに発散していた自分の建築的関心にいつかはそれを結びつけなければならないという気持ちが、頭のどこかに残っていたことも確かである。

　この度の「初期ルネサンス建築史ノート」の執筆を思い立ったのは、幾分かでもその問題に近づくための糸口を見出したいという想いからであったのだ

が、確信の持てる方法的視点もないまま、ともかく史料を洗い直して見たならあるいは展望が開けるかと考え、無謀にも取りかかっていたものであった。果たせるかな、前著の「ブルネッレスキ」ではその準備不足が露呈し、標的としたはずの問題には切り込むことができず、作品の表層的解説に終わった感は否めない。その状態を引き摺ったままアルベルティにまで手を出してみて今更ながら力不足を痛感させられる破目となった。当然のことながら、これまで美術様式史研究のための素材として拾い上げられてきている史料の平板な解釈を並べ立てるだけでは、糸口は見えてこない。そして建築史研究にとって最も重要な史料であるはずの作品解釈の視点についてもはなはだ心許ない状態であって、そこから得られたかも知れない文献史料再解釈のための確たる手がかりも、私にはいまだ掴めていないことを思い知らされた。

　そうした至らなさを自覚しつつもあえてこれを書き進めたのは、教科書的通説がおそらく「教育的配慮」から意図的にネグレクトしているような見方もあり、実はそこから別の歴史的展望が垣間見える可能性があることを自分の手でも確認したかったからである。アルベルティを考えるに当たって特に私が手引きとしたのは、あの精力的な碩学エウジェニオ・ガリン Eugenio Garin（1909-2004）のルネサンスに関する多くの著作と、マンフレード・タフリ Manfredo Tafuri（1935-94）の遺した透徹した歴史論考であった。私がどれほどこの二人から影響を受けているかは、本文をお読み頂ければお分かり願えるはずである。

　大御所のガリンについては私ごときが紹介するまでもなく、また直接その謦咳に接する機会はなかったのだが、1989年のイタリア滞在中、たまたま宿舎でRAI 3 の FM 放送にダイヤルを合わせたところ、ガリンのインタビュー番組（というより独演会）に行き当たった。内容はもっぱらアルベルティに関するもので、驚くべきことに午後1時から4時ころまでほとんど休憩も取らずに、80歳の彼が一人で話し続けるのである。内容もさることながらその精力ぶりに呆れ、また公共放送がこうした番組を流すというイタリア文化の底深さに恐れ入った。もったいない話だが内容はすっかり失念しており、ただただそのエネルギッシュな気迫に感服したことだけが記憶に遺っている。

　タフリについては、かねてから初期の鋭い現代建築への評論やそのパラディ

アニズム研究、パッラーディオについての新鮮な見方に惹かれていたのであったが、1980年のパッラーディオ没後400年の記念シンポジウムを日本でも行なうことになり私もその実行委員に名を連ねさせて頂いていたので、イタリアからパッラーディオ研究者を招請する候補を挙げよと言われたとき、一も二もなくすぐさまタフリとその僚友であるリオネロ・プッピ Lionello Puppi（1931-）を推薦し、委員の方々の了承を得て二人の来日が実現した経緯がある。シンポジウムは東京と京都の二箇所で行なわれ、私は当時大阪の大学に籍を置いていたこともあって、その両方に出席させて頂き、また二人を同伴者ともども（プッピ夫人 Loredana Olivato 女史、優れたルネサンス研究者である——その後離婚されたと聞く。タフリの同伴者は "mia amica" として紹介されたもののお名前を聞きそびれてしまったが、妙齢の美女であった）、案内役として京都の庭園や料亭にまでお供させて頂く光栄に浴した。この折りに彼らと親しく交わすことができた会話は、私にとり得難い刺激であった。ついでながら、東京でのシムポジウムで同時通訳をお願いしたのは、その後まもなくイタリア生活に関する優れたエッセィや訳業などで有名となられる須賀敦子女史（1998年没）であった。シムポジウムのための打ち合わせで親しくお話しさせて頂いたが、その物静かでしかもチャーミングなお話しぶりはいまでも鮮やかに思い起こされる。

　タフリとプッピの二人を招請するに当たっては、ちょうどその頃に訪伊の予定があった長尾重武氏にその交渉を依頼したのであったが、氏が二人の快諾を得てその旨をヴィチェンツァのパッラーディオ建築研究センター CISA "redattore" のレナート・チェヴェゼ Renato Cevese（1922-2011）に報告したところ、「あんなアカどもを呼ぶのか」と顔をしかめられたといい、その話を二人に伝えると、「我々がアカだったら、いまどきアカでない人間などいるものか」と大笑いされたという。実際のところはタフリは一時イタリア共産党に入党していたことがあったし、プッピも共産党推薦でパドヴァ市議となっていたことがあったから、貴族の血を引くらしいチェヴェゼがそのように言うのは無理もないことであったかも知れない。しかしプッピらが敬愛していたイタリア共産党創設者アントーニオ・グラムシ Antonio Gramsci（1891-1937）は、教条主義からはほど遠い、ベネデット・クローチェの系譜を引く深い教養に裏打ちされた

人文主義者的思想家であったし、当時のイタリアの知識層がその思想に共鳴するのはごく自然なことだったと思われる。そういえばエウジェニオ・ガリンも熱烈なグラムシ信奉者であり、1960年代の全ヨーロッパに広まった大学紛争の際にも、学生たちのよき理解者であったと言われる。

　私自身は全くの非政治的人間であり、左右を問わずすべからく党派的言動を忌避してきたつもりであって（もっとも意に反して一時期職場の組合の執行委員長を務めさせられたことがあり、組合の一部に根強く遺る党派意識に辟易させられた）、必ずしもイデオロギッシュな関心からタフリらの言説に共鳴していたわけではないが、一歴史学徒としてグラムシの柔軟な理想主義とその歴史認識には共感を覚える部分が多いし、密かな反時代的抵抗者であったとみられるアルベルティにガリンやタフリらが深い関心を寄せるのも、その意味では理解できるような気がする。アルベルティが苛酷な現実に対する救いようのない絶望感を抱きつつもなおかつその社会に寄り添い、僅かながらでも理想を建築に盛り込む可能性を求めて苦闘していたかに見えることだけは、ガリンやタフリらの示唆を手がかりにすることで、この小著の中に示し得たのではないかと考えている。

　しかしアルベルティが身を以て示したそのような「建築家」の在り方が、建築に何をもたらしたか、またそれを受け取る社会に対してどのような意味を持ったかについては、それほど容易に評価を下し得るようなものではないだろう。これは複雑をきわめる「建築家の歴史」の最初の一頁に過ぎず、稲垣先生から与えられたテーマに対しては、そのごく一部分に触れることが出来ただけである。しかも課題を与えられてから半世紀を経ての余りにも遅すぎた報告であって、この間の自分の怠惰ぶりをさらけ出すこととなり、恥じ入るのみである。そしてアルベルティ以後のこの問題に関わる歴史的経過にどのように取り組むべきか、更に大きな課題を突き付けられてしまったように思う。このあと私に残された時間の中でどこまでそれを追い続けることができるかあまり自信はないが、微力の及ぶ範囲内で関わって行かざるを得ないと考えているところである。

　本書の執筆作業中は、アルベルティという存在のあまりの大きさに圧倒され

て方向を見失いかけ、途中放棄を考えたこともあったが、中央公論美術出版の小菅社長の暖かい励ましの言葉を頂き、どうにか書き終えることができた。また前著「ブルネッレスキ」のときと同様、編集担当の小野瀬あや女史には、このたびも行き届いた配慮で私の初歩的な思い違いや不注意からする多くの誤りを指摘していただくこととなった。改めて感謝の言葉を記させていただく。

2012. 4. 28　福田 晴虔

Manfredo Tafuri
TEORIE E STORIA DELL'ARCHITETTURA

Laterza

Kyoto, 3 dicembre 1980
All'amico Fukuda,

タフリのサイン

[著者略歴]

福田 晴虔（ふくだ・せいけん）

1938年　秋田県に生まれる。
東京大学工学部建築学科卒　建築史専攻
東京大学助手、大阪市立大学工学部講師、助教授、九州大学大学院教授、
西日本工業大学教授などを経て、現在九州大学名誉教授

主著（著作・翻訳）
《パッラーディオ》、1979年、鹿島出版会
アルド・ロッシ著《都市の建築》翻訳（大島哲蔵と共同）、1990年、大竜堂
《建築と劇場——十八世紀イタリアの劇場論》、1991年、中央公論美術出版
ジョン・ラスキン著《ヴェネツィアの石》I, II, III 翻訳、1994-96年、中央公論美術出版
《ブルネッレスキ》（イタリア・ルネサンス建築史ノート〈1〉）、2011年、中央公論美術出版　その他

イタリア・ルネサンス建築史ノート〈2〉
アルベルティ Ⓒ

平成二十四年八月 十 日印刷
平成二十四年八月二十日発行

著者　福田 晴虔
発行者　小菅 勉
印刷製本　広研印刷株式会社

中央公論美術出版
東京都中央区京橋二丁目八―七
電話〇三―三五六一―五九九三

ISBN 978-4-8055-0668-4

第一巻《ブルネッレスキ》正誤表

※《ブルネッレスキ》刊行後、いくつかの誤りを指摘して下さった方があり、改めて読み直して見て、さらにいくつかの誤りを発見してしまった。遅まきながらここで訂正させて頂く。

p. 23　6〜7行目　「長さ8.4 m（14.4 ブラッチア braccia）」→「長さ17.47 m（30 ブラッチア braccia）」
p. 173　2行目　「パラッツォ・ルッチェッライ」→「パラッツォ・ルチェッライ」
p. 264　下から12行目　「Paolo dal Pozzo Toscanelli (m. 1382)」→「Paolo dal Pozzo Toscanelli (m. 1482)」
p. 275　9行目　「ルッチェッライ」→「ルチェッライ」
p. 282　9行目　「Ruccellai」→「Rucellai」